資治通鑑

第十五册

唐玄宗開元二十二年甲戌起
唐代宗大曆十四年己未七月止

卷二百一十四
至二百二十五

中華書局

資治通鑑卷第二百一十四

端明殿學士兼翰林侍讀學士太中大夫提舉西京嵩山崇福宮上柱國河內郡開國公食邑二千二百戶食實封九百戶賜紫金魚袋臣 司馬光 奉敕編集

後學天台 胡三省 音註

唐紀三十 起閼逢閹茂（甲戌），盡重光大荒落（辛巳），凡八年。

玄宗至道大聖大明孝皇帝中之中

開元二十二年（甲戌、七三四）

1 春，正月，己巳，上發西京；己丑，至東都。張九齡自韶州入見，見，賢遍翻。考異曰：唐紀，「二十六日，戊子，至東都；己丑，張九齡至自韶州。」今從實錄。求終喪；不許。

2 二月，壬寅，秦州地連震，壞公私屋殆盡，吏民壓死者四千餘人；命左丞相蕭嵩賑恤。壞，音怪。賑，津忍翻。

3 方士張果自言有神仙術，誑人云堯時爲侍中，於今數千歲；多往來恆山中，恆山時屬定州恆陽縣界。誑，居況翻。恆，戶登翻。則天以來，屢徵不至。恆州刺史韋濟薦之，上遣中書舍人徐嶠齎璽書迎之。相，息亮翻。璽，斯氏翻。庚寅，至東都，肩輿入宮，恩禮甚厚。

4張九齡請不禁鑄錢，三月，庚辰，敕百官議之。裴耀卿等皆曰：「一啓此門，恐小人棄農逐利，而濫惡更甚。」自武后以來，民間多惡錢，官不能禁。祕書監崔沔曰：「若稅銅折役，則官冶可成，計估度庸，則私鑄無利，易而可久，簡而難誣。沔，彌兖翻。折，之舌翻。易，以豉翻。且夫錢之爲物，貴以通貨，利不在多，何待私鑄然後足用也！」右監門錄事參軍劉秩曰：唐十六衞府皆有錄事參軍，正八品下，掌受諸曹及五府之外府事，句稽抄目，印給紙筆。監，古銜翻。「夫人富則不可以賞勸，貧則不可以威禁，若許其私鑄，貧者必不能爲之；臣恐貧者益貧而役於富，富者益富而逞其欲。漢文帝時，吳王濞富埒天子，鑄錢所致也。」事見十四卷漢文帝五年。濞，匹備翻。埒，力輟翻。上乃止。秩，子玄之子也。劉子玄，即知幾，避帝嫌名，以字行。

5夏，四月，壬辰，以朔方節度使信安王禕兼關內道采訪處置使，增領涇、原等十二州。處，昌呂翻。

6吏部侍郎李林甫，柔佞多狡數，深結宦官及妃嬪家，伺候上動靜，無不知之，伺，相吏翻。由是每奏對，常稱旨，上悅之。稱，尺證翻。時武惠妃寵幸傾後宮，生壽王清，諸子莫得爲比，太子浸疏薄。林甫乃因宦官言於惠妃，願盡力保護壽王；惠妃德之，陰爲內助，由是擢黃門侍郎。考異曰：舊傳云：「初，侍中裴光庭妻武三思女，詭譎有材略，與林甫私。中官高力士本出三思家，及光庭卒，武氏銜哀祈於力士，請林甫代其夫位；力士未敢言。玄宗使中書令蕭嵩擇相；嵩久之，以右丞韓休對。玄宗然之，乃令草詔。力士遽漏於武氏，乃令林甫白休。休既入相，甚德林甫，與嵩不和，乃薦林甫堪爲宰相，惠妃陰助之，因拜黃門侍郎，玄宗眷遇益深。」按光庭妻，一寡婦耳，豈敢遽引所私代其夫爲相！韓休正直，雖得林甫先報，必不至薦之爲相。今不取。五月，戊子，以裴耀卿爲侍中，張九齡爲中書令，林甫爲禮部尚書、同中書門下三品。爲李林甫得權、太子廢張本。顏眞卿疏曰：「天寶已後，閹官袁思藝日宣詔至中書，玄宗動靜必告林甫，林甫先意奏請，玄宗驚喜若神，以此權柄恩寵日甚。」

7 上種麥於苑中，帥太子以下親往芟之，帥，讀曰率。芟，所銜翻。謂曰：「此所以薦宗廟，故不敢不親，且欲使汝曹知稼穡艱難耳。」又徧以賜侍臣曰：「比遣人視田中稼，多不得實，故自種以觀之。」種藝之事，天有雨暘之不時，地有肥磽之不等，而人力又有至不至，故所收有厚薄之異也。若人君不奪農時，人得盡其力，則地無遺利矣，豈必待自種而觀其實哉！

8 六月，壬辰，幽州節度使張守珪大破契丹，使，疏吏翻，下同。契，欺訖翻，又音喫。考異曰：實錄：「守珪大破林胡。」按會要，契丹事，二十二年，守珪大破之。蓋實錄以契丹卽戰國時林胡地，故云然。遣使獻捷。

9 薛王業疾病，上憂之，容髮爲變。爲，于僞翻。七月，己巳，薨，贈謚惠宣太子。

10 上以裴耀卿爲江淮、河南轉運使，考異曰：舊紀云：「充江、淮以南回造使。」今從舊食貨志。於河口置輸場。八月，壬寅，於輸場東置河陰倉，西置柏崖倉，高宗咸亨二年，於洛州河陽縣柏崖置倉，開元十年廢，今復因舊基置之。三門東置集津倉，西置鹽倉；鑿漕渠十八里以避三門之險。參考新、舊志，乃是鑿山開車路十八里，非漕渠也。先是，舟運江、淮之米至東都含嘉倉，僦車陸運，三百里至陝，率兩斛用十【嚴：「十」改「千」。】錢。耀卿令江、淮舟運悉輸河陰倉，更用河舟運至含嘉倉及太原倉，自太原倉入渭輸關中，凡三歲，運米七百萬斛，省僦車錢三十萬緡。按舊志，東都含嘉倉積江淮之米，載以大輿，運而西至于陝三百里，率兩斛計庸錢千，此耀卿所省之大數也。「十錢」誤，當從「千錢」爲是。先，悉薦翻。僦，即就翻。陝，失冉翻。更，工衡翻。考異曰：舊志云「四十萬貫」。今從耀卿傳。舊志又云：「明年，耀卿拜侍中，蕭炅代焉。」按耀卿二十一年建此議，今年爲侍中，始置河陰倉，後三年方見成效；則非作侍中時解此職也。或說耀卿獻所省錢，說，式芮翻。耀卿曰：「此公家贏縮之利耳，柰何以之市寵乎！」悉奏以爲市糴錢。糴，徒歷翻。

11 張果固請歸恆山，制以爲銀青光祿大夫，號通玄先生，厚賜而遣之。後卒，好異者奏以爲尸解；解，佳買翻。仙家所謂尸解，譬猶蟬蛻，蟬飛而蛻在也。卒，子恤翻。好，呼到翻。上由是頗信神仙。明皇改集仙爲集賢殿，是其初心不信神仙也，至是則頗信矣，又至晚年則深信矣。史言正心爲難，漸入於邪而不自覺。

12 冬，十二月，戊子朔，日有食之。

13 乙巳，幽州節度使張守珪斬契丹王屈烈及可突干，傳首。考異曰：舊守珪傳「屈烈」作「屈剌」。契丹傳來年正月傳首。今從實錄。

時可突干連年爲邊患，趙含章、薛楚玉皆不能討，守珪到官，屢擊破之。可突干困迫，遣使詐降，守珪使管記王悔就撫之。悔至其牙帳，察契丹上下殊無降意，降，戶江翻；下同。但稍徙營帳近西北，密遣人引突厥，謀殺悔以叛；悔知之。近，其靳翻。牙官李過折考異曰：舊契丹傳作「遇折」。今從實錄及守珪傳。與可突干分典兵馬，爭權不叶，悔說過折使圖之。說，式芮翻。過折夜勒兵斬屈烈及可突干，盡誅其黨，帥餘衆來降。帥，讀曰率。守珪出師紫蒙州，【章：十二行本「州」作「川」；乙十一行本同；孔本同。】據晉書載記：秦、漢之間，東胡邑于紫蒙之野。唐書地理志，平州有紫蒙、白狼、昌黎等戍。蓋平州之北境，契丹之南界也。大閱以鎮撫之。梟屈烈、可突干首于天津〔橋〕之南。梟，堅堯翻。

14 突厥毗伽可汗爲其大臣梅錄啜所毒，厥，九勿翻。伽，求迦翻。可，從刋入聲。汗，音寒。啜，陟劣翻。未死，討誅梅錄啜及其族黨。既卒，子伊然可汗立，尋卒，弟登利可汗立。卒，子恤翻。舊史曰：登利，華言果報也。考異曰：舊傳，「伊然立，詔宗正卿李詮弔祭，册立伊然，爲立碑廟。無幾，伊然病卒，又立其弟爲登利可汗。」按張九齡集敕登利可汗書云：「今又遣從叔金吾大將軍佺弔祭。」又云，「建碑立廟，貽範紀功。」然則告喪時登利已立矣。實錄「詮」亦作「佺」。庚戌，來告喪。

15 禁京城匄者，置病坊以廩之。時病坊分置於諸寺，以悲田養病，本於釋教也。匄，古太翻。

二十三年（乙亥、七三五）

1春，正月，契丹知兵馬中郎李過折來獻捷；制以過折爲北平王，檢校松漠州都督。考異曰：實錄云「同幽州節度副大使」。舊傳云「授特進、檢校松漠州都督」。按過折雖有功，唐未必肯使爲幽州節度使。今從舊傳。

乙亥，上耕藉田，九推乃止；杜佑曰：是年親耕，有司進儀注：天子三推，公卿九推，庶人終畝。帝欲重耕藉，遂進耕五十餘步，盡隴乃止。推，吐雷翻。公卿以下皆終畝。赦天下，都城酺三日。都城，謂東都城。酺，音蒲。

上御五鳳樓酺宴，觀者諠隘，樂不得奏，金吾白梃如雨，不能遏；隘，烏懈翻。梃，待鼎翻。上患之。高力士奏河南丞嚴安之爲理嚴，唐赤縣丞從七品。理，治也；唐諱「治」，改曰「理」。爲人所畏，請使止之；上從之。安之至，以手板繞場畫地曰：「犯此者死！」於是盡三日，人指其畫以相戒，無敢犯者。

時命三百里內刺史、縣令各帥所部音樂集於樓下，各較勝負。帥，讀曰率。懷州刺史以車載樂工數百，皆衣文繡，服箱之牛皆爲虎豹犀象之狀。詩大東曰：睆彼牽牛，不以服箱。註云：服，牝服也。箱，大車之箱也。疏云：兩較之間謂之箱。甫田云：乃求萬斯箱。書傳云：長幾充箱。是車內容物之處。丘氏曰：服箱，猶言駕車也。衣，於旣翻。魯山令元德秀惟遣樂工數人，連袂歌于蒍。魯山，古魯縣，夏孔甲時，豢龍氏劉累所遷之地。漢爲魯陽縣，屬南陽郡，後魏置魯陽郡，隋復爲魯縣，屬汝州。唐爲魯山縣，以縣有魯山，故名。于蒍者，德秀所爲歌也。蒍，韋委翻。考異曰：明皇雜錄作「于蒍」，新傳作「于蒍于」。未詳其義。今從雜錄。上曰：「懷州之人，其塗炭乎！」立以刺史爲散官。散官，無職事。散，蘇旱翻。德秀性介潔質樸，士大夫皆服其高。

2 上美張守珪之功，欲以爲相，張九齡諫曰：「宰相者，代天理物，非賞功之官也。」上曰：「假以其名而不使任其職，可乎？」對曰：「不可。惟名與器不可以假人，君之所司也。左傳記孔子之言。且守珪纔破契丹，陛下卽以爲宰相；若盡滅奚、厥，奚、厥，謂奚與突厥。厥，九勿翻。將以何官賞之？」上乃止。二月，守珪詣東都獻捷，拜右羽林大將軍，兼御史大夫，賜二子官，賞賚甚厚。賚，來代翻。

3 初，殿中侍御史楊汪旣殺張審素，事見上卷十九年。更名萬頃。更，工衡翻。審素二子瑝、琇皆幼，瑝，戶盲翻，又音皇。琇，音秀。坐流嶺表；尋逃歸，謀伺便復讎。伺，相吏翻。三月，丁卯，手殺萬頃於都城，繫表於斧，言父冤狀；欲之江外殺與萬頃同謀陷其父者，至汜水，爲有司所得。汜，音祀。議者多言二子父死非罪，穉年孝烈能復父讎，宜加矜宥；穉，直利翻。張九齡亦欲活之。裴耀卿、李林甫以爲如此，壞國法，壞，音怪。上亦以爲然，謂九齡曰：「孝子之情，義不顧死；然殺人而赦之，此塗不可啓也。」乃下敕曰：「國家設法，期於止殺。各伸爲子之志，誰非徇孝之人！展轉相讎，何有限極！咎繇作士，咎，與皋同，古勞翻。繇，與陶同，餘招翻。法在必行。曾參殺人，亦不可恕。宜付河南府杖殺。」士民皆憐之，爲作哀誄，牓於衢路。爲，于僞翻。誄，魯水翻。市人斂錢葬之於北邙，恐萬頃家發之，仍爲疑冢數處。多作冢以疑之，使莫知其所葬之的處。

4 唐初，公主實封止三百戶，中宗時，太平公主至五千戶，率以七丁爲限。開元以來，皇妹止千戶，皇女又半之，皆以三丁爲限；駙馬皆除三品員外官，而不任以職事。公主邑入至少，至不能具車服，少，詩沼翻。左右或言其太薄，上曰：「百姓租賦，非我所有。戰士出死力，賞不過束帛；女子何功，而享多戶邪？且欲使之知儉嗇耳。」秋，七月，咸宜公主將下嫁，咸宜公主下嫁楊洄。始加實封至千戶。公主，武惠妃之女也。於是諸公主皆加至千戶。

5 冬，十月，戊申，突騎施寇北庭及安西撥換城。騎，奇寄翻。

6 閏月，壬午朔，日有食之。考異曰：舊紀作「十一月，壬申朔」。按長曆，十一月壬子朔。今從實錄、唐曆。

7 十二月，乙亥，册故蜀州司戶楊玄琰女爲壽王妃。爲帝納妃於後宮以亂國張本。考異曰：實錄載册文，云「玄璬長女」。按陳鴻長恨歌傳云：「詔高力士潛搜外宮，得楊玄琰女於壽邸。」舊楊貴妃傳云：「玄琰女早孤，養於叔父玄璬。」又云：「或奏玄琰女容色冠代，宜蒙召見。時妃衣道士服，號太眞。」新傳云：「始爲壽王妃云，遂召內禁中，卽爲自出妃意者，匄籍女官，號太眞，更爲壽王娶韋昭訓女，而太眞得幸。」舊史蓋諱之耳。玄琰，汪之曾孫也。楊汪見一百八十三卷隋煬帝大業十二年。

8 是歲，契丹王過折爲其臣涅禮所殺，涅，奴結翻。考異曰：舊傳，過折爲可突干餘黨泥裏所殺，不云朝廷如何處置泥裹。今據張九齡集有此賜契丹都督涅禮敕，又有賜張守珪敕云：「涅禮自擅，難以義責，而未有名位，恐其不安，卿可宣示朝旨，使知無他也。」蓋泥裹卽涅禮也。并其諸子，一子剌乾奔安東得免。剌，盧達翻。乾，音干。開元二年移安東都護府於平州。涅禮上言，過折用刑殘虐，衆情不安，故殺之。上赦其罪，因以涅禮爲松漠都督，且賜書責之曰：「卿之蕃法多無義於君長，長，知兩翻。自昔如此，朕亦知之。然過折是卿之王，有惡輒殺之，爲此王者，不亦難乎！但恐卿爲王，後人亦爾。常不自保，誰願作王！亦應防慮後事，豈得取快目前！」突厥尋引兵東侵奚、契丹，涅禮與奚王李歸國擊破之。

二十四年（丙子、七三六）

1春，正月，庚寅，敕：「天下逃戶，聽盡今年內自首，有舊產者令還本貫，無者別俟進止；踰限不首，首，式又翻。當命專使搜求，散配諸軍。」使，疏吏翻。

2北庭都護蓋嘉運擊突騎施，大破之。蓋，古盍翻，姓也。

3二月，甲寅，宴新除縣令於朝堂，上作令長新戒一篇，賜天下縣令。朝，直遙翻。長，知兩翻。

4庚午，更皇子名：更，工衡翻。考異曰：舊紀、唐曆：「二十三年，七月，景子，皇太子、諸王皆改名。」今從實錄。鴻曰瑛，潭曰琮，浚曰璵，洽曰琰，涓曰瑤，滉曰琬，涺曰琚，濰曰璲，璲，音遂。澐曰璬，璬，公了翻。澤曰璘，清曰瑁，瑁，音冒。洄曰玢，玢，方貧翻。沭曰琦，溢曰環，沔曰理，【嚴：「理」改

「瑝」。】泚曰玼，漼曰珪，澄曰珙，潓曰瑱，瑱，他甸翻。漎曰璿，璿，從宣翻。滔曰璥。璥，居影翻。

5 舊制，考功員外郎掌試貢舉人。有進士李權，陵侮員外李昂，議者以員外郎位卑，不能服衆；三月，壬辰，敕自今委禮部侍郎試貢舉人。

6 張守珪使平盧討擊使、左驍衛將軍安祿山討奚、契丹叛者，擊使，疏吏翻。驍，堅堯翻；下同。祿山恃勇輕進，爲虜所敗。夏，四月，辛亥，守珪奏請斬之。祿山臨刑呼曰：敗，蒲邁翻。呼，火故翻。「大夫不欲滅奚、契丹邪，柰何殺祿山！」守珪亦惜其驍勇，【章：十二行本「勇」下有「欲活之」三字；乙十一行本同；孔本同；張校同。】乃更執送京師。張九齡批曰：「昔穰苴誅莊賈，史記：齊景公使司馬穰苴爲將，穰苴曰：「願得君之寵臣以監軍。」景公使莊賈往。賈素驕貴，穰苴與之約，日中會于軍門；夕時乃至。穰苴以賈後期，斬之，以令三軍。批，匹迷翻，判也，今人謂之批判。孫武斬宮嬪，孫武以兵法見吳王闔廬，吳王曰：「可以勒兵小試於婦人乎？」曰：「可。」於是出宮中美女百八十人，分爲二隊，以王寵姬二人各爲隊長，皆令持戟。約束既布，三令五申，於是鼓之，右婦人大笑。孫子曰：「約束不行，申令不熟，將之罪也。」復三令五申而鼓之，左婦人復大笑。孫子斬左、右隊長以徇，用其次爲隊長而復鼓，婦人左右前後跪起皆中繩墨規矩。於是吳王知孫子能用兵，以爲將。守珪軍令若行，祿山不宜免死。」上惜其才，敕令免官，以白衣將領。將，卽亮翻。九齡固爭曰：「祿山失律喪師，於法不可不誅。且臣觀其貌有反相，不殺必爲後患。」喪，息浪翻。相，息亮翻。上曰：「卿勿以王夷甫識石勒，枉害忠良。」晉石勒年十四，隨邑人行販洛陽，倚嘯上東門。王衍見而異之，顧謂左右曰：「向者胡雛，吾觀其聲視有奇志，恐將爲天下之患。」馳遣收之，會勒已去。**竟赦之。**考異曰：玄宗實録：「四月，辛亥，張守珪奏禄山統戎失律，挫敗軍威，請依軍法斬決；許之。禄山臨刑抗聲言曰：『兩蕃未和，忍殺壯士！豈爲大夫謀也！』守珪以禄山嘗捷於擒生，聞其言，遂捨之，以聞。」肅宗實録云：「禄山爲互市牙郎，盗羊事發，守珪怒，追捕至，欲擊殺之。禄山大呼曰：『大夫不欲滅奚、契丹兩蕃邪！而殺壯士！』守珪奇其貌，壯其言，遂釋之。」姚汝能作禄山事迹，其盗羊事與肅宗實録同。又云：「二十一年，守珪令禄山奏事。中書令張九齡見之，謂侍中裴光庭曰：『亂幽州者此胡也。』」又云：「二十四年，禄山爲平盧將，討奚、契丹失利，守珪奏請斬之，九齡批曰：『穰苴出軍，必誅莊賈；孫武行令，亦斬宫嬪。守珪軍令若行，禄山不宜免死。』玄宗惜其勇鋭，但令免官，白衣展效。九齡執奏請誅之，玄宗曰：『卿豈以王夷甫識石勒，便臆斷禄山難制邪！』竟不誅之。」孫樵作西齋録，其序曰：「張守珪以安禄山叛者何？貸刑咈教，稔禍階也。禄山乃張守珪部將，嘗犯令，張曲江令守珪斬之，不從，果使亂天下；故書曰：『張守珪以安禄山叛。』」舊張九齡傳云：「張守珪以裨將安禄山討奚、契丹，敗衄，執送京師，請行朝典。九齡奏劾曰：『穰苴出軍，必誅莊賈；孫武教戰，亦斬宫嬪。守珪軍令必行，禄山不宜免死。』上特捨之。九齡奏曰：『禄山狼子野心，面有逆相，臣請因罪戮之，冀絶後患。』上曰：『卿勿以王夷甫知石勒故事，誤害忠良。』遂放歸蕃。」新傳語裴光庭事如事迹，執送京師事如舊傳，舊禄山傳盗羊事如事迹，而無失利請斬事；新傳亦然。舊傳仍云：「二十年，守珪爲幽州節度使，禄山盗羊事覺。」按裴光庭二十一年卒，是年冬，九齡乃爲相，云與光庭語，誤也。孫樵云「曲江令守珪斬之」，尤爲失實。實録，二十一年，守珪猶在隴右與吐蕃立分界碑，未至幽州。舊傳云「二十年爲節度」，亦誤也。按禄山若始爲互市牙郎，守珪安能知其終亂天下，釋而不殺！孫樵豈得遽以叛罪加之邪！若如舊九齡傳，守珪執送京師，玄宗自赦之，則守珪何罪而時人咎之也！若謂盗羊喪師，兩次當死，則禄山豈祇用辭而得免兩死邪！若如玄宗實禄，守珪奏請行法，得報聽許，感其一言，輒舍之，則守珪必不敢輕易反覆如此。且九齡何從得見其面，而云面有逆相邪！若云守珪未嘗奏請行法，則張九齡集有賜守珪敕云：「祿山等輕我兵威，曾不審料，致令損失，宜其就誅；卿既行之，軍法合爾。」又賜平盧將士敕云：「安祿山之誅，緣輕敵太過，勿因此畏懦，致失後圖。」是當時曾許之行誅矣。若云守珪自捨之，非玄宗意，則又賜守珪敕云：「祿山勇而無謀，遂至失利，衣甲資盜，挫我軍威，論其輕敵，合加重罪。然初聞勇鬬，亦有誅殺；又寇戎未滅，軍令從權，故不以一敗棄之，將欲收其後效也。不行薄責，又無所懲，宜且停官，令白衣將領。卿更審量本狀，亦任隨事處之。」今以諸書參考，蓋祿山失律，守珪奏請行法，故前敕云：「卿既行之，軍法合爾。」又云：「祿山之誅，緣輕敵太過。」似謂守珪已誅之矣。既而守珪感其所言，惜其驍勇，欲殺則不忍，欲捨則先已奏聞，且恐不能厭服將士之心，或者報未到，故執送京師，使上自裁之，冀上見其材力而赦之，亦猶陳平執樊噲，衞青囚蘇建耳。上因是欲赦之，而九齡執奏云：「守珪軍令若行，祿山不宜免死。」是幷劾守珪不斷於閫外，乃更執以諉上之辭也。九齡因此見之，而云「面有逆相」，上終欲赦之，故九齡不得已草敕云：「卿更審量本狀，隨事處之。」守珪得此敕，即捨之，以聞。如此則與玄宗實錄相應，而於人情差似相近。

安祿山者，本營州雜胡，初名阿犖山。其母，巫也；新書曰：祿山本姓康。其母居突厥中，禱于軋犖山，虜所謂戰鬬神者，而生祿山，故以爲字；從母冒姓安氏。阿，烏葛翻。犖，呂角翻。父死，母攜之再適突厥安延偃。會其部落破散，與延偃兄子思順俱逃來，故冒姓安氏，名祿山。又有史窣干者，窣，蘇骨翻。與祿山同里閈，先後一日生。考異曰：舊傳云：「思明除日生，祿山元日生。」按祿山事迹：「天寶十載正月二十日，上及貴妃爲祿山作生日」，今不取。及長，相親愛，皆爲互市牙郎，以驍勇聞。牙郎，駔儈也：南北物價，定於其口，而後相與貿易。張守珪以祿山爲捉生將，祿山每與數騎出，輒擒契丹數十人而返。狡猾，善揣人情，將，卽亮翻。騎，奇寄翻。揣，初委翻。守珪愛之，養以爲子。

窣干嘗負官債亡入奚中，爲奚遊弈所得，欲殺之；窣干紿曰：「我，唐之和親使也，紿，湯亥翻。使，疏吏翻。汝殺我，禍且及汝國。」遊弈信之，送詣牙帳。窣干見奚王，長揖不拜，奚王雖怒，而畏唐，不敢殺，以客禮館之，館，古玩翻。使百人隨窣干入朝。窣干謂奚王曰：「王遣人雖多，觀其才皆不足以見天子。聞王有良將瑣高者，何不使之入朝！」瑣高者，蓋奚中酋豪之號，非人名也。前已有李詩瑣高。將，卽亮翻。朝，直遙翻。奚王卽命瑣高與牙下三百人隨窣干入朝。窣干將至平盧，先使人謂軍使裴休子曰：「奚使瑣高與精銳俱來，聲云入朝，實欲襲軍城，宜謹爲之備，先事圖之。」休子乃具軍容出迎，至館，悉阬殺其從兵，執瑣高送幽州。使，疏吏翻。先，悉薦翻。從，才用翻。張守珪以窣干爲有功，奏爲果毅，累遷將軍。後入奏事，上與語，悅之，賜名思明。安、史事始此。

7 故連州司馬武攸望之子溫眘，坐交通權貴，杖死。帝平韋氏，武攸望貶死。眘，時刃翻。乙丑，朔方、河東節度使信安王禕貶衢州刺史，廣武王承宏貶房州別駕，涇州刺史薛自勸貶澧州別駕；皆坐與溫眘交遊故也。承宏，守禮之子也。豳王守禮，章懷太子賢之子。辛未，蒲州刺史王琚貶通州刺史；坐與禕交書也。

8 五月，醴泉妖人劉志誠作亂，驅掠路人，將趣咸陽。妖，於喬翻。趣，七喻翻。村民走告縣官，焚橋斷路以拒之，斷，音短。其衆遂潰，數日，悉擒斬之。

9 六月，初分月給百官俸錢。

10 初，上因藉田赦，命有司議增宗廟籩豆之薦及服紀未通者。太常卿韋縚奏請宗廟每坐籩豆十二。縚，土刀翻。坐，徂臥翻。

兵部侍郎張均、職方郎中韋述議曰：「聖人知孝子之情深而物類之無限，故爲之節制。人之嗜好本無憑準，宴私之饌與時遷移，故聖人一切同歸於古。屈到嗜芰，屈建不以薦，以爲不以私欲干國之典。國語：楚屈到嗜芰，有疾，召其宗老而屬之曰：「祭我必以芰。」及祥，宗老將薦芰，屈建命去之，曰：「國君有牛享，大夫有羊饋，士有豚犬之奠，庶人有魚炙之薦，籩豆脯醢，則上下共之，不羞珍異，不陳庶侈，不以其私欲干國之典。」遂不用。芰，奇寄翻。菱，一名芰。說文曰：楚謂之芰，秦謂之薢茩，今俗但言菱芰。武陵記：四角、三角曰芰，兩角曰菱。好，呼到翻。去，羌呂翻。今欲取甘旨肥濃，皆充祭用，苟踰舊制，其何限焉！書曰：『黍稷非馨，明德惟馨。』書成王命君陳之言。若以今之珍饌，平生所習，求神無方，何必泥古，則簠簋可去而盤盂盃案當在御矣，韶濩可息而箜篌箏笛當在奏矣。舜樂曰韶，湯樂曰濩。箜篌，漢武帝使樂人侯調所作；或云侯輝所作。今按其形似瑟而小，七絃，用撥彈之如琵琶。舊唐書曰：箜篌，胡樂也。漢靈帝好之，體曲而長，二十三絃，豎抱于懷，用兩手齊奏，俗名「擘箜篌」。鳳首箜篌有項加軫七絃，鄭善子作，開元中進，形如阮咸，其下缺小而身大，旁有小缺，取其身便也。一曰：箜篌乃鄭、衛之音權輿，以其亡國之聲，故號空國之侯，亦曰坎侯。風俗通云：漢武帝時，丘仲作笛。按周禮，笙師掌教篪篴。又云，起於羌人，後漢馬融所賦橫笛，空洞、無底，剡其二孔，五孔一出其背，正似今之尺八。李善爲之註，七孔今一尺四寸，此乃今之橫笛耳。太常鼓吹部中所謂橫吹，非融所賦者。融賦：「易京君明識音律，故本四孔加以一；君明所加孔後出，是謂商聲五音畢。」沈約宋書亦云，京房備其五音。周禮笙師註：杜子春云：篴乃今時所吹五孔篴。以融、約所記論之，則古篴不應有五孔，子春之說，亦未爲然。今三禮圖畫篴亦橫設而有五孔，不知出何典據。篴，與笛同。簠，音甫。簋，居洧翻。既非正物，後嗣何觀！夫神，以精明臨人者也，不求豐大；苟失於禮，雖多何爲！豈可廢棄禮經以從流俗！且君子愛人以禮，不求苟合；況在宗廟，敢忘舊章！」

太子賓客崔沔議曰：「祭祀之興，肇於太古，茹毛飲血，則有毛血之薦；未有麴蘗，則有玄酒之奠。司烜氏以鑒取明水於月爲玄酒。蘗，魚列翻。施及後王，禮物漸備；施，弋智翻。然以神道致敬，不敢廢也。籩豆簠簋樽罍之實，皆周人之時饌也，其用通於宴饗賓客，而周公制禮，與毛血玄酒同薦鬼神。國家由禮立訓，因時制範，清廟時饗，禮饌畢陳，用周制也。如簠簋、籩豆、鉶羹之類。饌，雛戀翻，又雛晥翻。園陵上食，時膳具設，遵漢法也。如叔孫通請薦含桃之類。上，時掌翻。職貢來祭，致遠物也。有新必薦，順時令也。苑囿之內，躬稼所收，蒐狩之時，親發所中，莫不薦而後食，盡誠敬也。若此至矣，復何加焉！中，竹仲翻。復，扶又翻。但當申敕有司，無或簡怠，則鮮美肥濃，盡在是矣，不必加籩豆之數也。」自此以上，諸人之議，皆因舊禮而申之。

上固欲量加品味。量，音良。紹又奏每室加籩豆各六，四時各實以新果珍羞；從之。

紹又奏：「喪服『舅，緦麻三月，從母、外祖父母皆小功五月。』外祖至尊，同於從母之服；姨、舅一等，服則輕重有殊。姨，即從母也。從，才用翻。堂姨、舅親卽未疏，恩絕不相爲服；舅母來承外族，不如同爨之禮。竊以古意猶有所未暢者也，請加外祖父母爲大功九月，姨、舅皆小功五月，堂舅、堂姨、舅母並加至袒免。」五服止於緦麻，此外有袒免之服。袒者，偏脫衣袒而露其肩；免者，以布廣一寸，從項中而前交於額上，又卻向後繞於髻。袒，音但。免，音問。

崔沔議曰：「正家之道，不可以貳；總一定義，理歸本宗。是以內有齊、斬，齊，音咨。外皆緦麻，尊名所加，不過一等，此先王不易之道也。願守八年明旨，一依古禮，崔沔所謂詔旨，見二百十二卷七年；曰八年者，通帝卽位先天之年數之也。以爲萬代成法。」

韋述議曰：「喪服傳曰：『禽獸知母而不知父。野人曰，父母何等【章：十二行本「等」作「筭」；乙十一行本同；退齋校同。】焉！都邑之士則知尊禰矣；傳，直戀翻。禰，奴禮翻。大夫及學士則知尊祖矣。』聖人究天道而厚於祖禰，繫族姓而親其子孫，母黨比於本族，不可同貫，明矣。今若外祖與舅加服一等，堂舅及姨列於服紀，則中外之制，相去幾何！廢禮徇情，所務者末。古之制作者，知人情之易搖，恐失禮之將漸，別其同異，輕重相懸，易，以豉翻。別，彼列翻。欲使後來之人永不相雜。微旨斯在，豈徒然哉！苟可加也，亦可減也；往聖可得而非，則禮經可得而隳矣。先王之制，謂之彝倫，彝，常也。倫，道理次敍。奉以周旋，猶恐失墜；一紊其敍，庸可止乎！請依儀禮喪服爲定。」紊，音問。

禮部員外郎楊仲昌議曰：唐禮部郎掌五禮，舉其儀制而辯其名數。「鄭文貞公魏徵始加舅服至小功五月。雖文貞賢也，而周、孔聖也，以賢改聖，後學何從！竊恐內外乖序，親疏奪倫，情之所沿，何所不至！昔子路有姊之喪而不除，孔子曰：『先王制禮，行道之人，皆不忍也。』子路除之。見記檀弓。此則聖人援事抑情之明例也。記曰：『毋輕議禮。』禮器之言。明其蟠於天地，並彼日月，賢者由之，安敢損益也！」

敕：「姨舅既服小功，舅母不得全降，宜服緦麻，堂姨舅宜服袒免。」

均，說之子也。說，讀曰悅。

11 秋，八月，壬子，千秋節，羣臣皆獻寶鏡。張九齡以爲以鏡自照見形容，以人自照見吉凶。乃述前世興廢之源，爲書五卷，謂之千秋金鏡錄，上之；上，時掌翻。上賜書褒美。

12 甲寅，突騎施遣其大臣胡祿達干來請降，許之。騎，奇寄翻。降，戶江翻。

13 御史大夫李適之，承乾之孫也，以才幹得幸於上，數爲承乾論辯；甲戌，追贈承乾恆山愍王。承乾廢見一百九十七卷太宗貞觀十七年。數，所角翻。爲，于僞翻。恆，戶登翻。

14 乙亥，汴哀王璥薨。

15 冬，十月，戊申，車駕發東都。先是，敕以來年二月二日行幸西京，先，悉薦翻。會宮中有怪，明日，上召宰相，卽議西還。裴耀卿、張九齡曰：「今農收未畢，請俟仲冬。」李林甫潛知上指，二相退，林甫獨留，言於上曰：「長安、洛陽，陛下東西宮耳，往來行幸，何更擇時！借使妨於農收，但應蠲所過租稅而已。蠲，圭玄翻。臣請宣示百司，卽日西行。」上悅，從之。過陝州，以刺史盧奐有善政，題贊於其聽事而去。稱人之美曰贊。陝，失冉翻。聽，讀曰廳。奐，懷愼之子也。丁卯，至西京。

16 朔方節度使牛仙客，前在河西，能節用度，勤職業，倉庫充實，器械精利；上聞而嘉之，欲加尚書。張九齡曰：「不可。尚書，古之納言，唐興以來，惟舊相及揚歷中外有德望者乃爲之。仙客本河湟使典，事見上卷十五年。相，息亮翻。使，疏吏翻。今驟居清要，恐羞朝廷。」上曰：「然則但加實封可乎？」對曰：「不可。封爵所以勸有功也。邊將實倉庫，修器械，乃常務耳，將，卽亮翻。不足爲功。陛下賞其勤，賜之金帛可也；裂土封之，恐非其宜。」上默然。李林甫言於上曰：「仙客，宰相才也，何有於尚書！九齡書生，不達大體。」考異曰：舊林甫傳曰：「林甫以九齡言告仙客，仙客翌日見上泣讓官爵。」按時不聞仙客在京。今從唐曆。上悅，明日，復以仙客實封爲言，復，扶又翻。九齡固執如初。上怒，變色曰：「事皆由卿邪？」九齡頓首謝曰：「陛下不知臣愚，使待罪宰相，事有未允，臣不敢不盡言。」上曰：「卿嫌仙客寒微，如卿有何閥閱？」九齡曰：「臣嶺海孤賤，九齡，韶州人。不如仙客生於中華；牛仙客，涇州人。然臣出入臺閣，典司誥命有年矣。九齡歷司勳員外郎、中書舍人。仙客邊隅小吏，目不知書，若大任之，恐不愜衆望。」愜，苦叶翻。林甫退而言曰：「苟有才識，何必辭學！天子用人，有何不可！」十一月，戊戌，賜仙客爵隴西縣公，食實封三百戶。

初，上欲以李林甫爲相，問於中書令張九齡，九齡對曰：「宰相繫國安危，陛下相林甫，臣恐異日爲廟社之憂。」上不從。時九齡方以文學爲上所重，林甫雖恨，猶曲意事之。侍中裴耀卿與九齡善，林甫并疾之。是時，上在位歲久，漸肆奢欲，怠於政事。而九齡遇事無細大皆力爭；林甫巧伺上意，日思所以中傷之。伺，相吏翻。中，竹仲翻。

上之爲臨淄王也，趙麗妃、皇甫德儀、劉才人皆有寵，帝置六儀，德儀其一也。麗妃生太子瑛，德儀生鄂王瑤，才人生光王琚。及即位，幸武惠妃，麗妃等愛皆弛；惠妃生壽王瑁，寵冠諸子。太子與瑤、琚會於內第，時太子、諸王皆居禁中。冠，古玩翻。各以母失職有怨望語。駙馬都尉楊洄尚咸宜公主，常伺三子過失以告惠妃。咸宜公主，武惠妃之女，故楊洄黨於惠妃。惠妃泣訴於上曰：「太子陰結黨與，將害妾母子，亦指斥至尊。」上大怒，以語宰相，欲皆廢之。語，牛倨翻。九齡曰：「陛下踐阼垂三十年，太子諸王不離深宮，離，力智翻。日受聖訓，天下之人皆慶陛下享國久長，子孫蕃昌。蕃，音煩。今三子皆已成人，不聞大過，陛下奈何一旦以無根之語，喜怒之際，盡廢之乎！且太子天下本，不可輕搖。昔晉獻公聽驪姬之讒殺申生，三世大亂。左傳，晉獻公殺其世子申生，立驪姬之子；里克殺之。公子夷吾、重耳及子圉爭國，三世大亂。漢武帝信江充之誣罪戾太子，京城流血。事見漢紀。晉惠帝用賈后之譖廢愍懷太子，中原塗炭。事見晉紀。隋文帝納獨孤后之言黜太子勇，立煬帝，遂失天下。事見隋紀。由此觀之，不可不慎。陛下必欲爲此，臣不敢奉詔。」上不悅。林甫初無所言，退而私謂宦官之貴幸者曰：「此主上家事，何必問外人！」上猶豫未決。惠妃密使官奴牛貴兒謂九齡曰：「有廢必有興，公爲之援，宰相可長處。」九齡叱之，以其語白上；上爲之動色，處，昌呂翻。上爲，于僞翻。故訖九齡罷相，太子得無動。林甫日夜短九齡於上，上浸疏之。考異曰：明皇雜錄云：「林甫請見，屢陳仙客實封，九齡頗懷誹謗。于時方秋，上命高力士以白羽扇賜之。九齡惶恐，作賦以獻。」新傳亦云然。按實錄，仙客加實封在十月。而九齡集白羽扇賦序云：「開元二十四年夏盛暑，奉敕使大將軍高力士賜宰相白羽扇，九齡與焉。竊有所感，立獻賦」云云。敕報曰：「朕頃賜羽扇，聊以滌暑，佳彼勁翮，方資利用，與夫棄捐篋笥，義不同也。」然則上以盛夏遍賜宰臣扇，非以秋日獨賜九齡，但九齡因此獻賦，自寄意耳。

林甫引蕭炅爲戶部侍郎。炅素不學，炅，古迥翻。嘗對中書侍郎嚴挺之讀「伏臘」爲「伏獵」。挺之言於九齡曰：「省中豈容有『伏獵侍郎』！」由是出炅爲岐州刺史，故林甫怨挺之。九齡與挺之善，欲引以爲相，嘗謂之曰：「李尚書方承恩，李林甫時以禮部尚書相。足下宜一造門，與之款暱。」挺之素負氣，薄林甫爲人，竟不之詣。林甫恨之益深。挺之先娶妻，出之，更嫁蔚州刺史王元琰，元琰坐贓罪下三司按鞫，挺之爲之營解。林甫因左右使於禁中白上。上謂宰相曰：「挺之爲罪人請屬所由。」造，七到翻。更，工衡翻。蔚，紆勿翻。下，遐嫁翻。爲，于僞翻。屬，之欲翻。九齡曰：「此乃挺之出妻，不宜有情。」上曰：「雖離乃復有私。」復，扶又翻；下無復同。

於是上積前事，以耀卿、九齡爲阿黨；壬寅，以耀卿爲左丞相，九齡爲右丞相，並罷政事。以林甫兼中書令；仙客爲工部尚書、同中書門下三品，領朔方節度如故。考異曰：唐曆曰：「宰相遙領節度，自仙客始。」按蕭嵩已遙領河西，非始此。嚴挺之貶洺州刺史，舊志，洺州，京師東北一千五百八十五里。王元琰流嶺南。

上即位以來，所用之相，姚崇尚通，宋璟尚法，張嘉貞尚吏，張說尚文，李元紘、杜暹尚儉，韓休、張九齡尚直，各其所長也。九齡既得罪，自是朝廷之士，皆容身保位，無復直言。

李林甫欲蔽塞人主視聽，自專大權，明召諸諫官謂曰：「今明主在上，羣臣將順之不暇，烏用多言！諸君不見立仗馬乎？食三品料，一鳴輒斥去。悔之何及！」塞，悉則翻。去，羌呂翻。唐舊儀，每日，尚乘以廐馬八匹分爲左右廂，立於正殿側宮門外，候仗下卽散。若大陳設則馬在樂懸之北，與大象相次，進馬二人，戎服執鞭，侍立於馬之左，隨馬進退。補闕杜璡嘗上書言事，璡，資辛翻。上，時掌翻。考異曰：唐曆作「杜珽」。今從新書。明日，黜爲下邽令。唐制：上縣令從六品上，補闕從七品上。以此言之，則非黜也。蓋唐人重内官，而品之高下不論也，況遺、補供奉官，地居清要乎！自是諫爭路絶矣。爭，讀曰諍。

牛仙客既爲林甫所引，專給唯諾而已。唯，于癸翻。然二人皆謹守格式，百官遷除，各有常度，雖奇才異行，不免終老常調；行，下孟翻。調，徒弔翻。其以巧諂邪險自進者，則超騰不次，自有他蹊矣。林甫城府深密，人莫窺其際。好以甘言啗人，而陰中傷之，不露辭色。凡爲上所厚者，始則親結之，及位勢稍逼，輒以計去之。中，竹仲翻。去，羌呂翻。雖老姦巨猾，無能逃於其術者。如韋堅、楊慎矜、王鉷之類是也。

二十五年（丁丑、七三七）

1春，正月，初置玄學博士，崇玄學，習老子、莊子、文子、列子，亦曰道舉。每歲依明經舉。

2二月，敕曰：「進士以聲韻爲學，多昧古今；明經以帖誦爲功，罕窮旨趣。自今明經問大義十條，對時務策三首；進士試大經十帖。」

3戊辰，新羅王興光卒，卒，子恤翻。子承慶襲位。

4乙酉，幽州節度使張守珪破契丹於捺祿山。使，疏吏翻。契，欺訖翻，又音喫。捺，奴剌翻。

5己亥，河西節度使崔希逸襲吐蕃，破之於青海西。

初，希逸遣使謂吐蕃【章：十二行本「蕃」下有「邊將」二字；乙十一行本同；退齋校同；張校同，云無註本亦無。】乞力徐曰：「兩國通好，今爲一家，何必更置兵守捉，妨人耕牧！請皆罷之。」乞力徐曰：「常侍忠厚，吐，從暾入聲。崔希逸蓋帶散騎常侍鎮河西，故稱之。使，疏吏翻。好，呼到翻。捉，仄角翻。言必不欺。然朝廷未必專以邊事相委，萬一有姦人交鬭其間，掩吾不備，悔之何及！」希逸固請，乃刑白狗爲盟，各去守備；於是吐蕃畜牧被野。朝，直遙翻。去，羌呂翻。被，皮義翻。畜，許救翻。時吐蕃西擊勃律，勃律來告急，上命吐蕃罷兵，吐蕃不奉詔，遂破勃律；上甚怒。會希逸傔人孫誨入奏事，傔，苦念翻。傔，從也。唐制：凡諸軍鎮大使、副使以下，皆有傔人、別奏以爲之使。大使傔二十五人，別奏十人；副使傔二十人，別奏八人。自欲求功，奏稱吐蕃無備，請掩擊，必大獲。上命內給事趙惠琮與誨偕往，審察事宜。唐內侍省有內給事十人，從五品下，掌承旨勞問，分判省事；凡元日冬至，百官賀皇后，則出入宣傳；宮人衣服費用，則具品秩，計其多少，春秋宣送中書。惠琮等至，則矯詔令希逸襲之。希逸不得已，發兵自涼州南入吐蕃二千餘里，至青海西，與吐蕃戰，大破之，斬首二千餘級，乞力徐脫身走。惠琮、誨皆受厚賞，自是吐蕃復絕朝貢。復，扶又翻；下而復同。朝，直遙翻。

6 夏，四月，辛酉，監察御史周子諒彈牛仙客非才，引讖書爲證。薛居正五代史曰：天后朝，有讖辭云：「首尾三鱗六十年，兩角犢子自狂顛，龍蛇相鬭血成川。」當時好事者解云：「兩角犢子」，牛也；必有牛姓干唐祚。監，古銜翻。彈，徒丹翻。上怒，命左右擈於殿庭，擈，蒲角翻，擊也，又匹角翻。絕而復蘇；仍杖之朝堂，流瀼州，至藍田而死。瀼，如羊翻，又而章翻。藍田縣，漢、晉屬京兆，後魏眞君七年，併入霸城，太和十一年復，後周置藍田郡，隋廢郡爲縣，屬京兆府。九域志，在府東南七十里。考異曰：舊紀云：「子諒以妄陳休咎，於朝堂決殺。」實錄此月則曰：「子諒彈奏仙客非才，引妖讖爲證。上怒，召入禁中責之。左右拉者數四，氣絕而蘇。」及仙客傳則云：「子諒竊言於御史大夫李適之曰：『牛仙客不才，濫登相位。大夫國之懿親，豈得坐觀其事！』適之遽奏子諒之言。上大怒，廷詰子諒；子諒辭窮，於朝堂決杖，配流瀼州，行至藍田死。」舊仙客傳亦然。今從此月實錄及舊傳。柳宗元周君墓碣云：「有唐貞臣汝南周氏諱某字某。」又曰：「在天寶年，有以諂諛至相位，賢臣放退。公爲御史，抗言以白其事，得死于墀下。」宗元集此碣雖無名字，然其事則子諒也；云在天寶年，誤矣。李林甫言，「子諒，張九齡所薦也。」甲子，貶九齡荊州長史。

7 楊洄又奏【章：十二行本「奏」作「譖」；乙十一行本同。】太子瑛、鄂王瑤、光王琚，云與太子妃兄駙馬薛鏽潛搆異謀，鏽，息六翻，又息救翻。考異曰：新傳曰：「二十五年，洄復搆瑛、瑤、琚與妃之兄薛鏽異謀。惠妃使人詭召太子、二王曰：『宮中有賊，請介以入。』太子從之。妃白帝曰：『太子、二王謀反，甲而來。』帝使中人視之，如言。遽召宰相林甫議，答曰：『陛下家事，非臣所宜豫。』帝意決，乃廢瑛等。」按瑛等與惠妃相猜忌已久，雖承妃言，豈肯遽被甲入宮！又按廢太子制書云：「陷元良於不友，誤二子於不義。」不言被甲入宮也。蓋洄譖瑛等云欲害壽王瑁耳。今從舊傳，但云「潛搆異謀」。上召宰相謀之。李林甫對曰：「此陛下家事，非臣等所宜豫。」上意乃決。乙丑，使宦者宣制於宮中，廢瑛、瑤、琚爲庶人；於宮中廢之，用李林甫家事之言也。考異曰：獨孤及作裴稹行狀云：「公爲起居郎，三庶人以罪廢；壽王以母寵子愛，議者頗有奪宗之嫌。道路憫默，朝野疑懼。公乃從容請間，慷慨獻諫，上述新城之殷鑒，下陳戾園之元龜，謂興亡之由，在廢立之地。天子感悟，改容以謝，因詔以給事中授公。公曰：『陛下絕招諫之路，爲日固久；今臣一言而荷殊寵，則言者衆矣，何以錫之？』上善其敏而多其讓，乃止不拜，尋除尚書祠部員外郎。」按稹，光庭之子。當是時，周子諒杖死，張九齡遠貶，稹若敢爲太子直冤，則聲振宇宙，豈得湮沒無聞，而諸書皆不言此事，蓋出於及之虚美耳。流鏽於瀼州；瑛、瑤、琚尋賜死城東驛，鏽賜死於藍田。瑤、琚皆好學有才識，死不以罪，人皆惜之。好，呼到翻。丙寅，瑛舅家趙氏、妃家薛氏、瑤舅家皇甫氏，坐流貶者數十人，惟瑤妃家韋氏以妃賢得免。

8 五月，夷州刺史楊濬坐贓當死，上命杖之六十，流古州。夷州，漢牂柯地，其後爲徼外。隋開置綏陽縣，屬明陽郡，武德四年置夷州於思州寧夷縣，明陽屬焉。而綏陽屬義州，貞觀元年廢夷州，而明陽、寧夷屬務州；四年復置夷州於黔州都上縣，尋又自都上移於綏陽。貞觀十二年，李弘節開夷、獠，置古州，屬容州都督府。左丞相裴耀卿上疏，以爲「決杖贖死，恩則甚優，解體受笞，事頗爲辱，止可施之徒隸，不當及於士人。」上從之。

9 癸未，敕以方隅底定，令中書門下與諸道節度使量軍鎮閒劇利害，審計兵防定額，於諸色征人及客戶中召募丁壯，長充邊軍，增給田宅，務加優恤。

10 辛丑，上命有司選宗子有才者，授以臺省及法官、京縣官，敕曰：「違道慢常，義無私於王法；修身效節，恩豈薄於他人！期於帥先，勵我風俗。」帥，讀曰率。

11 秋，七月，己卯，大理少卿徐嶠考異曰：舊紀作「徐岵」。今從刑法志、通典。奏：「今歲天下斷死刑五十八，大理獄院，由來相傳殺氣太盛，鳥雀不棲，今有鵲巢其樹。」於是百官以幾致刑措，上表稱賀。斷，丁亂翻。幾，居依翻。上，時掌翻。上歸功宰輔，庚辰，賜李林甫爵晉國公，牛仙客豳國公。考異曰：實錄：「七月，戊寅，有司奏因減少，上歸美宰臣，制曰：『斷獄五十，殆至無刑。』遂封二人。」又：「十月丙午，上因聽政，問京城囚徒，有司奏有五十人；怡然有喜色，下制曰：『日者叢棘之地，烏鵲來巢。今結諸刑名，纔逾五十，其刑部侍郎鄭少微等各賜中上考。』」二者未詳其爲一事、二事。今從舊紀。

上命李林甫、牛仙客與法官刪脩律令格式成，九月，壬申，頒行之。

12 先是，西北邊數十州多宿重兵，先，悉薦翻。地租營田皆不能贍，贍，而豔翻。始用和糴之法。有彭果者，因牛仙客獻策，請行糴法於關中。戊子，敕以歲稔穀賤傷農，命增時價什二三，和糴東、西畿粟各數百萬斛，東畿，都畿也。西畿，京畿也。糴，他歷翻。停今年江、淮所運租。自是關中蓄積羨溢，羨，延面翻。車駕不復幸東都矣。復，扶又翻。癸巳，敕河南、北租應輸含嘉、太原倉者，據李泌傳，太原倉在陝州西。皆留輸本州。

13 太常博士王璵璵，音余。考異曰：舊傳不言璵鄉里世系。新傳云「方慶六世孫」。又新舊傳皆云：「抗疏請置春壇，因遷太常博士。」不知其本何官也。新表，「王方慶五世孫璵事肅宗」。按方慶長安二年卒，距此才三十六年，不應已有五世、六世孫能上疏，恐璵偶與之同名，實非也。今不取。上疏請立青帝壇以迎春；從之。

冬，十月，辛丑，制自今立春親迎春於東郊。時上頗好祀神鬼，好，呼到翻。故璵專習祠祭之禮以干時。上悅之，以爲侍御史，領祠祭使。璵祈禱或焚紙錢，類巫覡。漢以來喪葬有瘞錢，後世俚俗稍以紙寓錢爲鬼事。使，疏吏翻。覡，刑狄翻。習禮者羞之。

14 壬申，上幸驪山溫泉。乙酉，還宮。

15 己丑，開府儀同三司廣平文貞公宋璟薨。

16 十二月，丙午，惠妃武氏薨，贈謚貞順皇后。

17 是歲，命將作大匠康諐素【嚴：「諐」改「䛒」。】之東都毀明堂。「諐」與「愆」同，籀文也。新書禮樂志作「諐素」。諐素上言：「毀之勞人，請去上層，去，羌呂翻。卑於舊九十五尺，仍舊爲乾元殿。」從之。

18 初令租庸調、租資課，調，徒弔翻。皆以土物輸京都。西京、東都租庸調，高祖、太宗之法；租資課必開元以來之法。

二十六年（戊寅、七三八）

1 春，正月，乙亥，以牛仙客爲侍中。

2 丁丑，上迎氣於滻水之東。滻，音產。

3 制邊地長征兵，召募向足，自今鎮兵勿復遣，復，扶又翻。在彼者縱還。

4 令天下州、縣、里別置學。

5 壬辰，以李林甫領隴右節度副大使，以鄯州都督杜希望知留後。鄯，時戰翻，又音善。二月，乙卯，以牛仙客兼河東節度副大使。牛仙客先已領朔方，今兼河東。

6 己未，葬貞順皇后于敬陵。武惠妃謚貞順皇后。敬陵在京兆萬年縣東南四十里。

7 壬戌，敕河曲六州胡坐康待賓散隸諸州者，聽還故土，於鹽、夏之間，置宥州以處之。徙六胡州見二百十二卷十年。今併六胡州之地以爲宥州。舊志：宥州去京師一千一百里。夏，戶雅翻。處，昌呂翻。

8 三月，吐蕃寇河西，節度使崔希逸擊破之。鄯州都督、知隴右留後杜希望攻吐蕃新城，拔之，以其地爲威戎軍，鄯州星宿川西北三百五十里有威戎軍。考異曰：舊傳作「威武軍」，今從實錄。置兵一千戍之。

9 夏，五月，乙酉，李林甫兼河西節度使。已領隴右，又兼河西。丙申，以崔希逸爲河南尹。希逸自念失信於吐蕃，以背乞力徐之盟也。內懷愧恨，未幾而卒。幾，居豈翻。

10 太子瑛既死，李林甫數勸上立壽王瑁。上以忠王璵年長，且仁孝恭謹，又好學，意欲立之，猶豫歲餘不決。自念春秋浸高，三子同日誅死，繼嗣未定，常忽忽不樂，寢膳爲之減。高力士乘間請其故。數，所角翻。長，知兩翻。好，呼到翻。樂，音洛。爲，于僞翻。間，古莧翻。上曰：

「汝，我家老奴，豈不能揣我意！」揣，初委翻。力士曰：「得非以郎君未定邪？」上曰：「然。」對曰：「大家何必如此虛勞聖心，但推長而立，長，知兩翻。考異曰：統紀敍力士語云：「但從大枒，」註：謂肅宗也。「大枒」，語不可曉。今從新傳。誰敢復爭！」復，扶又翻。上曰：「汝言是也！汝言是也！」由是遂定。六月，庚子，立璵爲太子。

11 辛丑，以岐州刺史蕭炅爲河西節度使總留後事，鄯州都督杜希望爲隴右節度使，太僕卿王昱爲劍南節度使，考異曰：舊傳作「王昊」，今從實錄、唐曆。分道經略吐蕃，仍毁所立赤嶺碑。立碑，見上卷二十一年。

12 突騎施可汗蘇祿，素廉儉，每攻戰所得，輒與諸部分之，不留私蓄，由是衆樂爲用。樂，音洛。既尚唐公主，又潛通突厥及吐蕃，突厥、吐蕃各以女妻之。蘇祿以三國女爲可敦，又立數子爲葉護，用度浸廣，由是攻戰所得，不復更分。晚年病風，一手攣縮，妻，七細翻。復，扶又翻；下而復同。攣，閭緣翻。諸部離心。酋長莫賀達干、都摩度兩部最強，酋，慈由翻。長，知兩翻。考異曰：會要作「莫賀咄達干」。今從實錄。新傳作「都摩支」。今從實錄、舊傳。其部落又分爲黃姓、黑姓，互相乖阻，突騎施種人自謂娑葛後者爲黃姓，蘇祿部爲黑姓。於是莫賀達干勒兵夜襲蘇祿，殺之。都摩度初與莫賀達干連謀，既而復與之異，立蘇祿之子骨啜爲吐火仙可汗以收其餘衆，與莫賀達干相攻。莫賀達干遣使告磧西節度使蓋嘉運，磧，七迹翻。上命嘉運招集突騎施、拔汗那以西諸國；吐火仙與都摩度據碎葉城，黑姓可汗爾微特勒據怛邏斯城，碎葉川長千里，西屬怛邏斯城。其城初屬石國，石常分兵鎮之。蓋，古盍翻。騎，奇寄翻。可，從刊入聲。汗，音寒。怛，當割翻。邏，郎佐翻。考異曰：唐曆作「恒邏斯」。今從實錄。相與連兵以拒唐。

13 太子將受册命，儀注有中嚴、外辦及絳紗袍，唐制，皇帝大祀致齋之日，晝漏上水一刻，侍中版奏請中嚴，諸衛入陳于殿庭，文武五品已上袴褶陪位，諸侍從之官服其器服，諸侍臣齋者結佩，詣閤奉迎。二刻，侍中版奏外辦，乘輿乃出朝會，諸衛立仗，百官就列已定，侍中亦奏外辦，不請中嚴。皇帝將出，駕發前七刻擊一鼓爲一嚴；前五刻擊二鼓爲再嚴。侍中版奏請中嚴，有司陳鹵簿；前二刻擊三鼓爲三嚴，諸衛以次入立于殿庭，羣官立朝堂，侍中、中書令已下奉迎于西階，侍中奉寶，乘黄令進路於太極殿西階南向，千牛將軍執長刀立路前北向，黄門侍郎立侍臣之前，贊者二人。既外辦，太僕卿攝衣而升，正立執轡，乘輿出升路。太后、皇后亦有中嚴、外辦，皆尚儀版奏。皇太子中嚴、外辦左庶子版奏。皇帝冠通天冠，則服絳紗袍，冬至受朝賀、祭還、燕羣臣、養老之服也。太子冠遠遊冠，亦服絳紗袍，謁朝還宫、元日朔日入朝、釋奠之服也。太子嫌與至尊同稱，表請易之。左丞相裴耀卿奏停中嚴，改外辦曰外備，改絳紗袍爲朱明服。秋，七月，己巳，上御宣政殿，册太子。考異曰：元載肅宗實錄云：「二十七年七月壬辰，行册禮。」今從玄宗實錄。故事，太子乘輅至殿門。至是，太子不就輅，自其宫步入。是日，赦天下。己卯，册忠王妃韋氏爲太子妃。

14 杜希望將鄯州之衆奪吐蕃河橋，築鹽泉城於河左，吐蕃發兵三萬逆戰。希望衆少不敵，將卒皆懼。左威衛郎將王忠嗣帥所將，卽亮翻，又音如字。鄯，音善，又時戰翻。吐，從暾入聲。少，始紹翻。

部先犯其陳，所向闢易，殺數百人，虜陳亂。將，卽亮翻。嗣，祥吏翻。帥，讀曰率。陳，讀曰陣。希望縱兵乘之，虜遂大敗。置鎭西軍於鹽泉。鎭西軍在河州西百八十里。忠嗣以功遷左金吾將軍。

15 八月，辛巳，勃海王武藝卒，子欽茂立。

16 九月，丙申朔，日有食之。

17 初，儀鳳中，吐蕃陷安戎城而據之，初，劍南度茂州之西築安戎城戍之，以迮吐蕃南鄙，生羌導吐蕃取之，因守之，遂并西洱河諸蠻，東與松、茂、嶲接。其地險要，唐屢攻之，不克。劍南節度使王昱築兩城於其側，頓軍蒲婆嶺下，新書作「蓬婆嶺」，其地在雪山外，杜甫詩所謂「次取蓬婆雪外城」是也。運資糧以逼之。吐蕃大發兵救安戎城，昱衆大敗，死者數千人。考異曰：舊傳，「將士數萬人，皆沒于賊。」今從實錄。昱脫身走，糧仗軍資皆棄之。貶昱栝州刺史，再貶高要尉而死。

18 戊午，册南詔蒙歸義爲雲南王。水經註：雲南郡本雲山縣地也，蜀劉氏建興二年置郡。自唐戎州開邊縣而南七十里至曲州，又二千五百里至雲南城。歸義之先本哀牢夷，哀牢夷，漢明帝之時內附。地居姚州之西，東南接交趾，西北接吐蕃。蠻語謂王曰詔，先有六詔：曰蒙舍，曰蒙越，曰越析，曰浪穹，曰樣備，曰越澹，考異曰：新書「六詔曰蒙嶲、越析、浪穹、邆睒、施浪、蒙舍。」今從竇滂雲南別錄。兵力相埒，莫能相壹；埒，力輟翻。歷代因之以分其勢。蒙舍最在南，故謂之南詔。高宗時，蒙舍細奴邏初入朝。細奴邏生邏盛，邏盛生盛邏皮，盛邏皮生皮邏閣。朝，直遙翻。邏，郎佐翻。考異曰：新傳云：「蒙氏父子以名相屬，細奴邏生邏盛炎，邏盛炎生炎閣。武后時，邏盛炎身入朝，妻方娠，生盛邏皮，喜曰：『我又有子，雖死唐地足矣。』炎閣立，死。開元時，弟盛邏皮立，生皮邏閣，授特進，封臺登郡王。炎閣未有子時，以閣羅鳳爲嗣；及生子，還其宗，而名承閣遂不改。」按邏盛炎之子盛邏皮，豈得云以名相屬！既有炎閣，豈得云「我又有子，雖死唐地足矣」！今從舊南詔傳及楊國忠傳、雲南別錄。又舊南詔傳「閤」皆作「閣」。今從新傳。皮邏閣浸強大，而五詔微弱；會有破洱河蠻之功，洱河卽西洱河。洱，音乃吏翻。乃賂王昱，求合六詔爲一。昱爲之奏請，爲，于僞翻。朝廷許之，仍賜名歸義。於是以兵威脅服羣蠻，不從者滅之，遂擊破吐蕃，徙居大和城；其後卒爲邊患。南詔事始此。其先烏蠻別種。夷語山陂陀爲和，故謂之大和城。卒，子恤翻。

19 冬，十月，戊寅，上幸驪山溫泉；壬辰，上還宮。

20 是歲，於西京、東都往來之路，作行宮千餘間。

21 分左右羽林置龍武軍，以萬騎營隸焉。騎，奇寄翻。

22 潤州刺史齊澣奏：「自瓜步濟江迂六十里。請自京口埭下直濟江，穿伊婁河二十五里卽達揚子縣，立伊婁埭。」從之。埭，音代。按舊書本紀，齊澣開伊婁河於揚州南瓜州浦，則今之瓜洲運河是也。但揚子縣今爲眞州治所，安能二十五里卽達揚子縣！若自瓜洲達揚子橋，則二十五里而近。今之揚子橋，或者唐之揚子縣治所，橋以此得名也。

二十七年（己卯、七三九）

1春，正月，壬寅，命隴右節度大使榮王琬自至本道巡按處置諸軍，處，昌呂翻。選募關內、河東壯士三五萬人，詣隴右防遏，至秋末無寇，聽還。

2羣臣請加尊號曰聖文；二月，己巳，許之，因赦天下，免百姓今年田租。

3夏，四月，癸酉，敕：「諸陰陽術數，自非婚喪卜擇，皆禁之。」

4己丑，以牛仙客爲兵部尚書兼侍中，李林甫爲吏部尚書兼中書令，總文武選事。蓋令牛仙客總武選，李林甫總文選也。選，須絹翻。

5六月，癸酉，以御史大夫李適之兼幽州節度使。

幽州將趙堪、白眞陁羅矯節度使張守珪之命，使平盧軍使烏知義擊叛奚餘黨於橫水之北；橫水當作「潢水」。新書作「湟水」，舊書張守珪傳作「潢水」，今從之。潢水在遼國，今臨潢府界。志云，自營州度松陘嶺北行四百里至潢水。使，疏吏翻。將，卽亮翻。知義不從，白眞陁羅矯稱制指以迫之。知義不得已出師，與虜遇，先勝後敗；守珪隱其敗狀，以克獲聞。

事頗泄，上令內謁者監牛仙童往察之。內謁者監，唐正六品下，掌內宣傳及諸親命婦朝會所司，籍其人數送內侍省。守珪重賂仙童，歸罪於白眞陁羅，逼令自縊死。縊，於計翻。仙童有寵於上，衆宦官疾之，共發其事。上怒，甲戌，命楊思勗杖殺之。思勗縛格，杖之數百，刳取其心，割其肉啗之。啗，徒濫翻，又徒覽翻。守珪坐貶括州刺史。太子太師蕭嵩嘗賂仙童以城南良田數頃，李林甫發之，嵩坐貶青州刺史。

6 秋，八月，乙亥，磧西節度使蓋嘉運擒突騎施可汗吐火仙。磧，七迹翻。蓋，古盍翻。嘉運攻碎葉城，吐火仙出戰，敗走，擒之於賀邏嶺。分遣疏勒鎮守使夫蒙靈詧與拔汗那王阿悉爛達干潛引兵突入怛邏斯城，擒黑姓可汗爾微，遂入曳建城，取交河公主，交河公主事始二百一十二卷十一年。悉收散髮之民數萬以與拔汗那王，威震西陲。

7 壬午，吐蕃寇白草、安人等軍，白草軍在蔚茹水之西。又，鄯州星宿川之西有安人軍。蔚茹水在原州蕭關縣，此時吐蕃兵不能至；疑「白草軍」當作「白水軍」。隴右節度使蕭炅擊破之。炅，火迥翻。

8 甲申，追諡孔子爲文宣王。先是，祀先聖先師，周公南向，孔子東向坐。制：「自今孔子南向坐，被王者之服，釋奠用宮懸。」先，悉薦翻。被，皮義翻。周禮，王宮懸，諸侯軒懸，卿大夫判懸，士特懸。註云：宮懸，四面懸，象宮室四面有牆，故謂之宮懸。軒懸三面，其形曲。判懸又去其一面；特懸又去其一面。追贈弟子皆爲公、侯、伯。顏淵，兗公；閔子騫，費侯；冉伯牛，鄆侯；仲弓，薛侯；冉有，徐侯；季路，衞侯；宰我，齊侯；子貢，黎侯；子游，吳侯；子夏，魏侯；曾參，成伯；顓孫師，陳伯；澹臺滅明，江伯；宓子賤，單伯；原憲，原伯；公冶長，莒伯；南宮适，郯伯；公皙哀，郳伯；曾點，宿伯；顏路，杞伯；商瞿，蒙伯；高柴，共伯；漆雕開，滕伯；公伯寮，任伯；司馬牛，向伯；樊遲，樊伯；有若，卞伯；公西赤，邵伯；巫馬期，鄫伯；梁鱣，梁伯；顏柳，蕭伯；冉孺，郜伯；曹卹，豐伯；伯虔，鄒伯；公孫龍，黃伯；冉季產，東平伯；秦子南，少梁伯；漆雕斂，武城伯；顏子驕，琅邪伯；漆雕徒父，須句伯；壤駟赤，北徵伯；商澤，睢陽伯；石作蜀，郈邑伯；任不齊，任城伯；公夏首，亢父伯；公良孺，東牟伯；后處，營丘伯；秦開，彭衙伯；奚容箴，下邳伯；公肩定，新田伯；顏襄，臨沂伯；鄡單，銅鞮伯；句井彊，淇陽伯；罕父黑，乘丘伯；秦商，上洛伯；申黨，召陵伯；公祖子之，期思伯；榮子期，雩婁伯；縣成，鉅野伯；左人郢，臨淄伯；燕伋，漁陽伯；鄭子徒，滎陽伯；秦非，汧陽伯；施常，乘氏伯；顏噲，朱虛伯；步叔乘，淳于伯；顏之僕，東武伯；原亢籍，萊蕪伯；樂欬，昌平伯；廉潔，莒父伯；顏何，開陽伯；叔仲會，瑕丘伯；狄黑，臨濟伯；邦巽，平陸伯；孔忠，汶陽伯；公西與如，重丘伯；公西箴，祝阿伯。

9 九月，戊午，處木昆、鼠尼施、弓月等諸部先隸突騎施者，皆帥衆內附，帥，讀曰率。仍請徙居安西管內。

10 太子更名紹。更，工衡翻。

11 冬，十月，辛巳，改脩東都明堂。按舊書帝紀，卽東都乾元殿改脩明堂。

12 丙戌，上幸驪山溫泉；十一月，辛丑，還宮。

13 甲辰，明堂成。

14 劍南節度使張宥，文吏不習軍旅，悉以軍政委團練副使章仇兼瓊。據舊志，上元後置團練使。余考唐制，凡有團結兵之地，則置團練使。此時蜀有黎、雅、邛、翼、茂五州鎮防團結兵，故置團練副使；安、史亂後，諸州皆置團練使矣。兼瓊入奏事，盛言安戎城可取，上悅之。丁巳，以宥爲光祿卿。十二月，以兼瓊爲劍南節度使。

15初，睿宗喪既除，祫于太廟；自是三年一祫，五年一禘。是歲，夏既禘，冬又當祫。祫，疾夾翻。太常議以爲祭數則瀆，數，所角翻。請停今年祫祭，自是通計五年一祫、一禘；從之。史言如此乃合於五年再殷祭之義。

二十八年（庚辰、七四〇）

1春，正月，癸巳，上幸驪山溫泉；庚子，還宮。

2二月，荊州長史張九齡卒。上雖以九齡忤旨，逐之，卒，子恤翻。忤，五故翻。然終愛重其人，每宰相薦士，輒問曰：「風度得如九齡不？」不，讀曰否。

3三月，丁亥朔，日有食之。

4章仇兼瓊潛與安戎城中吐蕃翟都局及維州別駕董承晏結謀，使局開門引內唐兵，盡殺吐蕃將卒，使監察御史許遠將兵守之。將，卽亮翻。監，古莧翻。遠，敬宗之曾孫也。永徽、顯慶之閒，許敬宗以姦佞致位公輔；安、史之亂，遠乃能效死節以報國，史故著其世以勉爲臣者。

5甲寅，蓋嘉運入獻捷。上赦吐火仙罪，以爲左金吾大將軍。嘉運請立阿史那懷道之子昕爲十姓可汗；從之。考異曰：舊傳云：「嘉運欲立懷道之子昕爲可汗以鎭撫之，莫賀達干不肯，曰：『討平蘇祿，本是我之元謀，若立史昕爲主，則國家何以酬賞於我！』乃不立史昕，使令莫賀達干統衆。二十七年，嘉運詣闕獻俘，仍令將吐火仙獻于太廟。」會要：「二十九年，以斛瑟羅之孫、懷道之子昕爲可汗，遣兵送之。天寶元年，昕至碎葉西南俱南城，爲莫賀咄達干所殺。三年，安西節度使馬靈詧斬之，更立其酋長爲伊地米里骨啜祿毗伽可汗。」按實錄：「開元二十八年，三月，甲寅，蓋嘉運俘吐火仙來獻；四月，辛未，册十姓可汗阿史那昕妻李氏爲交河公主；十二月乙卯，突騎施可汗莫賀達干率其妻子及纛官首領百餘人內屬。初，莫賀達干與烏蘇萬洛扇誘諸蕃叛于我，上命蓋嘉運宣恩招諭，皆相率而降。」新傳云：「達干不肯立昕，即誘部落叛；詔嘉運招諭，乃率妻子等降，遂命統其衆。後數年，復以昕爲可汗，遣兵護送。昕至俱蘭城，爲莫賀咄所殺；莫賀咄自爲可汗，安西節度使夫蒙靈詧誅斬之。」若如舊傳所言，嘉運便以莫賀達干爲可汗統衆，則莫賀不應復叛。且立可汗當須朝廷册命，嘉運豈得擅立於塞外也！若未以爲可汗，則實錄十二月不應謂之突騎施可汗莫賀達干也。若如會要所言，二十九年始立昕爲可汗，則實錄二十八年四月不應已謂昕爲十姓可汗也。蓋嘉運既平突騎施，即奏立昕爲十姓可汗，故莫賀達干不服而叛。明皇乃以莫賀達干爲小可汗，止統突騎施之衆，使嘉運招諭之，故來降；然昕爲十姓可汗，兼統諸部，故明皇遣兵送之，而爲莫賀達干所殺，事或然也。但實錄脫落，疑不敢質；故略采諸書所見，存其梗概書之。夏，四月，辛未，以昕妻李氏爲交河公主。

6 六月，吐蕃圍安戎城。

7 上嘉蓋嘉運之功，以爲河西、隴右節度使，使之經略吐蕃。嘉運恃恩流連，不時發。蓋嘉運恃其邊功以自昵於人主，是從流於上也。在京師以酒色自娛而不即赴鎮，是從流於下也。史以流連二字言之，旨哉！左丞相裴耀卿上疏，上，時掌翻。疏，所去翻。以爲：「臣近與嘉運同班，觀其舉措，誠勇烈有餘，然言氣矜誇，恐難成事。昔莫敖狃於蒲騷之役，卒喪楚師；左傳：楚莫敖屈瑕既敗鄖師於蒲騷，復伐羅。鬭伯比送之曰：「莫敖必敗；舉趾高，心不固矣。」遂見楚子，楚子入告夫人鄧曼。鄧曼曰：「莫敖狃於蒲騷之役，將自用也。君若不鎮撫，其不設備乎！」莫敖果不設備。及羅，羅與盧戎兩軍之，大敗之。狃，女九翻。陸德明曰：騷，音蕭，又音繅。卒，子恤翻。今嘉運有驕敵之色，臣竊憂之。況防秋非遠，未言發日，若臨事始去，則士卒尚未相識，何以制敵！且將軍受命，鑿凶門而出；今乃酣飲朝夕，殆非憂國愛人之心。若不可改易，宜速遣進塗，仍乞聖恩嚴加訓勵。」上乃趣嘉運行。趣，讀曰促。已而嘉運竟無功。蓋嘉運小器易盈，志氣惰矣，安能有功！

8 秋，八月，甲戌，幽州奏破奚、契丹。

9 冬，十月，甲子，上幸驪山溫泉；辛巳，還宮。

10 吐蕃寇安戎城及維州；發關中彍騎救之，騎，奇寄翻。吐蕃引去。更命安戎城曰平戎。更，工衡翻。

11 十一月，罷牛仙客朔方、河東節度使。

12 突騎施莫賀達干聞阿史那昕爲可汗，怒曰：「首誅蘇祿，我之謀也；今立史昕，何以賞我！」遂帥諸部叛。上乃立莫賀達干爲可汗，使統突騎施之衆；命蓋嘉運招諭之。十二月，乙卯，莫賀達干降。帥，讀曰率。降，戶江翻。

13 金城公主薨；金城公主事始二百八卷中宗景龍元年。吐蕃告喪，且請和，上不許。

14 是歲，天下縣千五百七十三，戶八百四十一萬二千八百七十一，口四千八百一十四萬三千六百九。西京、東都米斛直錢不滿二百，絹匹亦如之。海內富安，行者雖萬里不持寸兵。以開元之承平，而戶口猶不及漢之盛時，唐興以來，治日少而亂日多也。

二十九年（辛巳、七四一）

1 春，正月，癸巳，上幸驪山溫泉。

2 丁酉，制：「承前諸州饑饉，皆待奏報，然始開倉賑給。承前，猶今言從前也；然始，猶今言然後也。道路悠遠，何救懸絕！自今委州縣長官與采訪使量事給訖奏聞。」長，知兩翻。使，疏吏翻。量，音良。

3 庚子，上還宮。

4 上夢玄元皇帝告云：「吾有像在京城西南百餘里，汝遣人求之，吾當與汝興慶宮相見。」有宋大中祥符之事，皆唐明皇敎之也。上遣使求得之於盩厔樓觀山間。盩厔縣，漢屬扶風，後魏併入武功，尋復。後周爲周南郡，隋廢郡，以盩厔縣屬雍州，唐屬岐州。蘇軾曰：樓觀山，今爲崇聖觀，乃尹喜舊宅，山脚有授經臺，尚在。使，疏吏翻。盩厔，音舟窒。觀，古玩翻；下同。夏，閏四月，迎置興慶宮。五月，命畫玄元眞容，分置諸州開元觀。

5 六月，吐蕃四十萬衆入寇，至安仁軍，「安仁軍」，當作「安人軍」。渾崖峯騎將臧希液帥衆五千擊破之。騎，奇寄翻。將，即亮翻。帥，讀曰率。考異曰：舊傳作「盛希液」，今從唐曆。

6 秋，七月，丙寅，突厥遣使來告登利可汗之喪。初，登利從叔二人，分典兵馬，號左、右殺。從，才用翻。登利患兩殺之專，與其母謀，誘右殺，斬之，誘，音酉。自將其衆。將，即亮翻。左殺判闕特勒勒兵攻登利，殺之，立毗伽可汗之子爲可汗；俄爲骨咄葉護所殺，更立其弟；伽，求迦翻。咄，當沒翻。更，工衡翻。尋又殺之，骨咄葉護自立爲可汗。考異曰：舊傳云：「左殺自立爲烏蘇米施可汗。」唐曆、新傳皆云「判闕特勒子爲烏蘇米施可汗，天寶初立」；今從之。上以突厥內亂，癸酉，命左羽林將軍孫老奴招諭回紇、葛邏祿、拔悉密等部落。紇，下沒翻。邏，郎佐翻。

7 乙亥，東都洛水溢，溺死者千餘人。溺，奴狄翻。

8 平盧兵馬使安祿山，傾巧，善事人，人多譽之。譽，音余。上左右至平盧者，祿山皆厚賂之，由是上益以爲賢。御史中丞張利貞爲河北采訪使，至平盧，祿山曲事利貞，乃至左右皆有賂。利貞入奏，盛稱祿山之美。八月，乙未，以祿山爲營州都督，充平盧軍使，考異曰：實錄，此年「八月乙未，以幽州節度副大使安祿山爲營州刺史，充平盧、渤海、黑水軍使。」舊紀：「以幽州節度副使安祿山爲營州刺史，平盧軍節度副使。」會要：「二十八年，王斛斯爲平盧節度使，遂爲定額。」按舊傳，祿山自平盧兵馬使爲平盧軍使，蓋以平盧兵馬使帶幽州節度副使之名耳。實錄衍「大」字也。天寶元年，始以平盧爲節度，會要誤也。兩蕃、勃海、黑水四府經略使。唐謂奚、契丹爲兩蕃。

9 冬，十月，丙申，上幸驪山溫泉。

10 壬寅，分北庭、安西爲二節度。

11 十一月，庚戌，司空邠王守禮薨。守禮庸鄙無才識，每天將雨及霽，守禮必先言之，已而皆驗。岐、薛諸王言於上曰：「邠兄有術。」上問其故，對曰：「臣無術。則天時以章懷之故，幽閉宮中十餘年，守禮幽閉事見二百四卷武后天授元年。歲賜敕杖者數四，背瘢甚厚，將雨則沈悶，將霽則輕爽，臣以此知之耳。」因流涕霑襟；上亦爲之慘然。爲，于僞翻。瘢，蒲官翻。沈，持林翻。

12 辛酉，上還宮。

13 辛未，太尉寧王憲薨。上哀惋特甚，曰：「天下，兄之天下也；兄固讓於我，事見二百十卷睿宗景雲元年。惋，烏貫翻。爲唐太伯，常名不足以處之。」處，昌呂翻。乃謚曰讓皇帝。其子汝陽王璡，璡，資辛翻。上表追述先志，謙沖不敢當帝號；上不許。斂日，斂，力贍翻。內出服，天子之服也。以手書致於靈座，書稱「隆基白」；又名其墓曰惠陵，惠陵在同州奉先縣西北十里。追謚其妃元氏曰恭皇后，祔葬焉。

14 十二月，乙巳，吐蕃屠達化縣，達化，古澆河之地，後周置達化郡及縣，隋廢郡，以縣屬廓州，縣西百二十里有澆河城。陷石堡城；蓋嘉運不能禦。果如裴耀卿之言。

齊思和標點聶崇岐覆校

資治通鑑卷第二百一十五

端明殿學士兼翰林侍讀學士太中大夫提舉西京嵩山崇福宮上柱國河內郡開國公食邑二千二百戶食實封九百戶賜紫金魚袋臣　司馬光　奉敕編集

後　學　天　台　胡三省　音　註

唐紀三十一

起玄黓敦牂（壬午），盡強圉大淵獻（丁亥）十一月，凡五年有奇。

玄宗至道大聖大明孝皇帝中之下

天寶元年（壬午、七四二）

1 春，正月，丁未朔，上御勤政樓帝於興慶宮西南隅建二樓：花萼相輝樓在西臨街，以燕兄弟；勤政務本樓在南，以脩政事。受朝賀，朝，直遙翻。赦天下，改元。

2 壬子，分平盧別爲節度，以安祿山爲節度使。使，疏吏翻；下同。

是時，天下聲教所被之州三百三十一，被，皮義翻。考異曰：舊紀云「三百六十二」。按地理志，開元二十八年，州府三百二十八，至此纔二年，不應遽增三十餘州。今從唐曆、會要、統紀。羈縻之州八百，置十節度、經略使以備邊。安西節度撫寧西域，統龜茲、焉耆、于闐、疏勒四鎮，治龜茲城，兵二萬四千。焉耆治所在安西府東八百里；于闐在南二千里；疏勒在西二千餘里。龜茲，音丘慈，又音屈佳。闐，徒賢翻，又徒見翻。北庭節度防制突騎施、堅昆，統瀚海、天山、伊吾三軍，屯伊、西二州之境，治北庭都護府，兵二萬人。突騎施牙帳在北庭府西北三千餘里；堅昆在北七千里。瀚海軍在北庭府城內，兵萬二千人。天山軍在西州城內，兵五千人。伊吾軍在伊州西北三百里甘露川，兵三千人。騎，奇寄翻。河西節度斷隔吐蕃、突厥，斷，丁管翻。吐，從暾入聲。厥，九勿翻。統赤水、大斗、建康、寧寇、玉門、墨離、豆盧、新泉八軍，張掖、交城、白亭三守捉，屯涼、肅、瓜、沙、會五州之境，治涼州，兵七萬三千人。赤水軍在涼州城內，兵三萬三千人。大斗軍在涼州西二百餘里甘、肅二州界，兵七千五百人。建康軍在涼州西二百里，兵五千三百人。寧寇軍在涼州東北千餘里，兵八千五百人。玉門軍在肅州西二百里，管兵五千二百人。墨離軍本月氏國，在瓜州西北千里，管兵五千人。豆盧軍在沙州城內，管兵四千三百人。新泉軍在會州西北二百里，管兵千人。張掖守捉在涼州南二百里，管兵五百人。交城守捉在涼州西二百里，管兵千人。白亭守捉在涼州西北五百里，管兵千七百人。唐制：大曰軍，小曰守捉。趙珣聚米圖經：自甘州西至肅州五百里；自肅州西至瓜州四百五十里；自瓜州西至沙州二百八十里；自沙州西至伊州四百里。會州東至鹽州八百里，西至涼州六百里，南至宋鎮戎軍一百四十里，北至靈州六百里。朔方節度捍禦突厥，統經略、豐安、定遠三軍，三受降城，安北、單于二都護府，屯靈、夏、豐三州之境，治靈州，兵六萬四千七百人。經略軍在靈州城內，兵二萬七百人。豐安軍在靈州西黃河外百八十里，兵八千人。定遠軍在靈州東北二百里黃河外，兵七千人。西受降城在豐州北黃河外八十里，兵七千人。安北都護府治中受降城，黃河北岸，兵六千人。東受降城在勝州東北二百里，兵七千人。振武軍在單于都護府城內，兵九千人。降，戶江翻。單，音蟬。夏，戶雅翻。河東節度與朔方掎角以禦突厥，統天兵、大同、橫野、岢嵐四軍，雲中守捉，屯太原府忻、代、嵐三州之境，治太原府，兵五萬五千人。天兵軍在太原城內，兵三萬人。大同軍在代州北三百里，兵九千五百人。橫野軍在蔚州東北一百四十里，兵三千人。岢嵐軍在嵐州北百里，兵一千人。雲中守捉在單于府西北二百七十里，兵七千七百人。忻州在太原府北八十里，兵七千八百人。代州至太原五百里，兵四千人。嵐州在太原府西北二百五十里，兵三千人。岢，枯我翻。嵐，盧含翻。范陽節度臨制奚、契丹，統經略、威武、清夷、靜塞、恆陽、北平、高陽、唐興、橫海九軍，屯幽、薊、媯、檀、易、恆、定、漠、滄九州之境，治幽州，兵九萬一千四百人。經略軍在幽州城內，兵三萬人。威武軍在檀州城內，兵萬人。清夷軍在媯州城內，兵萬人。靜塞軍在薊州城內，兵萬六千人。恆陽軍在恆州城東，兵六千五百人。北平軍在定州城西，兵六千人。高陽軍在易州城內，兵六千人。唐興軍在莫州城內，兵六千人。橫海軍在滄州城內，兵六千人。景雲元年，以瀛州鄚縣置鄚州。開元十三年，以「鄚」字類「鄭」字，改爲漠州，尋又改莫州。契，欺訖翻，又音喫。恆，戶登翻。薊，音計。媯，居爲翻。平盧節度鎮撫室韋、靺鞨，統平盧、盧龍二軍，榆關守捉，安東都護府，屯營、平二州之境，治營州，兵三萬七千五百人。平盧軍在營州城內，兵萬六千人。盧龍軍在平州城內，兵萬人。榆關守捉在營州城西四百八十里，兵三千人。安東都護府在營州東二百里，兵八千五百人。靺鞨，音末曷。「榆」當作「渝」，註詳見上卷。隴右節度備禦吐蕃，統臨洮、河源、白水、安人、振威、威戎、漠門、寧塞、積石、鎮西十軍，綏和、合川、平夷三守捉，屯鄯、廓、洮、河之境，治鄯州，兵七萬五千人。臨洮軍在鄯州城內，兵萬五千人。河源軍在鄯州西百二十里，兵四千人。白水軍在鄯州西北二百三十里，兵四千人。安人軍在鄯州界星宿川西，兵萬人。振威軍在鄯州西三百里，兵千人。威戎軍在鄯州西北三百五十里，兵千人。漠門軍在洮州城內，兵五千五百人。寧塞軍在廓州城內，兵五百人。積石軍在廓州西百八十里，兵七千人。鎮西軍在河州城內，兵萬一千人。綏和守捉在鄯州西南二百五十里，兵千人。合川守捉在鄯州南百八十里，兵千人。平夷守捉在河州西南四十里，兵三千人。洮，土刀翻。鄯，時戰翻，又音善。劍南節度西抗吐蕃，南撫蠻獠，統天寶、平戎、昆明、寧遠、澄川、南江六軍，屯益、翼、茂、當、巂、柘、松、維、恭、雅、黎、姚、悉十三州之境，治益州，兵三萬九百人。團結營在成都府城內，兵萬四千人。天寶軍在恭州東南九十里，兵千人。平戎軍在恭州南八十里，兵千人。昆明軍在巂州南，兵五千二百人。寧遠軍在巂州西，兵三百人。澄川守捉在姚州東六百里，管兵二千人。南江軍兵三百人。翼州兵五百人。茂州兵三百人。維州兵五百人。柘州兵五百人。松州兵二千八百人。當州兵五百人。雅州兵四百人。黎州兵千人。姚州兵三百人。悉州兵五千人。杜佑曰：當州江源郡在翼州西二百七十里，西北到故通軌縣二百里，以西即是生羌。悉州在當州南八十里。黎州，漢沈黎郡也，東去一里，高山萬重，更無郡縣；西南去郡一里，高山萬重；東北去郡五里，西北去郡二里，皆高山萬重。茂州，劉昫曰：隋汶山郡，武德元年改曰會州，貞觀八年改曰茂州，以郡界茂濕山爲名。松州東至茂州三百里，西南至當州三百里，西北至吐蕃界九十里，南至翼州一百八十里。恭州，開元二十四年分靜州廣平縣置，東至柘州一百里。悉州西北至當州八十里。獠，魯皓翻。巂，音髓。嶺南五府經略綏靜夷、獠，統經略、清海二軍，桂、容、邕、交四管，治廣州，兵萬五千四百人。經略軍在廣州城内，兵五千四百人。清海軍在恩州城内，兵二千人。桂府兵千人。容府兵千一百人。邕府兵千七百人。安南府兵四千二百人。已上兵輕，稅本鎮以自給。此外又有長樂經略，福州領之，樂，音洛。兵千五百人。東萊守捉，萊州領之；東牟守捉，登州領之；兵各千人。凡鎮兵四十九萬人，捉，仄角翻。考異曰：此兵數，唐曆所載也。舊紀：「是歲天下健兒、團結、彍騎等，總五十七萬四千七百三十三。」此蓋止言邊兵，彼并京畿諸州彍騎數之耳。馬八萬餘匹。安西府馬二千七百匹，北庭瀚海軍馬四千二百匹，天山軍馬五百匹，伊吾軍馬三百匹，河西赤水軍馬萬三千匹，大斗軍馬二千四百匹，建康軍馬五百匹，寧寇、玉門軍共管馬六百匹，墨離軍馬四百匹，豆盧軍馬四百匹，朔方經略軍馬三千匹，豐安軍馬千三百匹，定遠軍馬二千匹，西受降城馬千七百匹，中受降城馬二千匹，東受降城馬千七百匹，振武軍馬千六百匹，河東天兵軍馬五千五百匹，雲中守捉馬二千匹，大同軍馬五千五百匹，橫野軍馬千八百匹，范陽經略軍馬五千四百匹，威武軍馬三百匹，清夷軍馬三百匹，靜塞軍馬五百匹，平盧軍馬四千二百匹，盧龍軍馬五百匹，渝關守捉馬百匹，安東府馬七百匹，隴右臨洮軍馬八千匹，河源軍馬六百五十匹，白水軍馬五百匹，安人軍馬二百五十匹，威戎軍馬五十匹，漠門軍馬二百匹，寧塞軍馬五十匹，積石軍馬三百匹，劍南團結營馬千八百匹，昆明軍馬二百匹。開元之前，每歲供邊兵衣糧，費不過二百萬；天寶之後，邊將奏益兵浸多，每歲用衣千二十萬匹，糧百九十萬斛，安西衣賜六十二萬疋段，北庭衣賜四十八萬疋段，河西衣賜百八十萬疋段，朔方衣賜二百萬疋段，河東衣賜百二十六萬疋段，糧五十萬石，范陽衣賜八十萬疋段，糧五十萬石，平盧失衣糧數，隴右衣賜二百五十萬疋段，劍南衣賜八十萬疋段，糧七十萬石。將，即亮翻。公私勞費，民始困苦矣。

3甲寅，陳王府參軍田同秀皇子陳王珪府參軍也。上言：「見玄元皇帝於丹鳳門之空中，告以『我藏靈符，在尹喜故宅。』」上，時掌翻；下上表同。上遣使於故函谷關尹喜臺旁求得之。列仙傳曰：關令尹喜者，周大夫也。老子西游，喜先見其氣候物色而迹之，果得老子；老子亦知其旨，爲著道德經。使，疏吏翻。

4陝州刺史李齊物穿三門運渠，辛未，渠成。新書曰：齊物鑿砥柱爲門以通漕，開其山巔爲輓路，沃醯而鑿之。然棄石入河，水益湍怒，舟不能入新門，候水漲以人輓舟而上。天子疑之，遣宦者按視，齊物厚賂宦者，還，言其便。陝，失冉翻。齊物，神通之曾孫也。淮安王神通。

5壬辰，羣臣上表，以「函谷靈符，潛應年號；先天不違，易曰：先天而天不違。先，悉薦翻。請於尊號加『天寶』字。」從之。

二月，辛卯，上享玄元皇帝於新廟。時置玄元廟於大寧坊西南角。甲午，享太廟。丙申，合祀天地於南郊，赦天下。改侍中爲左相，中書令爲右相，尚書左、右丞相復爲僕射；開元初，改左、右僕射爲尚書左、右丞相。復，扶又翻；下清復同。東都、北都皆爲京，州爲郡，刺史爲太守；改桃林縣曰靈寶。隋開皇十六年置桃林縣，取古者桃林之野以爲縣名，屬洛州，唐屬陝州。今以得玄元靈符，改曰靈寶。守，式又翻。田同秀除朝散大夫。朝，直遙翻。散，悉亶翻。

時人皆疑寶符同秀所爲。間一歲，清河人崔以清復言：「見玄元皇帝於天津橋北，云藏符在武城紫微山，」武城，卽漢之東武城縣，與清河縣皆屬清河郡。敕使往求，亦得之。東都留守王倕知其詐，按問，果首服。使，疏吏翻。守，式又翻；下太守同。倕，音垂。首，式又翻。奏之。上亦不深罪，流之而已。

6三月，以長安令韋堅爲陝郡太守，陝郡，陝州。陝，失冉翻。領江、淮租庸轉運使。先天中，李傑爲陝州刺史，領水陸發運使；置使自傑始也。裴耀卿之後，命堅始以租庸使入銜。使，疏吏翻；下同。初，宇文融既敗，言利者稍息。事見二百十三卷開元十八年。及楊愼矜得幸，事始二百十三卷二十一年。於是韋堅、王鉷之徒鉷，戶公翻。競以利進，百司有利權者，稍稍別置使以領之，舊官充位而已。史言諸使所由始。堅，太子之妃兄也，爲吏以幹敏稱。上使之督江、淮租運，歲增巨萬；上以爲能，故擢任之。王鉷，方翼之曾孫也，自高宗至武后朝，王方翼著功名於西域。亦以善治租賦爲戶部員外郎兼侍御史。治，直之翻。

7李林甫爲相，凡才望功業出己右及爲上所厚、勢位將逼己者，必百計去之；去，羌呂翻。尤忌文學之士，或陽與之善，啗以甘言而陰陷之。世謂李林甫「口有蜜，謂其言甘也。啗，徒濫翻，又徒覽翻。腹有劍」。謂其心在害人也。

上嘗陳樂於勤政樓，垂簾觀之。兵部侍郎盧絢謂上已起，垂鞭按轡，橫過樓下；絢風標清粹，上目送之，深歎其蘊藉。絢，許縣翻。蘊，於運翻。林甫常厚以金帛賂上左右，上舉動必知之，乃召絢子弟謂曰：「尊君素望清崇，今交、廣藉才，聖上欲以尊君爲之，可乎？若憚遠行，則當左遷；不然，則以賓、詹分務東洛，謂以太子賓客、詹事分司東都也。亦優賢之命也，何如？」絢懼，以賓、詹爲請。林甫恐乖衆望，乃除華州刺史。華，戶化翻。到官未幾，誣其有疾，州事不理，除詹事，員外同正。幾，居豈翻。

上又嘗問林甫以「嚴挺之今安在？是人亦可用。」挺之時爲絳州刺史。林甫退，召挺之弟損之，諭以「上待尊兄意甚厚，盍爲見上之策，奏稱風疾，求還京師就醫。」挺之從之。林甫以其奏白上云：「挺之衰老得風疾，宜且授以散秩，使便醫藥。」上歎吒久之；散，悉亶翻。吒，陟駕翻。夏，四月，壬寅，以爲詹事，又以汴州刺史、河南采訪使齊澣爲少詹事，唐少詹事，正四品上。汴，皮變翻。使，疏吏翻。皆員外同正，於東京養疾。澣亦朝廷宿望，故幷忌之。

8 上發兵納十姓可汗阿史那昕於突騎施，至俱蘭城，俱蘭國所都城也。俱蘭，或曰俱羅弩，或曰屈浪拏，與吐火羅接。可，從刊入聲。汗，音寒。騎，奇寄翻。考異曰：會要作「俱南城」；胡語不明耳。爲莫賀達干所殺。突騎施大纛官都摩度來降，纛，徒到翻。降，戶江翻。六月，乙未，册都摩度爲三姓葉護。

9 秋，七月，癸卯朔，日有食之。

10 辛未，左相牛仙客薨。八月，丁丑，以刑部尚書李適之爲左相。

11 突厥拔悉密、回紇、葛邏祿三部共攻骨咄葉護，殺之，推拔悉密酋長爲頡跌伊施可汗，回紇、葛邏祿自爲左、右葉護。厥，九勿翻。紇，下沒翻。邏，郎佐翻。咄，當沒翻。酋，慈由翻。頡，奚結翻。跌，徒結翻。突厥餘衆共立判闕特勒之子爲烏蘇米施可汗，以其子葛臘哆爲西殺。哆，昌者翻。突厥以其親屬分掌東、西兵，號左、右殺，亦曰東、西殺。西殺，右殺也。

上遣使諭烏蘇令內附，烏蘇不從。朔方節度使王忠嗣盛兵磧口以威之，使，疏吏翻。磧，七迹翻。考異曰：新、舊書忠嗣傳皆曰：「是歲，忠嗣北伐，與奚怒皆戰于桑乾河，三敗之，大虜其衆。」又曰：「明年再破怒皆及突厥之衆，自是塞外晏然。」按朔方不與奚相接，不知所云奚怒皆何也。今闕之。烏蘇懼，請降，而遷延不至。忠嗣知其詐，乃遣使說拔悉密、回紇、葛邏祿使攻之，烏蘇遁去。忠嗣因出兵擊之，取其右廂以歸。擊垂亡之虜，猶不肯輕用其兵，此王忠嗣所以爲善將也。突厥左、右殺所部，謂之左、右廂。降，戶江翻。說，輸芮翻。紇，下沒翻。邏，郎佐翻。

丁亥，突厥西葉護阿布思及西殺葛臘哆、默啜之孫勃德支、伊然小妻、毗伽登利之女帥部衆千餘帳，相次來降，意此皆突厥右廂之衆也。啜，陟劣翻。伽，求迦翻。帥，讀曰率。考異曰：實錄、舊紀皆云：「突厥阿布思（及默啜可汗）之孫、登利可汗之女與其黨屬來降。」唐曆云：「烏蘇米施可汗遁逃，其西葉護阿布思及毗伽可汗、可敦、男西殺葛臘哆率其部千餘帳來降。」舊王忠嗣傳云：「三部落攻米施可汗，走之，忠嗣因出兵伐之，取其右廂而歸。其西葉護及毗伽可敦、男葛臘哆率其部落千餘帳入朝。」突厥傳云：「西殺妻子及默啜之孫勃德支特勒、毗伽可汗女大洛公主、伊然可汗小妻余塞匐、登利可汗女余燭公主及阿布思、頡利發等並帥其部衆相次來降。」今參取用之。突厥遂微。九月，辛亥，上御花萼樓宴突厥降者，考異曰：本紀作「辛卯」。按長曆，是月癸卯朔，無辛卯。唐曆云「九月辛卯」，亦誤也。賞賜甚厚。

12 護密先附吐蕃，戊午，其王頡吉里匐遣使請降。頡，奚結翻。匐，蒲北翻。

13 冬，十月，丁酉，上幸驪山溫泉；【張：「泉」下脫「十一月」。】己巳，還宮。

14 十二月，隴右節度使皇甫惟明奏破吐蕃大嶺等軍；戊戌，又奏破青海道莽布支營三萬餘衆，斬獲五千餘級。庚子，河西節度使王倕奏破吐蕃漁海及遊弈等軍。史言明皇喜邊功，故邊帥告捷者相繼。倕，音垂。

15 是歲，天下縣一千五百二十八，鄉一萬六千八百二十九，戶八百五十二萬五千七百六十三，口四千八百九十萬九千八百。

16 回紇葉護骨力裴羅遣使入貢，考異曰：舊傳云：「天寶初，其酋長葉護頡利吐發遣使入朝，封奉義王。」唐曆：「天寶三載，突厥拔志蜜可汗又爲回紇葛羅祿等部落襲殺之，立回紇爲主，是爲骨咄祿毗伽闕可汗，遣使立爲奉義王，又加懷仁可汗。」新突厥傳云：「回紇葛邏祿殺拔悉蜜可汗，奉回紇骨力裴羅定其國，是爲國咄祿毗伽闕可汗」。按奉義王懷仁可汗是一人，而新突厥回紇傳其名不同；然新傳自吐迷度以來，世系皆可譜，今從之。賜爵奉義王。明末册爲可汗也。

二年（癸未、七四三）

1 春，正月，安祿山入朝；朝，直遙翻。上寵待甚厚，謁見無時。見，賢遍翻。祿山奏言：「去年營州蟲食苗，臣焚香祝天云：『臣若操心不正，事君不忠，願使蟲食臣心；若不負神祇，願使蟲散。』卽有羣鳥從北來，食蟲立盡。請宣付史官。」從之。操，千高翻。

2 李林甫領吏部尚書，日在政府，政府，謂政事堂。選事悉委侍郎宋遙、苗晉卿。御史中丞張倚新得幸於上，遙、晉卿欲附之。時選人集者以萬計，選，須絹翻。入等者六十四人，倚子奭爲之首，羣議沸騰。前薊令蘇孝韞以告安祿山，薊縣帶幽州涿郡，時改涿郡爲范陽郡。薊，音計。祿山入言於上，上悉召入等人面試之，奭手持試紙，終日不成一字，時人謂之「曳白」。癸亥，遙貶武當太守，晉卿貶安康太守，倚貶淮陽太守，武當郡，均州。安康郡，金州，本西城郡，元年更郡名。淮陽郡，陳州。舊志：金州，京師南七百三十七里，陳州一千五百二十里。同考判官禮部郎中裴朏等皆貶嶺南官。晉卿，壺關人也。壺關縣，自漢以來屬上黨郡，而唐上黨縣乃漢壺關縣。隋分置上黨縣，帶郡，唐武德四年分隋之上黨縣置壺關縣，治高望堡，貞觀十七年移治進流川。朏，音敷尾翻。

3 三月，壬子，追尊玄元皇帝父周上御大夫爲先天太皇；又尊皋繇爲德明皇帝，涼武昭王爲興聖皇帝。唐虞之世，皋陶爲理；唐以爲李氏得姓之始，故追尊爲德明皇帝。涼武昭王暠，高祖之七世祖，建國於瓜、沙，李氏由是而興，故尊爲興聖皇帝。繇，余招翻。

4 江、淮南租庸等使韋堅引滻水抵苑東望春樓下爲潭，苑，禁苑也。潭在長安城東九里。滻，音產。以聚江、淮運船，役夫匠通漕渠，發人丘壟，自江、淮至京城，民間蕭然愁怨。二年而成。丙寅，上幸望春樓觀新潭。堅以新船數百艘，扁榜郡名，各陳郡中珍貨於船背；陝尉崔成甫著錦半臂，缺胯綠衫以裼之，艘，蘇遭翻。扁，補典翻。陝，失冉翻。著，陟略翻。胯，苦瓦翻。裼，先擊翻，袒衣也。紅袹首，袹，莫白翻。袹首，今人謂之抹額。居前船唱得寶歌，先是，民間唱俚歌曰：「得體紇那邪。」其後得寶符於桃林，成甫乃更紇體歌爲得寶弘農野，歌曰：「得寶弘農野，弘農得寶耶？潭裏舟船鬧，揚州銅器多。三郎當殿坐，聽唱得寶歌。」其俚又甚焉。使美婦百人盛飾而和之，和，戶臥翻。連檣數里；堅跪進諸郡輕貨，仍上百牙盤食。程大昌演繁露曰：唐少府監，御饌器用九飣食，以牙盤九枚裝食味於上，置上前，亦謂之看食。仍上，時掌翻。上置宴，竟日而罷，觀者山積。夏，四月，加堅左散騎常侍，散，悉亶翻。騎，奇寄翻。其僚屬吏卒褒賞有差；名其潭曰廣運。時京兆尹韓朝宗亦引渭水置潭於西街，以貯材木。朝，直遙翻。貯，丁呂翻。

5 丁亥，皇甫惟明引軍出西平，西平郡卽鄯州。擊吐蕃，行千餘里，攻洪濟城，破之。杜佑曰：廓州達化縣有洪濟鎭，周武帝逐吐谷渾所築，在縣西二百七十里。長慶中，劉元鼎爲盟會使，言河之上流，由洪濟西行二千里，水益狹，冬、春可涉，夏、秋乃勝舟。其南三百里，三山中高四下，曰歷山，直大羊同國，古所謂昆侖者也，虜曰悶摩黎山，東距長安五千里，河源其間，流澄緩下，稍合衆流，色赤，行益遠，他水幷注則濁。河源東北直莫賀延磧尾，隱測其地，蓋在劍南之西。此劉元鼎因洪濟城而上敍河源，附見于此。

6 上以右贊善大夫楊愼矜龍朔二年，改太子中允爲贊善大夫；咸亨元年復置中允，而贊善大夫不廢，後又分左、右，各置五員，班左、右諭德下。諭德掌諭太子以道德；贊善掌翊贊太子以規諷。知御史中丞事。時李林甫專權，公卿之進，有不出其門者，必以罪去之；去，羌呂翻。慎矜由是固辭，不敢受。五月，辛丑，以慎矜爲諫議大夫。

7 冬，十月，戊寅，上幸驪山溫泉；乙卯，還宮。戊寅至乙卯三十八日。史言帝耽樂而忘返。驪，力知翻。還，從宣翻，又音如字。考異曰：舊紀，「十月戊寅幸溫泉宮，十一月乙卯還宮，」與實錄同。「十二月戊申又幸溫泉宮，丙辰還宮」，實錄無。按十二月丙寅朔，無戊申、丙辰。唐曆：「十一月戊申幸溫泉宮，丙辰還京」，又與實錄本紀不同。今皆不取。

三載（甲申、七四四）

1 春，正月，丙申朔，改年曰載。載，子亥翻。

2 辛丑，上幸驪山溫泉；二月，庚午，還宮。往還亦幾三旬。

3 辛卯，太子更名亨。更，工衡翻。

4 海賊吳令光等抄掠台、明，明州，漢句章、鄮縣之地，屬會稽郡。開元二十六年，采訪使齊澣奏以越州之鄮縣置明州，以境內有四明山，因名。抄，楚交翻。命河南尹裴敦復將兵討之。將，卽亮翻。

5 三月，己巳，以平盧節度使安祿山兼范陽節度使；以范陽節度使裴寬爲戶部尚書。使，疏吏翻。尙，辰羊翻。禮部尚書席建侯爲河北黜陟使，稱祿山公直；李林甫、裴寬皆順旨稱其美。三人皆上所信任，由是祿山之寵益固不搖矣。

6夏，四月，裴敦復破吳令光，擒之。

7五月，河西節度使夫蒙靈詧討突騎施莫賀達干，斬之，按元和姓纂云：夫蒙本西羌姓，後秦有建威將軍夫蒙羌，今蒲、同二州多此姓，或改姓馬氏。考異曰：會要作「馬靈詧」。今從實錄。更請立黑姓伊里底蜜施骨咄祿毗伽；咄，當沒翻。伽，求迦翻。考異曰：會要作「伊地米里骨咄祿毗伽」；今從實錄。六月，甲辰，册拜骨咄祿毗伽爲十姓可汗。可，從刊入聲。汗，音寒。

8秋，八月，拔悉蜜攻斬突厥烏蘇可汗，傳首京師。國人立其弟鶻隴匐白眉特勒，是爲白眉可汗。於是突厥大亂，敕朔方節度使王忠嗣出兵乘之。至薩河內山，厥，九勿翻。嗣，祥吏翻。薩，桑葛翻。破其左廂阿波達干等十一部，右廂未下。會回紇、葛邏祿共攻拔悉蜜頡跌伊施可汗，殺之。回紇骨力裴羅自立爲骨咄祿毗伽闕可汗，遣使言狀；上册拜裴羅爲懷仁可汗。於是懷仁南據突厥故地，立牙帳於烏德犍山，回紇牙帳東有平野，西據烏德犍山，南依嗢昆水。犍，居言翻。舊統藥邏葛等九姓，其後又并拔悉蜜、葛邏祿，凡十一部，各置都督，每戰則以二客部爲先。

9李林甫以楊慎矜屈附於己，九月，甲戌，復以慎矜爲御史中丞，充諸道鑄錢使。復，扶又翻，又如字。

10冬，十月，癸巳，上幸驪山溫泉；十一月，丁卯，還宮。

11 術士蘇嘉慶上言：遁甲術有九宮貴神，九宮貴人，蓋易乾鑿度所謂太一也；註已見五十二卷漢順帝陽嘉三年。時置九宮貴神壇。其壇三成，成三尺，四階。其上依位置九壇，壇尺五寸：東面曰招搖，正東曰軒轅，東北曰太陰，正南曰天一，中央曰天符，正北曰太一，西南曰攝提，正西曰咸池，西北曰青龍。五爲中，戴九履一，左三右七，二四爲上，六八爲下，符於遁甲，仍編於敕，曰「九宮貴神」，實司水旱，功佐上帝，德庇下人。又黃帝九宮經：一宮，其神太一，其星天蓬，其卦坎，其行水，其方白。二宮，其神攝提，其星天芮，其卦坤，其行土，其方黑。三宮，其神軒轅，其星天衝，其卦震，其行木，其方碧。四宮，其神招搖，其星天輔，其卦巽，其行木，其方綠。五宮，其神天符，其星天禽，其卦離，其行土，其方黃。六宮，其神青龍，其星天心，其卦乾，其行金，其方白。七宮，其神咸池，其星天柱，其卦兌，其行金，其方赤。八宮，其神太陰，其星天任，其卦艮，其行土，其方白。九宮，其神天一，其星天英，其卦離，其行火，其方紫。上，時掌翻。典司水旱，請立壇於東郊，祀以四孟月；從之。禮在昊天上帝下，太清宮、太廟上，所用牲玉，皆侔天地。

12 十二月，癸巳，置會昌縣於溫泉宮下。時分新豐、萬年置會昌縣。雍錄：溫湯在臨潼縣南一百五十步，在驪山西北。十道志曰：泉有三所，其一處即皇堂石井，後周宇文護所造，隋文帝又修屋宇，種松柏千餘株。唐貞觀十八年，詔閻立德營建宮殿御湯，名湯泉宮，咸亨二年名溫泉宮。元和志則曰：開元十一年置溫泉宮，天寶六載改爲華清宮於驪山上，益治湯井爲池，臺殿環列山谷。自開元來，每歲十月臨幸，歲盡乃歸。以新豐縣去泉稍遠，即於湯所置會昌縣，又置百司及公卿邸第焉。臨潼縣，唐之新豐、慶山皆其地也。按通鑑，開元十一年書作溫泉宮，與元和志合。

13 戶部尚書裴寬素爲上所重，李林甫恐其入相，忌之。相，息亮翻。刑部尚書裴敦復擊海賊還，受請託，廣序軍功，寬微奏其事。林甫以告敦復，敦復言寬亦嘗以親故屬敦復。屬，之欲翻。林甫曰：「君速奏之，勿後於人。」敦復乃以五百金賂女官楊太眞之姊，使言於上。甲午，寬坐貶睢陽太守。睢陽郡宋州，本梁郡，天寶元年更郡名。睢，音雖。

初，武惠妃薨，開元二十五年，惠妃薨。上悼念不已，後宮數千，無當意者。或言壽王妃楊氏之美，絕世無雙。上見而悅之，乃令妃自以其意乞爲女官，號太眞；更爲壽王娶左衞郎將韋昭訓女。更，工衡翻。將，即亮翻。潛內太眞宮中。太眞肌態豐豔，曉音律，性警穎，善承迎上意，不期歲，寵遇如惠妃，宮中號曰「娘子」，凡儀體皆如皇后。

14 癸卯，以宗女爲和義公主，嫁寧遠奉化王阿悉爛達干。帝以拔汗那助平吐火仙，册其王爲奉化王，改其國曰寧遠。

15 癸丑，上祀九宮貴神，赦天下。

16 初令百姓十八爲中，二十三成丁。

17 初，上自東都還，李林甫知上厭巡幸，乃與牛仙客謀增近道粟賦及和糴以實關中；數年，蓄積稍豐。上從容謂高力士曰：「朕不出長安近十年，開元二十四年，上自東都還，自是不復東幸。從，千容翻。近，其靳翻。天下無事，朕欲高居無爲，悉以政事委林甫，何如？」對曰：「天子巡狩，古之制也。且天下大柄，不可假人；彼威勢既成，誰敢復議之者！」上不悅。力士頓首自陳：「臣狂疾，發妄言，罪當死。」上乃爲力士置酒，復，扶又翻。爲，于僞翻；下爲百同。左右皆呼萬歲。力士自是不敢深言天下事矣。力士之不敢言，以李林甫機穽可畏也。

四載（乙酉、七四五）

1春，正月，庚午，上謂宰相曰：「朕比以甲子日，比，毗至翻。於宮中爲壇，爲百姓祈福，朕自草黃素置案上，俄飛升天，聞空中語云：『聖壽延長。』又朕於嵩山鍊藥成，亦置壇上，及夜，左右欲收之，又聞空中語云：『藥未須收，此自守護。』達曙乃收之。」太子、諸王、宰相，皆上表賀。史言唐之君誕妄而臣佞諛。

2回紇懷仁可汗擊突厥白眉可汗，殺之，傳首京師。突厥毗伽可敦帥衆來降。可，從刊入聲。帥，讀曰率。降，户江翻。於是北邊晏然，烽燧無警矣。

回紇斥地愈廣，東際室韋，西抵金山，南跨大漠，盡有突厥故地。史言回紇至此強盛。懷仁卒，子磨延啜立，號葛勒可汗。

3二月，己酉，以朔方節度使王忠嗣兼河東節度使。忠嗣少以勇敢自負，少，詩照翻。及鎮方面，專以持重安邊爲務，常曰：「太平之將，但當撫循訓練士卒而已，不可疲中國之力以邀功名。」將，即亮翻。有漆弓百五十斤，常貯之櫜中，以示不用。貯，丁呂翻。軍中日夜思戰，忠嗣多遣諜人伺其間隙，諜，達協翻。伺，相吏翻。間，古莧翻。見可勝，然後興師，故出必有功。

既兼兩道節制，自朔方至雲中，邊陲數千里，陲，音垂。要害之地，悉列置城堡，斥地各數百里。邊人以爲自張仁亶之後，將帥皆不及。張仁愿，本名仁亶，以睿宗諱旦，音近亶，避之，改名仁愿。將，卽亮翻。帥，所類翻。

4 三月，壬申，上以外孫獨孤氏爲靜樂公主，嫁契丹王李懷節；樂，音洛。甥楊氏爲宜芳公主，嫁奚王李延寵。宜芳縣，屬嵐州。

5 乙巳，以刑部尚書裴敦復充嶺南五府經略等使。五月，壬申，敦復坐逗留不之官，貶淄川太守，淄川郡淄州。舊志，淄州，京師東北二千一百三十三里。守，式又翻。以光祿少卿彭果【章：十二行本「果」作「杲」；乙十一行本同；孔本同。】代之。上嘉敦復平海賊之功，故李林甫陷之。

6 李適之與李林甫爭權有隙。適之領兵部尚書，駙馬張垍爲侍郎，垍，其冀翻。林甫亦惡之，惡，烏路翻。使人發兵部銓曹姦利事，收吏六十餘人付京兆與御史對鞫之，數日，竟不得其情。京兆尹蕭炅使法曹吉溫鞫之。法曹司法參軍事，掌鞫獄麗法，知贓賄沒入。炅，火迥翻。溫入院，置兵部吏於外，先於後廳取二重囚訊之，或杖或壓，號呼之聲，所不忍聞；號，戶高翻。皆曰：「苟存餘生，乞紙盡答。」兵部吏素聞溫之慘酷，引入，皆自誣服，無敢違溫意者。頃刻而獄成，驗囚無榜掠之迹。榜，音彭。掠，音亮。六月，辛亥，敕誚責前後知銓侍郎及判南曹郎官而宥之。文宗開成二年，宰相李石奏定長定選格，吏部請加置南曹郎中一人，別置印，以「新置南曹之印」爲文。

蓋吏部先以郎官判南曹，開成間因置南曹郎也。宋白曰：南曹起於總章二年，司列常伯李敬玄奏置。未置已前，銓中自勘責。故事，兩轉廳；至建中元年，侍郎邵說奏挾闕替南曹郎中王錭，已後遂不轉廳；貞元十一年，侍郎杜黃裳請準舊例轉廳，後云云，同上。誚，才笑翻。垍，均之兄；溫，頊之弟子也。吉頊進用於武后之時。

溫始爲新豐丞，太子文學薛嶷薦溫才，唐六典曰：魏置太子文學。魏武爲丞相，命司馬宣王爲文學掾，甚爲世子所信，與吳質、朱鑠、陳羣爲太子四友。自晉之後不置。至後周建德三年，置太子文學十人，後廢。唐顯慶中，始置太子文學二人，屬司經局，掌分知經籍，侍奉文章，總緝經籍；繕寫裝染之功，筆札給用之數，皆料度之。嶷，魚力翻。上召見，見，賢遍翻。顧嶷曰：「是一不良人，朕不用也。」

蕭炅爲河南尹，嘗坐事，西臺遣溫往按之，西臺，西京御史臺也。溫治炅甚急。治，直之翻；下同。及溫爲萬年丞，未幾，炅爲京兆尹。幾，居豈翻。溫素與高力士相結，力士自禁中歸，溫度炅必往謝官，度，徒洛翻。乃先詣力士，與之談謔，握手甚歡，謔，迄卻翻。炅後至，溫陽爲驚避；力士呼曰：「吉七不須避。」吉溫，第七。謂炅曰：「此亦吾故人也。」召還，與炅坐。炅接之甚恭，不敢以前事爲怨。他日，溫謁炅曰：「曩者溫不敢隳國家法，自今請洗心事公。」炅遂與盡歡，引爲法曹。考異曰：唐曆云：「溫聯按大獄，倚法附邪，以出入人命者凡十餘年。性巧詆，忍而不忌，失意眉睫者，必引而陷之；其欲膠固之，雖王公大人，立可親也。初，蕭炅以贓下獄，溫深竟其罪。後爲萬年縣丞，炅拜京兆尹。溫見炅於高力士第，乃與之相結，爲膠漆之交，引爲法曹，而薦於林甫；溫之進也反以炅力。」舊傳云：「炅爲河南尹，有事，京臺差溫推詰，堅執不捨。及溫選，炅已爲京兆尹，一唱萬年尉，即就其官，人爲危之。」今參取二書用之。

及林甫欲除不附己者，求治獄吏，炅薦溫於林甫；林甫得之，大喜。溫常曰：「若遇知己，南山白額虎不足縛也。」時又有杭州人羅希奭，爲吏深刻，林甫引之，自御史臺主簿再遷殿中侍御史。唐御史臺主簿，從七品上，掌印及受事發辰，勾檢稽失，兼知官廚及黃卷。二人皆隨林甫所欲深淺，鍛鍊成獄，無能自脫者，時人謂之「羅鉗吉網」。以鐵劫束物曰鉗。鉗，其廉翻。

7 秋，七月，壬午，册韋昭訓女爲壽王妃。

八月，壬寅，册楊太眞爲貴妃；考異曰：統紀：「八月册女道士楊氏爲貴妃。」本紀「甲辰」，唐曆「甲寅」。今據實錄，「壬寅贈太眞妃父玄琰等官。」甲辰、甲寅皆在後，恐册妃在贈官前。新本紀亦云「八月壬寅立太眞爲貴妃」，今從之。贈其父玄琰兵部尚書，以其叔父玄珪爲光祿卿，從兄銛爲殿中少監，錡爲駙馬都尉。從，才用翻；下之從同。銛，息廉翻。錡，渠綺翻，又魚綺翻，又音奇。癸卯，册武惠妃女爲太華公主，命錡尚之。考異曰：實錄、舊傳皆以銛、錡爲再從兄，國忠爲從祖兄，然則從祖亦再從也。推恩之時，何以及銛、錡而不及國忠？新傳謂之宗兄。唐曆以銛爲玄琰之子。借使非子，比於國忠必應稍親；今但謂之從兄。舊傳云：錡爲侍御史。今從實錄。及貴妃三姊，皆賜第京師，寵貴赫然。

楊釗，貴妃之從祖兄也，不學無行，釗，音昭。行，下孟翻。爲宗黨所鄙。從軍於蜀，得新都尉；考滿，家貧不能自歸，新政富民鮮于仲通常資給之。新都縣，漢屬廣漢郡，梁置始康郡，西魏廢郡。隋開皇十八年改新都曰興樂，尋廢縣，唐初復置，屬蜀郡；武德四年分南部、相如二縣，置新城縣，尋避隱太子名，改曰新政，時屬閬中郡。楊玄琰卒於蜀，卒，子恤翻。釗往來其家，遂與其中女通。中，讀曰仲。

鮮于仲通名向，以字行，頗讀書，有材智，劍南節度使章仇兼瓊引爲采訪支使，考異曰：唐曆云：「爲節度巡官。」按顏眞卿所作仲通碑見存，云「爲采訪支使」，今從之。唐采訪、節度等使幕屬有判官、有支使、有掌書記、推官、巡官、衙推等。宋朝始定制，書記、支使不得並置，有出身者爲書記，無出身者爲支使。委以心腹。嘗從容謂仲通曰：「今吾獨爲上所厚，苟無內援，必爲李林甫所危。聞楊妃新得幸，人未敢附之。子能爲我至長安與其家相結，吾無患矣。」仲通曰：「仲通蜀人，未嘗遊上國，恐敗公事。今爲公更求得一人。」因言釗本末。兼瓊引見釗，儀觀豐偉，言辭敏給；從，千容翻。爲，于僞翻。敗，補邁翻。觀，古玩翻。兼瓊大喜，卽辟爲推官，往來浸親密。乃使之獻春綈於京師，將別，謂曰：「有少物在郫，少，詩沼翻。郫縣自漢以來屬蜀郡。九域志，郫縣在成都府西四十五里。師古曰：郫，音疲。以具一日之糧，子過，可取之。」釗至郫，兼瓊使親信大齎蜀貨精美者遺之，遺，于季翻。可直萬緡。釗大喜過望，晝夜兼行，至長安，歷抵諸妹，以蜀貨遺之，曰：「此章仇公所贈也。」時中女新寡，釗遂館於其室，中分蜀貨以與之。於是諸楊日夜譽兼瓊；且言釗善樗蒱，引之見上，館，古玩翻。譽，音余。見，賢遍翻。得隨供奉官出入禁中，唐制：中書、門下省官皆供奉官也。外官得隨朝士入見者謂之仗內供奉，隨翰林院官班者謂之翰林供奉，宦官謂之內供奉；又有朝士供奉禁中者。改金吾兵曹參軍。

8 九月，癸未，以陜郡太守、江淮租庸轉運使韋堅爲刑部尚書，罷其諸使，以御史中丞楊慎矜代之。陜，失冉翻。使，疏吏翻。考異曰：舊食貨志，「三載，以楊釗爲水陸運使」；誤也。今從實錄。堅妻姜氏，皎之女，林甫之舅子也，故林甫昵之。昵，尼質翻。及堅以通漕有寵於上，遂有入相之志，相，息亮翻。又與李適之善；林甫由是惡之，惡，烏路翻。故遷以美官，實奪之權也。

9 安祿山欲以邊功市寵，數侵掠奚、契丹；奚、契丹各殺公主以叛，數，所角翻；下欲數、數徵同。所殺者蓋卽靜樂、宜芳也。祿山討破之。

10 隴右節度使皇甫惟明與吐蕃戰于石堡城，爲虜所敗，副將褚詡戰死。敗，補邁翻。詡，直廉翻。考異曰：新傳作「諸葛詡」。今從實錄。

11 冬，十月，甲午，安祿山奏：「臣討契丹至北平郡，北平郡，平州。夢先朝名將李靖、李勣從臣求食。」朝，直遙翻。將，卽亮翻；下同。遂命立廟。又奏薦奠之日，廟梁產芝。通鑑不語怪，而書安祿山飛鳥食蝗、廟梁產芝之事，以著祿山之欺罔，明皇之昏蔽。

12 丁酉，上幸驪山溫泉。

13 上以戶部郎中王鉷爲戶口色役使，敕賜百姓復除。鉷，戶公翻。使，疏吏翻。復，方目翻。鉷奏徵其輦運之費，廣張錢數，又使市本郡輕貨，百姓所輸乃甚於不復除。舊制，戍邊者免其租庸，六歲而更。更，工衡翻。時邊將恥敗，士卒死者皆不申牒，貫籍不除。貫籍，本貫之籍也。王鉷志在聚斂，斂，力贍翻。以有籍無人者皆爲避課，按籍戍邊六歲之外，悉徵其租庸，有併徵三十年者，民無所訴。上在位久，用度日侈，後宮賞賜無節，不欲數於左、右藏取之。唐有左藏、右藏。藏，徂浪翻。鉷探知上指，歲貢額外錢【章：十二行本「錢」下有「帛」字；乙十一行本同；張校同，云無註本亦無。】百億萬，貯於內庫，以供宮中宴賜，曰：「此皆不出於租庸調，無預經費。」貯，丁呂翻。調，徒弔翻。上以鉷爲能富國，益厚遇之。鉷務爲割剝以求媚，中外嗟怨。丙子，以鉷爲御史中丞、京畿采訪使。

楊釗侍宴禁中，專掌樗蒱文簿，鉤校精密。上賞其強明，曰：「好度支郎」。唐度支郎掌判天下租賦多少之數，物產豐約之宜，水陸道塗之利，每歲計其所出而度其所用，轉運、徵斂、送納皆準程而節其遲速，凡和糴、和市皆量其貴賤，均天下之貨以利於人，凡金銀、寶貨、綾羅之屬，皆折庸調以造，凡天下舟車水陸載運，皆具爲腳直輕重、貴賤、平易、險澁而爲之制。凡天下邊軍有支度使，以計軍資糧仗之用，每歲所費皆申度支會計，以長行旨爲準。度，徒洛翻。諸楊數徵此言於上，徵，讀曰證。又以屬王鉷，鉷因奏充判官。屬，之欲翻。

14 十二月，戊戌，上還宮。還自溫泉宮。還，從宣翻，又音如字。

五載（丙戌、七四六）

1 春，正月，乙丑，以隴右節度使皇甫惟明兼河西節度使。

李適之性疏率，李林甫嘗謂適之曰：「華山有金礦，華，戶化翻。西山記曰：太華之山，削成而四方，其高五千仞，其廣十里。礦，古猛翻。采之可以富國，主上未之知也。」他日，適之因奏事言之。上以問林甫，對曰：「臣久知之，但華山陛下本命，王氣所在，帝製華嶽碑曰：予小子之生也，歲景戌，月仲秋，膺少皞之盛德，協太華之本命，故常寤寐靈嶽，肸蠁神交。林甫知此旨，故以誤適之而陷之。王，于況翻。鑿之非宜，故不敢言。」上以林甫爲愛己，薄適之慮事不熟，謂曰：「自今奏事，宜先與林甫議之，無得輕脫。」適之由是束手矣。適之既失恩，韋堅失權，益相親密，林甫愈惡之。惡，烏路翻。

初，太子之立，非林甫意。事見二百十卷開元二十六年。林甫恐異日爲己禍，常有動搖東宮之志；而堅，又太子之妃兄也。皇甫惟明嘗爲忠王友，見二百十三卷開元十八年。時破吐蕃，入獻捷，見林甫專權，意頗不平。時因見上，乘間微勸上去林甫。吐，從暾入聲。因見，賢遍翻。間，古莧翻。去，羌呂翻。林甫知之，使楊慎矜密伺其所爲。伺，相吏翻。會正月望夜，太子出遊，與堅相見，堅又與惟明會於景龍觀道士之室。景龍觀在長安城中崇仁坊。申公高士廉宅西北左金吾衞，神龍元年，併爲長寧公主宅，韋庶人敗後，遂立爲觀，仍以中宗年號爲名。觀，古玩翻。慎矜發其事，以爲堅戚里，不應與邊將狎暱。林甫因奏堅與惟明結謀，欲共立太子。堅、惟明下獄，將，即亮翻。暱，尼質翻。下，遐嫁翻。林甫使慎矜與御史中丞王鉷、京兆府法曹吉溫共鞫之。考異曰：舊林甫傳云：「林甫潛令愼矜伺堅隙，奏上。」愼矜傳云：「鉷推堅，愼矜引身中立以候望，鉷恨之，林甫亦憾焉。」二傳自相矛楯。今從唐曆。上亦疑堅與惟明有謀而不顯其罪，癸酉，下制，責堅以干進不已，貶縉雲太守；縉雲郡本括州永嘉郡，元年更郡名。考異曰：舊紀「貶括蒼太守」。今從實錄及舊傳。惟明以離間君臣，間，古莧翻。貶播川太守；播川郡，播州。仍別下制戒百官。

2以王忠嗣爲河西、隴右節度使，兼知朔方、河東節度事。忠嗣始在朔方、河東，每互市，高估馬價，諸胡聞之，爭賣馬於唐，忠嗣皆買之。由是胡馬少，少，詩沼翻。唐兵益壯。及徙隴右、河西，復請分朔方、河東馬九千匹以實之，復，扶又翻。其軍亦壯。忠嗣杖四節，控制萬里，天下勁兵重鎭，皆在掌握，與吐蕃戰於青海、積石，皆大捷。又討吐谷渾於墨離軍，虜其全部而歸。吐，從暾入聲。谷，音浴。

3夏，四月，癸未，立奚酋娑固爲昭信王，契丹酋楷洛爲恭仁王。酋，慈由翻。娑，素禾翻。

4己亥，制：「自今四孟月，皆擇吉日祀天地、九宮。」

5韋堅等既貶，左相李適之懼，自求散地。散，悉但翻。庚寅，以適之爲太子少保，罷政事。其子衛尉少卿霅嘗盛饌召客，霅，文甲翻。饌，雛皖翻，又雛戀翻。客畏李林甫，竟日無一人敢往者。

6以門下侍郎、崇玄館大學士陳希烈同平章事。後魏置崇玄署，掌僧、尼、道士、女冠。隋以崇玄署隸鴻臚。唐置諸寺觀監，隸鴻臚，每寺觀有監一人；貞觀中，廢寺觀監。上元二年，置漆園監，尋廢；開元二十五年，置崇玄學於玄元皇帝廟；天寶元年，兩京置博士、助教各一員。二年，改崇玄學曰崇玄館，博士曰學士，助教曰直學士；置大學士，以宰相爲之，領兩京玄元宮及道院。希烈，宋州人，以講老、莊得進，專用神仙符瑞取媚於上。李林甫以希烈爲上所愛，且柔佞易制，易，以豉翻。故引以爲相；凡政事一決於林甫，希烈但給唯諾。唯，于癸翻。故事，宰相午後六刻乃出，林甫奏，今太平無事，巳時卽還第，軍國機務皆決於私家；主書抱成案詣希烈書名而已。

7 五月，壬子朔，日有食之。

8 乙亥，以劍南節度使章仇兼瓊爲戶部尚書；諸楊引之也。

9 秋，七月，丙辰，敕：「流貶人多在道逗留。自今左降官日馳十驛以上。」上，時掌翻。是後流貶者多不全矣。

10 楊貴妃方有寵，每乘馬則高力士執轡授鞭，織繡之工專供貴妃院者七百人，中外爭獻器服珍玩。嶺南經略使張九章，廣陵長史王翼，廣陵郡，揚州。長，知兩翻。以所獻精美，九章加三品，翼入爲戶部侍郎；天下從風而靡。民間歌之曰：「生男勿喜女勿悲，君今看女作門楣。」凡人作室，自外至者，見其門楣宏敞，則爲壯觀。言楊家因生女而宗門崇顯也。或曰：門以楣而撐拄，言生女能撐拄門戶也。妃欲得生荔支，歲命嶺南馳驛致之，自蘇軾諸人，皆云此時荔支自涪州致之，非嶺南也。比至長安，色味不變。白居易曰：荔支生巴、峽間。樹形團團如帷蓋，葉如冬青，華如橘，春榮，實如丹，夏熟，朵如蒲萄，核如枇杷，殼如紅繒，膜如紫綃，瓤肉潔白如冰雪，漿液甘酸如醴酪。大略如彼，其實過之。若離本枝，一日而色變，二日而香變，四五日外色香味盡去矣。

至是，妃以妬悍不遜，上怒，命送歸兄銛之第。悍，戶罕翻，又戶旰翻。是日，上不懌，比日中，猶未食，左右動不稱旨，橫被棰撻。比，必利翻，及也。稱，尺證翻。棰，止橤翻。橫，戶孟翻。高力士欲嘗上意，請悉載院中儲偫送貴妃，凡百餘車；上自分御膳以賜之。偫，直里翻。及夜，力士伏奏請迎貴妃歸院，遂開禁門而入。唐六典：城門郎掌京城、皇城宮殿諸門開闔之節。承天門擊曉鼓，聽擊鐘後一刻，鼓聲絕，皇城門開。第一鼕鼕鼓聲絕，宮城門及左、右延明門、乾化門開。第二鼕鼕鼓聲絕，宮殿門開。夜，第一鼕鼕鼓聲絕，宮殿門閉。第二鼕鼕鼓聲絕，宮城門閉，及左、右延明門皇城門閉。其京城門開閉，與皇城門同刻。承天門擊鼓，皆聽漏刻契，契至乃擊；待漏刻所牌到，鼓聲乃絕。凡皇城闔門之鑰，先酉而出，後戌而入；開門之鑰，後丑而出，夜盡而入。京城闔門之鑰，後申而出，先子而入；開門之鑰，後子而出，先卯而入。若非其時，而有命啓閉，則詣閤覆奏，奉旨合符而開闔之。殿門及城門，若有敕夜開，受敕人具錄須開之門，宣送中書門下。侍，直里翻。自是恩遇愈隆，後宮莫得進矣。

11 將作少匠韋蘭、兵部員外郎韋芝爲其兄堅訟冤，少，始照翻。爲，于僞翻。且引太子爲言；上益怒。太子懼，表請與妃離婚，乞不以親廢法。丙子，再貶堅江夏別駕，江夏郡，鄂州。舊志：鄂州，京師東南二千三百四十六里。夏，戶雅翻。蘭、芝皆貶嶺南。然上素知太子孝謹，故譴怒不及。李林甫因言堅與李適之等爲朋黨，後數日，堅長流臨封，適之貶宜春太守，太常少卿韋斌貶巴陵太守，嗣薛王琄貶夷陵別駕，睢陽太守裴寬貶安陸別駕，河南尹李齊物貶竟陵太守，臨封郡本封州廣信郡，元年更郡名。宜春郡，袁州。巴陵郡，岳州。夷陵郡，峽州。安陸郡，安州。竟陵郡，本復州沔陽郡，元年更郡名。舊志：封州至京師水陸四千五百一十里；岳州二千二百三十七里；峽州一千八百八十八里；安州，京師東南二千五十一里；復州一千八百里。斌，音彬。琄，胡畎翻。凡堅親黨坐流貶者數十人。斌，安石之子。琄，業之子，堅之甥也。琄母亦令隨琄之官。韋安石事武后、中、睿三朝。業，上之弟也。

12 冬，十月，戊戌，上幸驪山溫泉；十一月，乙巳，還宮。

13 贊善大夫杜有鄰，唐贊善大夫，正五品上，掌諷誦規諫太子。女爲太子良娣，唐太子內官，良娣，正三品。娣，特計翻。良娣之姊爲左驍衞兵曹柳勣妻。驍，堅堯翻。勣性狂疏，好功名，喜交結豪俊。好，呼到翻。喜，許記翻。淄川太守裴敦復薦於北海太守李邕，北海郡，青州。邕與之定交。勣至京師，與著作郎王曾等爲友，皆當時名士也。

勣與妻族不協，欲陷之，爲飛語，告有鄰妄稱圖讖，交構東宮，指斥乘輿。乘，繩證翻。林甫令京兆士曹吉溫與御史鞫之，士曹司士參軍事，掌津梁、舟車、舍宅、工藝。乃勣首謀也。溫令勣連引曾等入臺。十二月，甲戌，有鄰、勣及曾等皆杖死，積尸大理，考異曰：舊紀、唐曆皆作「辛未」。今從實錄。實錄云「勣與其黨並伏法」，詔書則曰：「猶寬極刑，俾從杖罪，其王曾等，各決重杖一百；杜有鄰、柳勣念以微親，特寬殊死，決一頓，貶嶺南新興尉。」吉溫傳則云：「勣等杖死，積尸於大理寺。」蓋詔雖與杖，其實皆死杖下也。妻子流遠方；中外震慄。嗣虢王巨貶義陽司馬，義陽郡，申州。舊志：申州至京師一千七百九十六里。巨，邕之子也。高祖之子，虢王鳳，鳳嫡孫曰嗣虢王邕。別遣監察御史羅希奭往按李邕，監，古銜翻。太子亦出良娣爲庶人。

乙亥，鄴郡太守王琚坐贓貶江華司馬。鄴郡，本相州魏郡，元年更名。江華郡，道州。琚性豪侈，與李邕皆自謂耆舊，久在外，意怏怏，李林甫惡其負材使氣，故因事除之。王琚事上於東宮，贊決誅太平公主。惡，烏路翻。

六載（丁亥、七四七）

1春，正月，辛巳，李邕、裴敦復皆杖死。邕才藝出衆，盧藏用常語之曰：「君如干將、莫邪，語，牛倨翻。干將、莫邪，吳王所鑄寶劍。難與爭鋒，然終虞缺折耳。」折，而設翻。邕不能用。

林甫又奏分遣御史卽貶所賜皇甫惟明、韋堅兄弟等死。羅希奭自青州如嶺南，所過殺遷謫者，希奭既殺李邕於青州，遂如嶺南也。郡縣惶駭。排馬牒至宜春，御史所過，沿路郡縣給驛馬，故未至先有排馬牒。李適之憂懼，仰藥自殺。至江華，王琚仰藥不死，聞希奭已至，卽自縊。希奭又迂路過安陸，欲怖殺裴寬，怖，普布翻。寬向希奭叩頭祈生，希奭不宿而過，乃得免。李適之子霅迎父喪至東京，李林甫令人誣告霅，杖死於河南府。給事中房琯坐與適之善，貶宜春太守。琯，融之子也。房融見二百七卷武后長安四年。

林甫恨韋堅不已，遣使於循河及江、淮州縣求堅罪，使，疏吏翻。收【章：十二行本「收」上有「所在」二字；乙十一行本同；張校同。】繫綱典船夫，溢於牢獄，十船爲一綱。以吏爲綱，典船夫，輓船及駕船之夫也。徵剝逋負，延及鄰伍，皆裸露死於公府，裸，郎果翻。至林甫薨乃止。

2 丁亥，上享太廟；戊子，合祭天地於南郊，赦天下。制免百姓今載田租。又令削絞、斬條。上慕好生之名，故令應絞斬者皆重杖流嶺南，其實有司率杖殺之。又令天下爲嫁母服三載。載，子亥翻。好，呼到翻。爲，于僞翻；下卽爲同。

上欲廣求天下之士，命通一藝以上皆詣京師。李林甫恐草野之士對策斥言其姦惡，建言：「舉人多卑賤愚聵，聵，五怪翻。恐有俚言汚濁聖聽。」乃令郡縣長官精加試練，灼然超絕者，具名送省，委尚書覆試，御史中丞監之，監，古銜翻。取名實相副者聞奏。既而至者皆試以詩、賦、論，遂無一人及第者。林甫乃上表賀野無遺賢。

3 戊寅，以范陽、平盧節度使安祿山兼御史大夫。

祿山體充肥，腹垂過膝，嘗自稱腹【章：十二行本無「腹」字；乙十一行本同。】重三百斤。外若癡直，內實狡黠。常令其將劉駱谷留京師詗朝廷指趣，動靜皆報之；黠，下八翻。詗，翾正翻，有所候伺也。或應有牋表者，駱谷卽爲代作通之。歲獻俘虜、雜畜、奇禽、異獸、珍玩之物，畜，許救翻。不絕於路，郡縣疲於遞運。

祿山在上前，應對敏給，雜以詼諧，上嘗戲指其腹曰：「此胡腹中何所有？其大乃爾！」對曰：「更無餘物，正有赤心耳！」上悅。又嘗命見太子，祿山不拜。左右趣之拜，趣，讀曰促。祿山拱立曰：「臣胡人，不習朝儀，不知太子者何官？」朝，直遙翻。上曰：「此儲君也，朕千秋萬歲後，代朕君汝者也。」祿山曰：「臣愚，曏者惟知有陛下一人，不知乃更有儲君。」不得已，然後拜。上以爲信然，益愛之。上嘗宴勤政樓，百官列坐樓下，獨爲祿山於御座東間設金鷄障，障，坐障也，畫金雞爲飾。爲，于僞翻。置榻使坐其前，仍命卷簾以示榮寵。卷，讀曰捲。命楊銛、楊錡、貴妃三姊皆與祿山敘兄弟。祿山得出入禁中，因請爲貴妃兒。上與貴妃共坐，祿山先拜貴妃。上問何故，對曰：「胡人先母而後父。」上悅。

4李林甫以王忠嗣功名日盛，恐其入相，相，息亮翻。忌之。安祿山潛蓄異志，託以禦寇，築雄武城，薊州廣漢川有雄武軍。大貯兵器，貯，丁呂翻。請忠嗣助役，因欲留其兵。忠嗣先期而往，不見祿山而還，數上言祿山必反；林甫益惡之。爲王忠嗣得罪張本。先，悉薦翻。數，所角翻。上，時掌翻。惡，烏路翻。夏，四月，忠嗣固辭兼河東、朔方節度，許之。

5冬，十月，己酉，上幸驪山温泉，考異曰：舊紀、唐曆皆作「戊申」，今從實錄。改温泉宮曰華清宮。

6河西、隴右節度使王忠嗣以部將哥舒翰爲大斗軍副使，李光弼爲河西兵馬使、充赤水軍使。兵馬使，節鎭衙前軍職也，總兵權，任甚重。至德以後，都知兵馬使率爲藩鎭儲帥。將，卽亮翻。使，疏吏翻。翰父祖本突騎施別部酋長，西突厥五弩失畢有哥舒闕俟斤。騎，奇寄翻。酋，慈由翻。長，知兩翻。光弼，契丹王楷洛之子也，開元初，李楷洛封爲契丹王。皆以勇略爲忠嗣所重。忠嗣使翰擊吐蕃，有同列爲之副，倨慢不爲用，翰檛殺之，軍中股慄，檛，則瓜翻。累功至隴右節度副使。每歲積石軍麥熟，吐蕃輒來穫之，穫，戶郭翻。無能禦者，邊人謂之「吐蕃麥莊」。翰先伏兵於其側，虜至，斷其後，夾擊之，斷，音短。無一人得返者，自是不敢復來。復，扶又翻。

上欲使王忠嗣攻吐蕃石堡城，石堡城陷，見上卷開元二十九年。忠嗣上言：「石堡險固，吐蕃舉國守之，今頓兵其下，非殺數萬人不能克；臣恐所得不如所亡，不如且厲兵秣馬，俟其有釁，然後取之。」上意不快。將軍董延光自請將兵取石堡城，請將，卽亮翻。上命忠嗣分兵助之。忠嗣不得已奉詔，而不盡副延光所欲，延光怨之。

李光弼言於忠嗣曰：「大夫以愛士卒之故，不欲成延光之功，唐中世以前，率呼將帥爲大夫，白居易詩所謂「武官稱大夫」是也。雖迫於制書，實奪其謀也。何以知之？今以數萬衆授之而不立重賞，士卒安肯爲之盡力乎！爲，于僞翻。然此天子意也，彼無功，必歸罪於大夫。大夫軍府充牣，何愛數萬段帛不以杜其讒口乎！」忠嗣曰：「今以數萬之衆爭一城，得之未足以制敵，不得亦無害於國，故忠嗣不欲爲之。忠嗣今受責天子，不過以金吾、羽林一將軍歸宿衞，其次不過黔中上佐；黔中一道皆溪峒蠻、傜雜居，貶謫而不過嶺者處之。上佐，長史、司馬也。黔，音琴。忠嗣豈以數萬人之命易一官乎！李將軍，子誠愛我矣，然吾志決矣，子勿復言。」光弼曰：「曏者恐爲大夫之累，復，扶又翻。累，力瑞翻。故不敢不言。今大夫能行古人之事，非光弼所及也。」遂趨出。

延光過期不克，言忠嗣沮撓軍計，沮，在呂翻。撓，女教翻。上怒。李林甫因使濟陽別駕魏林告「忠嗣嘗自言我幼養宮中，與忠王相愛狎」，武德四年，分東平之盧縣置濟州，隋之濟北郡也，天寶元年改曰濟陽郡。忠嗣年九歲，父海賓戰死於渭源長城堡，帝養忠嗣宮中，太子時爲忠王，與之遊處。魏林先爲朔州刺史。忠嗣節度河東，朔州其巡屬也，故使林譖之，以示言有所自來。濟，子禮翻。欲擁兵以尊奉太子。敕徵忠嗣入朝，朝，直遙翻。委三司鞫之。

上聞哥舒翰名，召見華清宮，見，賢遍翻。與語，悅之。十一月，辛卯，以翰判西平太守，充隴右節度使；以朔方節度使安思順判武威郡事，充河西節度使。西平郡，鄯州。武威郡，涼州。

7戶部侍郎兼御史中丞楊慎矜爲上所厚，李林甫浸忌之。慎矜與王鉷父晉，中表兄弟也，少與鉷狎，少，詩照翻。鉷之入臺，頗因慎矜推引。及鉷遷中丞，慎矜與語，猶名之；鉷自恃與林甫善，意稍不平。慎矜奪鉷職田，俱爲中丞，因併鉷職田奪而有之。鉷母本賤，慎矜嘗以語人；語，牛倨翻。鉷深銜之。慎矜猶以故意待之，嘗與之私語讖書。讖，楚譖翻。

愼矜與術士史敬忠善，敬忠言天下將亂，勸愼矜於臨汝山中買莊爲避亂之所。臨汝郡本伊州襄城郡，貞觀八年更伊州曰汝州，天寶元年更郡名爲臨汝郡。會愼矜父墓田中草木皆流血，愼矜惡之，惡，烏路翻。以問敬忠。敬忠請禳之，禳，如羊翻。設道場於後園，愼矜退朝，輒裸貫桎梏坐其中。朝，直遙翻。裸，郎果翻。旬日血止，愼矜德之。愼矜有侍婢明珠，色美，敬忠屢目之，愼矜卽以遺敬忠，車載過貴妃姊柳氏樓下，姊邀敬忠上樓，求車中美人，敬忠不敢拒。明日，姊入宮，以明珠自隨。上見而異之，問所從來，明珠具以實對。上以愼矜與術士爲妖法，惡之，含怒未發。

楊釗以告鉷，鉷心喜，因侮慢愼矜；愼矜怒。林甫知鉷與愼矜有隙，密誘使圖之。遺，于季翻。上，時掌翻。惡，烏路翻。誘，音酉。考異曰：明皇雜錄曰：「愼矜父墓封域之內，草木流血，愼矜大懼，問術者史敬思。敬思曰：『禳之可以免。』於愼矜後園大陳法事，令貫桎梏坐於叢林間以厭之。」唐曆云：「敬思本胡人，出家還俗，涉獵書傳陰陽玄象；愼矜與之善，每言天下將亂，居於臨汝山中，亦勸愼矜於臨汝買得山莊良田數十頃。嘗於愼矜第夜坐談宴，怒婢春草，將杖殺之。敬思曰：『七郎何須虛殺卻十頭壯牛？』愼矜曰：『何謂也？』敬思曰：『賣卻買牛，每年耕田十頃。』愼矜雅厚敬思，曰：『任公收取。』明旦至市，賣與太眞柳氏姊，得錢百二十千文，買牛以歸。柳氏數將春草來往宮中，玄宗見其狀貌壯大，應對分明，數目之，謂柳曰：『幾錢買得此婢？』以實對。遂留之。玄宗曾晝寢，問春草曰：『汝本何人？何以得至柳家？』春草曰：『本楊愼矜婢，賣與柳家。』玄宗曰：『愼矜豈少錢而賣你？』春草曰：『不是要錢。本將殺某，敬思救，得不殺，所以賣之。』玄宗素聞敬思名，因詰問。春草以實對，曰：『每夜坐中庭，或說天文，遙指宿曜，某亦盡知其言。』玄宗怒，變色良久。後王鉷因奏事言引愼矜，玄宗悖然曰：『愼矜與卿有親，更不須相往來。』鉷初內怨愼矜淩己，常忍隱不泄，至是覺上意異。楊釗先知之，以告鉷，鉷心喜，數悖慢以侵之；愼矜尤怒。」明皇雜錄又曰：「愼矜之侍婢有美者字明珠，敬思數目之，愼矜卽以遺之，兼以囊裝甚厚，以車送之。敬思乘馬隨之，路經貴妃妹八姨樓下，方登樓張樂。姨素與敬思相識，固邀敬思登樓，乃曰：『車中美人，請以見遺。』敬思不敢拒。姨明日入宮，婢從。上見而異之，問所從來。明珠曰：『本楊愼矜家人也，近贈史敬思。』上曰：『敬思何人，而愼矜輒贈以婢？』明珠乃具言厭勝之事。上大怒曰：『彼爲妖乎！』遂告林甫。林甫素忌愼矜才，恐其作相，以告中丞吉溫。溫險害，亦有憾於愼矜，因構成其事。」今參取書之。鉷乃遣人以飛語告「愼矜隋煬帝孫，愼矜，隋煬帝之玄孫。與凶人往來，家有讖書，謀復祖業。」上大怒，收愼矜繫獄，命刑部、大理與侍御史楊釗、殿中侍御史盧鉉同鞫之。太府少卿張瑄，愼矜所薦也，盧鉉誣瑄嘗與愼矜論讖，拷掠百端，瑄不肯答辯。瑄，音宣。掠，音亮。辯者，鞫問之辭，今人謂之問頭。乃以木綴其足，使人引其枷柄，向前挽之，身加長數尺，腰細欲絕，眼鼻出血，瑄竟不答。

又使吉溫捕史敬忠於汝州。敬忠與溫父素善，溫之幼也，敬忠常抱撫之。及捕獲，溫不與交言，鎖其頸，以布蒙首，驅之馬前。至戲水，戲水在新豐東。戲，許宜翻。溫使吏誘之曰：「楊愼矜已款服，惟須子一辯，若解人意則生，解，戶買翻。不然必死，前至溫湯，則求首不獲矣。」溫湯卽謂會昌，時置會昌縣於溫泉宮下。首，式救翻，謂自首其事。或曰，首，如字。敬忠顧謂溫曰：「七郎，求一紙。」溫陽不應。去溫湯十餘里，敬忠祈請哀切，乃於桑下令答三紙，辯皆如溫意。溫徐謂曰：「丈人且勿怪！」因起拜之。

至會昌，天寶元年，改驪山曰會昌山。三載，以新豐縣去華清宮遠，分新豐、萬年置會昌縣。是年，改溫泉曰華清宮，治湯井爲池，環山列宮室，又築羅城，置百司及十宅。始鞫愼矜，以敬忠爲證。愼矜皆引服，惟搜讖書不獲。林甫危之，使盧鉉入長安搜愼矜家，鉉袖讖書入闇中，詬而出曰：詬，古候翻。「逆賊深藏祕記。」至會昌，以示愼矜。愼矜歎曰：「吾不蓄讖書，此何從在吾家哉！吾應死而已。」丁酉，賜愼矜及兄少府少監愼餘、洛陽令愼名自盡；敬忠杖百，妻子皆流嶺南；瑄杖六十，流臨封，死於會昌。嗣虢王巨雖不預謀，坐與敬忠相識，解官，南賓安置。南賓郡，忠州，本巴郡之臨江縣，隋義寧二年置臨州，貞觀八年改忠州，天寶元年改爲郡。舊志，忠州，京師南二千一百二十二里。自餘連坐者數十人。愼名聞敕，神色不變，爲書別姊；愼餘合掌指天而縊。

8 三司按王忠嗣，上曰：「吾兒居深宮，安得與外人通謀，此必妄也。考異曰：新傳，李林甫屢白太子宜有謀上云云。按林甫雖志欲害太子，亦未肯自言之。今不取。但劾忠嗣沮撓軍功。」劾，戶概翻，又戶得翻。沮，在呂翻。撓，奴巧翻，又奴教翻。哥舒翰之入朝也，或勸多齎金帛以救忠嗣。翰曰：「若直道尚存，王公必不冤死；如其將喪，喪，息浪翻。多賂何爲！」遂單囊而行。三司奏忠嗣罪當死。翰始遇知於上，力陳忠嗣之冤，且請以己官爵贖忠嗣罪；上起，入禁中，翰叩頭隨之，言與淚俱。上感寤，己亥，貶忠嗣漢陽太守。漢陽郡，沔州。

9 李林甫屢起大獄，別置推事院於長安。以楊釗有掖庭之親，掖，音亦。出入禁闥，所言多聽，乃引以爲援，擢爲御史。事有微涉東宮者，皆指擿使之奏劾，付羅希奭、吉溫鞫之。釗因得逞其私志，所擠陷誅夷者數百家，皆釗發之。擿，他歷翻。擠，子西翻，又子細翻。幸太子仁孝謹靜，張垍、高力士常保護於上前，故林甫終不能間也。間，古莧翻。考異曰：明皇雜錄云：「上與李林甫議立太子，意屬忠王。林甫從容言於上曰：『古者建立儲君，必推賢德，苟非有大勳於社稷，則惟元子。』上默然曰：『朕長子琮，往年因獵苑中，所傷面目尤甚。』林甫曰：『破面不猶愈於破國乎！陛下其圖之。』上微感其言，徐思之。林甫亦素知其有疾，意欲動搖肅宗，而託附武惠妃，因以壽王瑁爲請；竟以肅宗孝友聰明，中外所屬，故姦邪之計莫得行焉。」按是時忠王若未爲太子，上用林甫之言，則琮爲太子矣，安能及瑁！新書李林甫傳云：「林甫數危太子，未得志。一日，從容曰：『古者立儲君，非有大勳於宗稷，則莫若元子。』帝久之曰：『慶王往年獵，爲貀傷面甚。』答曰：『破面不愈於破國乎！』帝頗惑，曰：『朕徐思之。』」此則情理似近。然新書此事必出於雜錄；若太子已立，則不當云上與林甫議立太子，意屬忠王也。今雜錄本於所傷字上脫「爲貀」兩字，別本必有之。按說文：貀，獸名，無前足。此非常有之物。或者「豹」字誤爲「貀」字耳。事既可疑，今不取。

10 十二月，壬戌，發馮翊、華陰民夫築會昌城，置百司。華陰郡，華州。馮翊郡，同州。華，戶化翻。王公各置第舍，土畝直千金。癸亥，上還宮。

11 丙寅，命百官閱天下歲貢物於尚書省，既而悉以車載賜李林甫家。上或時不視朝，朝，直遙翻。百司悉集林甫第門，臺省爲空。陳希烈雖坐府，無一人入謁者。

林甫子岫爲將作監，唐初曰將作大匠，龍朔改曰繕工監，光宅改曰營繕監，神龍復曰將作監。頗以滿盈爲懼，嘗從林甫遊後園，指役夫言於林甫曰：「大人久處鈞軸，怨仇滿天下，一朝禍至，欲爲此得乎！」林甫不樂曰：「勢已如此，將若之何！」

先是，宰相皆以德度自處，不事威勢，騶從不過數人，士民或不之避。林甫自以多結怨，常虞刺客，出則步騎百餘人爲左右翼，金吾靜街，前驅在數百步外，公卿走避；居則重關複壁，處，昌呂翻。樂，音洛。先，悉薦翻。騶，則尤翻。從，才用翻。騎，奇寄翻；下同。重，直龍翻。以石甃地，甃，則又翻。牆中置板，如防大敵，一夕屢徙牀，雖家人莫知其處。宰相騶從之盛，自林甫始。

12 初，將軍高仙芝，本高麗人，麗，力知翻。從軍安西。仙芝驍勇，善騎射，驍，堅堯翻。節度使夫蒙靈詧屢薦至安西副都護、都知兵馬使，充四鎮節度副使。

吐蕃以女妻小勃律王，小勃律去長安九千里而贏，距吐蕃贊普牙三千里。妻，七細翻。及其旁二十餘國，皆附吐蕃，貢獻不入，前後節度使討之，皆不能克。制以仙芝爲行營節度使，將萬騎討之。將，卽亮翻。自安西行百餘日，乃至特勒滿川，分軍爲三道，特勒滿川卽五識匿國所居。三道：一由北谷道，一由赤佛道，仙芝自由護密道。自護密勒城南至小勃律國都五百里。期以七月十三日會吐蕃連雲堡下。連雲堡南依山，北據娑勒川以爲固。有兵近萬人，近，其靳翻。不意唐兵猝至，大驚，依山拒戰，礮檑如雨。仙芝以郎將高陵李嗣業爲陌刀將，礮，匹貌翻。檑，盧對翻。礮卽砲石。杜佑曰：檑木長五尺，徑一尺，小至六七寸。唐六典：武庫令掌兵器，辨其名數，以備國用。刀之制有四：曰儀刀，曰障刀，曰橫刀，曰陌刀。儀刀，蓋古斑劍之類，宋晉以來謂之御刀，後魏曰長刀，皆施龍鳳環，至隋謂之儀刀，裝飾以金銀，羽儀所執。鄣刀，蓋用以鄣身，以禦敵。橫刀，佩刀也，兵士所佩，名亦起於隋。陌刀，長刀也，步兵所持，蓋古之斬馬劍。令之曰：「不及日中，決須破虜。」嗣業執一旗，引陌刀緣險先登力戰，自辰至巳，大破之，考異曰：舊嗣業傳云「天寶七載」。今從實錄及封常清傳。斬首五千級，捕虜千餘人，餘皆逃潰。中使邊令誠以入虜境已深，懼不敢進；邊令誠時爲監軍。使，疏吏翻。仙芝乃使令誠以羸弱三千守其城，羸，倫爲翻。復進。

三日，至坦駒嶺，下峻阪四十餘里，復，扶又翻。前有阿弩越城。仙芝恐士卒憚險，不肯下，先令人胡服詐爲阿弩越城守者迎降，降，戶江翻。云：「阿弩越赤心歸唐，娑夷水藤橋已斫斷矣。」娑夷水，卽弱水也，小勃律王居孽多城，臨娑夷水。娑，素禾翻。其水不能勝草芥。勝，音升。藤橋者，通吐蕃之路也。仙芝陽喜，士卒乃下。又三日，阿弩越城迎者果至。

明日，仙芝入阿弩越城，遣將軍席元慶將千騎前行，謂曰：「小勃律聞大軍至，其君臣百姓必走山谷，走，音奏。第呼出，取繒帛稱敕賜之，繒，慈陵翻。大臣至，盡縛之以待我。」元慶如其言，悉縛諸大臣。王及吐蕃公主逃入石窟，取不可得。仙芝至，斬其附吐蕃者大臣數人。

藤橋去城猶六十里，仙芝急遣元慶往斫之，甫畢，吐蕃兵大至，已無及矣。藤橋闊盡一矢，力脩之，期年乃成。

八月，仙芝虜小勃律王及吐蕃公主而還。九月，至連雲堡，與邊令誠俱。月末，至播密川，遣使奏狀。奏捷狀於京師。使，疏吏翻。

至河西，此河西，白馬河西也，自安西西出柘厥關渡白馬河。夫蒙靈詧怒仙芝不先言已而遽發奏，一不迎勞，一，猶言一切也。勞，力到翻。罵仙芝曰：「噉狗糞高麗奴！噉，徒濫翻，又徒覽翻。汝官皆因誰得，而不待我處分，處，昌呂翻。分，扶問翻。擅奏捷書！高麗奴！汝罪當斬，但以汝新有功不忍耳！」仙芝但謝罪。邊令誠奏仙芝深入萬里，立奇功，今旦夕憂死。

齊思和標點聶崇岐覆校

資治通鑑卷第二百一十六

端明殿學士兼翰林侍讀學士太中大夫提舉西京嵩山崇福宮上柱國河内郡開國公食邑二千二百户食實封九百户賜紫金魚袋臣　司馬光　奉敕編集
後　學　天　台　胡三省　音　註

唐紀三十二　起強圉大淵獻（丁亥）十二月，盡昭陽大荒落（癸巳），凡六年有奇。

玄宗至道大聖大明孝皇帝下之上

天寶六載（丁亥、七四七）載，子亥翻。

1 十二月，己巳，上以仙芝爲安西四鎮節度使，徵靈詧入朝，使，疏吏翻。朝，直遥翻。靈詧大懼。仙芝見靈詧，趨走如故，靈詧益懼。副都護京兆程千里、押牙畢思琛及行官王滔等，押牙者，盡管節度使牙内之事。行官，主將命往來京師及鄰道及巡内郡縣。琛，丑林翻。皆平日構仙芝於靈詧者也，仙芝面責千里、思琛曰：「公面如男子，心如婦人，何也？」又捽滔等，欲笞之，捽，才沒翻。笞，丑之翻。既而皆釋之，謂曰：「吾素所恨於汝者，欲不言，恐汝懷憂；今既言之，則無事矣。」軍中乃安。

初，仙芝爲都知兵馬使，猗氏人封常清，少孤貧，細瘦纇目，少，詩照翻。纇，盧對翻。一足偏短，求爲仙芝傔，不納。傔，苦念翻。常清日候仙芝出入，不離其門，凡數十日，離，力智翻；下離席同。仙芝不得已留之。會達奚部叛，夫蒙靈詧使仙芝追之，斬獲略盡。常清私作捷書以示仙芝，皆仙芝心所欲言者，由是一府奇之。仙芝爲節度使，即署常清判官；仙芝出征，常爲留後。唐諸使之屬，判官位次副使，盡總府事。又節度使或出征，或入朝，或死而未有代，皆有知留後事，其後遂以節度留後爲稱；至我朝遂以留後爲承宣使，資序未應建節者爲之。仙芝乳母子鄭德詮爲郎將，將，即亮翻。仙芝遇之如兄弟，使典家事，威行軍中。常清嘗出，德詮自後走馬突之而過。常清至使院，使院，留後治事之所；節度使便坐治事，亦或就使院。使，疏吏翻。使召德詮，每過一門，輒闔之，既至，常清離席謂曰：「常清本出寒微，郎將所知。今日中丞命爲留後，離，力智翻。中丞謂高仙芝。唐邊鎮諸帥或帶御史中丞、大夫時，隨其所帶官稱之。郎將何得於衆中相陵突！」因叱之曰：「郎將須蹔死以肅軍政。」蹔，與暫同。遂杖之六十，面仆地，曳出。仙芝妻及乳母於門外號哭救之，不及，因以狀白仙芝，仙芝覽之，驚曰：「已死邪？」及見常清，遂不復言，號，戶高翻。復，扶又翻。常清亦不之謝。軍中畏之惕息。史言封常清能治軍政，亦緣高仙芝不以私親撓法。惕，他歷翻。

自唐興以來，邊帥皆用忠厚名臣，不久任，不遙領，不兼統，功名著者往往入爲宰相。如李靖、李勣、劉仁軌、婁師德之類是也。開元以來，薛訥、郭元振、張嘉貞、王晙、張說、杜暹、蕭嵩、李適之等，亦皆自邊帥入相。帥，所類翻。其四夷之將，雖才略如阿史那社爾、契苾何力猶不專大將之任，皆以大臣爲使以制之。社爾討高昌，侯君集爲元帥；何力討高麗，李勣爲元帥。將，即亮翻。契，欺訖翻。苾，毗必翻。使，疏吏翻。及開元中，天子有吞四夷之志，爲邊將者十餘年不易，始久任矣；王晙、郭知運、張守珪之類是也。皇子則慶、忠諸王，宰相則蕭嵩、牛仙客，始遙領矣；諸王事見二百十三卷開元十五年。蕭嵩事見十七年，牛仙客事見二百十四卷二十四年。蓋嘉運、王忠嗣專制數道，始兼統矣。蓋嘉運事見二百十四卷開元二十八年。王忠嗣事見上卷五載。蓋，古合翻。李林甫欲杜邊帥入相之路，以胡人不知書，乃奏言：「文臣爲將，怯當矢石，不若用寒畯胡人；寒，謂卑賤。畯，嘗有事農耕者也。畯音俊。胡人則勇決習戰，寒族則孤立無黨，陛下誠以恩洽其心，彼必能爲朝廷盡死。」爲，于僞翻。上悅其言，始用安祿山。至是，諸道節度盡用胡人，安祿山、安思順、哥舒翰、高仙芝，皆胡人也。精兵咸戍北邊，天下之勢偏重，卒使祿山傾覆天下，皆出於林甫專寵固位之謀也。卒，子恤翻。

七載（戊子、七四八）

1 夏，四月，辛丑，左監門大將軍、知內侍省事高力士加驃騎大將軍。知內侍省事自此始。唐制：勳階二十九，驃騎大將軍爲之首，從一品。監，古銜翻。驃，匹妙翻。騎，奇寄翻。力士承恩歲久，中外畏之，太子亦呼之爲兄，諸王公呼之爲翁，駙馬輩直謂之爺。爺，以遮翻，俗呼父爲爺。自李林甫、安祿山輩皆因之以取將相。其家富厚不貲。將，卽亮翻。相，悉亮翻。貲，卽移翻；不貲，言不可算計也。於西京作寶壽寺，寺鐘成，力士作齋以慶之，舉朝畢集。宋璟若在，必不預斯集矣。朝，直遙翻。擊鐘一杵，施錢百緡，施，式豉翻。有求媚者至二十杵，少者不減十杵。然性和謹少過，善觀時俯仰，不敢驕橫，故天子終親任之，士大夫亦不疾惡也。少，始紹翻。橫，戶孟翻。惡，烏路翻。

2 五月，壬午，羣臣上尊號曰開元天寶聖文神武應道皇帝；上，時掌翻。赦天下，免百姓來載租庸，擇後魏子孫一人爲三恪。三恪、二王後，註已見前。杜佑曰：周得天下，封夏、殷二王後，又封舜後，謂之恪。恪，敬也；義取王之所敬，故曰三恪。天寶十三載，公卿議曰：三恪、二王之議，有三說焉。一曰，二王之前，更立三代之後爲三恪。此據樂記「武王克商，未及下車封黃帝、堯、舜之後，下車封夏、殷之後」而言。一曰，二王之前，但存一代，通二王爲三恪。此據左傳「但封胡公以備三恪」，明王者所敬先王有二，更封一代以備三恪。三云，二王之後爲一恪，妻之父母爲二恪，夷狄之君爲三恪。此據「王有不臣者三」而言之。梁崔靈恩云：三說以初爲長。按二王、三恪，經無正文，靈恩據禮記，遂以爲通存五代，竊恐未安。記云：尊賢不過二代；第三代者，雖遠難師法，豈得不錄其後！故亦存之，示敬其道而已，因謂之三恪。故左傳云：「封胡公以備三恪。」足知其無五代也。況歷代至今，皆以三代爲三恪焉。以此考之，蓋以後魏子孫與周、隋子孫爲三恪也。明年，尋罷魏後；註又見後。

3 六月，庚子，賜安祿山鐵券。

4 度支郎中兼侍御史楊釗善窺上意所愛惡而迎之，以聚斂驟遷，歲中領十五餘使。釗，音昭。斂，力贍翻。惡，烏路翻。使，疏吏翻。洪邁隨筆曰：楊國忠爲度支郎，領十五餘使，至宰相，凡領四十餘使，新、舊唐史皆不詳載其職。按其拜相制前銜云：御史大夫、判度支、權知太府卿事、兼蜀郡長史、劍南節度・支度・營田等副大使、本道兼山南西道采訪處置使、兩京太府出納監倉、祠祭、木炭、宮市、長春・九成宮等使、關內道及京畿采訪處置使，拜右相，兼吏部尚書、集賢殿・崇玄館學士、脩國史、太清・紫微宮使；自餘所領，又有管當租庸、鑄錢等使。以是觀之，概可見矣。甲辰，遷給事中，兼御史中丞，專判度支事，度，徒洛翻。恩幸日隆。

蘇冕論曰：設官分職，各有司存。政有恆而易守，恆，戶登翻。易，以豉翻。事歸本而難失，經遠之理，捨此奚據！洎姦臣廣言利以邀恩，多立使以示寵，洎，其冀翻。使，疏吏翻。刻下民以厚斂，張虛數以獻狀；上心蕩而益奢，人望怨而成禍；使天子有司守其位而無其事，受厚祿而虛其用。宇文融首唱其端，楊慎矜、王鉷繼遵其軌，鉷，戶公翻。楊國忠終成其亂。仲尼云：寧有盜臣而無聚斂之臣。記大學：百乘之家，不畜聚斂之臣；與其有聚斂之臣，寧有盜臣。誠哉是言！前車既覆，後轍未改，求達化本，不亦難乎！

5 冬，十月，庚戌，上幸華清宮。

6 十一月，癸未，以貴妃姊適崔氏者爲韓國夫人，適裴氏者爲虢國夫人，適柳氏者爲秦國夫人。三人皆有才色，上呼之爲姨，出入宮掖，並承恩澤，勢傾天下。每命婦入見，姊，蔣兕翻。掖，音亦。命婦，外命婦也。見，賢遍翻。玉眞公主等皆讓不敢就位。玉眞公主，睿宗之女。三姊與銛、錡五家，凡有請託，府縣承迎，峻於制敕；四方賂遺，銛，丑廉翻。錡，魚奇翻。遺，于季翻；下獻遺同。輻湊其門，惟恐居後，朝夕如市。十宅諸王及百孫院婚嫁，十王宅、百孫院，見二百十三卷開元十五年。皆以錢千緡賂韓、虢使請，無不如志。上所賜與及四方獻遺，五家如一。競開第舍，極其壯麗，一堂之費，動踰千萬；既成，見他人有勝己者，輒毀而改爲。虢國尤爲豪蕩，一旦，帥工徒突入韋嗣立宅，卽撤去舊屋，緡，彌賓翻。帥，讀曰率。去，羌呂翻。自爲新第，但授韋氏以隙地十畝而已。中堂既成，召工圬墁，圬，音烏。墁，謨官翻。約錢二百萬；復求賞技，復，扶又翻。技，巨綺翻。虢國以絳羅五百段賞之，嗤而不顧，曰：「請取螻蟻、蜥蜴，嗤，丑之翻。蜥，先擊翻。蜴，羊益翻。師古曰：爾雅云：蠑螈，蜥蜴；蝘蜓，守宮。是則一類耳。揚雄方言云：在澤中者謂之蜥蜴。記其數置堂中，苟失一物，不敢受直。」

7 十二月，戊戌，或言玄元皇帝降於朝元閣，上於華清宮中起老君殿，殿之北爲朝元閣，以或言老君降于此，改曰降聖閣。制改會昌縣曰昭應，廢新豐入昭應。辛酉，上還宮。自溫泉宮。還，從宣翻，又音如字。

8 哥舒翰築神威軍於青海上，吐蕃至，翰擊破之。又築城於青海中龍駒島，吐，從暾入聲。青海周八九百里，中有山，須冰合遊牝馬其上，明年生駒，號龍種，故謂之龍駒島。謂之應龍城，吐蕃屏跡不敢近青海。屏，必郢翻。近，其靳翻。

9 是歲，雲南王歸義卒，子閤羅鳳嗣，以其子鳳迦異爲陽瓜州刺史。卒，子恤翻。嗣，祥吏翻。南詔王父子相繼，其子必以父號下一字冠於己所號之上。歸義本號皮邏閣，帝賜名歸義。其子號閤羅鳳，是以「閤」

字冠其號之上也。閤羅鳳之子號鳳迦異，是以「鳳」字冠其號之上也。其後至豐祐乃革其舊。開元二十六年考異不取此說，然二百四十三卷穆宗之長慶四年，則又書豐祐不與父連名事。

八載（己丑、七四九）

1春，二月，戊申，引百官觀左藏，唐六典曰：周禮有外府中士，主泉藏之在外者，掌邦布之入出，以供百物而待邦用者也。又有職幣上士、中士，主貨幣之入者也。並今左藏之職。至秦、漢，則分在司農、少府。後漢，少府屬官有中藏府令、丞，掌中藏幣帛金銀貨物；魏氏因之。晉少府屬官有左、右藏令。東晉御史九人，各掌一曹，有庫曹御史，後復分庫曹，置外左庫、內左庫。宋文帝省外左庫，而內左庫直曰左庫。齊、梁、陳有右藏庫而無左藏。北齊太府寺統左、右藏令、丞。後周有外府上士、中士。隋有左、右藏署令、丞。唐左藏有東庫、西庫、朝堂庫，又有東都庫。余按雍錄：太極宮中東左藏庫，西左藏庫；東庫在恭禮門之東，西庫在安仁門之西。大明宮中有左藏庫，在麟德殿之左。又有右藏署令，掌邦國寶貨雜物；而天下賦調之正數錢物，則皆歸左藏也。藏，徂浪翻；下帑藏同。賜帛有差。是時州縣殷富，倉庫積粟帛，動以萬計。楊釗奏請所在糶變爲輕貨，及徵丁租地稅皆變布帛輸京師；屢奏帑藏充牣，古今罕儔，故上帥羣臣觀之，釗，音昭。帥，讀曰率。賜釗紫衣金魚以賞之。上以國用豐衍，故視金帛如糞壤，賞賜貴寵之家，無有限極。

2三月，朔方節度等使張齊丘於中受降城西北五百餘里木剌山築橫塞軍，以振遠軍使鄭人郭子儀爲橫塞軍使。橫塞軍本名可敦城。按宋白續通典：橫塞軍，初置在飛狐，後移蔚州，開元六年張嘉貞移於古代郡大安城南，以爲九姓之援，天寶十二年改爲天德軍。參考諸書，橫塞軍卽橫野軍，天寶元年書「河東節度統橫野軍」，開元六年所移者也。此築橫塞軍在可敦城者也。振遠軍在單于府界。鄭縣，漢屬京兆，後魏置東雍州，并華山縣，西魏改華州，隋開皇初廢郡，大業初廢州，復置鄭縣，屬京兆，唐屬華州。使，疏吏翻。降，戶江翻。剌，盧達翻。

3 夏，四月，咸寧太守趙奉璋咸寧郡本丹州丹陽郡，元年更郡名。守，式又翻。告李林甫罪二十餘條；狀未達，林甫知之，諷御史逮捕，以爲妖言，杖殺之。妖，於喬翻。

4 先是，折衝府皆有木契、銅魚，朝廷徵發，下敕書、契、魚，唐制：銅魚符所以起軍旅，王畿之內，左三、右一，王畿之外，左五、右一。左者在外行用之，曰從第一爲首，後事須用二次發之，周而復始。木契之制，若太子監國，則王畿之內，左、右各三；王畿之外，左、右各五；庶官鎮守，則左、右各十。唐六典：符寶郎掌符節。曰木契者，所以重鎮守，愼出納；車駕巡幸，皇太子監國，有兵馬受處分者，爲木契；并行軍所及領軍五百人、馬五百匹以上征討，皆給木契；三公以下，兩京留守及諸州有兵馬受處分，亦給木契。曰銅魚符者，所以起軍旅，易守長；兩京留守若諸州、諸軍、折衝府、諸處捉兵鎮守之所及宮總監，皆給魚符。程大昌演繁露曰，唐世，左魚之外又有敕牒將之，故兼名魚書。先，悉薦翻。下，遐嫁翻。都督、郡府參驗皆合，然後遣之。自募置彍騎，彍騎見二百一十二卷開元十三年。彍，音郭，又音霍。府兵日益墮壞，墮，讀曰隳。死及逃亡者，有司不復點補；復，扶又翻。其六馱馬牛、器械、糗糧，耗散略盡。馱，徒何翻。糗，去九翻。府兵入宿衞者，謂之侍官，言其爲天子侍衞也。其後本衞多以假人，役使如奴隸；長安人羞之，至以相詬病。記儒行曰：今衆人以儒相詬病。註云：以儒相靳，故相戲。詬病，猶恥辱也。杜預云：戲而相愧爲靳。詬，音遘，又呼候翻。其戍邊者，又多爲邊將苦使，利其死而沒其財。將，卽亮翻；下同。由是應爲府兵者皆逃匿，至是無兵可交。五月，癸酉，李林甫奏停折衝府上下魚書；是後府兵徒有官吏而已。唐府兵之制，十人爲火，火有長。火備六馱馬，凡火具、烏布、幕鐵、馬盂、布槽、鍤、钁、鑿、碓、筐、斧、鉗、鋸，皆一，甲牀二，鎌二。五十人爲隊。隊具火鑽一，胸馬繩一，首羈、足絆皆三，人具弓一，矢三十，胡祿橫刀、礪石、大觿、氈帽、氈裝、行縢皆一，麥飯九斗，米二斗，皆自備。其介冑戎具藏於庫，有所征行，則視其入而出給之；其番上宿衞者，惟給弓、矢、橫刀而已。今皆耗廢，非其舊矣。其折衝、果毅，又歷年不遷，士大夫亦恥爲之。其彍騎之法，天寶以後，稍亦變廢，應募者皆市井負販、無賴子弟，孔穎達曰：白虎通云：因井爲市，故曰市井。應劭通俗文云：市，恃也；養贍老小，恃以不匱也。俗說市井，謂至市者於井上洗濯其物香潔，及自嚴飾，乃到市也。謹按古者二十畝爲一井，因爲市交易，故稱市井。然則本由井田之中交易爲市，故國都之市亦因曰市井。按禮制九夫爲井。應劭二十畝爲井者，劭依漢書食貨志一井八家，家有私田百畝，公田十畝，餘二十畝以爲井、竈、廬、舍，故言二十畝耳。因井爲市，或如劭言。未嘗習兵。時承平日久，議者多謂中國兵可銷，於是民間挾兵器者有禁；子弟爲武官，父兄擯不齒。猛將精兵，皆聚於西北，中國無武備矣。

太白山人李渾等上言水經註曰：武功縣有太一山，古文以爲終南，亦曰中南，亦曰太白山，在武功縣南，去長安二百里，不知其高幾何。俗云「武功、太白，去天三百。」杜彥遠曰：太白山南連武功山，於諸山最爲秀傑，冬夏積雪，望之皓然。隋志曰：太一山在盩厔縣界。新志曰：太白山在郿縣。見神人，言金星洞有玉板石記聖主福壽之符，命御史中丞王鉷入仙遊谷求而獲之。上以符瑞相繼，皆祖宗休烈，六月，戊申，上聖祖號曰大道玄元皇帝，上高祖謚曰神堯大聖皇帝，太宗謚曰文武大聖皇帝，高宗謚曰天皇大聖皇帝，中宗謚曰孝和大聖皇帝，睿宗謚曰玄眞大聖皇帝，竇太后以下皆加謚曰順聖皇后。

6 辛亥，刑部尙書、京兆尹蕭炅坐贓左遷汝陰太守。汝陰郡，潁州。

7 上命隴右節度使哥舒翰帥隴右、河西及突厥阿布思兵，益以朔方、河東兵，凡六萬三千，攻吐蕃石堡城。厥，九勿翻。吐，從暾入聲。其城三面險絕，惟一徑可上，上，時掌翻。吐蕃但以數百人守之，多貯糧食，積檑木及石，貯，丁呂翻。檑，盧對翻。唐兵前後屢攻之，不能克。翰進攻數日不拔，召裨將高秀巖、張守瑜，欲斬之，高秀巖後爲安祿山守大同，蓋二人朔方、河東將也。二人請三日期可克；如期拔之，獲吐蕃鐵刃悉諾羅等四百人，唐士卒死者數萬，果如王忠嗣之言。王忠嗣言，見上卷六載。頃之，翰又遣兵於赤嶺西開屯田，以謫卒二千戍龍駒島，冬冰合，吐蕃大集，戍者盡沒。深入虜境，聲援不接，兵法曰遺人獲也。

8 閏月，乙丑，以石堡城爲神武軍，又於劍南西山索磨川置保寧都護府。置保寧都護府，以領牂柯、吐蕃。

9 丙寅，上謁太淸宮。天寶元年正月，得靈符，起玄元皇帝廟於西京大寧坊，東京置於東宮積善坊臨淄舊邸，天下諸郡各置玄元像於開元觀。至二年三月十二日，改在京玄元宮爲太淸宮，東京爲太極宮，天下諸郡爲紫極宮。丁卯，羣臣上尊號曰開元天地大寶聖文神武應道皇帝，赦天下。禘、祫自今於太清宮聖祖前設位序正。

10 秋，七月，册突騎施移撥爲十姓可汗。騎，奇寄翻。可，從刊入聲。汗，音寒。

11 八月，乙亥，護密王羅眞檀入朝，朝，直遙翻。請留宿衛；許之，拜左武衛將軍。

12 冬，十月，乙丑，上幸華清宮。

13 十一月，乙未，吐火羅葉護失里怛伽羅遣使表稱：「朅師王親附吐蕃，怛，當割翻。伽，求加翻。使，疏吏翻。朅，丘竭翻，又去謁翻。困苦小勃律鎮軍，阻其糧道。臣思破凶徒，望發安西兵，以來歲正月至小勃律，六月至大勃律。」朅師，亦曰羯師，胡種也；與吐火羅鄰接。大勃律，或曰布露，直吐蕃西，其北卽小勃律也。上許之。

九載（庚寅、七五〇）

1 春，正月，己亥，上還宮。

2 羣臣屢表請封西嶽，許之。

3 二月，楊貴妃復忤旨，送歸私第。楊妃初忤旨，見上卷五載。復，扶又翻。忤，五故翻。戶部郎中吉溫因宦官言於上曰：「婦人識慮不遠，違忤聖心，陛下何愛宮中一席之地，不使之就死，豈忍辱之於外舍邪？」吉溫此言，欲以自結於楊妃耳。邪，音耶。上亦悔之，遣中使賜以御膳。妃對使者涕泣曰：「妾罪當死，陛下幸不殺而歸之。今當永離掖庭，使，疏吏翻；下同。離，力智翻。掖，音亦。金玉珍玩，皆陛下所賜，不足爲獻，惟髮者父母所與，敢以薦誠。」乃翦髮一繚而獻之。繚，力照翻。上遽使高力士召還，寵待益深。還，從宣翻，又音如字。婦人女子最爲難養，以忤旨而出之，若棄咳唾可也。既出而復召還，則彼之怙寵悍悖將無所不至。明皇其可再乎！古之所謂英主，如漢武之於鉤弋，庶乎！

時諸貴戚競以進食相尚，上命宦官姚思藝爲檢校進食使，水陸珍羞數千盤，一盤費中人十家之產。中書舍人竇華嘗退朝，使，疏吏翻。朝，直遙翻。值公主進食，列於中衢，傳呼按轡出其間；宮苑小兒數百奮梃於前，宮苑小兒，宮苑使領之。梃，待鼎翻。華僅以身免。

4 安西節度使高仙芝破朅師，虜其王勃特沒。朅，丘竭翻。考異曰：實錄，去載十一月，吐火羅葉護請使安西兵討朅師，上許之。不見出師。今載三月庚子，册朅師國王勃特沒兄素迦爲王，册曰：「頃勃特沒，於卿不孝，於國不忠。」不言朅師爲誰所破。按十載正月，高仙芝擒朅師王來獻；然則朅師爲仙芝所破也。三月，庚子，立勃特沒之兄素迦爲朅師王。迦，音加。

5 上命御史大夫王鉷鑿華山路，設壇場於其上。鉷，戶公翻。華，戶化翻。是春，關中旱；辛亥，嶽祠災；制罷封西嶽。

6 夏，四月，己巳，御史大夫宋渾坐贓巨萬，流潮陽。潮陽郡本潮州義安郡，元年更郡名。初，吉溫因李林甫得進；天寶四載，吉溫鞫兵部之獄，自是得進。及兵部侍郎兼御史中丞楊釗恩遇浸深，溫遂去林甫而附之，爲釗畫代林甫執政之策。釗，音昭。爲，于僞翻。蕭炅及溫，皆林甫所厚也，炅，古迥翻。求得其罪，使釗奏而逐之，以翦其心腹，林甫不能救也。

7 五月，乙卯，賜安祿山爵東平郡王。唐將帥封王自此始。將，卽亮翻。帥，所類翻。

8 秋，七月，乙亥，置廣文館於國子監，以教諸生習進士者。時廣文館置博士二員，助教員。

9 八月，丁巳，以安祿山兼河北道采訪處置使。

10 朔方節度使張齊丘給糧失宜，軍士怒，毆其判官；毆，烏口翻。兵馬使郭子儀以身捍齊丘，乃得免。世皆知郭子儀得衆，然後能捍免張齊丘，而不知當此之時，唐之軍政果安在也！癸亥，齊丘左遷濟陰太守，濟陰郡，曹州。濟，子禮翻。以河西節度使安思順權知朔方節度事。

11 辛卯，處士崔昌上言：處，昌呂翻。上，時掌翻。「國家宜承周、漢，以土代火；周、隋皆閏位，不當以其子孫爲二王後。」事下公卿集議。下，遐嫁翻。集賢殿學士衞包上言：「集議之夜，四星聚於尾，天意昭然。」上乃命求殷、周、漢後爲三恪，廢韓、介、酅公；韓，元魏後。介，後周後。酅，隋後。酅，戶圭翻。孔穎達曰：古春秋左氏說：周家封夏、殷二王之後以爲上公，封黃帝、堯、舜之後，謂之三恪。鄭氏云：所存二王之後者，命使郊天以天子之禮，祭其始祖受命之王，自行其正朔服色。恪者，敬也，敬其先聖而封其後，與諸侯無殊異，不得比夏、殷之後。以昌爲左贊善大夫，包爲虞部員外郎。

12冬，十月，庚申，上幸華清宮。

13太白山人王玄翼上言見玄元皇帝，言寶仙洞有妙寶眞符。考異曰：舊志，「王鉷奏玄翼見玄元於寶仙洞中，遣鉷與張均、王倕、王濟、王翼、王嶽靈於洞中得玉石函、上清護國經、寶券、紀籙等獻之。」今從實錄云。命刑部尚書張均等往求，得之。時上尊道教，慕長生，故所在爭言符瑞，羣臣表賀無虛月。李林甫等皆請捨宅爲觀觀，古玩翻。以祝聖壽，上悅。

14安祿山屢誘奚、契丹，爲設會，飲以莨菪酒，本草曰：莨菪子生海邊川谷，今處處有之。苗莖高二三尺許，葉與地黃、紅藍等，而三指闊；四月開花，紫色；苗夾莖有白毛；五月結實，有殼作罌子狀，如小石榴；房中子至細，青白如米粒，毒甚；煮一二日而芽方生，以釀酒，其毒尤甚。爲，于僞翻；下先爲同。飲，於鴆翻。莨，音浪。菪，音蕩。醉而阬之，動數千人，函其酋長之首以獻，前後數四。至是請入朝，上命有司先爲起第於昭應。時王公皆私置第於昭應，獨祿山以承恩，命有司起第。酋，慈由翻。長，知兩翻。朝，直遙翻。祿山至戲水，戲，許宜翻。楊釗兄弟姊妹皆往迎之，冠蓋蔽野；上自幸望春宮以待之。辛未，祿山獻奚俘八千人，上命考課之日書上上考。前此聽祿山於上谷鑄錢五壚，祿山乃獻錢樣千緡。緡，彌頻翻。

15楊釗，張易之之甥也，釗，音昭。考異曰：鄭審天寶故事云：「楊國忠本張易之之子。天授中，張易之恩幸莫比，每歸私第，詔令居樓上，仍去其梯。母恐張氏絕嗣，乃密令女奴蠙珠上樓，遂有娠而生國忠。」其說曖昧無稽，今不取。奏乞昭雪易之兄弟。易之兄弟誅見二百七卷中宗神龍元年。庚辰，制引易之兄弟迎中宗於房陵之功，迎中宗，非特二張倡其議也，事見二百六卷武后聖曆元年。復其官爵；考異曰：唐曆在七月二十五日。今從實錄。仍賜一子官。

釗以圖讖有「金刀」，請更名；讖，楚譖翻。更，工衡翻。上賜名國忠。

16 十二月，乙亥，上還宮。

17 關西遊弈使王難得擊吐蕃，克五橋，拔樹敦城；以難得爲白水軍使。使，疏吏翻。吐，從暾入聲。樹敦城以古犬戎王樹惇名城，隋在吐谷渾界，唐在吐蕃界。

18 安西四鎭節度使高仙芝僞與石國約和，引兵襲之，虜其王及部衆以歸，悉殺其老弱。仙芝性貪，掠得瑟瑟十餘斛，使，疏吏翻。張揖廣雅曰：瑟瑟，碧珠也。黃金五六橐駝，其餘口馬雜貨稱是，皆入其家。爲石國王子扇誘諸國以覆仙芝之師張本。稱，尺證翻。

19 楊國忠德鮮于仲通，鮮于仲通資給國忠，又推轂之，事見上卷四載。薦爲劍南節度使。仲通性褊急，失蠻夷心。褊，補典翻。

故事，南詔常與妻子俱謁都督，過雲南，雲南太守張虔陀皆私之。過，古禾翻。雲南郡，姚州。守，式又翻。又多所徵求，南詔王閤羅鳳不應，虔陀遣人詈辱之，仍密奏其罪。閤羅鳳忿怨，是歲，發兵反，攻陷雲南，殺虔陀，取夷州三十二。夷州，謂西南夷附化羈縻之州也。

十載（辛卯、七五一）載，祖亥翻。

1春，正月，壬辰，上朝獻太清宮；癸巳，朝享太廟；朝，直遙翻；下同。甲子，合祭天地於南郊，赦天下，免天下今載地稅。上書壬辰、癸巳，下書丁酉，則「甲子」當作「甲午」。

2丁酉，命李林甫遙領朔方節度使，以戶部侍郎李暐知留後事。

3庚子，楊氏五宅夜遊，楊銛、錡及韓、虢、秦三夫人爲五宅。與廣平公主從者爭西市門，「廣平」，新書作「廣寧」；公主，上女也。從，才用翻。楊氏奴揮鞭及公主衣，公主墜馬，駙馬程昌裔下扶之，亦被數鞭。公主泣訴於上，上爲之杖殺楊氏奴。被，皮義翻。爲，于僞翻；下司爲、使爲、遽爲同。明日，免昌裔官，不聽朝謁。

4上命有司爲安祿山治第於親仁坊，治，直之翻。敕令但窮壯麗，不限財力。既成，具幄帟器皿，充牣其中，有帖白檀牀二，皆長丈，闊六尺；本草圖經曰：檀香木如檀，生南海，種有黃、白、紫之異。帟，音亦。長，直亮翻。銀平脫屛風，帳方丈六尺；【章：十二行本作「一方一丈八」五字；乙十一行本同；孔本同；退齋校同；張校云「六」作「八」。】於廚廐之物皆飾以金銀，金飯罌二，罌，於耕翻，缶也。銀淘盆二，淘盆，所以淅米。皆受五斗，織銀絲筐及笊籬各一；筐，去王翻，所以漉米。笊，側絞翻。籬，音離。笊籬，所以轑釜取食物。他物稱是。稱，尺證翻。雖禁中服御之物，殆不及也。上每令中使爲祿山護役，護，監護也。使，疏吏翻；下同。築第及造儲偫賜物，常戒之曰：「胡眼大，勿令笑我。」侍，直里翻。大，唐佐翻。

祿山入新第，置酒，乞降墨敕請宰相至第。是日，上欲於樓下擊毬，遽爲罷戲，命宰相赴之。日遣諸楊與之選勝遊宴，侑以梨園教坊樂。梨園，皇帝梨園弟子也。教坊，內教坊也。上每食一物稍美，或後苑校獵獲鮮禽，輒遣中使走馬賜之，絡繹於路。

甲辰，祿山生日，上及貴妃賜衣服、寶器、酒饌甚厚。饌，雛戀翻，又雛皖翻。後三日，召祿山入禁中，貴妃以錦繡爲大襁褓，裹祿山，使宮人以綵輿舁之。襁，居兩翻。舁，羊茹翻。上聞後宮歡笑，問其故，左右以貴妃三日洗祿兒對。上自往觀之，喜，賜貴妃洗兒金銀錢，復厚賜祿山，盡歡而罷。復，扶又翻。自是祿山出入宮掖不禁，或與貴妃對食，或通宵不出，頗有醜聲聞於外，上亦不疑也。聞，音問。觀明皇所以待祿山者，昏庸之主所不爲，殆天奪之魄也。考異曰：祿山事迹：「正月二十日，祿山生日，玄宗及太眞賜祿山器皿衣服，件目甚多。後三日，召祿山入內，貴妃以錦繡綳縛祿山，令內人以綵輿舁之，宮中歡呼動地。玄宗使人問之，報云：『貴妃與祿兒作三日洗兒。』玄宗就觀之，大悅。因賜貴妃洗兒金銀錢物，極歡而罷。自是宮中皆呼祿山爲祿兒，不禁其出入。」溫畬天寶亂離西幸記：「祿山諂約楊妃，誓爲子母；自號國已下，次及諸王，皆戲祿兒，與之促膝娛宴。上時聞後宮三千合處喧笑，密偵則祿山果在其內。貴戚猱雜，未之前聞；凡曰釵鬟，皆啗厚利；或通宵禁掖，暱狎嬪嬙。和士開之出入臥內，方此爲疏；薊城侯之獲廁刑餘，又奚足尚！」王仁裕天寶遺事云：「祿山常與妃子同食，無所不至。帝恐外人以酒毒之，遂賜金牌子繫於臂上，每有王公召宴，欲沃以巨觥，卽祿山以金牌示之，云『準敕戒酒。』」今略取之。

5 安西節度使高仙芝入朝，獻所擒突騎施可汗、吐蕃酋長、石國王、朅師王。加仙芝開府儀同三司。尋以仙芝爲河西節度使，代安思順；思順諷羣胡割耳剺面請留己，制復留思順於河西。剺，力之翻。復，扶又翻。

6 安祿山求兼河東節度。二月，丙辰，以河東節度使韓休珉爲左羽林將軍，以祿山代之。戶部郎中吉溫見祿山有寵，又附之，約爲兄弟。說祿山曰：「李右丞相雖以時事親三兄，天寶元年，改侍中爲左相，中書令爲右相。李林甫時爲右相，中書令之職也，「丞」字衍。安祿山，第三。說，式芮翻。不必肯以兄爲相；溫雖蒙驅使，終不得超擢。兄若薦溫於上，溫卽奏兄堪大任，共排林甫出之，爲相必矣。」祿山悅其言，數稱溫才於上，上亦忘曩日之言。數，所角翻。忘，巫放翻。言，見上卷四載。會祿山領河東，因奏溫爲節度副使、知留後，以大理司直張通儒爲留後判官，大理司直，從六品上。通儒帶司直而爲河東留後判官，是後節鎮有帶六曹尚書，有帶三省長官，有帶三公、三師，其屬亦率帶六品以下朝職，謂之帶職。黃琮曰：外官帶職，有憲銜，有檢校。憲銜自監察御史至御史大夫，檢校自國子祭酒至三公，唐及五代之制也。河東事悉以委之。

是時，楊國忠爲御史中丞，方承恩用事。祿山登降殿階，國忠常扶掖之。掖，音亦。祿山與王鉷俱爲大夫，鉷權任亞於李林甫。祿山見林甫，禮貌頗倨。林甫陽以他事召王大夫，鉷至，趨拜甚謹；祿山不覺自失，容貌益恭。林甫與祿山語，每揣知其情，先言之，揣，初委翻。祿山驚服。祿山於公卿皆慢侮之，獨憚林甫，每見，雖盛冬，常汗沾衣。林甫乃引與坐於中書廳，廳，他經翻。中庭曰聽事，言受事察訟於是也。漢、晉皆作「聽事」，六朝以來乃始加「广」而徑曰廳。撫以溫言，自解披袍以覆之。祿山忻荷，言無不盡，覆，敷又翻。荷，下可翻。謂林甫爲十郎。林甫，第十。既歸范陽，劉駱谷每自長安來，必問：「十郎何言？」得美言則喜；或但云「語安大夫，語，牛倨翻。須好檢校！」輒反手據牀曰：「噫嘻，我死矣！」

祿山既兼領三鎮，賞刑己出，日益驕恣。自以曩時不拜太子，事見上卷六載。見上春秋高，頗內懼；又見武備墮弛，墮，讀曰隳。有輕中國之心。孔目官嚴莊、孔目官，衙前吏職也，唐世始有此名；言凡使司之事，一孔一目，皆須經由其手也。掌書記高尚掌書記，位判官下，古記室參軍之任。因爲之解圖讖，勸之作亂。爲，于僞翻。讖，楚譖翻。

祿山養同羅、奚、契丹降者八千餘人，謂之「曳落河」。契，欺訖翻，又音喫。降，戶江翻。考異曰：祿山事迹云：養爲己子。按養子必無八千之數，今不取。曳落河者，胡言壯士也。及家僮百餘人，皆驍勇善戰，一可當百。又畜戰馬數萬匹，驍，堅堯翻。畜，許六翻。多聚兵仗，分遣商胡詣諸道販鬻，歲輸珍貨數百萬。輸，春遇翻。私作緋紫袍、魚袋，以百萬計。以高尚、嚴莊、張通儒及將軍孫孝哲爲腹心，史思明、安守忠、李歸仁、蔡希德、牛廷玠、向潤容、向，式亮翻，姓也。李庭望、崔乾祐、尹子奇、何千年、武令珣、能元皓、能，奴代翻。何氏姓苑云：能姓，出自長廣。田承嗣、田乾眞、阿史那承慶爲爪牙。尙，雍奴人，雍奴，天寶元年更名武淸，屬范陽郡。此因舊縣名書之。本名不危，頗有辭學，薄遊河朔，貧困不得志，常歎曰：「高不危當舉大事而死，豈能齧草根求活邪！」祿山引置幕府，出入臥內。尙典牋奏，莊治簿書。治，直之翻。通儒，萬歲之子；張萬歲，唐初掌廐牧。通儒必非其子，或者其孫也；否則別又有一張萬歲。孝哲，契丹也。承嗣世爲盧龍小校，祿山以爲前鋒兵馬使。【章：十二行本「使」下有「治軍嚴整」四字；乙十一行本同；孔本同；張校同；退齋校同。】嘗大雪，祿山按行諸營，校，戶教翻。使，疏吏翻。行，下孟翻。至承嗣營，寂若無人，入閱士卒，無一人不在者，祿山以是重之。

7 夏，四月，壬午，劍南節度使鮮于仲通討南詔蠻，大敗於瀘南。瀘水之南也。武后垂拱元年，置長城縣，屬姚州，天寶初更名瀘南縣。考異曰：楊國忠傳：「南蠻質子閤羅鳳亡歸不獲，帝怒，欲討之。國忠薦閬州人鮮于仲通爲益州長史，令帥精兵八萬討南蠻。」按南詔傳：「七年，蒙歸義死，詔閤羅鳳襲雲南王」，不云嘗爲質子亡歸也。九年，姚州自以張虔陀侵之故反，時鮮于仲通已爲益州長史。國忠傳與南詔傳相違。新、舊書皆如此，恐誤。時仲通將兵八萬分二道出戎、嶲州，至曲州、靖州。分爲二道，一道出戎州，一道出嶲州也。自戎州開邊縣西行七十里至曲州；自嶲州西南行八百餘里渡瀘水。曲州本隋之恭州，古朱提之地，武德八年更名曲州。靖州，隋屬協州，古夜郎地，武德初分協州置靖州。嶲，音髓。南詔王閤羅鳳謝【章：十二行本「謝」上有「遣使」二字；乙十一行本同；孔本同；張校同。】罪，請還所俘掠，城雲南而去，去年，南詔攻陷雲南城，必有夷毁處，故請城之以謝罪。且曰：「今吐蕃大兵壓境，若不許我，我將歸命吐蕃，雲南非唐有也。」仲通不許，囚其使。進軍至西洱河，與閤羅鳳戰，軍大敗，使，疏吏翻。洱，乃吏翻。士卒死者六萬人，仲通僅以身免。楊國忠掩其敗狀，仍敍其戰功。考異曰：唐曆云「令仲通白衣領節度事」，舊傳無之。按既掩敗敍功，豈得復白衣領職！閤羅鳳斂戰尸，築爲京觀，觀，古玩翻。遂北臣於吐蕃。蠻語謂弟爲「鍾」，吐蕃命閤羅鳳爲「贊普鍾」，號曰東帝，給以金印。閤羅鳳刻碑於國門，言己不得已而叛唐，且曰：「我世世事唐，受其封爵，後世容復歸唐，當指碑以示唐使者，知吾之叛非本心也。」其後德宗之世，異牟尋卒復歸唐。復，扶又翻。

制大募兩京及河南、北兵以擊南詔；人聞雲南多瘴癘，未戰士卒死者什八九，莫肯應募。楊國忠遣御史分道捕人，連枷送詣軍所。舊制，百姓有勳者免征役，時調兵既多，調，徒弔翻。國忠奏先取高勳。於是行者愁怨，父母妻子送之，所在哭聲振野。

8高仙芝之虜石國王也，石國王子逃詣諸胡，具告仙芝欺誘貪暴之狀。誘，音酉。諸胡皆怒，潛引大食欲共攻四鎮。仙芝聞之，將蕃、漢三萬衆擊大食，將，即亮翻。考異曰：馬宇段秀實別傳云「蕃、漢六萬衆」，今從唐曆。深入七百餘里，至恆羅斯城，或作「怛羅斯城」。與大食遇。相持五日，葛羅祿部衆叛，葛羅祿，即葛邏祿。與大食夾攻唐軍，仙芝大敗，士卒死亡略盡，所餘纔數千人。右威衛將軍李嗣業勸仙芝宵遁。道路阻隘，拔汗那部衆在前，人畜塞路；拔汗那時從仙芝擊大食。塞，悉則翻。嗣業前驅，奮大梃擊之，人馬俱斃，仙芝乃得過。將士相失，別將汧陽段秀實汧陽郡本隴州隴東郡，元年改郡名，有汧陽縣，蓋元魏所置。梃，待鼎翻。將，卽亮翻；下同。汧，口堅翻。聞嗣業之聲，詬曰：詬，苦候翻。「避敵先奔，無勇也；全己棄衆，不仁也。幸而得達，獨無愧乎！」嗣業執其手謝之，留拒追兵，收散卒，得俱免。還至安西，言於仙芝，以秀實兼都知兵馬使，爲己判官。

9 八月，丙辰，武庫火，燒兵器三十七萬。考異曰：唐曆云四十七萬事，今從實錄。

10 安祿山將三道兵六萬幽州、平盧、河東三道。以討契丹，以奚騎二千爲鄉導。騎，奇寄翻；下同。鄉，讀曰嚮。過平盧千餘里，至土護眞水，遇雨。自雄武軍東北渡灤河，有古盧龍鎮，有斗陘嶺。自古盧龍北經九荆嶺、受米城、張洪隘，渡石嶺，至奚王帳六百里；又東北傍吐護眞河五百里，至奚、契丹牙帳。又出檀州燕樂縣東北百八十五里，至長城口，又北八百里有吐護眞河，奚王牙帳也。祿山引兵晝夜兼行三百餘里，至契丹牙帳，契丹大駭。時久雨，弓弩筋膠皆弛，大將何思德言於祿山曰：「吾兵雖多，遠來疲弊，實不可用，不如按甲息兵以臨之，不過三日，虜必降。」將，卽亮翻；下同。降，戶江翻。祿山怒，欲斬之，思德請前驅效死。思德貌類祿山，虜爭擊，殺之，以爲已得祿山，勇氣增倍。奚復叛，與契丹合，夾擊唐兵，殺傷殆盡。射祿山，中鞍，折冠簪，失履，獨與麾下二十騎走；會夜，追騎解，得入師州。貞觀三年，以室韋部落置師州，治營州之廢陽師鎮。復，扶又翻。射，而亦翻。中，竹仲翻。折，而設翻。歸罪於左賢王哥解，哥解蓋自突厥來降者。解，戶買翻。河東兵馬使魚承仙而斬之。

平盧兵馬使史思明懼，逃入山谷近二旬，近，其靳翻。收散卒，得七百人。平盧守將史定方將精兵二千救祿山，契丹引去，祿山乃得免。至平盧，麾下皆亡，不知所出。史思明出見祿山，祿山喜，起，執其手曰：「吾得汝，復何憂！」復，扶又翻。思明退，謂人曰：「曏使早出，已與哥解幷斬矣。」史言史思明之智數過於安祿山。契丹圍師州，祿山使思明擊卻之。

11 冬，十月，壬子，上幸華清宮。

12 楊國忠使鮮于仲通表請己遙領劍南；十一月，丙午，以國忠領劍南節度使。

十一載（壬辰、七五二）

1 春，正月，丁亥，上還宮。

2 二月，庚午，命有司出粟帛及庫錢數十萬緡於兩市易惡錢。考異曰：舊紀、唐曆皆作「癸酉」，今從實錄。先是，江、淮多惡錢，貴戚大商往往以良錢一易惡錢五，載入長安，市井不勝其弊，先，悉薦翻。勝，音升。故李林甫奏請禁之，官爲易取，期一月，不輸官者罪之。於是商賈囂然，不以爲便。賈，音古。囂，許驕翻，又五刀翻。衆共遮楊國忠馬自言，國忠爲之言於上，乃更命非鉛錫所鑄及穿穴者，皆聽用之如故。爲，于僞翻。更，工衡翻。

3 三月，安祿山發蕃、漢步騎二十萬擊契丹，欲以雪去秋之恥。初，突厥阿布思來降，事見上卷元年。降，戶江翻。上厚禮之，賜姓名李獻忠，累遷朔方節度副使，賜爵奉信王。獻忠有才略，不爲安祿山下，祿山恨之；至是，奏請獻忠帥同羅數萬騎，與俱擊契丹。帥，讀曰率；下同。獻忠恐爲祿山所害，白留後張暐，請奏留不行，暐不許。安祿山領河東而張暐爲留後，暐知附祿山而已，安肯爲阿布思請哉！獻忠乃帥所部大掠倉庫，叛歸漠北，祿山遂頓兵不進。

4 乙巳，改吏部爲文部，兵部爲武部，刑部爲憲部。

5 戶部侍郎、御史大夫、京兆尹王鉷，權寵日盛，領二十餘使。宅旁爲使院，文案盈積，吏求署一字，累日不得前；中使賜賚不絕於門，使，疏吏翻。賚，來代翻。雖李林甫亦畏避之。林甫子岫爲將作監，鉷子準爲衞尉少卿，俱供奉禁中。準陵侮岫，岫常下之。下，遐嫁翻。然鉷事林甫謹，林甫雖忌其寵，不忍害也。

準嘗帥其徒過駙馬都尉王繇，王繇，同皎之子也。帥，讀曰率。過，工禾翻。繇望塵拜伏；準挾彈命中於繇冠，折其玉簪，以爲戲笑。彈，徒旦翻。命中者，先命其處而後中之。中，竹仲翻。折，而設翻。既而繇延準置酒；繇所尚永穆公主，上之愛女也，黃琮曰：皇女有美名公主，或以德，或以容，或以福壽，設名最多；又有郡公主、小國、中國等。爲準親執刀匕。刀匕，宰夫之職。記，杜蕢曰：「蕢也宰夫也，惟刀匕是共。」爲，于僞翻；下同。準去，或謂繇曰：「鼠雖挾其父勢，稱之爲鼠，微之也。君乃使公主爲之具食，爲，于僞翻。有如上聞，無乃非宜？」鉷曰：「上雖怒無害，至於七郞，王銲，第七。死生所繫，不敢不爾。」

鉷弟戶部郎中銲，凶險不法，銲，何旦翻。召術士任海川任，音壬，姓也。問：「我有王者之相否？」相，悉亮翻。海川懼，亡匿。鉷恐事泄，捕得，託以他事杖殺之。王府司馬韋會，定安公主之子，王繇之同產也，定安公主，中宗女，下嫁王同皎，生繇；又嫁韋濯，生會。話之私庭。鉷使長安尉賈季鄰收會繫獄，縊殺之。縊，於計翻。繇不敢言。

銲所善邢縡，縡，作代翻。與龍武萬騎謀殺龍武將軍，以其兵作亂，殺李林甫、陳希烈、楊國忠；前期二日，有告之者。夏，四月，乙酉，上臨朝，朝，直遙翻。以告狀面授鉷，使捕之。鉷意銲在縡所，先使人召之，日晏，乃命賈季鄰等捕縡。縡居金城坊，金城坊，朱雀街西第四街之北來第二坊，漢顧成廟、博望苑、戾園皆在焉。季鄰等至門，縡帥其黨數十人持弓刀格鬭突出。帥，讀曰率。鉷與楊國忠引兵繼至，縡黨曰：「勿傷大夫人。」言勿傷鉷所部人也。大夫，稱鉷之官。國忠之傔密謂國忠曰：「賊有號，不可戰也。」今人謂私記爲號，言賊私爲記號以相識別。傔，苦念翻。縡鬭且走，至皇城西南隅。京城之內有皇城，皇城之內有宮城。會高力士引飛龍禁軍四百至，飛龍禁軍，乘飛龍廄馬者也。武后置仗內六閑，一曰飛龍，以中官爲內飛龍使。擊斬縡，捕其黨，皆擒之。國忠以狀白上，曰：「鉷必預謀。」上以鉷任遇深，不應同逆；李林甫亦爲之辯解。爲，于僞翻。上乃特命原銲不問，然意欲鉷表請罪之；使國忠諷之，鉷不忍，上怒。會陳希烈極言鉷大逆當誅，戊子，敕希烈與國忠鞫之，仍以國忠兼京兆尹。於是任海川、韋會等事皆發，獄具，鉷賜自盡，銲杖死於朝堂，朝，直遙翻。鉷子準、偁流嶺南，偁，齒繩翻。尋殺之。有司籍其第舍，數日不能徧。鉷賓佐莫敢窺其門，獨采訪判官裴冕收其尸葬之。王鉷蓋兼京畿采訪使。

6 初，李林甫以陳希烈易制，引爲相，事見上卷五載。易，以豉翻。政事常隨林甫左右，晚節遂與林甫爲敵，林甫懼。會李獻忠叛，林甫乃請解朔方節制，且薦河西節度使安思順自代；庚子，以思順爲朔方節度使。使，疏吏翻。

7 五月，戊申，慶王琮薨，贈靖德太子。琮，徂宗翻。「贈」字之下逸「謚」字。既曰贈矣，無「謚」字亦可。

8 丙辰，京兆尹楊國忠加御史大夫、京畿·關內采訪等使，凡王鉷所綰使務，悉歸國忠。鉷，戶公翻。使，疏吏翻。

初，李林甫以國忠微才，且貴妃之族，故善遇之。國忠與王鉷俱爲中丞，鉷用林甫薦爲大夫，故國忠不悅，遂深探邢縡獄，探，吐南翻。縡，作代翻。令引林甫交私鉷兄弟及阿布思事狀，令，力丁翻。陳希烈、哥舒翰從而證之；上由是疏林甫。國忠貴震天下，始與林甫爲仇敵矣。

9 六月，甲子，楊國忠奏吐蕃兵六十萬救南詔，吐，從暾入聲。劍南兵擊破之於雲南，克故隰州等三城，考異曰：實錄：「兵部侍郎兼御史中丞、劍南節度使楊國忠破吐蕃于雲南，拔故隰州等三城，獻俘于朝。」唐曆：「國忠上言破吐蕃于雲南，拔故洪州等三城。」按國忠時在長安，蓋劍南破吐蕃，以國忠領節制，故使之上表獻俘耳。時國忠已爲大夫，云中丞，誤也。隰州，從實錄。捕虜六千三百，以道遠，簡壯者千餘人及酋長降者獻之。酋，慈由翻。長，知兩翻。降，戶江翻。

10 秋，八月，乙【章：十二行本作「己」；乙十一行本同；孔本同；張校同。】丑，上復幸左藏，賜羣臣帛。蜀本作「己丑」，當從之。八載已嘗幸左藏，賜羣臣帛矣，故此書復。復，扶又翻。藏，徂浪翻。癸巳，楊國忠奏有鳳皇見左藏庫屋，出納判官魏仲犀言鳳集庫西通訓門。左藏，舊有令、丞而已，出納判官蓋帝置也。是時分立諸使，舊來司存之官備員，莫得舉其職。楊國忠方承恩遇，領使最多，蓋兼領左藏出納使而以魏仲犀爲判官也。宋白曰：天寶二年，始命張瑄充太府出納使。閣本太極宮圖，左藏庫之西則通訓門。見，賢遍翻。

11 九月，阿布思入寇，圍永清柵，永清柵，亦曰永濟柵，在中受降城之西二百里大同川。柵使張元軌拒卻之。使，疏吏翻。

12 冬，十月，戊寅，上幸華清宮。

13 己亥，改通訓門曰鳳集門；魏仲犀遷殿中侍御史，楊國忠屬吏率以鳳皇優得調。調，徒釣翻。

14 南詔數寇邊，蜀人請楊國忠赴鎮；去年楊國忠領劍南；蜀人困於兵，故請之。數，所角翻。左僕射兼右相李林甫奏遣之。國忠將行，泣辭，上言必爲林甫所害，貴妃亦爲之請。上謂國忠曰：「卿蹔到蜀區處軍事，朕屈指待卿，還當入相。」屈指計日以待之。亦爲，于僞翻。處，昌呂翻。相，息亮翻。林甫時已有疾，憂懣不知所爲，懣，莫困翻，又莫緩翻，中煩也。巫言一見上可小愈；上欲就視之，左右固諫。上乃令林甫出庭中，林甫時蓋臥疾昭應私第。上登降聖閣遙望，天寶七載十二月，以玄元皇帝見於朝元閣，改爲降聖閣，在華清宮中。以紅巾招之。今富貴之家，帨巾率以臙脂染之爲眞紅色，唐之遺俗也。林甫不能拜，使人代拜。國忠比至蜀，比，必利翻，及也。上遣中使召還，中使，疏吏翻。至昭應，謁林甫，拜於牀下。林甫流涕謂曰：「林甫死矣，公必爲相，以後事累公！」累，力瑞翻。國忠謝不敢當，汗出覆面。國忠素憚林甫，故然。覆，敷又翻。十一月，丁卯，林甫薨。

上晚年自恃承平，以爲天下無復可憂，復，扶又翻。遂深居禁中，專以聲色自娛，悉委政事於林甫。林甫媚事左右，迎合上意，以固其寵；杜絕言路，掩蔽聰明，以成其姦；妬賢疾能，排抑勝己，以保其位；屢起大獄，誅逐貴臣，以張其勢。張，知亮翻。自皇太子以下，畏之側足。凡在相位十九年，開元二十二年始相林甫，至是年凡十九年。養成天下之亂，而上不之寤也。

庚申，以楊國忠爲右相，兼文部尚書，右相，卽中書令；文部，卽吏部。其判使並如故。判，如判度支之類；使，謂諸使。使，疏吏翻。

國忠爲人強辯而輕躁，無威儀。既爲相，以天下爲己任，裁決機務，果敢不疑；居朝廷，攘袂扼腕，躁，則到翻。相，息亮翻。朝，直遥翻。腕，烏貫翻。公卿以下，頤指氣使，莫不震慴。慴，之涉翻。自侍御史至爲相，楊國忠兼侍御史，在六載、七載之間。凡領四十餘使。楊國忠爲度支郎，領五十餘使，至宰相，凡領四十餘使，新、舊唐史皆不詳載其職。按其拜相制前銜云：御史大夫、判度支、權知太府卿事，兼蜀郡長史、劍南節度・支度・營田等副大使、本道兼山南西道采訪處置使、兩京太府、司農、出納、監倉、祀祭、木炭、宮市、長春・九成宮等使、關内道及京畿采訪處置使，拜右相，兼吏部尚書、集賢殿・崇玄館學士、脩國史、太清・太微宮使；自餘所領，又有管當租庸、鑄錢等使。以是觀之，概可見。臺省官有才行時名，行，下孟翻。不爲己用者，皆出之。

或勸陝郡進士張彖謁國忠，陝郡本陝州弘農郡，天寶元年更郡名。陝，失冉翻。曰：「見之，富貴立可圖。」彖曰：「君輩倚楊右相如泰山，吾以爲冰山耳！若皎日既出，君輩得無失所恃乎！」遂隱居嵩山。

國忠以司勳員外郎崔圓爲劍南留後，徵魏郡太守吉溫爲御史中丞，充京畿、關内採訪等使。魏郡，魏州。京畿、關内先置兩采訪使，今令溫兼充。溫詣范陽辭安祿山，魏郡屬河北道采訪使；時祿山兼采訪使，故溫往辭。祿山令其子慶緒送至境，爲溫控馬出驛數十步。爲，于僞翻。溫至長安，凡朝廷動靜，輒報祿山，信宿而達。

16 十二月，楊國忠欲收人望，建議：「文部選人，無問賢不肖，選深者留之，依資據闕注官。」選，須絹翻。考異曰：唐曆此敕在十月二十七日，統紀在七月。舊紀：「十二月甲戌，國忠奏請兩京選人銓日便定留放，無長名。」按國忠作相，始兼文部尚書，七月未也。今從舊紀。滯淹者翕然稱之。國忠凡所施置，皆曲徇人所欲，故頗得衆譽。

17 甲申，以平盧兵馬使史思明兼北平太守，充盧龍軍使。使，疏吏翻。

18 丁亥，上還宮。還自華清宮。考異曰：本紀、唐曆皆云「己亥還京」，今從實錄。

19 丁酉，以安西行軍司馬封常清爲安西四鎮節度使。唐制，行軍司馬位節度副使之上，天寶以後，節鎮以爲儲帥。

20 哥舒翰素與安祿山、安思順不協，上常和解之，使爲兄弟。是冬，三人俱入朝，朝，直遥翻。上使高力士宴之於城東。祿山謂翰曰：「我父胡，母突厥，公父突厥，母胡，族類頗同，何得不相親？」翰曰：「古人云，狐向窟嘷不祥，爲其忘本故也。厥，九勿翻。窟，苦骨翻。嘷，戶刀翻。爲，于僞翻。兄苟見親，翰敢不盡心！」祿山以爲譏其胡也，大怒，罵翰曰：「突厥敢爾！」翰欲應之，力士目翰，翰乃止，陽醉而散，自是爲怨愈深。

21 棣王琰有二孺人，爭寵，曲禮，大夫之妃曰孺人。註云，孺之言屬。正義曰：孺，屬也，言其爲親屬。唐制，縣王有孺人二人，視正五品。孺，而樹翻。其一使巫書符置琰履中以求媚。琰與監院宦者有隙，時諸皇子列宅禁中之北，宦者監之。監，古銜翻。宦者知之，密奏琰祝詛上；上使人掩其履而獲之，大怒。琰頓首謝：「臣實不知有符。」上使鞫之，果孺人所爲。上猶疑琰知之，囚於鷹狗坊，鷹狗坊屬閑廄使。絕朝請，朝，直遥翻。憂憤而薨。

22故事，兵、吏部尚書知政事者，知政事，卽宰相之職。選事悉委侍郎以下，選，須絹翻。三注三唱，仍過門下省審，自春及夏，其事乃畢。唐制，六品以下赴選，始集而試，觀其書判；已試而銓，察其身言；已銓而注，詢其便利而擬；已注而唱，不厭者，得反通其辭；三唱而不厭者，聽冬集。厭者爲甲，上于僕射，乃上門下省，給事中讀之，黄門侍郎省之，侍中審之，然後以聞。主者受旨而奉行焉，謂之奏受。省，悉景翻。及楊國忠以宰相領文部尚書，欲自示精敏，乃遣令史先於私第密定名闕。

十二載（癸巳、七五三）

1春，正月，壬戌，國忠召左相陳希烈及給事中、諸司長官皆集尚書都堂，尚書都堂，尚書都省之堂也。長，知兩翻。唱注選人，一日而畢，曰：「今左相、給事中俱在座，已過門下矣。」左相，卽侍中，與給事皆門下省官。其間資格差繆甚衆，無敢言者。於是門下不復過官，復，扶又翻。侍郎但掌試判而已。侍郎韋見素、張倚趨走門庭，與主事無異。吏部主事四人，吏職也。見素，湊之子也。韋湊見二百十卷睿宗景雲元年。

京兆尹鮮于仲通諷選人請爲國忠刻頌，立於省門，制仲通撰其辭；上爲改定數字，撰，士免翻。爲，于僞翻。仲通以金填之。

2 楊國忠使人說安祿山說，式芮翻。誣李林甫與阿布思謀反，祿山使阿布思部落降者詣闕，誣告林甫與阿布思約爲父子。上信之，下吏按問；降，戶江翻。下，戶嫁翻。林甫壻諫議大夫楊齊宣懼爲所累，累，力瑞翻。附國忠意證成之。時林甫尚未葬，二月，癸未，制削林甫官爵；子孫有官者除名，流嶺南及黔中，黔，音琴。給隨身衣及糧食，自餘貲產並沒官；近親及黨與坐貶者五十餘人。剖林甫棺，抉取含珠，褫金紫，抉，於穴翻。含，戶紺翻。褫，敕豸翻。更以小棺如庶人禮葬之。更，工衡翻。己亥，賜陳希烈爵許國公，楊國忠爵魏國公，賞其成林甫之獄也。

3 夏，五月，己酉，復以魏、周、隋後爲三恪，改三恪，見上九載。楊國忠欲攻李林甫之短也。衞包以助邪貶夜郎尉，夜郎縣，屬溱州，貞觀十六年開山洞置。崔昌貶烏雷尉。烏雷縣，屬陸州。

4 阿布思爲回紇所破，安祿山誘其部落而降之，誘，音酉。降，戶江翻。由是祿山精兵，天下莫及。

5 壬辰，以左武衞大將軍何復光將嶺南五府兵五府，廣、桂、邕、蒙〔容〕、交。將，即亮翻。擊南詔。

6 安祿山以李林甫狡猾踰己，故畏服之。及楊國忠爲相，祿山視之蔑如也，蔑，無也。言視之若無也。由是有隙。國忠屢言祿山有反狀；上不聽。

隴右節度使哥舒翰擊吐蕃，拔洪濟、大漠門等城，悉收九曲部落。吐蕃得九曲地，見二百十卷睿宗景雲元年。鄜州西南百四十里有洪濟橋，註見前。

初，高麗人王思禮與翰俱爲押牙，事王忠嗣。翰爲節度使，思禮爲兵馬使兼河源軍使。麗，力知翻。使，疏吏翻。翰擊九曲，思禮後期；翰將斬之，既而復召釋之。思禮徐曰：「斬則遂斬，復召何爲！」復，扶又翻。

楊國忠欲厚結翰共排安祿山，奏以翰兼河西節度使。秋，八月，戊戌，賜翰爵西平郡王。翰表侍御史裴冕爲河西行軍司馬。

是時中國盛強，自安遠門西盡唐境萬二千里，長安城西面北來第一門曰安遠門，本隋之開遠門也。西盡唐境萬二千里，併西域內屬諸國言之。閭閻相望，桑麻翳野，天下稱富庶者無如隴右。翰每遣使入奏，常乘白橐駝，日馳五百里。使，疏吏翻。

7 九月，甲辰，以突騎施黑姓可汗登里伊羅蜜施爲突騎施可汗。

8 北庭都護程千里追阿布思至磧西，以書諭葛邏祿，使相應。磧，七迹翻。邏，郎佐翻。阿布思窮迫，歸葛邏祿，葛邏祿葉護執之，并其妻子、麾下數千人送之。甲寅，加葛邏祿葉護頓毗伽開府儀同三司，賜爵金山王。

9 冬，十月，戊寅，上幸華清宮。考異曰：舊紀、唐曆皆作「戊申」。按長曆，是月無戊申。今從實錄。然實錄在辛巳後，蓋誤。

楊國忠與虢國夫人居第相鄰，虢國居宣陽坊，國忠居第在其西。晝夜往來，無復期度，或並轡走馬入朝，不施障幕，婦人出必有障幕以自蔽。復，扶又翻。朝，直遥翻；下同。道路爲之掩目。三夫人將從車駕幸華清宮，三夫人，韓、虢、秦也。爲，于僞翻。會於國忠第；車馬僕從，充溢數坊，從，才用翻。錦繡珠玉，鮮華奪目。國忠謂客曰：「吾本寒家，一旦緣椒房至此，未知稅駕之所，然念終不能致令名，不若且極樂耳。」楊氏五家，隊各爲一色衣以相別，樂，音洛。別，彼列翻。五家合隊，粲若雲錦；合，音閤。國忠仍以劍南旌節引於其前。

國忠子暄舉明經，學業荒陋，不及格。禮部侍郎達奚珣畏國忠權勢，遣其子昭應尉撫先白之。撫伺國忠入朝上馬，伺，相吏翻。上，時掌翻。趨至馬下；國忠意其子必中選，有喜色。撫曰：「大人白相公，郎君所試，不中程式，然亦未敢落也。」落，謂黜落也。中，竹仲翻。國忠怒曰：「我子何患不富貴，乃令鼠輩相賣！」策馬不顧而去。撫惶遽，書白其父曰：「彼恃挾貴勢，令人慘嗟，安可復與論曲直！」復，扶又翻。遂置暄上第。及暄爲戶部侍郎，珣始自禮部遷吏部，暄與所親言，猶歎己之淹回，珣之迅疾。

國忠既居要地，中外餉遺輻湊，遺，于季翻。積縑至三千萬匹。

上在華清宮，欲夜出遊，龍武大將軍陳玄禮諫曰：「宮外卽曠野，安可不備不虞！陛下必欲夜遊，請歸城闕。」上爲之引還。爲，于僞翻。還，從宣翻，又如字；下同。

11是歲，安西節度使封常清擊大勃律，至菩薩勞城，新、舊書並作「賀薩勞城」。菩，薄胡翻。薩，桑葛翻。前鋒屢捷，常清乘勝逐之。斥候府果毅段秀實諫曰：新書作「隴州大堆府果毅」，此從舊書。「虜兵羸而屢北，誘我也；羸，倫爲翻。誘，音酉。請搜左右山林。」常清從之。果獲伏兵，遂大破之，受降而還。

12中書舍人宋昱知選事，前進士廣平劉迺以選法未善，廣平郡，本洺州武安郡，天寶元年更名。選，須絹翻。上書於昱，以爲：「禹、稷、皋陶同居舜朝，猶曰載采有九德，考績以九載。書：皋陶曰：「亦行有九德，亦言其人有德，乃言曰載采采。」禹曰「何？」皋陶曰：「寬而栗，柔而立，愿而恭，亂而敬，擾而毅，直而溫，簡而廉，剛而塞，強而義，彰厥有常，吉哉！」又舜典曰：三載考績，三考黜陟幽明。三考，九載也。上，時掌翻。陶，余招翻。九載，子亥翻。近代主司，察言於一幅之判，觀行於一揖之間，何古今遲速不侔之甚哉！借使周公、孔子今處銓廷，銓廷，謂吏部銓量選人之所。處，昌呂翻。考其辭華，則不及徐、庾，徐陵、庾信，唐正元、大曆以前，皆尚其文。觀其利口，則不若嗇夫，嗇夫事見十四卷漢文帝三年。何暇論聖賢之事業乎！」

資治通鑑卷第二百一十七

端明殿學士兼翰林侍讀學士太中大夫提舉西京嵩山崇福宮上柱國河内郡開國公食邑二千二百户食實封九百户賜紫金魚袋臣 司馬光 奉敕編集

後學天台 胡三省 音註

唐紀三十三 起閼逢敦牂（甲午），盡柔兆涒灘（丙申）四月，凡二年有奇。

玄宗至道大聖大明孝皇帝下之下

十三載（甲午、七五四）卷首當書天寶年號。載，子亥翻。

1 春，正月，己亥，安祿山入朝。朝，直遥翻。考異曰：肅宗實錄：「十二載，楊國忠屢言祿山潛圖悖逆。五月，玄宗使輔璆琳伺之。祿山厚賂璆琳，盛言祿山忠於國。國忠又言：『祿山自此不復見矣』。玄宗手詔追祿山，祿山來朝。」舊傳亦同。按玄宗實錄并祿山事迹，遣璆琳送甘子于范陽，覘祿山反狀，在十四載五月，而肅宗實錄及舊傳云十二載，誤也。今從唐曆。是時楊國忠言祿山必反，且曰：「陛下試召之，必不來。」上使召之，祿山聞命卽至。庚子，見上於華清宮，見，賢遍翻。泣曰：「臣本胡人，陛下寵擢至此，爲國忠所疾，臣死無日矣！」上憐之，賞賜巨萬，由是益親信祿山，國忠之言不能入矣。太子亦知祿山必反，言於上，上不聽。

2 甲辰，太清宮奏：「學士李琪此崇玄館學士也。見玄元皇帝乘紫雲，告以國祚延昌。」

3 唐初，詔敕皆中書、門下官有文者爲之。乾封以後，始召文士元萬頃、范履冰等草諸文辭，常於北門候進止，時人謂之「北門學士」。中宗之世，上官昭容專其事。上卽位，始置翰林院，密邇禁廷，延文章之士，下至僧、道，書、畫、琴、棋、數術之工皆處之，謂之「待詔」。處，昌呂翻。刑部尚書張均及弟太常卿垍皆翰林院供奉。唐，天子在大明宮，翰林院在右銀臺門內；在興慶宮，院在金明門內；若在西內，院在顯福門內；若在東都及華清宮，皆有待詔之所。其待詔者，有詞學、經術，合鍊僧、道、卜、祝、術、藝、書、弈，各別院以廩之，日晚而退；其所重者詞學。帝卽位以來，張說、陸堅、張九齡、徐安貞、張垍等召入禁中，謂之「翰林待詔」。王者尊極，一日萬機，四方進奏，中外表疏批答，或詔從中出，宸翰所揮，亦資其檢討，謂之「視草」。故常簡當直四人以備顧問。至德以後，天下用兵多務，深謀密詔皆從中出，名曰「翰林學士」。得充選者，文士爲榮；亦如中書舍人例置學士六人，內擇年深德重者一人爲承旨，所以獨當密命故也。德宗好文，尤難其選。貞元以後，爲學士承旨者多至宰相。尚，辰羊翻。垍，巨冀翻。上欲加安祿山同平章事，已令張垍草制。令，力丁翻。楊國忠諫曰：「祿山雖有軍功，目不知書，豈可爲宰相！相，悉亮翻。制書若下，下，遐稼翻。恐四夷輕唐。」上乃止。乙巳，加祿山左僕射，射，寅謝翻。賜一子三品、一子四品官。

4 丙午，上還宮。還自華清宮。還，從宣翻，又音如字。

5 安祿山求兼領閑廐、羣牧；庚申，以祿山爲閑廐、隴右羣牧等使。使，疏吏翻；下同。祿山又求兼總監；此羣牧總監也。唐有四十八監以牧馬。或曰：此總監卽苑總監。壬戌，兼知總監事。祿山奏以御史中丞吉溫爲武部侍郎，武部，卽兵部。充閑廐副使，楊國忠由是惡溫。惡，烏路翻。祿山密遣親信選健馬堪戰者數千匹，別飼之。飼，祥吏翻。

6 二月，壬申，上朝獻太清宮，上聖祖尊號曰大聖祖高上大道金闕玄元大皇太帝。朝，直遙翻。上聖之上，時掌翻；下以義推。癸酉，享太廟，上高祖謚曰神堯大聖光孝皇帝，太宗謚曰文武大聖大廣孝皇帝，高宗謚曰天皇大聖大弘孝皇帝，中宗謚曰孝和大聖大昭孝皇帝，睿宗謚曰玄眞大聖大興孝皇帝，以漢家諸帝皆謚孝故也。甲戌，羣臣上尊號曰開元天地大寶聖文神武證道孝德皇帝。凡上尊號、上謚之上，皆時掌翻。赦天下。

7 丁丑，楊國忠進位司空；甲申，臨軒册命。

8 己丑，安祿山奏：「臣所部將士討奚、契丹、九姓、同羅等，勳效甚多，將，卽亮翻。契，欺訖翻，又音喫。乞不拘常格，超資加賞，仍好寫告身付臣軍授之。」於是除將軍者五百餘人，中郎將者二千餘人。祿山欲反，故先以此收衆心也。

三月，丁酉朔，祿山辭歸范陽。舊志：范陽，在京師東北二千五百二十里。上解御衣以賜之，祿山受之驚喜。恐楊國忠奏留之，疾驅出關。出潼關。乘船沿河而下，令船夫執繩板立於岸側，凡挽船夫用板長二尺許，斜搭胸前，一端至肩，一端至脅，繩貫板之兩端，以接船繂而挽之。十五里一更，更，工衡翻，易也。晝夜兼行，日數百里，過郡縣不下船。自是有言祿山反者，上皆縛送，【章：十二行本「送」下有「之」字；乙十一行本同；孔本同。】由是人皆知其將反，無敢言者。

祿山之發長安也，上令高力士餞之長樂坡，長樂坡卽滻坡，在長安城東。樂，音洛。及還，上問：「祿山慰意乎？」對曰：「觀其意怏怏，必知欲命爲相而中止故也。」怏，於兩翻。相，息亮翻。上以告國忠，曰：「此議他人不知，必張垍兄弟告之也。」「國忠」之下，更有「國忠」二字，文意乃明。上怒，貶張均爲建安太守，垍爲盧溪司馬，垍弟給事中埱爲宜春司馬。建安郡，隋爲泉州；唐改曰閩州，別置泉州。帝改閩州爲福州長樂郡，以建州爲建安郡。盧溪郡，辰州。舊志：建安郡，京師東南四千九百三十五里。盧溪郡，京師南微東三千四百五里。埱，昌六翻。考異曰：唐曆云：「垍嘗贊相禮儀，雍容有度，上心悅之，翌日，謂垍曰：『朕罷希烈相，以卿代之。』垍曰：『不敢。』貴妃在坐，告國忠斥之。」舊垍傳：「天寶中，玄宗嘗幸垍內宅，謂垍曰：『希烈累辭機務，朕擇其代者，孰可？』垍錯愕未對。帝卽曰：『無踰吾愛壻矣。』垍降階陳謝。楊國忠聞而惡之。及希烈罷相，舉韋見素代垍，垍深觖望。」按本紀，三月丁酉，垍貶官，韋見素八月乃知政事，而云垍深觖望，舊傳誤也。明皇雜錄云：「上幸張垍宅，謂垍曰：『中外大臣才堪宰輔者，與我悉數，吾當舉而用之。』垍逡巡不對。上曰：『固無如愛子壻。』垍降階拜舞。上曰：『卽舉成命。』既逾月，垍頗懷怏怏，意其爲李林甫所排。會祿山自范陽入覲，祿山潛賂貴妃，求帶平章事，上不許。垍因私第備言：『上前時行幸內第，面許相垍，與明公同制入輔，今既中變，當必爲姦臣所排。』祿山大懷恚怒，明日謁見，因流涕請罪。上慰勉久之，因問其故。祿山具以垍所陳對。上命高力士送歸焉，亦以怏怏聞。由是上怒。」按李林甫時已死，亦誤也。

哥舒翰亦爲其部將論功，爲，于僞翻。將，即亮翻。敕以隴右十將、特進、火拔州都督、燕山郡王火拔歸仁爲驃騎大將軍，十將，亦唐中世以來軍中將領之職名。火拔，突厥別部也。開元中置火拔州。唐制：特進，文散階，正二品。驃騎大將軍，武散階，從一品。燕，因肩翻。驃，匹妙翻。騎，奇寄翻。河源軍使王思禮加特進，臨洮太守成如璆、討擊副使范陽魯炅、皋蘭府都督渾惟明並加雲麾將軍，貞觀中，鐵勒來降，以渾部置皋蘭都督府。雲麾將軍，武散階，從三品上。洮，土刀翻。守，式又翻。璆，音求。炅，火迥翻。隴右討擊副使郭英乂爲左羽林將軍。英乂，知運之子也。翰又奏嚴挺之之子武爲節度判官，河東呂諲爲支度判官，諲，伊眞翻。前封丘尉高適爲掌書記，安邑曲環爲別將。河東郡，蒲州。唐制：邊軍有支度使，以計軍資糧仗之用，其屬有判官、巡官。封丘縣，漢、晉以來屬陳留，唐屬汴州。安邑縣，屬蒲州。姓譜：晉穆侯子成師封於曲沃，其後氏焉。漢有代郡太守曲謙；貨殖傳有曲叔。諲，伊眞翻。

9 程千里執阿布思，獻於闕下，斬之。甲子，以千里爲金吾大將軍，以封常清權北庭都護、伊西節度使。

10 夏，四月，癸巳，安祿山奏擊奚破之，虜其王李日越。

11 六月，乙丑朔，日有食之，不盡如鉤。

12 侍御史、劍南留後李宓楊國忠領劍南節度使，以宓爲留後。宓，音密，又音伏。將兵七萬擊南詔。閤羅鳳誘之深入，至大和城，新書作「太和城」。【章：十二行本正作「太」；乙十一行本同；孔本同；熊校同。】夷語山陂陀爲和，故謂大和，閤羅鳳所居也。將，卽亮翻。誘，音酉。閉壁不戰。宓糧盡，士卒罹瘴疫及飢死什七八，乃引還，還，從宣翻，又如字。蠻追擊之，宓被擒，被，皮義翻。全軍皆沒。楊國忠隱其敗，更以捷聞，益發中國兵討之，前後死者幾二十萬人；幷鮮于仲通之敗，死者有此數。幾，居依翻。無敢言者。上嘗謂高力士曰：「朕今老矣，朝事付之宰相，邊事付之諸將，夫復何憂！」朝，直遙翻。相，息亮翻。將，卽亮翻。夫，音扶。復，扶又翻。力士對曰：「臣聞雲南數喪師，又邊將擁兵太盛，陛下將何以制之！臣恐一旦禍發，不可復救，數，所角翻。喪，息浪翻。復，扶又翻。何得謂無憂也！」上曰：「卿勿言，朕徐思之。」高力士之言，明皇豈無所動於其心哉！禍機將發，直付之無可柰何，僥幸其身之不及見而已。

13 秋，七月，癸丑，哥舒翰奏：於所開九曲之地置洮陽、澆河二郡及神策軍，以臨洮太守成如璆兼洮陽太守，充神策軍使。洮陽、澆河二郡，皆置於洮、廓二州西南。廓州，本澆河郡，天寶元年更名寧塞郡。洮州西八十里磨環川置神策軍。新書曰：澆河郡置於積石之西。澆，堅堯翻。

14 楊國忠忌陳希烈，希烈累表辭位；上欲以武部侍郎吉溫代之，國忠以溫附安祿山，奏言不可；以文部侍郎韋見素和雅易制，易，以豉翻。薦之。八月，丙戌，以希烈爲太子太師，罷政事；陳希烈遂以此怨望降賊。以見素爲武部尚書、同平章事。考異曰：舊見素傳曰：「時楊國忠用事，左相陳希烈畏其權寵，凡事唯諾，無敢發明。玄宗知之，不悅。天寶十三年，秋，霖雨六十餘日，天子以宰相或未稱職，見此咎徵，命楊國忠精求端士。時兵部侍郎吉溫方承寵遇，上意欲用之。國忠以溫祿山賓佐，懼其威權，奏寢其事。國忠訪於中書舍人竇華、宋昱等，華、昱言見素方雅，柔而易制；上亦以經事相王府，有舊恩，可之。」希烈傳曰：「國忠用事，素忌疾之，乃引韋見素同列，罷希烈知政事。」按明皇若惡希烈阿徇國忠，當更自擇剛直之士，豈得尚卜相於國忠！今從希烈傳。

15 自去歲水旱相繼，關中大饑。楊國忠惡京兆尹李峴不附己，以災沴歸咎於峴，九月，貶長沙太守。惡，烏路翻。沴，音戾。長沙郡，潭州。舊志：長沙郡，京師南二千四百四十五里。峴，禕之子也。信安王禕，開元初以軍功有寵於上。禕，吁韋翻。上憂雨傷稼，國忠取禾之善者獻之，曰：「雨雖多，不害稼也。」上以爲然。扶風太守房琯言所部水災，扶風郡，岐州。國忠使御史推之。宋白曰：唐故事，侍御史各二人，知東西推。又各分京城諸司及諸道州府，爲東西之限；隻日則臺院受事，雙日則殿院受事。又有監察御史出使推按，謂之推事御史。是歲，天下無敢言災者。高力士侍側，上曰：「淫雨不已，賈公彥曰：雨三日已上爲淫。卿可盡言。」對曰：「自陛下以權假宰相，賞罰無章，陰陽失度，臣何敢言！」上默然。

16 冬，十月，乙酉，上幸華清宮。

17 十一月，己未，置內侍監二員，正三品。唐制，宦官不得過三品；置內侍四人，從四品上。中官之貴，極於此矣，至帝始隳其制。楊思勖以軍功，高力士以恩寵，皆拜大將軍，階至從一品，猶曰勳官也。今置內侍監正三品，則職事官矣。

18 河東太守兼本道采訪使韋陟，斌之兄也，使，疏吏翻。斌，音彬。文雅有盛名，楊國忠恐其入相，相，息亮翻。使人告陟贓汙事，下御史按問。陟賂中丞吉溫，使求救於安祿山，復爲國忠所發。下，遐嫁翻。復，扶又翻。閏月，壬寅，貶陟桂嶺尉，溫澧陽長史。桂嶺，漢臨賀縣地，隋置桂嶺縣，唐屬賀州。澧陽郡，澧州。舊志：澧陽郡，京師東南一千八百九十三里。安祿山爲溫訟冤，爲，于僞翻。且言國忠讒疾。上兩無所問。

19 戊午，上還宮。

20 是歲，戶部奏天下郡三百二十一，縣千五百三十八，鄉萬六千八百二十九，戶九百六萬九千一百五十四，口五千二百八十八萬四百八十八。有唐戶口之盛，極於此。

十四載（乙未、七五五）

1 春，正月，蘇毗王子悉諾邏去吐蕃來降。新書曰：蘇毗，吐蕃強部也。邏，郎佐翻。

2 二月，辛亥，安祿山使副將何千年入奏，請以蕃將三十二人代漢將，上命立進畫，進畫者，命中書爲發日敕，進請御畫而行之。唐六典：中書掌王言，其制有七，其四曰發日敕，正謂御畫發日敕也；增減官員、廢置州縣、除免官爵、授六品以下官則用之。將，卽亮翻。給告身。韋見素謂楊國忠曰：「祿山久有異志，今又有此請，其反明矣。明日見素當極言；上未允，公其繼之。」國忠許諾。壬子，國忠、見素入見，入見，賢遍翻。上迎謂曰：「卿等有疑祿山之意邪？」見素因極言祿山反已有迹，所請不可許，上不悅；國忠逡巡不敢言，逡，七倫翻。上竟從祿山之請。他日，國忠、見素言於上曰：「臣有策可坐消祿山之謀。今若除祿山平章事，召詣闕，以賈循爲范陽節度使，呂知誨爲平盧節度使，楊光翽爲河東節度使，使，疏吏翻。翽，呼會翻。則勢自分矣。」上從之。已草制，上留不發，更遣中使輔璆琳以珍果賜祿山，潛察其變。輔，姓也。左傳，晉有大夫輔躒。又智果別族爲輔氏。卽考異前所引以甘子賜祿山事。璆，音求。璆琳受祿山厚賂，還，盛言祿山竭忠奉國，無有二心。還，從宣翻，又音如字。上謂國忠等曰：「祿山，朕推心待之，必無異志。東北二虜，藉其鎮遏。朕自保之，卿等勿憂也！」事遂寢。考異曰：實錄：「正月，辛巳，祿山表請以蕃將三十人代漢將，上遣中使袁思藝宣付中書，令卽日進畫，便寫告身。楊國忠、韋見素相謂曰：『流言傳祿山有不臣之心，今又請代漢將，其反明矣。』乃請陳事。既見，上先曰：『卿等有疑祿山之意邪？』國忠等遽走下階，垂涕具陳祿山反狀，因以祿山表留上前而出。俄頃，上又令袁思藝宣曰：『此之一奏，姑容之，朕徐爲圖之。』國忠奉詔。自後國忠每對，未嘗不懇請其事。國忠曰：『臣有一策，可銷其難，伏望下制以祿山帶左僕射、平章事，追赴朝廷，以賈循等分帥三道。』上許之。草制訖，留之未行。上潛令輔璆琳送甘子，私候其狀。還，固稱無事，其制遂寢。先是上引宰相對見，常置白麻於座前，及璆琳還，上乃謂宰臣曰：『祿山必無二心，其制朕已焚矣。』後璆琳受祿山賄事泄，上因祭龍堂，遣備儲供，責以不虔，乃命左右撲殺之；始有疑祿山意。」祿山事迹云：「請不以蕃將代漢將，論祿山反狀，及請追祿山赴闕，並是韋見素之意旨，國忠曾無預焉。仍語見素曰：『祿山出自寒微，位居衆上，時所忌嫉，成疑似耳。』見素曰：『公若實爲此見，社稷危矣。』將至上前懇論，見素約以『事如未諧，公繼之。』國忠都無一言，俛僂而退，見素卻到中書，嗚咽流涕。此非他也，國忠要祿山速反，以明己之先見耳。」宋巨玄宗幸蜀記云：「是歲春，二月，二十二日辛亥，祿山使何千年表請以蕃將三十二人代漢將掌兵。其日，宰相韋見素、楊國忠在省，見素慘然，國忠問曰：『堂老何色之戚也？』見素曰：『祿山逆狀，行路共知。今以蕃酋代漢將，是亂將作矣。與公位當此地，能無戚乎！』國忠於是亦惘然久之，乃曰：『與奪之間，在於宸斷，豈我輩所能是非邪！』見素曰：『知禍之萌而不能防，亦將焉用彼相矣！明日對見，僕必懇論，冀其萬一。若不允，子必繼之。』國忠曰：『事則不諧，恐虛犯龍顏，自貽伊戚。』見素曰：『如正其言而獲死，猶愈於阿從而偷生。』翌日壬子，二相入對。見素言：『祿山潛貯異圖，迹已昭彰，』因扣頭流涕久之。國忠但俯僂逡巡，更無所補。上不悅，遂以他事議之。既退還省，見素謂國忠曰：『聖意未回，計將安出？』國忠曰：『祿山未必有反意，但時所誹嫉，便成疑似耳。』見素曰：『公若爲此見，社稷危矣。』遂憫然不言。二十四日癸丑，上又使思藝宣旨，令『且依此發遣，卿等所議，後別籌之。』自是見素數奏其凶狀。三月己未朔，見素請以祿山同中書門下平章事，追赴闕庭。及輔璆琳送甘子，祿山紿璆琳曰：『主上耄年，信任非次，國忠之輩，苟徇榮班。今若進逆耳之言、苦口之藥，以吾之心，事將無益。今欲耀兵強諫，以迹警拳，此意決矣。』祿山以物贈璆琳。璆琳既受金帛，及還，奏曰：『祿山盡忠奉國，必無二心，特望官家不以東北爲慮。』上然之，謂宰臣曰：『祿山朕自保之，卿勿憂也！』見素起曰：『臣忤拂聖旨，僭黷大臣，罪合萬死。然愚者千慮，或有一中，願陛下審察之。』」自餘與實錄及事迹所述略同。按祿山方賂璆琳，泯其反迹，安肯對之遽出悖語！又國忠平日數言祿山欲反，此際安得不與見素同心！蓋所謂天下之惡皆歸焉者也。今取其可信者。循，華原人也，時爲節度副使。

3 隴右、河西節度使哥舒翰入朝，道得風疾，遂留京師，家居不出。

4 三月，辛巳，命給事中裴士淹宣慰河北。

5 夏，四月，安祿山奏破奚、契丹。契，欺訖翻。

6 癸巳，以蘇毗王子悉諾邏爲懷義王，賜姓名李忠信。

7 安祿山歸至范陽，朝廷每遣使者至，皆稱疾不出迎，朝，直遥翻。使，疏吏翻。盛陳武備，然後見之。裴士淹至范陽，二十餘日乃得見，無復人臣禮。復，扶又翻，又如字。楊國忠日夜求祿山反狀，使京兆尹圍其第，考異曰：肅宗實錄：「國忠日夜伺求祿山反狀，或矯詔以兵圍其宅，或令府縣捕其門客李起、安岱、李方來等，皆令侍御史鄭昂之陰推劾，潛槌殺之。慶宗尚郡主，又供奉在京，密報其父，祿山轉懼。」唐曆：「是夏，京兆尹李峴貶零陵太守。先是楊國忠使門客蹇昂、何盈求祿山陰事，命京兆尹圍捕其宅，得安岱、李方來等與祿山反狀，使侍御史鄭昂之縊殺之。祿山怒，使嚴莊上表自理，具陳國忠罪狀二十餘事。上懼其生變，遂歸過於峴以安之。」安祿山事迹與唐曆同，外有「命京兆尹李峴於其宅得李起、安岱、李方來等；又貶吉溫爲澧陽長史，以激怒祿山，幸其速反，上竟不之悟。」玄宗幸蜀記與事迹同。按李峴傳：「十二載，連雨六十餘日，國忠歸咎京兆尹，貶長沙太守。」新宗室宰相傳：「楊國忠使客蹇昂、何盈擿安祿山陰事，諷京兆捕其第，得安岱、李方來等與祿山反狀，縊殺之。祿山怒，上書自言。帝懼變，出峴爲零陵太守。」今從實錄。捕祿山客李超等，送御史臺獄，潛殺之。祿山子慶宗尚宗女榮義郡主，供奉在京師，在京師爲太僕卿，得隨供奉官班見。密報祿山，祿山愈懼。六月，上以其子成婚，手詔祿山觀禮，祿山辭疾不至。秋，七月，祿山表獻馬三千匹，每匹執控夫二人，遣蕃將二十二人部送。欲以襲京師也。河南尹達奚珣疑有變，奏請「諭祿山以進車馬宜俟至冬，官自給夫，無煩本軍。」於是上稍寤，始有疑祿山之意。

會輔璆琳受賂事亦泄，上託以他事撲殺之。上遣中使馮神威齎手詔諭祿山，如珣策；撲，弼角翻。使，疏吏翻；考異曰：祿山事迹作「承威」，今從玄宗幸蜀記。且曰：「朕新爲卿作一湯，自天寶六載以來，華清宮中益治湯，井池臺觀，環列山谷。御湯曰九龍殿，亦曰蓮花湯。明皇雜錄曰：「明皇幸華清宮，新廣湯，制作宏麗。安祿山於范陽，以白玉石爲魚、龍、鳧、鴈，仍以石梁及蓮花同獻，雕鐫巧妙，殆非人功。上大悅，命陳於湯中，仍以石梁橫亙湯上，而蓮花纔出於水際。上至其所，解衣欲入，而魚、龍、鳧、鴈皆若奮鱗舉翼，狀欲飛動。上恐，遽命撤去，而蓮花至今猶存。又嘗於宮中置長湯數十間，屋皆周回甃以文石，爲銀鏤漆船及白木香船，置於其中。至於楫棹，皆飾以珠玉。又於湯中累瑟瑟及沈香爲山，以狀瀛洲、方丈。津陽門詩註曰：宮內除供奉兩湯外，內更有湯，十六所長湯，每賜諸嬪御，其修廣與諸湯不侔，甃以文瑤密石，中央有玉蓮花捧湯，噴以成池。又縫綴錦繡爲鳧鴈，置於水中，上時於其間泛鈒鏤小舟，以嬉遊焉。次西曰太子湯，又次西宜春湯，又次西長湯十六所。今唯太子、少陽二湯存焉。又有玉女殿湯，今石星痕湯、玉名甕湯所出也。」爲，于僞翻。十月於華清宮待卿。」神威至范陽宣旨，祿山踞牀微起，亦不拜，曰：「聖人安隱。」聖人，謂上也。隱，讀曰穩。唐帖多有寫「穩」字爲「隱」字者。又曰：「馬不獻亦可，十月灼然詣京師。」卽令左右引神威置館舍，不復見；數日，遣還，亦無表。神威還，見上泣曰：「臣幾不得見大家！」復，扶又翻。幾，居依翻。

8 八月，辛卯，免今載百姓租庸。

9 冬，十月，庚寅，上幸華清宮。考異曰：舊紀壬辰，今從實錄、新紀。

10 安祿山專制三道，陰蓄異志，殆將十年，以上待之厚，欲俟上晏駕然後作亂。會楊國忠與祿山不相悅，屢言祿山且反，上不聽；國忠數以事激之，數，所角翻。欲其速反以取信於上。祿山由是決意遽反，獨與孔目官・太僕丞嚴莊、掌書記・屯田員外郎高尚、將軍阿史那承慶密謀，自餘將佐皆莫之知，但怪其自八月以來，屢饗士卒，秣馬厲兵而已。會有奏事官自京師還，祿山詐爲敕書，悉召諸將示之曰：「有密旨，令祿山將兵入朝討楊國忠，將，即亮翻。朝，直遥翻。諸君宜卽從軍。」衆愕然相顧，莫敢異言。十一月，甲子，祿山發所部兵及同羅、奚、契丹、室韋凡十五萬衆，號二十萬，反於范陽。考異曰：平致美薊門紀亂曰：「自其年八月後，慰諭兵士，磨厲戈矛，頗異於常，識者竊怪矣。至是，祿山勒兵夜發。將出，命屬官等謂曰：『奏事官胡逸自京回，奉密旨，遣祿山將隨身兵馬入朝來，莫令那人知。羣公勿怪，便請隨軍。』那人，意楊國忠也。」命范陽節度副使賈循守范陽，平盧節度副使呂知誨守平盧，別將高秀巖守大同；中受降城西二百里有大同川。又代州北有大同軍，去太原八百餘里。新志：大同軍，在朔州馬邑縣。按宋白續通典：中受降城西之大同川，乃隋大同城之舊墟。開元五年，分善陽縣東三十里置大同軍以戍邊；復於軍內置馬邑縣，直代州北。諸將皆引兵夜發。

詰朝，祿山出薊城南，詰，去吉翻。薊，音計。大閱誓衆，以討楊國忠爲名，牓軍中曰：「有異議扇動軍人者，斬及三族！」於是引兵而南。祿山乘鐵轝，步騎精銳，煙塵千里，鼓譟震地。轝，與輿同。騎，奇寄翻。譟，蘇到翻。時海內久承平，百姓累世不識兵革，猝聞范陽兵起，遠近震駭。河北皆祿山統內，祿山兼河北道采訪使。所過州縣，望風瓦解，守令或開門出迎，守，式又翻。或棄城竄匿，或爲所擒戮，無敢拒之者。祿山先遣將軍何千年、高邈將奚騎二十，聲言獻射生手，乘驛詣太原。乙丑，北京副留守楊光翽出迎，因劫之以去。考異曰：肅宗實錄云：「先令千年領壯士數千人，詐稱獻俘，以車千乘，包旌旗、戈甲、器械，先俟于河陽橋。」不見後來所用。又千年時方詣太原執楊光翽，未暇向河陽也。今不取。薊門紀亂云：「是月、甲午，縛光翽。」按是月有甲子，安得甲午！亦不取。太原具言其狀。東受降城亦奏祿山反。上猶以爲惡祿山者詐爲之，降，戶江翻。惡，烏路翻。未之信也。

庚午，上聞祿山定反，乃召宰相謀之。楊國忠揚揚有德色，蜀本作「得色」，當從之。曰：「今反者獨祿山耳，將士皆不欲也。不過旬日，必傳首詣行在。」上以爲然，大臣相顧失色。上遣特進畢思琛詣東京，琛，丑林翻。金吾將軍程千里詣河東，各簡募數萬人，隨便團結以拒之。辛未，安西節度使封常清入朝，朝，直遙翻。上問以討賊方略，常清大言曰：「今太平積久，故人望風憚賊。然事有逆順，勢有奇變，臣請走馬詣東京，開府庫，募驍勇，挑馬箠渡河，驍，堅堯翻。挑，徒了翻。箠，止橤翻。計日取逆胡之首獻闕下！」上悅。壬申，以常清爲范陽、平盧節度使。常清卽日乘驛詣東京募兵，旬日，得六萬人；乃斷河陽橋，爲守禦之備。斷，音短。

甲戌，祿山至博陵南，博陵郡，本定州高陽郡，天寶元年更郡名。舊志：博陵郡，京師東北二千九百六里。何千年等執楊光翽見祿山，責光翽以附楊國忠，斬之以徇。考異曰：幸蜀記云：「十九日甲戍，至眞定南，逢楊光翽。」按唐曆：「祿山遣驍騎何千年等劫光翽歸，遇於博陵郡，殺之。」蓋幸蜀記誤以定州爲眞定耳。祿山事迹曰：「其年九月甲午，傳太原尹楊光翽首至。」按祿山十一月始反，而事迹云九月取光翽，誤也。祿山使其將安忠志將精兵軍土門，將，即亮翻；下同。忠志，奚人，祿山養爲假子；又以張獻誠攝博陵太守，獻誠，守珪之子也。張守珪卵翼祿山，實爲厲階。

祿山至藁城，常山太守顏杲卿力不能拒，與長史袁履謙往迎之。祿山輒賜杲卿金紫，質其子弟，使仍守常山；常山郡，本恆州恆山郡，天寶元年更郡名。劉昫曰：常山郡舊治元氏。魏道武登常山郡北望安樂壘，美之，遂移郡治於安樂城，今州城是也。魏收志，九門縣有安樂壘。質，音致。又使其將李欽湊將兵數千人守井陘口，以備西來諸軍。西來諸軍，謂河東路兵東出井陘口者。陘，音刑。杲卿歸，途中指其衣謂履謙曰：「何爲著此？」著，陟略翻。履謙悟其意，乃陰與杲卿謀起兵討祿山。杲卿，思魯之玄孫也。顏思魯，之推之子，師古之父也。

丙子，上還宮。斬太僕卿安慶宗，賜榮義郡主自盡。以朔方節度使安思順爲戶部尚書，思順弟元貞爲太僕卿。以朔方右廂兵馬使、九原太守郭子儀爲朔方節度使，九原郡，豐州。右羽林大將軍王承業爲太原尹。太原爲北都，故置尹。置河南節度使，領陳留等十三郡，以衞尉卿猗氏張介然爲之。陳留郡，汴州。考異曰：實錄以介然爲汴州刺史；舊紀以介然爲陳留太守。按是時無刺史，郭納見爲太守，介然直爲節度使耳。以程千里爲潞州長史。諸郡當賊衝者，始置防禦使。

丁丑，以榮王琬爲元帥，右金吾大將軍高仙芝副之，統諸軍東征。帥，所類翻。出內府錢帛，於京師募兵十一萬，號曰天武軍，旬日而集，皆市井子弟也。

十二月，丙戌，高仙芝將飛騎、彍騎及新募兵、邊兵在京師者合五萬人，發長安。上遣宦者監門將軍邊令誠監其軍，屯於陝。將，即亮翻。騎，奇寄翻。彍，虛郭翻，又古博翻。監，古銜翻。陝，失冉翻。舊志：陝郡，在京師東四百九十里，至東都三百三十里。

11 丁亥，安祿山自靈昌渡河，靈昌郡，本滑州東郡，天寶元年更郡名。以絙約敗船及草木橫絕河流，一夕，冰合如浮梁，遂陷靈昌郡。舊志：靈昌郡，去京師一千四百四十里，至東都五百三十里。祿山步騎散漫，人莫知其數，所過殘滅。張介然至陳留纔數日，祿山至，授兵登城，衆恟懼，不能守。恟，許拱翻。庚寅，太守郭納以城降。祿山入北郭，聞安慶宗死，慟哭曰：「我何罪，而殺我子！」時陳留將士降者夾道近萬人，降，戶江翻。近，其靳翻。祿山皆殺之以快其忿；斬張介然於軍門。考異曰：舊紀：「辛卯，陷陳留郡。」祿山事迹：「庚午，陷陳留郡，傳張介然、荔非元瑜等首至。」今從實錄。以其將李庭望爲節度使，守陳留。舊志：陳留郡，京師東一千三百五十里，至東都四百一里。

12 壬辰，上下制欲親征，其朔方、河西、隴右兵留守城堡之外，皆赴行營，令節度使自將之；期二十日畢集。

13 初，平原太守顏眞卿漢置平原郡，唐爲德州，天寶元年復改爲郡。知祿山且反，因霖雨，完城浚壕，料丁壯，實倉廩；祿山以其書生，易之。料，連條翻，量度也，又力弔翻。易，以豉翻。及祿山反，牒眞卿以平原、博平兵七千人防河津，博平郡，博州。眞卿遣平原司兵李平間道奏之。間，古莧翻。上始聞祿山反，河北郡縣皆風靡，歎曰：「二十四郡，曾無一人義士邪！」及平至，舊志：平原郡，至京師一千九百八十二里。大喜曰：「朕不識顏眞卿作何狀，乃能如是！」眞卿遣親客密懷購賊牒詣諸郡，由是諸郡多應者。眞卿，杲卿之從弟也。從，才用翻。

安祿山引兵向滎陽，太守崔無詖拒之；士卒乘城者，聞鼓角聲，自墜如雨。癸巳，祿山陷滎陽，滎陽郡，鄭州，西至洛陽二百六十里。舊志：滎陽郡，至京師一千一百五里，東都二百七十里。考異曰：唐曆舊紀作「甲午」，今從實錄。殺無詖，以其將武令珣守之。祿山聲勢益張，張，知亮翻。以其將田承嗣、安忠志、張孝忠爲前鋒。封常清所募兵皆白徒，未更訓練，更，工衡翻。屯武牢以拒賊；賊以鐵騎蹂之，蹂，人九翻。官軍大敗。常清收餘衆，戰於葵園，又敗；戰上東門內，又敗。葵園，在甖子谷南。上東門，卽洛陽上春門也。唐六典：東都城東面三門，北曰上東。丁酉，祿山陷東京，賊鼓譟自四門入，縱兵殺掠。常清戰於都亭驛，又敗；退守宣仁門，又敗；乃自苑西壞牆西走。壞，音怪。考異曰：常清表云：「自今月七日交兵，至十三日不已。」按七日祿山猶未至滎陽，蓋與賊前鋒戰耳。

河南尹達奚珣降於祿山。降，戶江翻。留守李憕謂御史中丞盧奕曰：「吾曹荷國重任，守，式又翻。憕，直陵翻。荷，下可翻。雖知力不敵，必死之！」奕許諾。憕收殘兵數百，欲戰，皆棄憕潰去；憕獨坐府中。奕先遣妻子懷印間道走長安，走，音奏。朝服坐臺中，朝，直遥翻。左右皆散。祿山屯於閑廄，使人執憕、奕及采訪判官蔣清，皆殺之。奕罵祿山，數其罪，數，所具翻。顧賊黨曰：「凡爲人當知逆順。我死不失節，夫復何恨！」夫，音扶。復，扶又翻。憕，文水人；文水縣，屬并州，本漢大陵縣，魏置受陽縣，隋爲文水縣。奕，懷慎之子；清，欽緒之子也。盧懷慎，開元初賢相。蔣欽緒見二百九卷中宗景龍三年。祿山以其黨張萬頃爲河南尹。

封常清帥餘衆至陝，帥，讀曰率。陝郡太守竇廷芝已奔河東，吏民皆散。常清謂高仙芝曰：「常清連日血戰，賊鋒不可當。且潼關無兵，若賊豕突入關，則長安危矣。陝不可守，不如引兵先據潼關以拒之。」仙芝乃帥見兵西趣潼關。見，賢遍翻。趣，七喻翻。考異曰：肅宗實錄云：「仙芝領大軍初至陝，方欲進師，會常清軍敗至，欲廣其賊勢以雪己罪，勸仙芝班師。仙芝素信常清言，即日夜走保潼關；朝野大駭。」今從本傳。賊尋至，官軍狼狽走，無復部伍，士馬相騰踐，死者甚衆。至潼關，脩完守備，賊至，不得入而去。祿山使其將崔乾祐屯陝，復，扶又翻。踐，悉銑翻。潼，音同。將，即亮翻。陝，失冉翻。臨汝、弘農、濟陰、濮陽、雲中郡皆降於祿山。弘農郡，本虢州虢郡，天寶元年更郡名。濮陽郡，濮州。雲中郡，雲州。濟，子禮翻。濮，博木翻。降，戶江翻。是時，朝廷徵兵諸道，皆未至，關中恟懼。會祿山方謀稱帝，留東京不進，故朝廷得爲之備，兵亦稍集。朝，直遥翻。恟，許拱翻。

祿山以張通儒之弟通晤爲睢陽太守，與陳留長史楊朝宗將胡騎千餘東略地，睢，音雖。守，式又翻。將，卽亮翻。騎，奇寄翻。郡縣官多望風降走，惟東平太守嗣吳王祗、濟南太守李隨起兵拒之。東平郡，鄆州。濟南郡，本齊州齊郡，天寶元年更名臨淄郡；五載，更今郡名。嗣，祥吏翻。祗，褘之弟也。褘，吁韋翻。郡縣之不從賊者，皆倚吳王爲名。單父尉賈賁帥吏民南擊睢陽，斬張通晤。單父，古縣，時屬睢陽郡。單，音善。父，音甫。李庭望引兵欲東徇地，聞之，不敢進而還。還，從宣翻，又音如字。

14 庚子，以永王璘爲山南節度使，江陵長史源洧爲之副；江陵郡，本荆州南郡，天寶元年更郡名。璘，力珍翻。洧，于軌翻。潁王璬爲劍南節度使，蜀郡長史崔圓爲之副。蜀郡，益州。璬，公了翻。長，知兩翻。二王皆不出閤。洧，光裕之子也。源光裕見二百一十二卷開元十三年。

15 上議親征，辛丑，制太子監國，監，古銜翻。考異曰：唐曆、幸蜀記皆云「十六日辛丑」。按長曆，辛丑，十七日也。實錄又作「己丑」，尤誤。肅宗實錄云：「詔以上監國，仍令總統六軍，親征寇逆。」按制書云：「今親總六師，率衆百萬，鋪敦元惡，巡撫洛陽。」則是上親征，使太子留守也。今從玄宗實錄。謂宰相曰：「朕在位垂五十載，倦于憂勤，去秋已欲傳位太子；値水旱相仍，不欲以餘災遺子孫，遺，唯季翻。淹留俟稍豐。不意逆胡橫發，橫，戶孟翻；下同。朕當親征，且使之監國。事平之日，朕將高枕無爲矣。」枕，之任翻。楊國忠大懼，退謂韓、虢、秦三夫人曰：「太子素惡吾家專橫久矣，若一旦得天下，吾與姊妹併命在旦暮矣！」相與聚哭。使三夫人說貴妃，惡，烏路翻。橫，下孟翻。說，式芮翻。銜土請命於上；事遂寢。

16顏眞卿召募勇士，旬日至萬餘人，諭以舉兵討安祿山，繼以涕泣，士皆感憤。祿山使其黨段子光齎李憕、盧奕、蔣清首徇河北諸郡，至平原，壬寅，眞卿執子光，腰斬以徇；取三人首，續以蒲身，棺斂葬之，祭哭受弔。棺，音貫。斂，力贍翻。祿山以海運使劉道玄攝景城太守，清池尉賈載、鹽山尉河內穆寧共斬道玄，自帝事邊功，運青、萊之粟，浮海以給幽、平之兵，故置海運使。景州，本滄州勃海郡，天寶更郡名。清池，漢浮陽縣地，開皇十八年更名。鹽山，漢高城縣地，隋開皇十八年，以縣有鹽山更名。清池帶郡，鹽山屬邑也。得其甲仗五十餘船；攜道玄首謁長史李暐，暐收嚴莊宗族，悉誅之。是日，送道玄首至平原。眞卿召載、寧及清河尉張澹詣平原計事。澹，徒覽翻。考異曰：舊穆寧傳：「祿山僞署劉道玄爲景城守。寧唱義起兵，斬道玄首，傳檄郡邑，多有應者。賊將史思明來寇郡，寧以攝東光令將兵禦之。思明遣使說誘，寧立斬之。郡懼賊怨深，後大兵至，奪寧兵及攝縣。初，寧佐采訪使巡按，嘗過平原，與太守顏眞卿密揣祿山必叛。至是，眞卿亦唱義，舉郡兵以拒祿山。會間使持書遺眞卿曰：『夫子爲衞君乎？』更無他詞。眞卿得書，大喜，因奏署大理評事、河北采訪支使。」按寧以道玄首謁李暐，暐即族嚴莊家，豈有懼賊怨深而奪寧兵乎！眞卿既殺段子光，帥諸郡以討祿山，寧書中何必尚爲隱語！道玄首至平原，眞卿已召寧計事，豈待得此書然後用之！況眞卿領采訪使，乃在明年常山陷後。今皆不取。饒陽太守盧全誠據城不受代；考異曰：包諝河洛春秋作「盧皓」，今從殷仲容顏氏行狀。河間司法李奐殺祿山所署長史王懷忠；李隨遣遊弈將訾嗣賢濟河，將，即亮翻。訾，即移翻，姓也。漢有訾順。殺祿山所署博平太守馬冀；各有衆數千或萬人，共推眞卿爲盟主，軍事皆稟焉。祿山使張獻誠將上谷、博陵、常山、趙郡、文安五郡團結兵萬人圍饒陽。饒陽郡，深州。河間郡，瀛州。上谷郡，易州。趙郡，趙州。文安郡，莫州。將，即亮翻。

17 高仙芝之東征也，監軍邊令誠數以事干之，仙芝多不從。令誠入奏事，具言仙芝、常清橈敗之狀，數，所角翻。橈，奴教翻。且云：「常清以賊搖衆，而仙芝棄陝地數百里，又盜減軍士糧賜。」上大怒，癸卯，遣令誠齎敕即軍中斬仙芝及常清。初，常清既敗，三遣使奉表陳賊形勢，使，疏吏翻。上皆不之見。常清乃自馳詣闕，至渭南，敕削其官爵，令還仙芝軍，白衣自效。常清草遺表曰：「臣死之後，望陛下不輕此賊，無忘臣言！」時朝議皆以爲祿山狂悖，不日授首，故常清云然。云然者，猶曰言如此也。朝，直遙翻。悖，蒲內翻，又蒲沒翻。令誠至潼關，先引常清，宣敕示之；常清以表附令誠上之。上，時掌翻。考異曰：明皇幸蜀記、安祿山事迹皆曰：「常清配隸仙芝軍，感憤頗深，遂作遺表，飲藥而死。令誠至，常清已死。」而舊傳以爲「敕令卻赴潼關，自草表待罪，是日臨刑，託令誠上之。」蓋二書見常清表有「仰天飲鴆，向日封章，即爲尸諫之臣，死作聖朝之鬼，」故云然。今從舊傳。常清既死，陳尸蘧蒢。蘧蒢，蘆蓆也。仙芝還，至聽事，令誠索陌刀手百餘人自隨，索，山客翻。乃謂仙芝曰：「大夫亦有恩命。」仙芝遽下，令誠宣敕。仙芝曰：「我遇敵而退，死則宜矣。

今上戴天，下履地，謂我盜減糧賜則誣也。」時士卒在前，皆大呼稱枉，其聲振地，遂斬之。呼，火故翻。史言高仙芝由邊令誠而得節，亦由邊令誠而喪元。以將軍李承光攝領其衆。

河西、隴右節度使哥舒翰病廢在家，考異曰：舊金梁鳳傳云：「天寶十三載，哥舒翰入京師，裴冕爲河西留後，在武威。」是翰雖病在京師，猶領河西、隴右兩鎮也。上藉其威名，且素與祿山不協，召見，見，賢遍翻。拜兵馬副元帥，將兵八萬以討祿山；帥，所類翻。仍敕天下四面進兵，會攻洛陽。翰以病固辭，上不許，以田良丘爲御史中丞，充行軍司馬，起居郎蕭昕爲判官，蕃將火拔歸仁等各將部落以從，將，卽亮翻。從，才用翻。幷仙芝舊卒，號二十萬，軍于潼關。考異曰：肅宗實錄云：「以翰爲皇太子先鋒兵馬使、元帥，領河、隴、朔方募兵十萬，幷仙芝舊卒，號二十萬，拒戰於潼關。十二月十七日，大軍發。」唐曆亦云「先鋒兵馬使、元帥」。舊傳云「先鋒兵馬元帥」。祿山事迹云：「翰爲副元帥，領河、隴諸蕃部落奴剌、頡、跌、朱邪、契苾、渾、蹛林、奚結、沙陀、蓬子、處蜜、吐谷渾、思結等十三部落，督蕃、漢兵二十一萬八千人，鎮于潼關。」舊紀云：「丙午，命翰守潼關。」按玄宗實錄：「癸卯，斬常清、仙芝，命翰爲兵馬副元帥，統兵八萬，鎮潼關。」時榮王爲元帥，故以翰副之。蓋誅仙芝之日，卽命翰代仙芝。舊紀「丙午」，肅宗實錄「十七日軍發」，皆太早也。玄宗實錄所云八萬者，蓋止謂漢兵隨翰東征者耳，幷諸蕃部落及仙芝舊兵，則及十餘萬，因號二十萬也。翰病，不能治事，治，直之翻。悉以軍政委田良丘；良丘復不敢專決，使王思禮主騎，李承光主步，二人爭長，無所統壹。復，扶又翻。長，知兩翻。翰用法嚴而不恤，士卒皆懈弛，無鬭志。史言哥舒翰所以敗。

18 安祿山大同軍使高秀巖寇振武軍，杜佑曰：振武軍，在單于都護府城內，西去朔方千七百餘里。朔方節度使郭子儀擊敗之，敗，補邁翻。子儀乘勝拔靜邊軍。據舊史，靜邊軍當在單于府東北，王忠嗣鎮河東所築也。宋白曰：雲中郡，西至靜邊軍一百八十里。大同兵馬使薛忠義寇靜邊軍，子儀使左兵馬使李光弼、右兵馬使高濬、左武鋒使僕固懷恩、右武鋒使渾釋之等逆擊，大破之，坑其騎七千。騎，奇寄翻；下同。考異曰：陳翃汾陽王家傳，此戰在十二月十二日。嫌其與祿山陷東都相亂，故并置此。進圍雲中，使別將公孫瓊巖將二千騎擊馬邑，拔之，開東陘關。馬邑郡，朔州。鴈門縣有東陘關、西陘關。時河東、太原閉關以拒秀巖，子儀既破秀巖，始開關。杜佑曰：代州，鴈門郡；郡南三十里有東陘關，甚險固。西陘山，卽句注山。陘，音刑；下同。甲辰，加子儀御史大夫。懷恩，哥濫拔延之曾孫也，世爲金微都督。哥濫拔延見一百九十八卷太宗貞觀二十年。金微都督府亦置於是年。舊史曰：僕固，卽鐵勒僕骨部，語訛爲僕固。釋之，渾部酋長，世爲皋蘭都督。酋，慈由翻。長，知兩翻。

19 顏杲卿將起兵，參軍馮虔、前眞定令賈深、藁城尉崔安石、郡人翟萬德、內丘丞張通幽皆預其謀；眞定縣，帶常山郡。內丘，漢中丘縣也。隋諱「忠」，改曰內丘，屬鉅鹿郡。翟，萇伯翻。又遣人語太原尹王承業，密與相應。語，牛倨翻。會顏眞卿自平原遣杲卿甥盧逖潛告杲卿，欲連兵斷祿山歸路，以緩其西入之謀。斷，丁管翻；下乃斷同。時祿山遣其金吾將軍高邈詣幽州徵兵，未還，杲卿以祿山命召李欽湊，使帥衆詣郡受犒賚；帥，讀曰率。犒，苦到翻。賚，來代翻。丙午，薄暮，欽湊至，杲卿使袁履謙、馮虔等攜酒食妓樂往勞之，妓，渠綺翻。勞，力到翻；下慰勞同。幷其黨皆大醉，乃斷欽湊首，收其甲兵，盡縛其黨，明日，斬之，悉散井陘之衆。有頃，高邈自幽州還，且至藁城，杲卿使馮虔往擒之。斷，丁管翻。是年十一月，安祿山使李欽湊屯井陘口，今斬之而散其衆。陘，音刑。還，從宣翻，又音如字。南境又白何千年自東京來，崔安石與翟萬德馳詣醴泉驛迎千年，又擒之，醴泉驛，在常山郡界，南直趙郡。同日致於郡下。千年謂杲卿曰：「今太守欲輸力王室，既善其始，當愼其終。此郡應募烏合，難以臨敵，宜深溝高壘，勿與爭鋒。俟朔方軍至，併力齊進，傳檄趙、魏，斷燕、薊要膂。【章：十二行本「膂」下有「彼則成擒矣」五字；乙十一行本同；退齋校同；張校同，云無註本亦無。】斷，音短。燕，因肩翻。薊，音計。要，讀曰腰。今且宜聲云，『李光弼引步騎一萬出井陘，』因使人說張獻誠云：『足下所將多團練之人，無堅甲利兵，難以當山西勁兵，』常山、饒陽以井、代爲山西。合天下言之，則河南、河北通謂之山東，函關以西爲山西。說，式芮翻。將，卽亮翻，又音如字。獻誠必解圍遁去。此亦一奇也。」杲卿悅，用其策，獻誠果遁去，其團練兵皆潰。杲卿乃使人入饒陽城，慰勞將士。勞，力到翻。將，卽亮翻。命崔安石等徇諸郡云：「大軍已下井陘，朝夕當至，先平河北諸郡。先下者賞，後至者誅！」於是河北諸郡響應，凡十七郡皆歸朝廷，兵合二十餘萬；考異曰：河洛春秋曰：「祿山至藁城，杲卿上書陳國忠罪惡宜誅之狀，且曰：『鉞下才不世出，天實縱之，所向輒平，無思不服。昔漢高仗赤帝之運，猶納食其之言；魏武應黃星之符，亦用荀彧之策。』又曰：『今河北殷實，百姓富饒，衣冠禮樂，天下莫敵。孔子曰：「十室之邑，必有忠信。」萬家之邦，非無豪傑，如或結聚，豈非後患者乎？伏惟精彼前軍，嚴其後殿，所過持重。且詳觀地圖，凡有隘狹，必加防遏；慎擇良吏，委之腹心。自洛已東，且爲己有，廣輓芻粟，繕理甲兵；傳檄西都，望風自振。若唐祚未改，王命尚行，君相協謀，士庶奔命，則盛兵鞏、洛，東據敖倉，南臨白馬之津，北守飛狐之塞，自當抗衡上國，割據一方。若景命已移，謳歌所繫，即當長驅岐、雍，飲馬渭河，黔首歸命，孰有出鉞下之右者！』祿山大悅，加杲卿章服，仍舊常山太守并五軍團練使，鎮井陘口。留同羅及曳落河一百人，首領各一人。其趙、邢、洺、相、衛等州，並皆替換。及滄、瀛、深不從祿山，張獻誠圍深州月餘不下，前趙州司戶包處遂、前原氏尉張通幽、藁城縣尉崔安晟、恆州長史袁履謙等同上書說杲卿曰：『明公身荷寵光，位居牧守，乃棄萬全之良計，履必死之畏途，取適於目前，忘累於身後，竊爲明公不取。今若拒祿山之命，招十萬之兵，峙乃芻茭，積其食粟，分守要害，大振威聲，通井陘之路，與東都合勢，如此，則洪勳盛烈，何可勝言者哉！輕進瞽言，萬無一用。魂銷東岱，先懷屠裂之憂；心拱北辰，願立忠貞之節。』杲卿覽書，大悅。於是僉議，僞以祿山命追井陘鎮兵就恆州宴設，酋長各賜帛三百段，馬一疋，金銀器各一牀，美人各一，其餘通賜物一萬段。設於州南焦同驛，自曉至暮，并以歌妓數百人悅其意，密於酒中置毒，與飲，令盡醉，悉無所覺，乃盡收其器械，一一縛之。明日，盡斬，棄尸於滹沱河中。」殷亮顏杲卿傳曰：「祿山起，杲卿計無所出，乃與長史袁履謙謁于藁城縣。祿山以杲卿嘗爲己判官，矯制賜紫金魚袋，使自守常山郡，以其孫誕、弟子詢爲質，俾崇郡刺史蔣欽湊以趙郡甲卒七千人守土門，約杲卿，將見欽湊，以私號召之。杲卿罷歸，途中，指其衣服而謂履謙曰：『此害身之物也。』祿山雖以誅君側爲名，其實反矣。我與公世爲唐臣，忝居藩翰，寧可從之作逆邪！』履謙愀然變色，感歎良久，曰：『爲之柰何，唯公所命，不敢違。』杲卿乃使人告太原尹王承業以殺欽湊，俟其緩急相應，承業亦使報命。杲卿恐漏泄，示己不事事，多委政於履謙，終日不相謁，唯使男泉明往來通其言；召前眞定令賈深、處士權渙、郭仲邕就履謙以謀之。適會杲卿從父弟眞卿據平原，殺段子光，使杲卿妹子盧逖幷以購祿山所行敕牒潛告。杲卿大悅，匿逖于家。逖之未至，杲卿先使人以私號召欽湊，至，杲卿辭之曰：『日暮，夜恐有他盜，城門閉矣，請俟詰朝相見。』因遣參軍馮虔、宗室李峻、靈壽尉李栖默、郡人翟萬德等卽于驛亭偶欽湊，夜久醉熟，以斧斫殺之；悉散土門兵。先是祿山使其腹心僞金吾將軍高邈徵兵于范陽，路出常山，杲卿候知之。其日，邈至于滿城驛，杲卿令崔安石、馮虔殺之；邈前驅數人先至，遽殺之，遂生擒邈，送于郡。遇何千年狎至，安石於路絕行人之南者，馳至醴泉驛候千年，亦斬其人而擒之如邈。日未午，二凶偕致。」肅宗實錄：「杲卿初聞祿山起兵於范陽，杲卿召長史袁履謙、前眞定令賈深、內丘丞張通幽謂之曰：『今祿山一朝以幽、幷騎過常山，趨洛陽，有問鼎之志；天子在長安，方欲徵天下兵，東向問罪，事不及矣。如賊軍暴至，吾屬爲虜必矣。不若因其未萌，招義徒，西據土門，北通河朔，待海內之救，上以安國家，下以全臣節，此策之上者。』遂卽日購士得千餘人，命履謙將兵鎭土門，命賈深防東路，通幽守郡城。賊將李歸仁令弟欽湊領步騎五千人先鎭土門，仍令以兵隸於杲卿；又使麾下騎將高邈馳報祿山，令促其行。覘者知其謀而白杲卿，杲卿召履謙告之。履謙曰：『事將亟矣，若不早誅欽湊，謀不集也。』遂詐追欽湊，令赴郡計事；命履謙署人吏以待之。欽湊夜至郡，杲卿命憩於驛，乃使參軍李循、馮虔、縣尉李栖默等享欽湊於驛，醉而夜殺之。履謙持欽湊首謁于杲卿。杲卿與履謙且喜事之捷，又懼賊之來，相對泣。杲卿收淚，勵履謙曰：『大丈夫名不掛青史，安用生爲！吾與公累世事唐，豈偷安於胡羯，但使死而不朽，亦何恨也！』有頃，藁城尉崔安石報高邈自祿山所至，已宿上谷郡界；又使馮虔、縣吏翟萬德幷命安石共方略。詰朝，邈騎數人先至驛，虔盡阬之。邈繼至，虔紿之曰：『太守將音樂迎候。』邈無疑，至廳下馬。虔、安石等指揮人吏，以棒亂擊，邈仆，生縛之。無何，南界又報何千年自東京宿趙郡，安石、萬德先於郡南醴泉驛候之。千年至，知邈被擒，令麾下騎與安石戰，敗；又生擒千年，並送于郡。」舊傳曰：「祿山陷東都，杲卿忠誠感發，懼賊寇潼關，卽危宗社。時從弟眞卿爲平原太守，遣信告杲卿，相與起義兵，掎角斷賊歸路，以紓西寇之勢。杲卿乃與長史袁履謙、前眞定令賈深、前內丘丞張通幽等謀閉土門以背之。祿山遣蔣欽湊、高邈帥衆五千守土門。杲卿欲誅欽湊，開土門之路。時欽湊軍隸常山郡，屬欽湊遣高邈往幽州未還，杲卿遣吏召欽湊至郡計事。是月二十二日夜，欽湊至，舍之於傳舍。會飮既醉，令袁履謙與參軍馮虔、縣尉李栖默、手力翟萬德等殺欽湊。中夜，履謙攜欽湊首見杲卿，相與垂泣，喜事之濟也。是夜，藁城尉崔安石報高邈還至滿城，卽令馮虔、翟萬德與安石往圖之。詰朝，邈之騎從數人至藁城驛，安石皆殺之。俄而邈至，安石紿之曰：『太守備酒樂於傳舍。』邈方據廳下馬，馮虔等擒而縶之。是日，賊將何千年自東都來趙郡，馮虔、翟萬德伏兵於醴泉驛，千年至，又擒之。卽日縛二賊將還郡。」按祿山初自范陽擁數十萬衆南下，常山當其所出之塗，若杲卿不從命，遽以千餘人拒之，則應時齏粉，安得復守故郡乎！況時祿山猶以誅楊國忠爲名，未僭位號，杲卿迎於藁城，受其金紫，殆不能免矣。肅宗實錄所云者，蓋欲全忠臣之節耳。然杲卿忠直剛烈，糜軀徇國，舍生取義，自古罕儔，豈肯更上書媚悅祿山，比之漢高、魏武，爲之畫割據幷吞之策，此則粗有知識者必知其不然也。蓋包諝乃處遂之子，欲言杲卿初無討賊立節之意，由己父上書勸成之，以大其父功耳。觀所載杲卿上祿山書，處遂等上杲卿書，田承嗣上史朝義疏，其文體如一，足知皆諝所撰也。又張通幽兄爲逆黨，又敎王承業奪杲卿之功，終以反覆被誅，其行事如此，而包諝云初與處遂同上書勸杲卿爲忠義，尤難信也。舊傳云：「欽湊、高邈同守土門，欽湊遣邈往幽州。」二將既握兵同鎭土門，欽湊豈得擅遣邈往幽州！今從殷亮杲卿傳，祿山自遣邈徵兵是也。河洛春秋云：「留同羅及曳落河百人」，彼鎭井陘，遏山西之軍，重任也，豈百人所能守乎！殷傳云「七千人守土門」，此七千人又非履謙一夕所能縛也。蓋祿山留精兵百人以爲欽湊腹心爪牙，其餘皆團練民兵脅從者耳，故履謙得醉之以酒，誅欽湊及百人而散其餘耳。河洛春秋云「酒中置毒」，按時履謙等與欽湊同飲，豈得偏置毒於客酒中乎！今不取。舊傳及殷傳皆云欽湊姓蔣，今從玄宗、肅宗實錄、唐曆姓李。玄宗實錄：「十二月，己亥，杲卿殺賊將李欽湊，執何千年、高邈送京師。」按己亥，十五日也。而眞卿以壬寅斬段子光，壬寅，十八日也。眞卿旣殺子光，乃報杲卿同舉義兵。今從舊傳，爲二十二日丙午殺欽湊。肅宗實錄又云：「杲卿之斬欽湊等，因使徇諸郡，曰：『今上使榮王爲元帥，哥舒翰爲副，徵天下兵四十萬，東向討逆。』」按實錄，癸卯，始命翰爲副元帥，計丙午，常山亦未知。今不取。河洛春秋云「十三郡悉舉義兵歸朝廷」，殷亮顏氏行狀、舊顏眞卿傳、唐曆皆云「十七郡歸順」。蓋河洛春秋不數平原、景城、河間、饒陽先定者耳。顏氏行狀曰：「不款者六郡而已，」時魏郡亦未下，蓋舉其終數耳。其附祿山者，唯范陽、盧龍、密雲、漁陽、汲、鄴六郡而已。考唐志無盧龍郡，當是改平州北平郡爲盧龍郡也。密雲郡，本檀州安樂郡，天寶元年更郡名。漁陽郡，薊州。汲郡，衛州。

杲卿又密使人入范【章：十二行本「范」作「漁」，下同；乙十一行本同；孔本同。】陽招賈循，郟城人馬燧說循曰：郟城，漢潁川郟縣之地，後魏置龍山縣及南陽縣。隋開皇初，改龍山曰汝南；十八年，改汝南曰輔城，南陽曰期城。大業初，改輔城曰郟城，廢期城入焉。郟，音夾。說，式芮翻。「祿山負恩悖逆，悖，蒲內翻，又蒲沒翻。雖得洛陽，終歸夷滅。公若誅諸將之不從命者，以范陽歸國，傾其根柢，此不世之功也。」循然之，猶豫不時發。別將牛潤容知之，以告祿山，祿山使其黨韓朝陽召循。朝陽至范陽，引循屏語，將，卽亮翻；下同。屏，必郢翻。使壯士縊殺之，滅其族；縊，於計翻。以別將牛廷玠知范陽軍事。史思明、李立節將蕃、漢步騎萬人擊博陵、常山。馬燧亡入西山；范陽郡之西山，南連上谷、中山之諸山。隱者徐遇匿之，得免。

20 初，祿山欲自將攻潼關，至新安，聞河北有變而還。考異曰：玄宗實錄：「十五年，正月，壬戌，祿山將犯潼關，次于新安，聞有備而還。」按祿山以此月丁酉陷東都，至壬戌凡二十六日，非乘虛掩襲也，豈得至新安然後知其有備乎！蓋常山有變則幽薊路絕，故懼而歸耳。今從肅宗本紀。蔡希德將兵萬人自河內北擊常山。河內郡，懷州。

21 戊申，榮王琬薨，贈謚靖恭太子。

22 是歲，吐蕃贊普乞梨蘇籠獵贊卒，子娑悉籠獵贊立。吐，從暾入聲。卒，子恤翻。娑，素禾翻。

肅宗文明武德大聖大宣孝皇帝上之上

諱亨，玄宗第三子也，初名嗣昇；開元十五年更名浚；二十三年更名璵；二十八年更名紹；天寶三載更名亨。

至德元載（丙申、七五六）是年七月，太子卽位於靈武，始改元至德。

1 春，正月，乙卯朔，祿山自稱大燕皇帝，改元聖武，以達奚珣爲侍中，張通儒爲中書令。考異曰：幸蜀記云：「以珣爲左相，通儒爲右相。」今從實錄。高尚、嚴莊爲中書侍郎。

2 李隨至睢陽，有衆數萬。丙辰，以隨爲河南節度使，是載始置河南節度使，治汴州，領陳留、睢陽、靈昌、淮陽、汝陰、譙、濟陰、濮陽、淄川、琅邪、彭城、臨淮、東海十三郡。睢，音雖。使，疏吏翻；下同。以前高要尉許遠爲睢陽太守兼防禦使。許遠先仕於蜀，忤章仇兼瓊，貶高要尉。史爲許遠堅守睢陽張本。濮陽客尚衡起兵討祿山，以郡人王栖曜爲衙前總管，攻拔濟陰，殺祿山將邢超然。濮，博木翻。濟，子禮翻。將，卽亮翻。

3 顏杲卿使其子泉明、賈深、翟萬德獻李欽湊首及何千年、高邈于京師。翟，萇伯翻。張通幽泣請曰：「通幽兄陷賊，謂通儒也。乞與泉明偕行，以救宗族。」杲卿哀而許之。至太原，通幽欲自託於王承業，乃教之留泉明等，更其表，更，工衡翻。多自爲功，毀短杲卿，別遣使獻之。杲卿起兵纔八日，守備未完，史思明、蔡希德引兵皆至城下。考異曰：河洛春秋云：「十二月乙未，思明、希德齊至城下。」杲卿丙午始殺李欽湊，云乙未，誤也。今從諸書。杲卿告急於承業，承業旣竊其功，利於城陷，遂擁兵不救。杲卿晝夜拒戰，糧盡矢竭；壬戌，城陷。考異曰：實錄：「癸亥，城陷。」河洛春秋：「正月一日，城陷。」舊思明傳：「正月六日，圍常山；九日，拔之。」今從玄宗實錄、唐曆、舊紀、杲卿傳。賊縱兵殺萬餘人，執杲卿及袁履謙等送洛陽。舊志：常山郡，京師東北一千七百六十里，至東都一千一百三十六里。王承業使者至京師，玄宗大喜，拜承業羽林大將軍，麾下受官爵者以百數。徵顏杲卿爲衛尉卿。朝命未至，常山已陷。朝，直遙翻。

杲卿至洛陽，祿山數之曰：數，所具翻。「汝自范陽戶曹，我奏汝爲判官，不數年超至太守，杲卿爲范陽戶曹，祿山表爲營田判官，假常山太守。何負於汝而反邪？」杲卿瞋目罵曰：「汝本營州牧羊羯奴，瞋，昌眞翻。羯，居謁翻。天子擢汝爲三道節度使，恩幸無比，何負於汝而反？我世爲唐臣，祿位皆唐有，雖爲汝所奏，豈從汝反邪！我爲國討賊，我爲，于僞翻。恨不斬汝，何謂反也？臊羯狗，何不速殺我！」祿山大怒，幷袁履謙等縛於中橋之柱而咼之。臊，蘇遭翻。中橋，天津中橋也。咼，古瓦翻。杲卿、履謙比死，比，必利翻。罵不虛口。顏氏一門死於刀鋸者三十餘人。

史思明、李立節、蔡希德旣克常山，引兵擊諸郡之不從者，所過殘滅，於是鄴、廣平、鉅鹿、趙、上谷、博陵、文安、魏、信都等郡復爲賊守。鉅鹿郡，邢州。信都郡，冀州。文安郡，莫州。復，扶又翻。饒陽太守盧全誠獨不從，思明等圍之。河間司法李奐將七千人、景城長史李暐遣其子祀將八千人救之，皆爲思明所敗。敗，補邁翻

4 上命郭子儀罷圍雲中，還朔方，益發兵進取東京；選良將一人分兵先出井陘，定河北。子儀薦李光弼，癸亥，以光弼爲河東節度使，分朔方兵萬人與之。考異曰：杜牧張保皐傳曰：「安祿山亂，朔方節度使安思順以祿山從弟賜死，詔郭汾陽代之。後旬日，復詔李臨淮持節，分朔方半兵，東出趙、魏。當思順時，汾陽、臨淮俱爲牙門都將，二人不相能，雖同盤飲食，常睇相視，不交一言。及汾陽代思順，臨淮欲亡去，計未決，詔至，分汾陽兵東討。臨淮入請曰：『一死固甘，乞免妻子。』汾陽趨下，持手上堂偶坐，曰：『今國亂主遷，

非公不能東伐，豈懷私忿時邪！』悉召軍吏，出詔書讀之，如詔約束。及別，執手泣涕，相勉以忠義。」按於時玄宗未幸蜀，唐之號令猶行於天下，若制書除光弼爲節度使，子儀安敢擅殺之！杜或得於傳聞之誤也。今從汾陽家傳及舊傳。

5 甲子，加哥舒翰左僕射、同平章事，餘如故。

6 置南陽節度使，以南陽太守魯炅爲之，將嶺南、黔中、襄陽子弟五萬人屯葉北，以備安祿山。炅表薛愿爲潁川太守兼防禦使，南陽郡，鄧州。襄陽郡，襄州。葉縣，時屬汝州。潁川郡，許州。炅，火迥翻。將，卽亮翻。黔，音琴。葉，式涉翻。龐堅爲副使。愿，故太子瑛之妃兄；堅，玉之曾孫也。龐玉，去隋歸唐爲將。龐，皮江翻。

7 乙丑，安祿山遣其子慶緒寇潼關；哥舒翰擊卻之。

8 己巳，加顏眞卿戶部侍郎兼本郡防禦使；眞卿以李暐爲副。

9 二月，丙戌，加李光弼魏郡太守、河北道采訪使。

10 史思明等圍饒陽二十九日，不下，李光弼將蕃、漢步騎萬餘人、太原弩手三千人出井陘。騎，奇寄翻。陘，音刑。考異曰：玄宗實録：「己亥，光弼以朔方馬步五千，東出土門，收常山郡。」河洛春秋云：「光弼從大同城下領蕃、漢兵馬步一萬餘人，并太原弩手三千人，救眞定。」蓋實錄言朔方元領之兵，河洛言到眞定之數耳。己亥，至常山，常山團練兵三千人殺胡兵，執安思義出降。降，戶江翻。光弼謂思義曰：「汝自知當死否？」思義不應。光弼曰：「汝久更陳行，更，工衡翻。陳，讀曰陣。行，胡剛翻。視吾此衆，可敵思明否？今爲我計當如何？汝策可取，當不殺汝。」思義曰：「大夫士馬遠來疲弊，猝遇大敵，恐未易當；易，以豉翻。不如移軍入城，早爲備禦，先料勝負，然後出兵。胡騎雖銳，不能持重，騎，奇寄翻；下同。苟不獲利，氣沮心離，於時乃可圖矣。思明今在饒陽，去此不二百里。九域志：眞定至饒陽二百三十五里。思義蓋指思明下營處言之。昨暮羽書已去，計其先鋒來晨必至，而大軍繼之，不可不留意也。」光弼悅，釋其縛，卽移軍入城。史思明聞常山不守，立解饒陽之圍；明日未旦，先鋒已至，思明等繼之，合二萬餘騎，直抵城下。光弼遣步卒五千自東門出戰，賊守門不退。光弼命五百弩於城上齊發射之，射，而亦翻；下兵射同。賊稍卻；乃出弩手千人分爲四隊，使其矢發發相繼，賊不能當，斂軍道北。光弼出兵五千爲槍城於道南，夾呼沱水而陳；賊數以騎兵搏戰，光弼之兵射之，人馬中矢者太半，陳，讀曰陣。數，所角翻。中，竹仲翻。乃退，小憩以俟步兵。有村民告賊步兵五千自饒陽來，晝夜行百七十里，至九門南逢壁，度憩息。九門縣屬常山郡，在郡東。宋白曰：戰國策云：本有九室而居，趙武靈王改爲九門縣。憩，去例翻。光弼遣步騎各二千，匿旗鼓，並水潛行，並，步浪翻。至逢壁，賊方飯，縱兵掩擊，殺之無遺。思明聞之，失勢，退入九門。時常山九縣，眞定、藁城、石邑、九門、行唐、井陘、平山、獲鹿、靈壽，凡九縣。七附官軍，惟九門、藁城爲賊所據。光弼遣裨將張奉璋以兵五百戍石邑；石邑縣自漢以來屬常山郡，在郡西南。戍兵多於餘縣者，所以通太原之路也。宋白曰：隋改漢上曲陽縣爲石邑，尋移石邑於井陘縣，於舊石邑縣置恆陽縣，以在恆山之陽爲名。則此石邑在井陘也。餘皆三百人戍之。

11 上以吳王祗爲靈昌太守、河南都知兵馬使。上，謂玄宗。使，疏吏翻。賈賁前至雍丘，有衆二千。先是譙郡太守楊萬石以郡降安祿山，先，悉薦翻。降，戶江翻。逼眞源令河東張巡使爲長史，西迎賊。巡至眞源，帥吏民哭於玄元皇帝廟，雍丘縣，漢、晉屬陳留郡，後魏屬湯夏郡，隋屬梁郡，唐屬汴州。譙郡，亳州。老子，苦縣人，有祠在焉；唐祖之，故改縣曰眞源。九域志：縣在譙郡西七十里。帥，讀曰率。起兵討賊，吏民樂從者數千人；樂，音洛。巡選精兵千人西至雍丘，與賈賁合。

初，雍丘令令狐潮以縣降賊，賊以爲將，使東擊淮陽救兵于襄邑，破之，淮陽郡，陳州。宋白曰：襄邑縣，春秋宋襄牛地也；宋襄公葬焉，故曰襄陵，今墓在縣西北隅。秦始皇以承匡縣卑濕，遂徙於襄陵；又以「陵」字犯諱，改爲襄邑。俘百餘人，拘於雍丘，將殺之，往見李庭望；淮陽兵遂殺守者，潮棄妻子走，故賈賁得以其間入雍丘。間，古莧翻。考異曰：肅宗實錄曰：「雍丘令令狐潮據城以應祿山，百姓有違令者百餘人，將殺之。覘者報官軍至，潮不及行刑，遂反縛，仆於地，令人守之，遽出軍以禦官軍。縛者忽一人幸脫，殺守者，互解其縛，閉城門以拒潮，相持累日。賁聞之，入其城，領衆殺潮母、妻及子，以堅人志。」舊張巡傳：「潮欲以城降賊，民吏百餘人不從命。潮皆反接，仆之於地，將斬之。會賊來攻城。潮遽出鬭，而反接者自解其縛，閉城門拒潮，召賁，賁與巡引衆入雍丘。」新傳：「潮舉縣附賊，遂自將東敗淮陽兵，虜其衆，反接在廷，將殺之，暫出行部。淮陽兵更解縛起，殺守者，迎賁等入。潮不得歸，巡乃屠其妻子磔城上。」按潮既欲以城降賊，賊來即當出迎，豈有更出鬬者。今從李翰張中丞傳及新傳。庚子，潮引賊精兵攻雍丘；賁出戰，敗死。張巡力戰卻賊，因兼領賁衆，自稱吳王先鋒使。

三月，乙卯，潮復與賊將李懷仙、楊朝宗、謝元同等四萬餘衆奄至城下；衆懼，莫有固志。復，扶又翻；下日復、瘡復同。朝，直遥翻。巡曰：「賊兵精銳，有輕我心。今出其不意擊之，彼必驚潰。賊勢小折，然後城可守也。」乃使千人乘城；自帥千人，分數隊，開門突出。巡身先士卒，直衝賊陳，人馬辟易，先，悉薦翻。陳，讀曰陣。辟，讀曰闢。易，讀如字。賊遂退。明日，復進攻城，設百礮環城，復，扶又翻。礮，與砲同。環，音宦。樓堞皆盡；堞，達協翻。巡於城上立木柵以拒之。賊蟻附而登，巡束蒿灌脂，焚而投之，賊不得上。上，時掌翻。時伺賊隙，出兵擊之，或夜縋斫營，伺，相吏翻。縋，馳僞翻。積六十餘日，大小三百餘戰，帶甲而食，裹瘡復戰，賊遂敗走。巡乘勝追之，獲胡兵二千人而還，軍聲大振。還，從宣翻，又音如字。

12 初，戶部尚書安思順知祿山反謀，因入朝奏之。尚，辰羊翻。朝，直遥翻。及祿山反，上以思順先奏，不之罪也。哥舒翰素與之有隙，事見上卷天寶十載。使人詐爲祿山遺思順書，於關門擒之以獻，且數思順七罪，請誅之。遺，于季翻。數，所具翻，又所主翻。丙辰，思順及弟太僕卿元貞皆坐死，家屬徙嶺外。楊國忠不能救，由是始畏翰。

13 郭子儀至朔方，益選精兵，戊午，進軍于代。此代，謂代州。

14 戊辰，吳王祗擊謝元同，走之，拜陳留太守、河南節度使。守，式又翻。使，疏吏翻。

15 壬午，以河東節度使李光弼爲范陽長史、河北節度使。長，知兩翻。考異曰：實錄云：「乙丑，光弼收趙郡。」按壬午，三月二十九日；乙丑，十二日也。河洛春秋收趙郡在四月，今從之。加顏眞卿河北采訪使。眞卿以張澹爲支使。

先是清河客李萼，先，悉薦翻。考異曰：顏氏行狀作「李華」，今從舊傳。年二十餘，爲郡人乞師於眞卿爲，于僞翻。曰：「公首唱大義，河北諸郡恃公以爲長城。今清河，公之西鄰，清河郡，貝州。九域志：德州，西南至貝州二百三十里。國家平日聚江、淮、河南錢帛於彼以贍北軍，贍，時豔翻。謂之『天下北庫』；今有布三百餘萬匹，帛八十餘萬匹，錢三十餘萬緡，糧三十餘萬斛。昔討默啜，甲兵皆貯清河庫，謂武后時也。啜，陟劣翻。貯，丁呂翻。今有五十餘萬事。一物可以給一事，因謂之事。戶七萬，口十餘萬。竊計財足以三平原之富，兵足以倍平原之強。公誠資以士卒，撫而有之，以二郡爲腹心，則餘郡如四支，無不隨所使矣。」眞卿曰：「平原兵新集，尚未訓練，自保恐不足，何暇及鄰！雖然，借若諾子之請，則將何爲乎？」萼曰：「清河遣僕銜命於公者，非力不足而借公之師以嘗寇也，亦欲觀大賢之明【張：「明」作「名」。】義耳。今仰瞻高意，未有決辭定色，僕何敢遽言所爲哉！」眞卿奇之，欲與之兵。衆以爲萼年少輕虜，少，詩照翻。徒分兵力，必無所成，眞卿不得已辭之。萼就館，復爲書說眞卿，復，扶又翻。說，式芮翻。以爲：「清河去逆效順，奉粟帛器械以資軍，公乃不納而疑之。僕回轅之後，清河不能孤立，必有所繫託，將爲公西面之強敵，公能無悔乎？」眞卿大驚，遽詣其館，以兵六千借之；送至境，執手別。眞卿問曰：「兵已行矣，可以言子之所爲乎？」萼曰：「聞朝廷遣程千里將精兵十萬出崞口討賊，崞口，在洺州邯鄲縣西，蓋卽壺關之險也。又按舊唐書：崞口，在相州西山。崞，音郭。賊據險拒之，不得前。今當引兵先擊魏郡，執祿山所署太守袁知泰，納舊太守司馬垂，使爲西南主人；分兵開崞口，出千里之師，因討汲、鄴以北至于幽陵郡縣之未下者；幽陵，卽謂幽州。平原、清河帥諸同盟，帥，讀曰率。合兵十萬，南臨孟津，分兵循河，據守要害，制其北走之路。計官軍東討者不下二十萬，河南義兵西向者亦不減十萬。公但當表朝廷堅壁勿戰，不過月餘，賊必有內潰相圖之變矣。」眞卿曰：「善！」命錄事參軍李擇交及平原令范冬馥將其兵，平原縣，屬平原郡，古平原郡治焉，故城在今縣西南二十五里。今縣治，北齊所築城。時平原郡治安德縣。會清河兵四千及博平兵千人軍於堂邑西南。宋白曰：堂邑縣，屬博平郡，本漢清縣、發干二縣地；隋開皇十六年於此置堂邑縣，因縣西北有堂邑故城爲名。袁知泰遣其將白嗣恭等將二萬餘人來逆戰，三郡兵力戰盡日，魏兵大敗，斬首萬餘級，捕虜千餘人，得馬千匹，軍資甚衆。知泰奔汲郡，遂克魏郡，軍聲大振。

時北海太守賀蘭進明亦起兵，眞卿以書召之幷力，北海郡，青州。進明將步騎五千渡河，將，卽亮翻。騎，奇寄翻；下同。眞卿陳兵逆之，相揖，哭於馬上，哀動行伍。行，戶剛翻。進明屯平原城南，休養士馬，眞卿每事咨之，由是軍權稍移於進明矣，眞卿不以爲嫌。眞卿以堂邑之功讓進明，進明奏其狀，取捨任意。敕加進明河北招討使，擇交、冬馥微進資級，淸河、博平有功者皆不錄。進明攻信都郡，久之，不克；錄事參軍長安第五琦勸進明厚以金帛募勇士，遂克之。考異曰：顏氏行狀云：「進明失律於信都城下，有詔抵罪；公縱之，使赴行在。進明之全，乃公之護也。」今從舊傳。又唐曆：「三月四日乙酉，眞卿充河北采訪使。時進明起義兵，北渡河，與眞卿同經略。六月，眞卿破袁知泰於堂邑。」進明再拔信都，統紀皆在三月。舊紀破知泰，拔信都，皆在六月。按三月無乙酉；乙酉，四月二日也。今從統紀。

16 李光弼與史思明相守四十餘日，思明絕常山糧道。城中乏草，馬食薦藉。藉，慈夜翻。光弼以車五百乘之石邑取草，之，往也。乘，繩證翻。將車者皆衣甲，弩手千人衞之，爲方陳而行，衣，於既翻。陳，讀曰陣。賊不能奪。蔡希德引兵攻石邑，張奉璋拒卻之。光弼遣使告急於郭子儀，子儀引兵自井陘出，使，疏吏翻。陘，音刑。夏，四月，壬辰，至常山，與光弼合，蕃、漢步騎共十餘萬。甲午，子儀、光弼與史思明等戰於九門城南，宋白曰：九門縣，戰國趙邑。戰國策云本有九室而居，趙武靈王改爲九門縣。思明大敗。中郎將渾瑊射李立節，殺之。將，卽亮翻。渾，胡昆翻，又戶本翻。瑊，古咸翻。射，而亦翻。瑊，釋之之子也。思明收餘衆奔趙郡，蔡希德奔鉅鹿。思明自趙郡如博陵，時博陵已降官軍，降，戶江翻；下同。思明盡殺郡官。河朔之民苦賊殘暴，所至屯結，多至二萬人，少者萬人，各爲營以拒賊；及郭、李軍至，爭出自效。少，始紹翻。庚子，攻趙郡；一日，城降。士卒多虜掠，光弼坐城門，收所獲，悉歸之，民大悅。子儀生擒四千人，皆捨之，斬祿山太守郭獻璆。璆，音求。光弼進圍博陵，十日，不拔，引兵還恆陽就食。恆陽，卽恆山郡，以其地在恆山之陽也，唐置恆陽軍於郡北。又博陵郡有恆陽縣，漢之上曲陽縣也，隋改爲恆陽縣，在博陵西十里。恆，戶登翻。還，從宣翻，又音如字。

17 楊國忠問士之可爲將者於左拾遺博平張鎬及蕭昕，鎬，下老翻。昕，許斤翻。將，卽亮翻；下同。鎬、昕薦左贊善大夫永壽來瑱，武德二年分新平置永壽縣，屬邠州。瑱，他見翻。丙午，以瑱爲潁川太守。賊屢攻之，瑱前後破賊甚衆，加本郡防禦使；守，式又翻。使，疏吏翻。人謂之「來嚼鐵」。

18 安祿山使平盧節度使呂知誨誘安東副大都護馬靈詧，殺之。馬靈詧，卽夫蒙靈詧也。開元二年，徙安東都護府于平州；天寶二年，徙于遼西故郡城。誘，羊久翻。平盧遊弈使武陟劉客奴、武陟，漢懷縣地，隋開皇十六年分置武陟縣；時屬河內郡。先鋒使董秦及安東將王玄志同謀討誅知誨，遣使踰海與顏眞卿相聞，請取范陽以自效。眞卿遣判官賈載齎糧及戰士衣助之。眞卿時惟一子頗，纔十餘歲，使詣客奴爲質。質，音致。朝廷聞之，以客奴爲平盧節度使，朝，直遙翻。賜名正臣；玄志爲安東副大都護，董秦爲平盧兵馬使。

19 南陽節度使魯炅立柵於滍水之南，安祿山將武令珣、畢思琛攻之。滍，直里翻。

容肇祖標點何茲全顧頡剛聶崇岐覆校

資治通鑑卷第二百一十八

端明殿學士兼翰林侍讀學士太中大夫提舉西京嵩山崇福宮上柱國河內郡開國公食邑二千二百戶食實封九百戶賜紫金魚袋臣 司馬光 奉敕編集

後學天台 胡三省 音註

唐紀三十四 起柔兆涒灘（丙申）五月，至九月，不滿一年。

肅宗文明武德大聖大宣孝皇帝上之下

至德元載（丙申、七五六）載，祖亥翻。

1 五月，丁巳，炅衆潰，走保南陽，炅，古迥翻。炅不書姓，承上卷安祿山將攻魯炅事也。炅自潁川走保南陽。考異曰：玄宗實錄云：「炅擕百姓數千人奔順陽川。」今從舊傳。賊就圍之。太常卿張垍薦夷陵太守虢王巨有勇略，上徵吳王祗爲太僕卿，垍，其冀翻。夷陵郡，峽州。守，式又翻。上，亦謂玄宗，自靈武即位後，玄宗稱「上皇」，稱肅宗爲「上」。以巨爲陳留・譙郡太守、河南節度使，兼統嶺南節度使何履光、陳留郡，汴州。譙郡，亳州。此二郡太守也。是年升五府經略討擊使爲嶺南節度使，領廣、韶、循、潮、康、瀧、端、新、封、春、勤、羅、潘、高、思〔恩〕、雷、崖、瓊、振、儋、萬安、軍〔藤〕二十二州，治廣州。黔中節度使趙國珍、趙國珍，牂柯別部充州蠻酋趙君道之裔。楊國忠兼劍南節度，以國珍有方略，授黔中都督，護五溪十餘年，天下方亂，其所部獨寧。按新書方鎮表：開元二十六年，黔州置五溪諸州經略使，天寶十四載，增領守捉使，代宗大曆四年，始置辰、溪、巫、錦、業五州都團練守捉觀察處置使，憲宗元和三年，黔州觀察增領涪州，唐末，始於黔州置節鎮。疑此時趙國珍未得建節。至明年，通鑑書置黔中節度，必有所據。南陽節度使魯炅。國珍，本牂柯夷也。牂，音臧。柯，音哥。戊辰，巨引兵自藍田出，趣南陽。趣，七喻翻。賊聞之，解圍走。

2令狐潮復引兵攻雍丘。潮與張巡有舊，於城下相勞苦如平生，潮因說巡曰：復，扶又翻。勞，力到翻。說，式芮翻。「天下事去矣，足下堅守危城，欲誰爲乎？」爲，于僞翻。巡曰：「足下平生以忠義自許，今日之舉，忠義何在！」潮慚而退。

3郭子儀、李光弼還常山，還，從宣翻，又音如字。史思明收散卒數萬踵其後。子儀選驍騎更挑戰，驍，堅堯翻。騎，奇寄翻。更，工衡翻。挑，徒了翻。三日，至行唐，即漢南行唐縣，屬常山郡。九域志：在郡北五十五里。賊疲，乃退。子儀乘之，又敗之於沙河。沙河在新樂、行唐二縣之間。敗，補邁翻。蔡希德至洛陽，安祿山復使將步騎二萬人北就思明，復，扶又翻。將，即亮翻，又音如字。又使牛廷玠發范陽等郡兵萬餘人助思明，合五萬餘人，而同羅、曳落河居五分之一。子儀至恆陽，思明隨至，恆，戶登翻。子儀深溝高壘以待之；賊來則守，去則追之，晝則耀兵，夜斫其營，賊不得休息。數日，子儀、光弼議曰：「賊倦矣，可以出戰。」考異曰：河洛春秋以此爲光弼語，汾陽家傳作子儀語，蓋二人共議耳。壬午，戰于嘉山，據舊史安祿山傳：嘉山在常山郡東。魏收地形志：中山郡上曲陽縣有嘉山。上曲陽，卽唐之恆陽也。考異曰：實錄云「六月壬午」，按長曆，六月癸未朔；壬午，五月二十九日也。汾陽家傳、舊祿山傳亦云「六月，戰嘉山」。河洛春秋云：「六月二十五日，光弼破賊於嘉山。」今從實錄而改其月。大破之，斬首四萬級，捕虜千餘人。思明墜馬，露髻跣足步走，至暮，杖折槍歸營，折，而設翻。奔于博陵；光弼就圍之，軍聲大振。於是河北十餘郡皆殺賊守將而降。將，卽亮翻；下同。降，戶江翻；下同。考異曰：河洛春秋云：「五月，蔡希德從東都見祿山，祿山又與馬步二萬人，至邢州，取堯山、招慶，射趙州東界，效曲、鼓、鹿城間，渡滹池水，入無極，至定州。牛介從幽州占歸、檀、幽、易，兼大同、紇、蠟共萬餘人，帖思明。思明軍既壯，共五萬餘人；其中精騎萬人，悉是同羅、曳落河，精於馳突。光弼以十五萬衆頓軍恆陽，樵採往來，人有難色，召有策者試之。時趙州司戶參軍先臣亡父包處遂上書與光弼曰：『思明用軍，惟將勁悍，觀其布措，實謂無謀。昔秦、趙爭山，先居者勝，豈不爲勞逸勢倍，高下相懸。今宜重出軍人有膂力者五萬，被甲兩重，陌刀各二。東有高山甚大，先令五千甲士於山上設伏，後出二千人山東取糧。賊見必追之，則奔山上。伏兵馬與一百面鼓，應山上避賊百姓，壯者亦與器械，令隨大軍；老弱者令居險固守，遙爲聲援。賊必圍山攻之；城內出五萬人，擇將二人統之，各領二萬，一將於南面，一將於城北門出。賊營悉在山東，其軍夜出，長去賊三十里行；廣張左右翼，以天曉合圍。其軍每二十五爲隊，每隊置旗兩口，鼙鼙鼓子一具，圍落纔合，則動鼓子；賊必不測人之多少。然於城東門出軍一萬人，布掌底陳，山上亦擊鼓而下，齊攻之，必克勝。』光弼尤然此計，乃出朔方計會，出人取糧。賊果然來襲，卽奔山上。至六月二十五日，依前計大破賊於嘉山陣，斬首數萬餘級，生擒數千。思明落馬步遁；至暮，拄折槍歸營。希德中槍索，押衙劉旻斫斷而走。生擒得旻。至二十六日，覆陣。二十七日，有詔至恆陽，云潼關失守，駕幸劍南。」包謂專欲歸功其父，而他書皆無之。今不取。漁陽路再絕，漁陽，即謂范陽也。范陽郡，幽州。其後又分置薊州漁陽郡，二郡始各有分界。然范陽節度盡統幽、易、平、檀、嬀、燕等州，賊之根本實在范陽也。唐人於此時多以范陽、漁陽通言之，白居易詩所謂「漁陽鼙鼓動地來」，是以范陽通爲漁陽也。前此顔杲卿以常山返正，漁陽路絕矣；杲卿敗而復通。今郭、李破史思明，故再絕。賊往來者皆輕騎竊過，多爲官軍所獲，將士家在漁陽者無不搖心。

祿山大懼，召高尚、嚴莊詬之曰：「汝數年教我反，以爲萬全。今守潼關，數月不能進，北路已絕，諸軍四合，吾所有者止汴、鄭數州而已，萬全何在？汝自今勿來見我！」尚、莊懼，數日不敢見。田乾眞自關下來，爲尚、莊說祿山曰：爲，于僞翻。說，式芮翻；下密說同。「自古帝王經營大業，皆有勝敗，豈能一舉而成！今四方軍壘雖多，皆新募烏合之衆，未更行陳，更，工衡翻。行，戶剛翻。陳，讀曰陣。豈能敵我薊北勁銳之兵，何足深憂！尚、莊皆佐命元勳，陛下一旦絕之，使諸將聞之，誰不內懼！若上下離心，臣竊爲陛下危之！」祿山喜曰：「阿浩，汝能豁我心事。」即召尚、莊，置酒酣宴，自爲之歌以侑酒，待之如初。阿浩，乾眞小字也。爲，于僞翻。考異曰：祿山事迹作「阿法」，今從唐曆、統紀、舊傳。祿山議棄洛陽，走歸范陽，計未決。

是時，天下以楊國忠驕縱召亂，莫不切齒。又，祿山起兵以誅國忠爲名，王思禮密說哥舒翰，使抗表請誅國忠，說，式芮翻。考異曰：玄宗實錄云：「或勸翰：『留兵二萬守關，悉以精銳回誅楊國忠，此漢挫七國之計也，公以爲何如？』翰心許之，未發。有客泄其謀於國忠，國忠大懼。」按翰若回兵誅國忠，則正與祿山無異。思禮勸翰抗表言國忠罪猶不敢，況敢舉兵乎！事必不然。且翰雖心許，他人安得知之！正由翰按兵不進，故國忠及其黨疑懼，恐翰回兵誅之，其實翰無此心也。若果欲誅國忠，則安肯慟哭出關乎！幸蜀記云：「翰使王思禮至陝郡，見賊僞御史中丞、無敵將軍、平西大使崔乾祐，令傳檄與祿山，數其干紀亂常，背天逆理，且曰：『若面縛而來，束身歸死，赦爾九族，罪爾一身。如更屈強王師，遲疑未決，大軍一鼓，玉石俱焚。爾審思之，悔無及矣。』」按翰與乾祐方對壘相攻，思禮軍中大將，豈可使齎罵祿山之檄詣乾祐乎！必無此理。今不取。翰不應。思禮又請以三十騎劫取以來，至潼關殺之，翰曰：「如此，乃翰反，非祿山也。」或說國忠：「今朝廷重兵盡在翰手，翰若援旗西指，說，式芮翻。援，于元翻。於公豈不危哉！」國忠大懼，乃奏：「潼關大軍雖盛，而後無繼，萬一失利，京師可憂，請選監牧小兒三千於苑中訓練。」時監牧、五坊、禁苑之卒，率謂之小兒。上許之，使劍南軍將李福德等領之。又募萬人屯灞上，令所親杜乾運將之，將，即亮翻。名爲禦賊，實備翰也。翰聞之，亦恐爲國忠所圖，乃表請灞上軍隸潼關；六月，癸未，召杜乾運詣關，因事斬之；國忠益懼。

會有告崔乾祐在陝，兵不滿四千，皆羸弱無備，此祿山之用間也。陝，失冉翻。上遣使趣哥舒翰進兵復陝、洛。趣，讀曰促；下以義推。翰奏曰：「祿山久習用兵，今始爲逆，豈肯無備！是必羸師以誘我，若往，正墮其計中。羸，倫爲翻。誘，羊久翻。且賊遠來，利在速戰；官軍據險以扼之，利在堅守。況賊殘虐失衆，兵勢日蹙，將有內變；因而乘之，可不戰擒也。要在成功，何必務速！今諸道徵兵尚多未集，請且待之。」郭子儀、李光弼亦上言：「請引兵北取范陽，覆其巢穴，質賊黨妻子以招之，上，時掌翻。質，音致。賊必內潰。潼關大軍，唯應固守以弊之，不可輕出。」國忠疑翰謀己，言於上，以賊方無備，而翰逗留，將失機會。上以爲然，續遣中使趣之，項背相望。翰不得已，撫膺慟哭；丙戌，引兵出關。逗，音豆。使，疏吏翻。趣，讀曰促。考異曰：幸蜀記曰：「賊將崔乾祐於陝郡西潛鋒蓄銳，臥鼓偃旗，而偵者奏云，賊全無備。上然之。」又曰：「玄宗久處太平，不練軍事，既被國忠眩惑，中使相繼督責於公，不得已，撫膺慟哭久之，乃引師出關。國忠又令杜乾運領所募兵於馮翊境上，潛備哥舒公。公曰：『今軍出關，勢十全矣。更置乾運於側以爲疑軍，人心憂疑，卽不俟見賊，吾軍潰矣。必當併之以除內憂。』遂令衙前總管叱萬進追軍，誡之曰：『若不受追，卽便斬頭來。』乾運果不肯赴。進詐詞如欲叛哥舒，竊請見。乾運遂喜，遽見之。與語，進忽抽佩刀曰：『奉處分，取公頭。』乾運驚懼。其左右悉新招募者，悉投仗散走，進遂斬乾運，攜首至於軍門，衆皆攝氣，乃統其軍赴關。」按翰若擅殺乾運而奪其軍，則是已反也，朝廷安能趣之出關乎！蓋奏乞以其軍隸潼關，朝廷已許之，翰召乾運受處分，或有所違拒，因託軍法以斬之耳。凌準邠志云：「郭子儀、李光弼將進軍，聞朝廷議出潼關，圖復陝、洛，二公議曰：『哥舒公老疾昏耄，賊素知諸軍烏合，不足以戰。今祿山悉銳南馳宛、洛，賊之餘衆盡委思明，我且破之，便覆其巢。質叛徒之族，取祿山之首，其勢必矣。若潼關出師，有戰必敗。關城不守，京室有變，天下之亂，何可平之！』乃陳利害以聞，且請固關無出。」唐曆：「會偵人自陝至，云：『崔乾祐所將衆不滿四千，不足圖也。』上大悅。」舊翰傳：「翰既斬乾運，心不自安，又素有風疾，至是頗甚，軍中之務不復躬親，委政於行軍司馬田良丘。良丘復不敢專斷，教令不一，頗無部伍。其將王思禮、李承光又爭長不叶，人無鬭志。」今兼采之。

己丑，遇崔乾祐之軍於靈寶西原。靈寶縣更名，見二百十五卷天寶元年。乾祐據險以待之，南薄山，北阻河，隘道七十里。庚寅，官軍與乾祐會戰。薄，伯各翻。隘，烏介翻。考異曰：肅宗實錄：「乙酉，翰與乾祐會戰。」舊傳：「四日，次靈寶西原。八日，與賊交戰。」新傳：「丙戌，次靈寶西原。庚寅，與乾祐戰。」按翰軍既遇賊，必不留四日然後戰。玄宗實錄：「丙戌，翰出關。己丑，遇賊。庚寅，戰。」此近是，今從之。幸蜀記亦然。乾祐伏兵於險，翰與田良丘浮舟中流以觀軍勢，見乾祐兵少，趣諸軍使進。王思禮等將精兵五萬居前，龐忠等將餘兵十萬繼之，翰以兵三萬登河北阜望之，鳴鼓以助其勢。少，始紹翻。趣，讀曰促。將，即亮翻，又音如字。乾祐所出兵不過萬人，什什伍伍，散如列星，或疏或密，或前或卻，官軍望而笑之。乾祐嚴精兵，陳於其後。兵既交，賊偃旗如欲遁者，官軍懈，不爲備。須臾，伏兵發，賊乘高下木石，擊殺士卒甚衆。道隘，士卒如束，槍槊不得用。翰以氈車駕馬爲前驅，欲以衝賊。日過中，東風暴急，乾祐以草車數十乘塞氈車之前，縱火焚之。乘，繩證翻。塞，悉則翻。考異曰：幸蜀記曰：「野中先有官草，積數十堆，因風焚之。」今從舊傳。煙焰所被，被，皮義翻。官軍不能開目，妄自相殺，謂賊在煙中，聚弓弩而射之。射，而亦翻。日暮，矢盡，乃知無賊。乾祐遣同羅精騎自南山過，出官軍之後擊之，官軍首尾駭亂，不知所備，於是大敗；或棄甲竄匿山谷，或相擠排入河溺死，囂聲振天地，賊乘勝蹙之。後軍見前軍敗，皆自潰，河北軍望之亦潰。【章：十二行本「潰」下有「瞬息間兩岸皆空」七字；乙十一行本同；孔本同；張校同；退齋校同。】河北軍，翰所自將者也。翰獨與麾下數百騎走，自首陽山西渡河入關。首陽山當是首山，衍「陽」字。首山在蒲州河東縣界，與湖城縣之荆山隔河相對。關外先爲三塹，皆廣二丈，深丈，廣，古曠翻。深，式浸翻。人馬墜其中，須臾而滿；餘衆踐之以度，踐，息淺翻。士卒得入關者纔八千餘人。辛卯，乾祐進攻潼關，克之。

翰至關西驛，揭牓收散卒，欲復守潼關。復，扶又翻。蕃將火拔歸仁等以百餘騎圍驛，入謂翰曰：「賊至矣，請公上馬。」翰上馬出驛，歸仁帥衆叩頭曰：「公以二十萬衆一戰棄之，何面目復見天子！帥，讀曰率。復，扶又翻。且公不見高仙芝、封常清乎？謂軍敗必誅也。事見上卷上年。請公東行。」翰不可，欲下馬。歸仁以毛縶其足於馬腹，及諸將不從者，皆執之以東。將，卽亮翻；下同。會賊將田乾眞已至，遂降之，俱送洛陽。降，戶江翻。安祿山問翰曰：「汝常輕我，事見二百十六卷天寶十一載。今定何如？」翰伏地對曰：「臣肉眼不識聖人。今天下未平，李光弼在常山，李祗在東平，李祗，卽謂吳王祗。魯炅在南陽，炅，古迥翻。陛下留臣，使以尺書招之，不日皆下矣。」祿山大喜，以翰爲司空、同平章事。謂火拔歸仁曰：「汝叛主，不忠不義。」執而斬之。翰以書招諸將，皆復書責之。祿山知不效，乃囚諸苑中。東都苑中也。潼關既敗，於是河東、華陰、馮翊、上洛防禦使皆棄郡走，河東郡，蒲州。華陰郡，華州。馮翊郡，同州。上洛郡，商州。華，戶化翻。所在守兵皆散。

是日，翰麾下來告急，上不時召見，見，賢遍翻。但遣李福德等將監牧兵赴潼關。及暮，平安火不至，六典：唐鎮戍烽候所至，大率相去三十里。每日初夜，放煙一炬，謂之平安火。時守兵已潰，無人復舉火。上始懼。壬辰，召宰相謀之。楊國忠自以身領劍南，聞安祿山反，即令副使崔圓陰具儲偫，以備有急投之，相，息亮翻。令，力丁翻。使，疏吏翻。偫，直里翻。至是首唱幸蜀之策。上然之。癸巳，國忠集百官於朝堂，惶懅流涕；朝，直遙翻；下同。懅，巨魚翻，急也。問以策略，皆唯唯不對。唯，于癸翻。國忠曰：「人告祿山反狀已十年，上不之信。今日之事，非宰相之過。」仗下，朝罷，則左右三衛立仗者皆休下。士民驚擾奔走，不知所之，市里蕭條。國忠使韓、虢入宮，勸上入蜀。

甲午，百官朝者什無一二。上御勤政樓，下制，云欲親征，聞者皆莫之信。以京兆尹魏方進爲御史大夫兼置頓使；京兆少尹靈昌崔光遠爲京兆尹，充西京留守；將軍邊令誠掌宮闈管鑰。託以劍南節度大使潁王璬將赴鎮，令本道設儲偫。璬，公了翻。偫，直里翻。是日，上移仗北內。唐都長安，以太極宮爲西內，大明宮爲東內，興慶宮爲南內，北內當在玄武門內。又以地望言之，則自興慶宮移仗歸大明宮，興慶宮在南，大明宮在北，故亦謂大明宮爲北內。考異曰：幸蜀記：「上遣中使曹仙領千人擊鼓於春明門外，又令燒閑廄草積，煙焰燎天。上將乘馬，楊國忠諫，以爲：『當謹守宗祧，不可輕動。』韋見素力爭，以爲：『賊勢逼近，人心不固，陛下不可不出避狄。』國忠暗與賊通，其言不可聽。』往返數四，上乃從見素議。

加魏方進御史大夫，充前路知頓使。」按賊陷潼關，鑾輿將出，人心已危，豈有更擊鼓燒草以驚之！國忠久蓄幸蜀之謀，見素乃其所引，豈得上前有此爭論！此蓋宋巨欲歸功見素，事乃近誣。今不取。既夕，命龍武大將軍陳玄禮整比六軍，比，毗寐翻。厚賜錢帛，選閑廄馬九百餘匹，外人皆莫之知。乙未，黎明，上獨與貴妃姊妹、皇子、妃、主、皇孫、楊國忠、韋見素、魏方進、陳玄禮及親近宦官、宮人出延秋門，延秋門，唐長安禁苑之西門也。程大昌雍錄有漢唐要地參出圖，唐禁苑西北，包漢長安故城。未央宮，唐後改爲通光殿；西出卽延秋門。考異曰：幸蜀記云：「丙申，百官尚赴朝。」此乙未日事，宋巨誤也。妃、主、皇孫之在外者，皆委之而去。上過左藏，藏，徂浪翻。楊國忠請焚之，曰：「無爲賊守。」上愀然曰：「賊來不得，必更斂於百姓；不如與之，無重困吾赤子。」史記玄宗有君人之言。愀，子小翻。斂，力贍翻。是日，百官猶有入朝者，至宮門，猶聞漏聲，三衞立仗儼然。唐朝會之制：三衞番上，分爲五仗，號衙內五衞。一曰供奉仗，以左、右衞爲之。二曰親仗，以親衞爲之。三曰勳仗，以勳衞爲之。四曰翊仗，以翊衞爲之。五曰散手仗，以親、勳、翊衞爲之。平明，傳點畢，內門開，百官入立班，皇帝升御坐，金吾將軍一人奏左、右廂內外平安，通事舍人贊，宰相、兩省官再拜升殿，內謁者承旨喚仗，左、右羽林將軍勘以木契，自東西閤而入。朝罷，皇帝步入東序門，然後放仗。內外仗隊，七刻乃下。常參輟朝日，六刻卽下。門既啓，則宮人亂出，中外擾擾，不知上所之。於是王公、士民四出逃竄，山谷細民爭入宮禁及王公第舍，盜取金寶，或乘驢上殿。又焚左藏大盈庫。崔光遠、邊令誠帥人救火，帥，讀曰率。又募人攝府、縣官分守之，殺十餘人，乃稍定。光遠遣其子東見祿山，令誠亦以管鑰獻之。

上過便橋，楊國忠使人焚橋。上曰：「士庶各避賊求生，柰何絕其路！」留內侍監高力士，使撲滅乃來。玄宗始置內侍監，秩三品，以高力士及袁思藝爲之。撲，普卜翻。上遣宦者王洛卿前行，告諭郡縣置頓。食時，至咸陽望賢宮，咸陽縣，在京城西四十里。望賢宮，在縣東。洛卿與縣令俱逃，中使徵召，吏民莫有應者。日向中，上猶未食，楊國忠自市胡餅以獻。胡餅，今之蒸餅。高似孫曰：胡餅，言以胡麻著之也。崔鴻前趙錄：石虎諱胡，改胡餅曰麻餅。緗素雜記曰：有鬻胡餅者，不曉名之所謂，易其名曰爐餅。以爲胡人所啗，故曰胡餅也。於是民爭獻糲飯，糲，盧達翻，粗也。雜以麥豆；皇孫輩爭以手掬食之，須臾而盡，猶未能飽。考異曰：唐曆：「至望賢頓，御馬病。上曰：『殺此馬，拆行宮舍木煮食之。』衆不忍食。」幸蜀記：「至望賢宮，行從皆飢。上入宮，憩於樹下，佛然若有棄海內之意。高力士覺之，遂抱上足，嗚咽開諭，上乃止。」肅宗實錄：「楊國忠自入市，衣袖中盛餬餅，獻上皇。」天寶亂離記：「六月十一日，大駕幸蜀，至望賢宮，官吏奔竄。迨曛黑，百姓有稍稍來者。上親問之：『卿家有飯否？不擇精粗，但且將來。』老幼於是競擔挈壺漿，雜之以麥子飯，送至上前。先給兵士，六宮及皇孫已下，咸以手掬而食。頃時又盡，猶不能飽。既乏器用，又無釭燭，從駕者枕藉寢止，長幼莫之分別；賴月入戶庭，上與六宮、皇孫等差異焉。」按上九日幸蜀，溫畬云「十一日」，非也。餘則兼采之。上皆酬其直，慰勞之。勞，力到翻。衆皆哭，上亦掩泣。有老父郭從謹進言曰：「祿山包藏禍心，固非一日；亦有詣闕告其謀者，陛下往往誅之，事見上卷上年。使得逞其姦逆，致陛下播越。是以先王務延訪忠良以廣聰明，蓋爲此也。臣猶記宋璟爲相，數進直言，天下賴以安平。爲，于僞翻。數，所角翻。自頃以來，在廷之臣以言爲諱，惟阿諛取容，是以闕門之外，陛下皆不得而知。草野之臣，必知有今日久矣，但九重嚴邃，區區之心無路上達。事不至此，臣何由得睹陛下之面而訴之乎！」上曰：「此朕之不明，悔無所及。」慰諭而遣之。俄而尙食舉御膳而至，尙，主也。主御膳之官，有奉御，有直長。「而」，一作「以」。上命先賜從官，從，才用翻；下時從同。然後食之。令軍士散詣村落求食，期未時皆集而行。夜將半，乃至金城。金城縣，屬京兆，本始平縣，中宗景龍二年送金城公主降吐蕃至此，更名金城，在京城西八十五里。縣令亦逃，縣民皆脫身走，飲食器皿具在，士卒得以自給。時從者多逃，內侍監袁思藝亦亡去。驛中無燈，人相枕藉而寢，貴賤無以復辨。枕，卽任翻。藉，慈夜翻。復，扶又翻。王思禮自潼關至，始知哥舒翰被擒；以思禮爲河西、隴右節度使，卽令赴鎭，收合散卒，以俟東討。

丙申，至馬嵬驛，金人疆域圖：馬嵬驛，在京兆興平縣。將士飢疲，皆憤怒。陳玄禮以禍由楊國忠，欲誅之，因東宮宦者李輔國以告太子，太子未決。會吐蕃使者二十餘人遮國忠馬，訴以無食，國忠未及對，軍士呼曰：「國忠與胡虜謀反！」或射之，中鞍。國忠走至西門內，馬嵬驛之西門也。呼，火故翻。射，而亦翻。中，竹仲翻。軍士追殺之，屠割支體，以槍揭其首於驛門外，并殺其子戶部侍郎暄及韓國、秦國夫人。御史大夫魏方進曰：「汝曹何敢害宰相！」衆又殺之。韋見素聞亂而出，爲亂兵所檛，腦血流地。衆曰：「勿傷韋相公。」救之，得免。軍士圍驛，上聞諠譁，問外何事，左右以國忠反對。上杖屨出驛門，慰勞軍士，令收隊，軍士不應。上使高力士問之，玄禮對曰：「國忠謀反，貴妃不宜供奉，願陛下割恩正法。」上曰：「朕當自處之。」處，昌呂翻。入門，倚杖傾首而立。久之，京兆司錄韋諤前言曰：京兆府司錄參軍，正七品上。武德初，改州主簿曰錄事參軍，掌正違失，涖符印；開元元年改曰司錄。「今衆怒難犯，引左傳鄭子產之言。安危在晷刻，願陛下速決！」因叩頭流血。上曰：「貴妃常居深宮，安知國忠反謀？」高力士曰：「貴妃誠無罪，然將士已殺國忠，而貴妃在陛下左右，豈敢自安！願陛下審思之，將士安則陛下安矣。」將，即亮翻；下同。上乃命力士引貴妃於佛堂，縊殺之。輿尸寘驛庭，召玄禮等入視之。玄禮等乃免冑釋甲，頓首請罪，上慰勞之，勞，力到翻。令曉諭軍士。玄禮等皆呼萬歲，再拜而出，於是始整部伍爲行計。諤，見素之子也。國忠妻裴柔裴柔，故蜀倡也。與其幼子晞及虢國夫人、夫人子裴徽皆走，至陳倉，縣令薛景仙帥吏士追捕，誅之。帥，讀曰率；下同。

丁酉，上將發馬嵬，朝臣惟韋見素一人，乃以韋諤爲御史中丞，充置頓使。朝，直遙翻。使，疏吏翻。將士皆曰：「國忠謀反，其將吏皆在蜀，不可往。」或請之河、隴，或請之靈武，或請之太原，之，往也。或言還京師。上意在入蜀，慮違衆心，竟不言所向。韋諤曰：「還京，當有禦賊之備。今兵少，未易東向，易，以豉翻。不如且至扶風，徐圖去就。」考異曰：幸蜀記曰：

「上意將幸西蜀，有中使常清奏曰：『國忠久在劍南，又諸將吏或有連謀，慮遠防微，須深詳議。』中官陳全節奏曰：『太原城池固莫之比，可以久處，請幸北京。』中官郭希奏曰：『朔方地近，被帶山河，鎮遏之雄，莫之與比。以臣愚見，不及朔方。』中使駱承休奏曰：『姑臧一郡嘗霸中原，秦、隴、河、蘭皆足徵取，且巡隴右，駐蹕涼州，翦彼鯨鯢，事將取易。』左右各陳其意見者十餘輩。高力士在側而無言。上顧之曰：『以卿之意，何道堪行？』力士曰：『太原雖固，地與賊鄰，本屬祿山，人心難測。朔方近塞，半是蕃戎，不達朝章，卒難教馭。西涼懸遠，沙漠蕭條，大駕順動，人馬非少，先無備擬，必有闕供，賊騎起來，恐見狼狽。劍南雖窄，土富人繁，表裏江山，內外險固；以臣所料，蜀道可行。』上然之。卽除韋諤御史中丞，充置頓使。」今從唐曆。 上詢于衆，衆以爲然，乃從之。及行，父老皆遮道請留，曰：「宮闕，陛下家居，陵寢，陛下墳墓，今捨此，欲何之？」上爲之按轡久之，乃令太子於後宣慰父老。父老因曰：「至尊既不肯留，某等願帥子弟從殿下東破賊，取長安。帥，讀曰率。 若殿下與至尊皆入蜀，使中原百姓誰爲之主？」須臾，衆至數千人。太子不可，曰：「至尊遠冒險阻，吾豈忍朝夕離左右。離，力智翻。 且吾尚未面辭，當還白至尊，更稟進止。」涕泣，跋馬欲西。還，從宣翻。跋馬者，勒馬使回轉也。跋，蒲撥翻。 建寧王倓倓，徒甘翻。 與李輔國執鞚諫曰：「逆胡犯闕，四海分崩，不因人情，何以興復！今殿下從至尊入蜀，若賊兵燒絕棧道，鞚，苦貢翻。棧，士限翻。 則中原之地拱手授賊矣。人情既離，不可復合，雖欲復至此，其可得乎！復，扶又翻，又音如字。 不如收西北守邊之兵，召郭、李於河北，與之併力東討逆賊，克復兩京，削平四海，使社稷危而復安，宗廟毀而更存，掃除宮禁以迎至尊，豈非孝之大者乎！何必區區溫清，爲兒女之戀乎！」記曰：凡爲人子，冬溫而夏清，昏定而晨省。清，七政翻。考異曰：舊宦者傳：「李靖忠啓太子，請留，張良娣贊成之。」按太子獨還宣慰百姓，良娣不在旁，何以得贊成留計！今不取。天寶亂離記：「大駕至岐州，上取褒斜路幸蜀，儲皇取彭原路抵靈武。」此誤也。廣平王俶亦勸太子留。俶，昌六翻。父老共擁太子馬，不得行。太子乃使俶馳白上。上總轡待太子，久不至，使人偵之，偵，丑鄭翻。還白狀，上曰：「天也！」乃分後軍二千人及飛龍廄馬從太子，仗內六廄，飛龍廄爲最上乘馬。且諭將士曰：「太子仁孝，可奉宗廟，汝曹善輔佐之。」將，卽亮翻。又諭太子曰：「汝勉之，勿以吾爲念。西北諸胡，吾撫之素厚，汝必得其用。」太子南向號泣而已。上已南邁，而太子留在後，故南向號泣。號，戶刀翻。又使送東宮內人於太子，張良娣在軍中，自此搆建寧之禍。且宣旨欲傳位，太子不受。俶、倓，皆太子之子也。

4 己亥，上至岐山。岐山縣在扶風郡東北，後周天和四年割涇州鶉觚縣之南界置三龍縣；隋開皇十六年移於岐山南十里，改爲岐山縣；大業九年移於今縣東北八里；唐武德元年移於岐陽縣界張堡壘；七年移理龍尾驛城；貞觀八年又移理石猪驛。或言賊前鋒且至，上遽過，宿扶風郡。士卒潛懷去就，往往流言不遜，陳玄禮不能制，上患之。會成都貢春綵十餘萬匹，至扶風，上命悉陳之於庭，召將士入，臨軒諭之曰：「朕比來衰耄，比，毗至翻。託任失人，致逆胡亂常，須遠避其鋒。知卿等皆蒼猝從朕，不得別父母妻子，茇涉至此，草行爲茇；水行爲涉。勞苦至矣，朕甚愧之。蜀路阻長，郡縣褊小，人馬衆多，或不能供，今聽卿等各還家；朕獨與子、孫、中官前行入蜀，亦足自達。今日與卿等訣別，可共分此綵以備資糧。若歸，見父母及長安父老，爲朕致意，爲，于僞翻。各好自愛也！」因泣下霑襟。衆皆哭，曰：「臣等死生從陛下，不敢有貳！」上良久曰：「去留聽卿。」自是流言始息。玄宗於此，有楚昭王去國諭父老之意。然玄宗之爲是言也，出於不得已。

5 太子既留，莫知所適。廣平王俶曰：「日漸晏，此不可駐，衆欲何之？」皆莫對。建寧王倓曰：「殿下昔嘗爲朔方節度大使，事見二百十三卷開元十五年。將吏歲時致啓，倓略識其姓名。今河西、隴右之衆皆敗降賊，將，即亮翻。降，戶江翻。父兄子弟多在賊中，或生異圖。朔方道近，士馬全盛，裴冕衣冠名族，必無貳心。時裴冕爲河西行軍司馬。賊入長安方虜掠，未暇徇地，乘此速往就之，徐圖大舉，此上策也。」衆皆曰：「善！」至渭濱，遇潼關敗卒，誤與之戰，死傷甚衆。已，乃收餘卒，擇渭水淺處，乘馬涉渡；無馬者涕泣而返。太子自奉天北上，文明元年，分京兆之醴泉、始平、好時、武功，豳州之永壽縣，置奉天縣，以奉乾陵，在長安西北一百五十里。上，時掌翻。比至新平，比，必寐翻，及也。通夜馳三百里，士卒、器械失亡過半，所存之衆不過數百。新平太守薛羽棄郡走，太子斬之。是日，至安定，太守徐轂亦走，又斬之。新平郡，豳州。安定郡，涇州。守，手又翻；下同。轂，訖岳翻。

6 庚子，以劍南節度留後崔圓爲劍南節度等副大使。辛丑，上發扶風，宿陳倉。

7 太子至烏氏，彭原太守李遵出迎，烏氏，漢縣，故墟在彭原東南。據舊書，烏氏，驛名。康曰：是年改烏氏曰保定。余按保定縣本漢安定縣，唐爲涇州治所，在彭原西一百二十里。保定縣固是此年更名，然非烏氏之地。彭原郡，寧州，本北地郡，天寶元年更郡名。氏，音支。獻衣及糗糧。至彭原，募士，得數百人。是日至平涼，糗，去久翻。平涼郡，原州。閱監牧馬，得數萬匹，又募士，得五百餘人，軍勢稍振。

8 壬寅，上至散關，散關，在陳倉縣西南。散，蘇旱翻。分扈從將士爲六軍。從，才用翻。將，卽亮翻；下同。使潁王璬先行詣劍南，璬，公了翻。考異曰：肅宗實錄：「七月，景寅，上皇入劍門，幸普安郡；命潁王璬先入蜀。」今從玄宗實錄。康駢劇談錄：「上至駱谷山，登高望遠，嗚咽流涕，謂高力士曰：『吾昔若取九齡語，不到此。』命中使往韶州祭之。」按玄宗入蜀不自駱谷，康駢誤也。舊張九齡傳曰：「上皇在蜀，思張九齡之先覺，下詔贈司徒，仍遣就韶州致祭。」按其詔，乃德宗贈九齡司徒詔也。張九齡事迹云「建中元年七月詔」。舊傳誤也。壽王瑁等分將六軍以次之。瑁，莫報翻。將，同上音，又音如字。丙午，上至河池郡。河池郡，鳳州。崔圓奉表迎車駕，具陳蜀土豐稔，甲兵全盛。上大悅，卽日，以圓爲中書侍郎、同平章事，蜀郡長史如故。以隴西公瑀爲漢中王、梁州都督、山南西道采訪·防禦使。瑀，璡之弟也。長，知兩翻。瑀，音禹。使，疏吏翻。璡，則鄰翻。汝陽王璡，寧王憲之嫡長子。

9 王思禮至平涼，聞河西諸胡亂，還，詣行在。初，河西諸胡部落聞其都護皆從哥舒翰沒於潼關，故爭自立，相攻擊；而都護實從翰在北岸，不死，又不與火拔歸仁俱降賊。降，戶江翻。上乃以河西兵馬使周泌爲河西節度使，隴右兵馬使彭元耀爲隴右節度使，泌，薄必翻。考異曰：肅宗實錄：「即位之日，以泌爲河西、耀爲隴右節度使。」或者玄宗已命以二鎮，二人至靈武見肅宗，又加新命乎？唐曆作「周祕」，今從玄宗實錄。與都護思結進明等俱之鎮，突厥之皋蘭州、興昔府，思結之蹛林州、金水州、賀蘭州、盧山府，皆羈屬河西。又隴右道有突厥州三，府二十七。招其部落。以思禮爲行在都知兵馬使。

10 戊申，扶風民康景龍等自相帥擊賊所署宣慰使薛總，斬首二百餘級。庚戌，陳倉令薛景仙殺賊守將，克扶風而守之。帥，讀曰率。將，即亮翻；下同。

11 安祿山不意上遽西幸，遣使止崔乾祐兵留潼關，凡十日，乃遣孫孝哲將兵入長安，考異曰：肅宗實錄、祿山事迹惟載七月丁卯、己巳，祿山害諸妃、主。諸書皆無賊入長安之日。惟亂離記云：「六月二十三日，孫孝哲等攻陷長安，害諸妃、主、皇孫。七月一日，祿山遣殿中御史張通儒爲西京留守。」此書多牴牾，不足爲據。然以月日計之，賊以六月八日破潼關，其入長安必在此月内矣。新傳云：「賊不謂天子能遽去，駐兵潼關十日，乃西行；時已至扶風。」按玄宗十六日至扶風縣，十七日至扶風郡，若賊駐潼關十日，則於時未能至長安也。又云：「祿山使張通儒守東京，田乾眞爲京兆尹。」又云：「祿山未至長安，士人皆逃入山谷，羣不逞剽左藏大盈庫，百司帑藏竭，乃火其餘。祿山至，怒，乃大索三日。」按舊傳，通儒爲西京留守。偏檢諸書，祿山自反後未嘗至長安，新傳誤也。以張通儒爲西京留守，崔光遠爲京兆尹；使安忠順【嚴：「忠順」改「守忠」。】將兵屯苑中，以鎮關中。此西京苑中也。孝哲爲祿山所寵任，尤用事，常與嚴莊爭權；祿山使監關中諸將，監，工銜翻。通儒等皆受制於孝哲。孝哲豪侈，果於殺戮，賊黨畏之。祿山命搜捕百官、宦者、宮女等，每獲數百人，輒以兵衛送洛陽。王、侯、將、相扈從車駕、家留長安者，誅及嬰孩。從，才用翻。陳希烈以晚節失恩，怨上，與張均、張垍等皆降於賊。陳希烈以罷相失職，張均、張垍恨不大用，故皆降賊。祿山以希烈、垍爲相，自餘朝士皆授以官。於是賊勢大熾，西脅汧、隴，南侵江、漢，北割河東之半。得扶風則西脅汧、隴，圍南陽則南侵江、漢。崔乾祐乘潼關之捷，北取河東。汧，口堅翻。然賊將皆粗猛無遠略，既克長安，以爲得志，日夜縱酒，專以聲色寶賄爲事，無復西出之意，復，扶又翻；下始復同。故上得安行入蜀，太子北行亦無追迫之患。

12 李光弼圍博陵未下，聞潼關不守，解圍而南。史思明踵其後，光弼擊卻之，與郭子儀皆引兵入井陘，留常山太守王俌將景城、河間團練兵守常山。俌，音甫。平盧節度使劉正臣將襲范陽，未至，史思明引兵逆擊之，正臣大敗，棄妻子走，士卒死者七千餘人。初，顏眞卿聞河北節度使李光弼出井陘，卽斂軍還平原，以待光弼之命。聞郭、李西入井陘，眞卿始復區處河北軍事。處，昌呂翻。

13 太子至平涼數日，朔方留後杜鴻漸、六城水陸運使魏少遊、朔方所統有三受降城，及豐安、定遠、振武三城，皆在黃河外。節度判官崔漪、支度判官盧簡金、鹽池判官李涵靈、鹽二州皆有鹽池，故置判官。相與謀曰：「平涼散地，非屯兵之所，靈武兵食完富，靈武郡，靈州，朔方節度使治所。若迎太子至此，北收諸城兵，西發河、隴勁騎，南向以定中原，此萬世一時也。」乃使涵奉牋於太子，且籍朔方士馬、甲兵、穀帛、軍須之數以獻之。涵至平涼，太子大悅。會河西司馬裴冕入爲御史中丞，至平涼見太子，亦勸太子之朔方，太子從之。鴻漸，暹之族子；杜暹，開元中爲相。涵，道之曾孫也。道，永安王孝基兄子，嗣孝基後。鴻漸、漪使少遊居後，葺次舍，庀資儲，庀，卑婢翻，具也。自迎太子於平涼北境，說太子曰：「朔方，天下勁兵處也。今吐蕃請和，回紇內附，說，輸芮翻。紇，下沒翻。四方郡縣大抵堅守拒賊以俟興復。殿下今理兵靈武，按轡長驅，移檄四方，收攬忠義，則逆賊不足屠也。」少遊盛治宮室，帷帳皆倣禁中，飲膳備水陸。秋，七月，辛酉，太子至靈武，悉命撤之。史言肅宗以此成興復之功。

14 甲子，上至普安，普安郡，劍州。憲部侍郎房琯來謁見。見，賢遍翻。上之發長安也，羣臣多不知，至咸陽，謂高力士曰：「朝臣誰當來，誰不來？」對曰：「張均、張垍父子受陛下恩最深，且連戚里，謂垍尚主也。垍，其冀翻。是必先來。時論皆謂房琯宜爲相，而陛下不用，琯，古緩翻。相，息亮翻。又祿山嘗薦之，恐或不來。」上曰：「事未可知。」及琯至，上問均兄弟，對曰：「臣帥與偕來，逗遛不進；觀其意，似有所蓄而不能言也。」帥，讀曰率。逗，音豆。上顧力士曰：「朕固知之矣。」即日，以琯爲文部侍郎、同平章事。天寶十一載，改刑部曰憲部，吏部曰文部。

初，張垍尚寧親公主，寧親公主自興信徙封，上女也。聽於禁中置宅，寵渥無比。陳希烈求解政務，事見上卷天寶十三載。上幸垍宅，問可爲相者。垍未對。上曰：「無若愛壻。」垍降階拜舞。既而不用，故垍懷怏怏，上亦覺之。怏，於兩翻。是時均、垍兄弟及姚崇之子尚書右丞奕、蕭嵩之子兵部侍郎華、韋安石之子禮部侍郎陟、太常少卿斌，皆以才望至大官，上嘗曰：「吾命相，當徧舉故相子弟耳。」既而皆不用。自初張垍以下，史皆追敍前事。斌，音彬。

裴冕、杜鴻漸等上太子牋，請遵馬嵬之命，卽皇帝位，太子不許。上，時掌翻。嵬，五回翻。冕等言曰：「將士皆關中人，日夜思歸，所以崎嶇從殿下遠涉沙塞者，冀尺寸之功。若一朝離散，不可復集。願殿下勉徇衆心，爲社稷計！」牋五上，將，卽亮翻。復，扶又翻。上，時掌翻。太子乃許之。是日，肅宗卽位於靈武城南樓，羣臣舞蹈，上流涕歔欷。自此以後，凡書上者，皆謂肅宗也。歔，音虛。欷，許旣翻，又音希。尊玄宗爲上皇天帝，赦天下，改元。至是方改天寶十五載爲至德元載。以杜鴻漸、崔漪並知中書舍人事，裴冕爲中書侍郎、同平章事。改關內采訪使爲節度使，徙治安化，以前蒲關防禦使呂崇賁爲之。關內采訪使以京官領，無治所；今改爲節鎭，治安化，領京兆、同、岐、金、商五州。安化縣本隋之弘化縣，天寶元年更名，併更慶州弘化郡爲安化郡。蒲關，卽蒲津關。使，疏吏翻。以陳倉令薛景仙爲扶風太守，兼防禦使；隴右節度使郭英乂爲天水太守，兼防禦使。守，式又翻。天水郡，秦州。時塞上精兵皆選入討賊，惟餘老弱守邊，文武官不滿三十人，披草萊，立朝廷，制度草創，武人驕慢。大將管崇嗣在朝堂，背闕而坐，言笑自若，監察御史李勉奏彈之，朝，直遙翻。將，卽亮翻。背，蒲妹翻。監，工銜翻。繫於有司。上特原之，歎曰：「吾有李勉，朝廷始尊！」勉，元懿之曾孫也。鄭王元懿，高祖之子。旬日閒，歸附者漸衆。

張良娣性巧慧，能得上意，從上來朔方。時從兵單寡，娣，大計翻。時從，才用翻。良娣每寢，常居上前。上曰：「禦寇非婦人所能。」良娣曰：「蒼猝之際，妾以身當之，殿下可從後逸去。」至靈武，產子；三日起，縫戰士衣。上止之，對曰：「此非妾自養之時。」上以是益憐之。爲良娣挾寵竊權得禍張本。良娣，秩正三品。

16丁卯，上皇制：「以太子亨充天下兵馬元帥，領朔方、河東、河北、平盧節度都使，南取長安、洛陽。甲子，太子卽位於靈武，丁卯，上皇下此制，蓋道里相去遼遠，蜀中未之知也。帥，所類翻。使，疏吏翻。以御史中丞裴冕兼左庶子，隴西郡司馬劉秩試守右庶子；隴西郡，渭州。劉秩必房琯所薦。永王璘充山南東道、嶺南・黔中・江南西道節度都使，以少府監竇紹爲之傅，璘，離珍翻。黔，音琴。少，始照翻。長沙太守李峴爲都副大使；節度都副大使也。盛王琦充廣陵大都督，領江南東路及淮南、河南等路節度都使，以前江陵都督府長史劉彙爲之傅，廣陵郡長史李成式爲都副大使；廣陵郡，揚州。豐王珙充武威都督，仍領河西、隴右、安西、北庭等路節度都使，以隴西太守濟陰鄧景山爲之傅，充都副大使。諸道各有節度使，以諸王爲都使以統之；其不赴鎮者，都副大使攝統。濟，子禮翻。應須士馬、甲仗、糧賜等，並於當路自供。其諸路本節度使虢王巨等並依前充使。依前爲節度使也。其署置官屬及本路郡縣官，並任自簡擇，署訖聞奏。」時琦、珙皆不出閤，惟璘赴鎮。爲璘舉兵作亂張本。置山南東道節度使，領襄陽等九郡。領襄州襄陽郡、鄧州南陽郡、隨州漢東郡、唐州淮安郡、均州武當郡、房州房陵郡、（安州安陸郡、）金州安康郡、商州上洛郡。升五府經略使爲嶺南節度，領南海等二十二郡。升五溪經略使爲黔中節度，領黔中等諸郡。註見上年。黔，音琴。分江南爲東、西二道，東道領餘杭，西道領豫章等諸郡。餘杭郡，杭州。豫章郡，洪州。先是四方聞潼關失守，莫知上所之，及是制下，始知乘輿所在。先，悉薦翻。守，式又翻。乘，繩證翻。彙，秩之弟也。

17 安祿山使孫孝哲殺霍國長公主霍國長公主，睿宗女，下嫁裴虛己。長，知兩翻。及王妃、駙馬等於崇仁坊，刳其心，以祭安慶宗。安慶宗誅見上卷上年。凡楊國忠、高力士之黨及祿山素所惡者皆殺之，惡，烏路翻。凡八十三人，或以鐵棓揭其腦蓋，棓，蒲項翻。人顱門有骨蓋，其上謂之腦蓋，今方書所云天靈蓋卽其物。流血滿街。己巳，又殺皇孫及郡、縣主二十餘人。

18 庚午，上皇至巴西；太守崔渙迎謁。隆州巴西郡，先天二年避上皇諱，更名閬州；天寶元年更名閬中郡，更綿州金山郡曰巴西郡。考異曰：肅宗實錄作「辛未」，今從玄宗實錄。次柳氏舊聞：「上始入斜谷，天尚早，煙霧甚昧，知頓使、給事中韋倜於野中得新熟酒一壺，跪獻于馬首者數四，上不爲之舉。倜懼，乃注于他器，自引滿於前。上曰：『卿以我爲疑也。始吾御宇之初，嘗大醉，損一人，吾悼之，因以爲戒；迨今四十年矣，未嘗甘酒味。』指力士、近臣曰：『此皆知之，非紿卿也。』從者聞之，無不感悅。」幸蜀記：「上皇在巴西郡，宰臣請高力士奏蜀中氣候溫瘴，宜數進酒。上皇令高力士宣旨曰：『朕本嗜酒，斷之已久，終不再飲，深愧卿等意也。』力士因說：『上皇開元四年，因醉怒殺一人，明日都不記得，猶召之。左右具奏，上愴然不言，乃賜御庫絹五百匹用給喪事，更令力士就宅宣旨致祭。從茲斷酒，雖下藥，亦不輒飲。』」按玄宗荒于聲色，幾喪天下，斷酒小善，夫何足言！今不取。上皇與語，悅之，房琯復薦之，復，扶又翻。即日，拜門下侍郎、同平章事，以韋見素爲左相。渙，玄暐之孫也。中宗之復辟也，崔玄暐之功列於五王。

19 初，京兆李泌，幼以才敏著聞，玄宗使與忠王遊。忠王爲太子，泌已長，長，知兩翻。上書言事。玄宗欲官之，不可；使與太子爲布衣交，太子常謂之先生。楊國忠惡之，奏徙蘄春，蘄春郡，蘄州。惡，烏路翻。後得歸隱，居潁陽。武后載初元年，分河南伊闕、嵩陽置武臨縣，開元十五年，更名潁陽，屬河南府。上自馬嵬北行，遣使召之，謁見於靈武。考異曰：舊傳云「謁見於彭原」，今從泌子繁所爲鄴侯家傳，云「即位八九日矣」。見，賢遍翻。上大喜，出則聯轡，寢則對榻，如爲太子時，事無大小皆咨之，言無不從，至於進退將相亦與之議。上欲以泌爲右相，泌固辭，曰：「陛下待以賓友，則貴於宰相矣，何必屈其志！」上乃止。考異曰：舊傳：「泌稱山人，固辭官秩，得以散官寵之。（得，當作特。）解褐，拜銀青光祿大夫，俾掌樞務。」鄴侯家傳曰：「初欲拜爲右相，恐戎事，固辭爵，願以客從，曰：『陛下待以賓友，則貴於宰相矣，何必屈其志！』上無以逼。」今從之。

20 同羅、突厥從安祿山反者屯長安苑中，甲戌，其酋長阿史那從禮帥五千騎，竊廄馬二千匹逃歸朔方，帥，讀曰率；下同。騎，奇寄翻。謀邀結諸胡，盜據邊地。上遣使宣慰之，降者甚衆。考異曰：肅宗實錄：「忽聞同羅、突厥背祿山走投朔方，與六州羣胡共圖河、朔，諸將皆恐。上曰：『因之招諭，當益我軍威。』上使宣慰，果降者過半。」舊崔光遠傳云：「同羅背祿山，以廐馬二千出至滻水，孫孝哲、安神威從而召之，不得；神威憂死。」陳翃汾陽王家傳云：「祿山多譎詐，更謀河曲熟蕃以爲己屬，使蕃將阿史那從禮領同羅、突厥五千騎僞稱叛，乃投朔方，出塞門，說九姓府、六胡州，悉已來矣，甲兵五萬，部落五十萬，蟻聚於經略軍北。」按同羅叛賊，則當西出，豈得復至滻水！此舊傳誤也。若祿山使從禮僞叛，則孝哲何故召之？神威何爲怖死？又必須先送降款於肅宗，如此，則諸將當喜而不恐。賊之陰計，豈徒取河曲熟蕃也！蓋同羅等久客思歸，故叛祿山，欲乘世亂，結諸胡，據邊地耳。肅宗實錄所謂「共圖河、朔」者，欲據河西、朔方兩道〔邊〕，猶言「河、隴」也。肅宗從而招之，必有降者；若云太半，則似太多。今參取諸書可信者存之。

21 賊遣兵寇扶風，薛景仙擊卻之。

22 安祿山遣其將高嵩以敕書、繒綵誘河、隴將士，大震關使郭英乂擒斬之。大震關，在隴州汧源縣西隴山。繒，慈陵翻。誘，音酉。

23 同羅、突厥之逃歸也，長安大擾，官吏竄匿，獄囚自出。京兆尹崔光遠以爲賊且遁矣，遣吏卒守孫孝哲宅。孝哲以狀白祿山，光遠乃與長安令蘇震帥府、縣官十餘人來奔。府，京兆府也。縣，長安、萬年。己卯，至靈武，上以光遠爲御史大夫兼京兆尹，使之渭北招集吏民；考異曰：天寶亂離記：「祿山以張通儒爲西京留守。通儒素憚侍中苗公晉卿、內史崔公光遠。二人並僞於通儒處請復本職，通儒許之。由是微申存撫兩街百姓，長安稍見寧帖；密宣諭人主蒼惶西幸之意，老幼對泣，悲不自勝，皆感恩旨。苗公乘驢間道赴蜀奔駕，光遠亦潛去焉。通儒素憚兩公名德，內特寬之。」按舊苗晉卿傳：「潛遁山谷，南投金州，未嘗受賊官。」今不取。以震爲中丞。震，璩之孫也。蘇璩事武后、中、睿三朝，歷位台輔。祿山以田乾眞爲京兆尹。侍御史呂諲、右拾遺楊綰、奉天令安平崔器相繼詣靈武；以諲、器爲御史中丞，綰爲起居舍人、知制誥。唐制誥，皆中書舍人掌之。以他官掌制誥者，謂之知制誥。諲，音因。

上命河西節度副使李嗣業將兵五千赴行在，考異曰：段秀實別傳曰：「詔嗣業將安西五萬衆赴行在。」今從舊傳。嗣業與節度使梁宰謀，且緩師以觀變。綏德府折衝段秀實讓嗣業曰：「豈有君父告急而臣子晏然不赴者乎！特進常自謂大丈夫，今日視之，乃兒女子耳！」據新書，秀實自大堆府果毅遷綏德府折衝。李嗣業以戰功，散階轉至特進，故稱之。嗣業大慚，即白宰如數發兵，以秀實自副，將之詣行在。上又徵兵於安西；行軍司馬李栖筠發精兵七千人，勵以忠義而遣之。

24 敕改扶風爲鳳翔郡。

25 庚辰，上皇至成都；從官及六軍至者千三百人而已。從，才用翻。

26 令狐潮圍張巡於雍丘，相守四十餘日，是年五月，令狐潮再攻雍丘。朝廷聲問不通。潮聞玄宗已幸蜀，復以書招巡。復，扶又翻；下後復、敢復同。有大將六人，官皆開府、特進，白巡以兵勢不敵，且上存亡不可知，不如降賊。巡陽許諾。明日，堂上設天子畫像，帥將士朝之，將，即亮翻。帥，讀曰率。朝，直遙翻。人人皆泣。巡引六將於前，責以大義，斬之。士心益勸。

中城矢盡，巡縛藁爲人千餘，被以黑衣，夜縋城下，潮兵爭射之，被，皮義翻。縋，馳僞翻。

射，而亦翻：下弩射同。久乃知其藁人；得矢數十萬。其後復夜縋人，復，扶又翻；下同。賊笑不設備，乃以死士五百斫潮營；潮軍大亂，焚壘而遁，追奔十餘里。潮慚，益兵圍之。

巡使郎將雷萬春於城上與潮相聞，【章：十二行本「聞」下有「語未絕」三字；乙十一行本同；孔本同；張校同；退齋校同。】賊弩射之，面中六矢而不動。中，竹仲翻。潮疑其木人，使諜問之，乃大驚，諜，達協翻。遙謂巡曰：「向見雷將軍，方知足下軍令矣，然其如天道何！」巡謂之曰：「君未識人倫，焉知天道！」言叛君附賊，未識君臣之倫也。焉，於乾翻。未幾，出戰，幾，居豈翻。擒賊將十四人，斬首百餘級。賊乃夜遁，收兵入陳留，不敢復出。

頃之，賊步騎七千餘衆屯白沙渦，九域志：開封中牟縣有白沙鎮。杜預曰：梁國寧陵縣北沙陽亭，春秋之沙隨地也。巡夜襲擊，大破之。還，至桃陵，司馬彪郡國志：東郡燕縣有桃城。燕縣，唐爲滑州胙城縣。遇賊救兵四百餘人，悉擒之。分別其衆，別，彼列翻。嬀、檀及胡兵，悉斬之；榮陽、陳留脅從兵，皆散令歸業。嬀州，漢潘縣地。檀州，漢白檀縣地。續書云：白檀縣，即右北平。考異曰：張中丞傳：「自三月二日，潮至雍丘城下，攻守六十餘日，潮大敗而走。」然則於時已五月初矣。又云：「未幾，潮又帥衆來攻，謂巡曰：『本朝危蹙，兵不出關』，」則是潼關未破也。又巡答潮書：「主上緣哥舒被衂，幸于西蜀，孝義皇帝收河、隴之馬，取太原之甲，蕃、漢雲集，不減四十萬衆，前月二十七日已到土門。蜀、漢之兵，吳、楚驍勇，循江而下。永王、申王部統已到申、息之南門。竊料胡虜遊魂，終不臘矣。」則是七月十五日丁卯以後也。其曰「前月二十七日，兵到土門」，蓋圍城中傳聞之誤也。又云：「相守四十餘日，潮收兵入陳留，不敢出，」其下乃云：「五月，魯炅敗於葉。六月，哥舒翰敗於潼關，上皇幸蜀，皇帝北巡靈武。六月九日，賊將瞿伯玉據圉城。十二日，賊屯白沙渦。十四日夜，巡襲破之。七月十二日，潮、伯玉至雍丘，又破之，」其日月前後差舛，不可考。蓋李翰亦得於傳聞，不能精審。今但置關破以前事於五月，關破以後事於七月耳。旬日間，民去賊來歸者萬餘戶。

27 河北諸郡猶爲唐守，爲，于僞翻。常山太守王俌欲降賊，諸將怒，因擊毬，縱馬踐殺之。時信都太守烏承恩麾下有朔方兵三千人，諸將遣使者宗仙運帥父老詣信都，迎承恩鎮常山。承恩辭以無詔命，仙運說承恩曰：說，式芮翻。「常山地控燕、薊，路通河、洛，有井陘之險，足以扼其咽喉。頃屬車駕南遷，咽，音煙。屬，之欲翻。南遷，謂自長安南幸蜀也。蜀在長安南山之南。李大夫收軍退守晉陽，李大夫，謂光弼也。王太守權統後軍，欲舉城降賊，衆心不從，身首異處。大將軍兵精氣肅，遠近莫敵，若以家國爲念，移據常山，與大夫首尾相應，則洪勳盛烈，孰與爲比。若疑而不行，又不設備，常山既陷，信都豈能獨全！」承恩不從。仙運又曰：「將軍不納鄙夫之言，必懼兵少故也。今人不聊生，咸思報國，競相結聚，屯據鄉村，若懸賞招之，不旬日十萬可致；與朔方甲士三千餘人相參用之，足成王事。若捨要害以授人，居四通而自安，言信都之地，夷庚四達，非可居之以自安。譬如倒持劍戟，取敗之道也。」承恩竟疑不決。承恩，承玼之族兄也。烏承玼見二百十三卷開元二十年。玼，音此，又且禮翻。考異曰：韓愈烏氏先廟碑云：「承恩，承洽之兄。」今從新傳。

是月，史思明、蔡希德將兵萬人南攻九門。旬日，九門僞降，伏甲於城上。思明登城，伏兵攻之；思明墜城，鹿角傷其左脅，夜，奔博陵。

28 顏眞卿以蠟丸達表於靈武。以眞卿爲工部尚書兼御史大夫，依前河北招討、采訪、處置使，并致赦書，亦以蠟丸達之。眞卿頒下河北諸郡，處，昌呂翻。下，遐嫁翻。又遣人頒於河南、江、淮。由是諸道始知上卽位於靈武，徇國之心益堅矣。

29 郭子儀等將兵五萬自河北至靈武，靈武軍威始盛，人有興復之望矣。八月，壬午朔，以子儀爲武部尚書、靈武長史，以李光弼爲戶部尚書、北都留守，武后天授元年以太原爲北都；中宗神龍元年罷；開元十一年復置；天寶元年曰北京；是年復曰北都。並同平章事，餘如故。光弼以景城、河間兵五千赴太原。

先是，河東節度使王承業軍政不脩，朝廷遣侍御史崔衆交其兵，尋遣中使誅之；衆侮易承業，先，悉薦翻。易，弋豉翻。光弼素不平。至是，敕交兵於光弼，衆見光弼，不爲禮，又不時交兵，光弼怒，收斬之，軍中股栗。考異曰：肅宗實錄：「八月，壬午，子儀、光弼皆於常山郡嘉山大破賊，子儀等俱奉詔，領士馬五萬至自河北；以子儀爲某官，光弼爲某官。」汾陽家傳：「六月八日，破史思明於嘉山之下。公謂光弼曰：『賊散矣，其餘幾何，可長驅而南，以定天下。』其月，發恆陽，至常山。中使邢延恩至，奉詔取河北路，席卷而南。會哥舒翰敗績，玄宗幸蜀，肅宗如朔方，公聞之，獨總精兵五萬奔肅宗行在。玄宗有詔，以肅宗嗣皇帝位；肅宗奉誥歔欷，哀不自勝。公諫云云，跪上天子璽，以七月十三日卽皇帝位。二十七日，制：可武部尚書、平章事。」幸蜀記：「六月十一日，玄宗追郭子儀赴京，李光弼守太原。」河洛春秋：「六月二十五日，大破賊於嘉山。二十六日，覆陳。二十七日，有詔至恆陽，云：潼關失守，駕幸劍南，儲君又往靈武。由是拔軍入井陘口。」邠志：「六月八日，敗史思明于嘉山，會潼關失守，二公班師。」唐曆：「七月二十八日，子儀、光弼並加平章事。又詔子儀收軍赴朔方，光弼赴太原。」河洛春秋又云：「光弼至太原，殺王承恩，固守晉陽。」舊紀與實錄同。子儀傳：「七月，肅宗卽位，以賊據兩京，方謀收復，詔子儀班師。八月，子儀與光弼帥步騎五萬至自河北。」光弼傳：「肅宗理兵於靈武，遣中使劉智達追光弼、子儀赴行在。」又云：「以景城、河間之卒五千赴太原。」玄宗實錄：「六月，壬午，光弼、子儀破史思明於嘉山。」舊紀：「六月，癸未朔。庚寅，哥舒翰敗於靈寶。其日，光弼破史思明於嘉山。」子儀、光弼傳皆云「六月」，無日。諸書言李、郭事不同如此。按歲朔曆，六月、癸未朔，與舊紀同。玄宗實錄云壬午，誤也。肅宗實錄「八月壬午」，朔日也，子儀、光弼皆於嘉山大破賊，領士馬至自河北，以爲某官、某官。蓋壬午乃拜官日，因言已前事耳。汾陽家傳、邠志皆云六月八日破思明，與舊紀同。家傳云勸肅宗卽位，上璽，則恐不然。哥舒翰以六月八日敗，亦須旬日方傳至河北。肅宗七月十三日卽位，若六月二十七日班師，七月十三日豈能便達靈武也！河洛春秋，二十五日破賊，與諸書皆不合，恐太後也。今據舊玄宗紀、汾陽家傳、邠志、唐曆，皆云六月八日破史思明，宜可從。幸蜀記，十一日，玄宗召子儀、光弼，事或如此。但二傳皆云肅宗召之，恐是二人在河北，聞潼關不守，已收軍赴難在道，遇肅宗中使，遂趨靈武。今從舊傳。唐曆拜相在七月二十八日，汾陽家傳二十七日，肅宗實錄八月一日，三書皆不相遠。子儀傳云八月，雖無日，與實錄亦略相應。今從實錄。據舊傳，光弼亦曾到靈武，疑朔方兵盡從肅宗，故光弼但領河北兵赴太原耳。河洛春秋月日尤疏，所云殺王承恩，固守晉陽，必誤也。

30 回紇可汗、吐蕃贊普相繼遣使請助國討賊，宴賜而遣之。

31 癸未，上皇下制，赦天下。考異曰：玄宗實錄、舊紀皆云「八月、癸未朔」，肅宗實錄、唐曆、舊紀、長曆皆云「壬午朔」，今從之。是時上皇尚未知太子卽位於靈武。北海太守賀蘭進明遣錄事參軍第五琦入蜀奏事，琦言於上皇，以爲：「今方用兵，財賦爲急，財賦所產，江、淮居多，乞假臣一職，可使軍無乏用。」上皇悅，卽以琦爲監察御史、江淮租庸使。開元十一年，宇文融除句當租庸地稅使，此租庸使之始也。其後韋堅、楊國忠相繼爲之。

32 史思明再攻九門，辛卯，克之，所殺數千人；引兵東圍藁城。

33 李庭望將蕃、漢二萬餘人東襲寧陵、襄邑，夜，去雍丘城三十里置營，張巡帥短兵三千掩擊，大破之，殺獲太半。庭望收軍夜遁。

34 癸巳，靈武使者至蜀，七月甲子卽位，至是凡三十日，使者方至蜀。上皇喜曰：「吾兒應天順人，吾復何憂！」復，扶又翻；下不復同。丁酉，制：「自今改制敕爲誥，表疏稱太上皇。四海軍國事，皆先取皇帝進止，仍奏朕知；俟克復上京，朕不復預事。」己亥，上皇臨軒，命韋見素、房琯、崔渙奉傳國寶玉册詣靈武傳位。考異曰：肅宗實錄：「癸未，上奉表至蜀。」玄宗實錄：「八月癸未朔，赦天下。時皇太子已至靈武，七月甲子卽位，道路險澁，表疏未達。及下是詔，數日，北使方至，具陳羣臣懇請、太子辭避之旨。辛卯，下詔，稱太上皇。庚子，遣韋見素等奉册。」今從舊紀、唐曆。

35 辛丑，史思明陷藁城。

36 初，上皇每酺宴，先設太常雅樂坐部、立部，繼以鼓吹、胡樂、教坊、府・縣散樂、雜戲；太常雅樂，唐初祖孝孫、張文收所定樂也。玄宗分樂爲二部：堂下立奏，謂之立部伎；堂上坐奏，謂之坐部伎。立部八：一、安舞；二、太平樂；三、破陣樂；四、慶善樂；五、大定樂；六、上元樂；七、聖壽樂；八、光聖樂。坐部六：一、燕樂；二、長壽樂；三、天授樂；四、鳥歌萬歲樂；五、龍池樂；六、小破陣樂。鼓吹，鼓吹署令所掌鐃歌鼓吹曲也。胡樂者，龜茲、疏勒、高昌、天竺諸部樂也。教坊者，內教坊及梨園法曲也。府縣者，京兆府及長安、萬年兩赤縣。散樂，雜戲也。酺，音蒲。又以山車、陸船載樂往來；山車者，車上施棚閣，加以綵繒，爲山林之狀。陸船者，縛竹木爲船形，飾以繒綵，列人於中，舁之以行。又出宮人舞霓裳羽衣；玄宗時，河西節度使楊敬述獻霓裳羽衣曲十二遍。凡曲終必遽，惟霓裳羽衣曲終引聲益緩。俚俗相傳，以爲帝遊月宮，見素娥數百，舞于廣庭，帝記其曲，歸製霓裳羽衣舞，非也。又教舞馬百匹，銜盃上壽；帝以馬百匹，盛飾，分左右，施三重榻，舞傾盃數十曲；壯士舉榻，馬不動。劉昫曰：帝卽內廐，引蹀馬三十匹，爲傾杯樂曲，奮首鼓尾，縱橫應節。又施三層板牀，乘馬而上，抃轉而舞。又引犀象入場，或拜，或舞。五坊使引大象入場，或拜或舞，動容鼓旅，中於音律。安祿山見而悅之，旣克長安，命搜捕樂工，運載樂器、舞衣，驅舞馬、犀、象皆詣洛陽。

臣光曰：聖人以道德爲麗，仁義爲樂；樂，音洛。故雖茅茨土階，惡衣菲食，不恥其陋，惟恐奉養之過以勞民費財。明皇恃其承平，不思後患，殫耳目之玩，窮聲技之巧，技，渠綺翻。自謂帝王富貴皆不我如，欲使前莫能及，後無以踰，非徒娛己，亦以誇人。豈知大盜在旁，已有窺窬之心，卒致鑾輿播越，生民塗炭。卒，子恤翻。乃知人君崇華靡以示人，適足爲大盜之招也。

37 祿山宴其羣臣於凝碧池，唐六典：洛陽禁苑中有芳樹、金谷二亭，凝碧之池。盛奏衆樂；梨園弟子往往歔欷泣下，梨園弟子見二百十一卷開元二年。賊皆露刃睨之。睨，五計翻，衺視也。樂工雷海清不勝悲憤，勝，音升。擲樂器於地，西向慟哭。祿山怒，縛於試馬殿前，支解之。

祿山聞嚮日百姓乘亂多盜庫物，既得長安，命大索三日，索，山客翻。并其私財盡掠之。又令府縣推按，銖兩之物無不窮治，治，直之翻。連引搜捕，支蔓無窮，民間騷然，益思唐室。

自上離馬嵬北行，離，力智翻。民間相傳太子北收兵來取長安，長安民日夜望之，或時相驚曰：「太子大軍至矣！」則皆走，市里爲空。賊望見北方塵起，輒驚欲走。京畿豪傑往往殺賊官吏，遙應官軍；誅而復起，復，扶又翻。相繼不絕，賊不能制。其始自京畿、鄜、坊至于岐、隴皆附之，至是西門之外率爲敵壘，西門，謂長安城西門也。賊兵力所及者，南不出武關，北不過雲陽，雲陽縣，漢屬馮翊，後魏屬北地郡，隋以來屬京兆。西不過武功。武功縣，漢、晉屬扶風，隋、唐屬京兆。江、淮奏請貢獻之蜀、之靈武者，之，往也。皆自襄陽取上津路抵扶風，上津，漢漢中長利縣地，梁置南洛州，後魏改曰上州；隋廢州爲上津縣，唐屬商州。道路無壅，皆薛景仙之功也。

38 九月，壬子，史思明圍趙郡，丙辰，拔之；又圍常山，旬日，城陷，殺數千人。

39 建寧王倓，性英果，有才略，從上自馬嵬北行，兵衆寡弱，屢逢寇盜；倓自選驍勇，居上前後，血戰以衛上。上或過時未食，倓悲泣不自勝，軍中皆屬目向之。過，古禾翻，又古臥翻。勝，音升。屬，之欲翻；下所屬同。上欲以倓爲天下兵馬元帥，使統諸將東征，帥，所類翻。統，他綜翻。將，卽亮翻。李泌曰：「建寧誠元帥才；然廣平，兄也。若建寧功成，豈可使廣平爲吳太伯乎！」上曰：「廣平，冢嗣也，泌，毗必翻。嗣，祥吏翻。何必以元帥爲重！」泌曰：「廣平未正位東宮。今天下艱難，衆心所屬，在於元帥。若建寧大功既成，陛下雖欲不以爲儲副，同立功者其肯已乎！太宗、上皇，卽其事也。」謂皆以有定天下功承大統。上乃以廣平王俶爲天下兵馬元帥，諸將皆以屬焉。考異曰：鄴侯家傳曰：「以李光弼爲元帥左廂兵馬使，出井陘，以攻常山，圖范陽。郭子儀爲右廂兵馬使，帥衆南取馮翊、河東。」按汾陽家傳，時郭子儀方北討同羅，未向河東也。鄴侯家傳又曰：「上召光弼、子儀議征討計，二人有遷延之言。上大怒，作色叱之，二人皆仆地，不畢詞而罷。上告公曰：『二將自偏裨，一年，遇國家有難，朕又卽位於此，遂至三公、將相；看已有驕色，商議征討，欲遷延；適來叱之，皆倒。方圖克復而將已驕，朕深憂之。朕今委先生戎事，府中議事，宜示以威令，使其知懼。』對曰：『陛下必欲使畏臣，二人未見廣平，伏望令王亦暫至府。二人至，時寒，臣與飲酒。二人必請謁王，臣因爲酒令，約不起，王至，但談笑，共臣同慰安。酒散，乃諭其脩謁於元帥。則二人見元帥以帝子之尊俯從臣酒令，可以知陛下方寵任臣，軍中之令必行，他時或失律，能死生之也。』上稱善。又奏曰：『伏望言於廣平，知是聖意，欲李、郭之畏臣，非臣敢恃恩然也。』上曰：『廣平於卿，豈有形迹！』對曰：『帝子國儲，以陛下故親臣；臣何人，敢不懼！』明日，將曉，王亦至。及李、郭至，具軍容，脩敬，乃坐飲。二人因言未見元帥，乃使報王。王將至，執盞爲令，並不得起。及王至，先公曰：『適有令，許二相公不起。』王曰：『寡人不敢。』遽就座飲。李、郭失色。談笑皆歡。先公云：『二人起謝。』廣平曰：『先生能爲二相公如此，復何憂，寡人亦盡力。』今者同心成宗社大計，以副聖意。』既出，李謂郭曰：『適來飲令，非行軍意，皆上旨也，欲令吾徒稟令耳。』」按肅宗溫仁，二公沈勇，必無面叱仆地之事。今不取。倓聞之，謝泌曰：「此固倓之心也！」

上與泌出行軍，行，下孟翻。軍士指之，竊言曰：「衣黄者，聖人也。衣白者，山人也。」衣，於既翻；下且衣同。上聞之，以告泌，曰：「艱難之際，不敢相屈以官，且衣紫袍以絶羣疑。」泌不得已，受之；服之，入謝，上笑曰：「既服此，豈可無名稱！」稱，尺證翻。出懷中敕，以泌爲侍謀軍國、元帥府行軍長史。創侍謀之官以處泌。泌固辭，上曰：「朕非敢相臣，以濟艱難耳。俟賊平，任行高志。」泌乃受之。置元帥府於禁中，俶入則泌在府，泌入俶亦如之。泌又言於上曰：「諸將畏憚天威，在陛下前敷陳軍事，或不能盡所懷；萬一小差，爲害甚大。乞先令與臣及廣平熟議，臣與廣平從容奏聞，從，千容翻。可者行之，不可者已之。」上許之。時軍旅務繁，四方奏報，自昏至曉無虚刻，上悉使送府，泌先開視，有急切者及烽火，重封，隔門通進，重，直龍翻。凡宮禁、官府門側置輪盤，或遇夜，門已閉，外有急切文書，納諸輪盤，旋轉向内以通之。餘則待明。禁門鑰契，悉委俶與泌掌之。爲泌請還鑰契張本。

40 阿史那從禮說誘九姓府、六胡州諸胡數萬衆，聚於經略軍北，時九姓胡皆居河曲，猶各帶舊置府號。按舊書李吉甫傳，經略軍，唐末之宥州是也。天寶移經略軍於靈州城内，以宥州寄治經略軍。元和九年，遂於經略軍故城置宥州六胡州，於郭下置延恩縣。宋白曰：經略軍，在夏州西北三百里。天寶中，王忠嗣奏於榆多勒城置軍。今屬靈武，去靈武六百餘里。說，式芮翻。將寇朔方，上命郭子儀詣天德軍發兵討之。天德軍在大同川。天寶十二年安思順奏廢橫塞軍，請於大同城西築城置軍，玄宗賜名天安軍；乾元後，改爲天德軍。東南至中受降城二百里，西渡河，至豐州百六十里，西至西受降城百八十里，北至磧口三百里，西北至橫塞軍二百里。考異曰：汾陽家傳云：「甲兵五萬，部落五十萬。」今從舊子儀傳。汾陽家傳又云：「九月十九日，駕欲幸彭原，命公赴天德軍，伐叛蕃。」按實錄，「戊辰，行幸彭原。」戊辰，十七日也。汾陽傳誤。左武鋒使僕固懷恩之子玢別將兵與虜戰，兵敗，降之；既而復逃歸，懷恩叱而斬之。玢，方貧翻。復，扶又翻。將士股栗，無不一當百，遂破同羅。

上雖用朔方之衆，欲借兵於外夷以張軍勢，張，知亮翻。以豳王守禮之子承寀爲敦煌王，與僕固懷恩使于回紇以請兵。又發拔汗那兵，且使轉諭城郭諸國，北狄逐水草爲行國。西域諸國皆有城郭，故謂之城郭諸國。許以厚賞，使從安西兵入援。李泌勸上：「且幸彭原，俟西北兵將至，進幸扶風以應之；於時庸調亦集，調，徒弔翻。可以贍軍。」上從之。戊辰，發靈武。

41 內侍邊令誠復自賊中逃歸，復，扶又翻。上斬之。

42 丙子，上至順化。上改慶州安化郡爲順化郡。韋見素等至自成都，奉上寶册，上不肯受，曰：「比以中原未靖，權總百官，豈敢乘危，遽爲傳襲！」羣臣固請，上不許，寘寶册於別殿，朝夕事之，如定省之禮。禮記：凡爲人子者，昏定而晨省。奉上，時掌翻。比，毗至翻。省，悉景翻。上以韋見素本附楊國忠，事見上卷天寶十三載、十四載。意薄之；素聞房琯名，虛心待之。琯見上言時事，辭情慷慨，上爲之改容，爲，于僞翻。由是軍國事多謀於琯。琯亦以天下爲己任，知無不爲；【章：十二行本「爲」下有「專決於胸臆」五字；乙十一行本同；孔本同；張校同；退齋校同。】諸相拱手避之。

43 上皇賜張良娣七寶鞍，李泌言於上曰：「今四海分崩，當以儉約示人，良娣不宜乘此。請撤其珠玉付庫吏，以俟有戰功者賞之。」良娣自閤中言曰：「鄉里之舊，何至於是！」良娣母家新豐，泌居京兆，故云然。上曰：「先生爲社稷計也。」遽命撤之。建寧王倓泣於廊下，聲聞於上；聞，音問。上驚，召問之，對曰：「臣比憂禍亂未已，比，毗至翻。今陛下從諫如流，不日當見陛下迎上皇還長安，是以喜極而悲耳。」良娣由是惡李泌及倓。爲良娣譖殺倓，泌不自安張本。惡，烏路翻；下亦惡同。

上嘗從容與泌語及李林甫，欲敕諸將克長安，發其冢，焚骨揚灰，泌曰：「陛下方定天下，柰何讎死者！彼枯骨何知，徒示聖德之不弘耳。李林甫動搖東宮見二百十五卷天寶五載、六載。從，千容翻。且方今從賊者皆陛下之讎也，若聞此舉，恐阻其自新之心。」上不悅，曰：「此賊昔日百方危朕，當是時，朕弗保朝夕。朕之全，特天幸耳！林甫亦惡卿，但未及害卿而死耳，柰何矜之！」對曰：「臣豈不知！【章：十二行本「知」下有「所以言者」四字；乙十一行本同；孔本同；張校同；退齋校同。】上皇有天下向五十年，太平娛樂，一朝失意，遠處巴蜀。惡，烏路翻。樂，音洛。處，昌呂翻。南方地惡，上皇春秋高，聞陛下此敕，意必以爲用韋妃之故，廢韋妃事亦見二百十五卷天寶五載。內慚不懌。萬一感憤成疾，是陛下以天下之大不能安君親。」言未畢，上流涕被面，被，皮義翻。降階，仰天拜曰：「朕不及此，是天使先生言之也！」遂抱泌頸泣不已。

他夕，上又謂泌曰：「良娣祖母，昭成太后之妹也，上皇所念。玄宗幼失昭成后，母視良娣祖母，鞠愛篤備；帝卽位，封爲鄧國夫人。其子去逸生良娣。泌，毗必翻。娣，大計翻。朕欲使正位中宮以慰上皇心，何如？」對曰：「陛下在靈武，以羣臣望尺寸之功，故踐大位，非私己也。至於家事，宜待上皇之命，不過晚歲月之間耳。」上從之。史言李泌能引君當道。

44 南詔乘亂陷越巂會同軍，據清溪關；越巂郡，巂州。會同軍當在越巂會川縣，當瀘津關要路。清溪關，在大定城北。考異曰：唐曆，是月吐蕃陷巂州。新傳，是歲閤羅鳳乘釁取巂州會同軍云云。蓋二國兵共陷巂州也。尋傳、驃國皆降之。新書：尋傳蠻，俗無絲纊，跣履荆棘，不以爲苦。射豪豬，生食其肉。戰，以竹籠頭，如兜鍪。驃，古朱波也，在永昌南二千里，去京師萬四千里，南屬海，北南詔。驃，匹妙翻。降，戶江翻。

資治通鑑卷第二百一十九

端明殿學士兼翰林侍讀學士太中大夫提舉西京嵩山崇福宮上柱國河内郡開國公食邑二千二百户食實封九百户賜紫金魚袋臣　司馬光　奉敕編集

後學天台胡三省音註

唐紀三十五起柔兆涒灘（丙申）十月，盡強圉作噩（丁酉）閏月，不滿一年。

肅宗文明武德大聖大宣孝皇帝中之上

至德元載（丙申、七五六）

1 冬，十月，辛巳朔，日有食之，既。

2 上發順化，宋白曰：慶州，貞觀以來爲弘化郡，天寶後爲安化郡，至德爲順化郡。癸未，至彭原。

3 初，李林甫爲相，諫官言事皆先白宰相，退則又以所言白之；御史言事須大夫同署。至是，敕盡革其弊，開諫諍之塗。又令宰相分直政事筆、承旨，旬日而更，令宰相在政事堂，分日當筆及承上旨。更，工衡翻。懲林甫及楊國忠之專權故也。

4 第五琦見上於彭原，請以江、淮租庸市輕貨，泝江、漢而上至洋川，見，賢遍翻。上，時掌翻。

洋川郡，洋州；本音羊，今人多讀如祥。令漢中王瑀陸運至扶風以助軍；考異曰：鄴侯家傳云：『薦元載，令於鄖鄉縣置院以督運。」按載傳，是時在蘇州及洪州，未嘗在鄖鄉。今不取。上從之。尋加琦山南等五道度支使。度支使始此。宋白曰：故事，度支案，郎中判入，員外判出，侍郎總統押案而已，官銜不言專判度支。開元已後，時事多故，遂有他官來判者，乃曰度支使，或曰判度支，或曰知度支事，或曰勾當度支使，雖名稱不同，其事一也。度，徒洛翻。琦作榷鹽法，用以饒。琦變鹽法，盡榷天下鹽。就山、海、井、竈置監院，使吏出糶。舊業鹽戶併遊民願業者爲亭戶，免其雜傜。盜煮、私市者論以法。百姓除租、庸外無得橫賦，人不益稅而上用以饒。榷，古岳翻。

房琯喜賓客，喜，許記翻。好談論，好，呼到翻。多引拔知名之士，而輕鄙庸俗，人多怨之。北海太守賀蘭進明詣行在，上命琯以爲南海太守，兼御史大夫，充嶺南節度使；南海郡，廣州。是時兵興，方鎮重任必兼臺省長官，以至外府僚佐亦帶朝銜。迄于五季，遂爲永制。其帶臺銜，自監察御史至御史大夫爲憲銜。守，手又翻。琯以爲攝御史大夫。進明入謝，上怪之，進明因言與琯有隙，且曰：「晉用王衍爲三公，祖尚浮虛，致中原板蕩。王衍事見晉紀。板、蕩之詩，刺周室大壞，天下無綱紀、文章之詩也。後人率引此二詩，以諭天下大亂。毛氏傳曰：板板，反也。正義曰：釋訓云，板板，僻也。邪僻卽反戾之義，故爲反也。鄭曰：蕩蕩，法度廢壞之貌。今房琯專爲迂闊大言以立虛名，所引用皆浮華之黨，眞王衍之比也！陛下用爲宰相，恐非社稷之福。且琯在南朝佐上皇，使陛下與諸王分領諸道節制，事見上卷。上卽位於靈武，進駐彭原，其地在關山之北。上皇在成都，其地在關山之南，故謂之南朝。仍置陛下於沙塞空虛之地，又布私黨於諸道，使統大權。蓋指李峴、李承式、鄧景山等。其意以爲上皇一子得天下，則己不失富貴，此豈忠臣所爲乎！」上由是疏之。考異曰：唐曆：「上以房琯有重名，虛己以待之，禮遇加等。琯推誠謇諤，亦以天下爲己任，知無不爲。其所引進皆一時名士。其嫉惡太甚，雅有宰相望。其於彌綸天下，非所長也。後頗以直忤旨，上以名高隱忍，漸不能容矣。琯遂請兵爲元帥，許之。」今從實錄。據考異，則上之疏琯，非特因進明之言也。

房琯上疏，請自將兵復兩京；上許之，加持節、招討西京兼防禦蒲・漳【章：十二行本「漳」作「潼」；乙十一行本同；孔本同；退齋校同。】兩關兵馬・節度等使。琯請自選參佐，以御史中丞鄧景山爲副，戶部侍郎李揖爲行軍司馬，給事中劉秩爲參謀。既行，又令兵部尚書王思禮副之。琯悉以戎務委李揖、劉秩，二人皆書生，不閑軍旅。閑，習也。琯謂人曰：「賊曳落河雖多，安能敵我劉秩！」琯分爲三軍：使裨將楊希文將南軍，自宜壽入；天寶元年，更盩厔縣曰宜壽，屬鳳翔郡。劉貴哲將中軍，自武功入；李光進將北軍，自奉天入。光進，光弼之弟也。

以賀蘭進明爲河南節度使。

6 潁王璬之至成都也，見上卷。璬，公了翻。崔圓迎謁，拜於馬首，璬不之止；圓恨之。璬視事兩月，吏民安之。圓奏罷璬，使歸內宅；京師有十宅，以處諸王未出閤者。此時在成都，亦即行宮爲內宅。以武部侍郎李峘爲劍南節度使，代之。峘，胡登翻。考異曰：肅宗實錄，明年正月甲寅，以峘爲劍南節度使。蓋峘已受上皇命，而肅宗申命之也。峘，峴之兄也。上皇尋命璬與陳王珪詣上宣慰，至是，見上於彭原。延王玢從上皇入蜀，追車駕不及；上皇怒，欲誅之。漢中王瑀救之，乃命玢亦詣上所。玢，音彬。考異曰：明皇雜錄：「賀蘭進明之初守北海也，城卑不完，儲積於外，寇又將至，懼資其用，進明遂焚之。適有寺人至北海，求貨於進明，不獲，歸，以損軍用聞於上，遂詔罷郡守。屬延王玢從上不及，遣中使訪之，而加刑焉。會進明赴蜀，遇使，訪于路，曰：『王罪不宜及刑，願少留於路。』使者感而受約。既至蜀，進明言於上曰：『延王，陛下之愛子也，無兵權以變其心，無郡國以驕其志，間道於豺狼，乃責其不以時至，陛下罪之，人復何望！臣恐漢武望思之築，將見於聖朝矣！』因遽馳使赦之；謂進明曰：『俾父子如初，卿之力也！』遂遣進明往靈武，道遇延王，進明馳馬，亦慰之。王望之，降車稽首而去。肅宗謂之曰：『卿解平原之圍，阻賊寇之軍，而不以讒口介意，復全我兄弟，乃社稷之臣。』因授御史大夫。」今從舊傳。

7甲申，令狐潮、王福德復將步騎萬餘攻雍丘。復，扶又翻。張巡出擊，大破之，斬首數千級；賊遁去。

8房琯以中軍、北軍爲前鋒，庚子，至便橋。辛丑，二軍遇賊將安守忠於咸陽之陳濤斜。陳濤澤，在咸陽縣東，其路斜出，故曰陳濤斜。又宋敏求退朝錄引唐人文集曰：唐宮人墓謂之宮人斜，四仲，遣使者祭之。然則陳濤斜者，豈亦因内人所葬地而名之邪？琯效古法，用車戰，以牛車二千乘，馬步夾之；賊順風鼓譟，牛皆震駭。賊縱火焚之，人畜大亂，乘，繩證翻。畜，許救翻。官軍死傷者四萬餘人，存者數千而已。癸卯，琯自以南軍戰，又敗，南軍，宜壽之軍也。楊希文、劉貴哲皆降於賊。

上聞瑄敗，大怒。李泌爲之營救，爲，于僞翻。上乃宥之，待瑄如初。

以薛景仙爲關內節度副使。

9 敦煌王承寀至回紇牙帳，承寀使回紇見上卷九月。敦，徒門翻。回紇可汗以女妻之，妻，七細翻。遣其貴臣與承寀及僕固懷恩偕來，見上於彭原。見，賢遍翻。上厚禮其使者而歸之，賜回紇女號毗伽公主。伽，求迦翻。

10 尹子奇圍河間，四十餘日不下，史思明引兵會之。顏真卿遣其將和琳將萬二千人救河間，思明逆擊，擒之，遂陷河間；執李奐送洛陽，殺之。又陷景城，太守李暐赴湛水死。新書作赴河死。思明使兩騎齎尺書以招樂安，樂安卽時舉郡降。樂安郡，棣州。景城既陷，樂安孤絕，卽時降賊。蓋人心危懼，城主不能守也。又使其將康沒野波將先鋒攻平原，兵未至，顏真卿知力不敵，壬寅，棄郡渡河南走。思明卽以平原兵攻清河、博平，皆陷之。清河郡，貝州。博平郡，博州。考異曰：河洛春秋云：「蔡希德引兵攻貝州，貝州陷。攻博州，五日，城陷。」今從肅宗實錄。思明引兵圍烏承恩於信都，承恩【章：十二行本「恩」下有「以城」二字；乙十一行本同；孔本同；退齋校同。】降，親導思明入城，交兵馬、倉庫，馬三千匹、兵萬人。信都郡，冀州。降，戶江翻。史言烏承恩兵力足以拒守。思明送承恩詣洛陽，祿山復其官爵。

饒陽裨將束鹿張興，力舉千鈞，性復明辨；將，卽亮翻。束鹿縣，屬饒陽郡，本鹿城縣，天寶十五載更名。劉昫曰：束鹿，漢安定侯國，今縣西七里故城是也。齊、周爲安定縣，隋改曰鹿城。明皇以安祿山反，改常山之鹿泉曰獲鹿，饒陽之鹿城曰束鹿，以厭之。復，扶又翻。賊攻饒陽，彌年不能下。饒陽受攻，事始二百十七卷天寶十四載。考異曰：此事出河洛春秋。前云「賊攻深州，經月不下」。後云「興戰守彌年而城池轉固」。蓋前云經月者，今次攻城也；後云彌年者，并計前後之數也。及諸郡皆陷，思明并力圍之，外救俱絕，太守李系窘迫，赴火死，守，式又翻。窘，渠隕翻。城遂陷。思明擒興，立於馬前，謂曰：「將軍眞壯士，能與我共富貴乎？」興曰：「興，唐之忠臣，固無降理。今數刻之人耳，張興志在必死，自言命在晷刻。願一言而死。」思明曰：「試言之。」興曰：「主上待祿山，恩如父子，羣臣莫及，不知報德，乃興兵指闕，塗炭生人。大丈夫不能翦除凶逆，乃北面爲之臣乎！僕有短策，足下能聽之乎？足下所以從賊，求富貴耳，譬如燕巢于幕，引左傳吳季札之言。豈能久安！何如乘間取賊，間，古莧翻。轉禍爲福，長享富貴，不亦美乎！」思明怒，命張於木上，鋸殺之，詈不絕口，以至於死。如史所云，則河北二十四郡，惟張興可以言義士耳。

賊每破一城，城中衣服、財賄、婦人皆爲所掠。男子，壯者使之負擔，擔，都濫翻。羸、病、老、幼皆以刀槊戲殺之。祿山初以卒三千人授思明，使定河北，至是，河北皆下之，按史思明與郭、李相持於常山、博陵，祿山蓋屢益其兵。及郭、李入井陘，思明乃能下河北。此蓋逆黨稱其才而史不削耳。郡置防兵三千，雜以胡兵鎭之；思明還博陵。

尹子奇將五千騎渡河，略北海，欲南取江、淮。會回紇可汗遣其臣葛邏支將兵入援，邏，郎佐翻。先以二千騎奄至范陽城下，子奇聞之，遽引兵歸。

11 十二【章：十二行本「二」作「一」；乙十一行本同；張校同，云無註本亦誤「二」。】月，戊午，回紇至帶汗谷，新書作「呼延谷」，蓋語轉耳。汗，音寒。與郭子儀軍合；辛酉，與同羅及叛胡戰於榆林河北，榆林郡，勝州，大河經其北。大破之，斬首三萬，捕虜一萬，河曲皆平。子儀還軍洛交。洛交郡，本鄜州上郡，天寶元年更郡名。

12 上命崔渙宣慰江南，兼知選舉。

13 令狐潮帥衆萬餘營雍丘城北，帥，讀曰率。張巡邀擊，大破之，賊遂走。

14 永王璘，幼失母，璘，郭順儀之子也，順儀早死。爲上所鞠養，常抱之以眠；從上皇入蜀。上皇命諸子分總天下節制，事見上卷七月。諫議大夫高適諫，以爲不可；上皇不聽。璘領四道節度都使，鎮江陵。時江、淮租賦山積於江陵，璘召募勇士數萬人，日費巨萬。璘生長深宮，不更人事，子襄城王瑒，有勇力，好兵，有薛鏐等爲之謀主，長，知兩翻。更，工衡翻。瑒，徒杏翻，又音暢。好，呼到翻。鏐，力求翻。以爲今天下大亂，惟南方完富，璘握四道兵，封疆數千里，宜據金陵，康曰：楚威王埋金以鎮王氣，故曰金陵。保有江表，如東晉故事。上聞之，敕璘歸覲于蜀；璘不從。江陵長史李峴辭疾赴行在，璘將稱兵，峴不欲預其禍也。上召高適與之謀。適陳江東利害，且言璘必敗之狀。十二月，置淮南節度使，領廣陵等十二郡，以適爲之；置淮南西道節度使，領汝南等五郡，以來瑱爲之；淮南節度使，領揚州廣陵郡、楚州山陽郡、滁州全椒郡、和州歷陽郡、壽州淮南郡、廬州合肥郡、舒州同安郡、光州弋陽郡、蘄州蘄春郡、安州安陸郡、黄州齊安郡、申州義陽郡、沔州漢陽郡，凡十三。淮南西道節度使，領蔡州汝南郡、鄭州滎陽郡、許州潁川郡、光州弋陽郡、申州義陽郡。已上皆據新書方鎮表。但義陽、弋陽已屬淮南節度，當考。使與江東節度使韋陟共圖璘。方鎮表：至德二載，置江東防禦使，治杭州。蓋謂浙江之東也。韋陟所節度者，蓋江南東道也。其巡屬兼有浙東、西及昇、宣、歙諸州。

15 安祿山遣兵攻潁川。城中兵少，無蓄積，太守薛愿、長史龐堅悉力拒守，繞城百里廬舍、林木皆盡。期年，救兵不至，祿山使阿史那承慶益兵攻之，晝夜死鬬十五日，城陷，執愿、堅送洛陽，祿山縛於洛濱冰上，凍殺之。

16 上問李泌曰：「今敵強如此，何時可定？」對曰：「臣觀賊所獲子女金帛，皆輸之范陽，輸，春遇翻。此豈有雄據四海之志邪！邪，音耶。今獨虜將或爲之用，中國之人惟高尚等數人，自餘皆脅從耳。以臣料之，不過二年，天下無寇矣。」上曰：「何故？」對曰：「賊之驍將，不過史思明、安守忠、田乾真、張忠志、阿史那承慶等數人而已。將，卽亮翻。驍，堅堯翻。過，古禾翻，又古臥翻。張忠志，卽安忠志，此時已復舊養父之姓。今若令李光弼自太原出井陘，郭子儀自馮翊入河東，則思明、忠志不敢離范陽、常山，守忠、乾真不敢離長安，令，力丁翻。陘，音刑。

離，力智翻。是以兩軍縶其四將也，從祿山者，獨承慶耳。願敕子儀勿取華陰，華，戶化翻。使兩京之道常通，陛下以所徵之兵軍於扶風，與子儀、光弼互出擊之，彼救首則擊其尾，救尾則擊其首，使賊往來數千里，疲於奔命，我常以逸待勞，賊至則避其鋒，去則乘其弊，不攻城，不遏路。來春復命建寧爲范陽節度大使，並塞北出，復，扶又翻，又音如字。使，疏吏翻。並，步浪翻。與光弼南北掎角以取范陽，泌欲使建寧自靈、夏並豐、勝、雲、朔之塞，直擣嬀、檀，攻范陽之北；光弼自太原取恆、定，以攻范陽之南。覆其巢穴。賊退則無所歸，留則不獲安，然後大軍四合而攻之，必成擒矣。」使肅宗用泌策，史思明豈能再爲關、洛之患乎！上悅。

時張良娣與李輔國相表裏，皆惡泌。建寧王倓謂泌曰：「先生舉倓於上，得展臣子之效，無以報德，請爲先生除害。」娣，大計翻。惡，烏路翻。爲，于僞翻。倓，徒甘翻。泌曰：「何也？」倓以良娣爲言。泌曰：「此非人子所言，願王姑置之，勿以爲先。」倓不從。

17 甲辰，永王璘擅引兵【章：十二行本「兵」作「舟師」二字；乙十一行本同；孔本同。】東巡，沿江而下，軍容甚盛，然猶未露割據之謀。吳郡太守兼江南東路采訪使李希言平牒璘，詰其擅引兵東下之意。璘，離珍翻。守，式又翻。詰，去吉翻。使，疏吏翻。方鎮位任等夷者，平牒。璘怒，分兵遣其將渾惟明襲希言於吳郡，將，卽亮翻。吳郡，蘇州。季廣琛襲廣陵長史、淮南采訪使李成式於廣陵。琛，丑林翻。廣陵郡，揚州。長，知兩翻。璘進至當塗，希言遣其將元景曜及丹徒太守閻敬之將兵拒之，今之當塗，本漢丹陽縣地。晉分丹陽置于湖縣，成帝以江北當塗縣流人寓居于湖，乃改爲當塗縣，仍僑置淮南郡。隋廢淮南郡，以縣屬丹陽郡，唐屬宣城郡。丹徒縣帶潤州丹陽郡。唐末嘗以丹徒名郡。「徒」，當作「陽」。守，式又翻。李成式亦遣其將李承慶拒之。璘擊斬敬之以徇，景曜、承慶皆降於璘，江、淮大震。高適與來瑱、韋陟會於安陸，結盟誓衆以討之。韋陟蓋赴鎭，中道聞變，遂會於安陸。降，戶江翻。瑱，他甸翻。

18于闐王勝聞安祿山反，命其弟曜攝國事，自將兵五千入援。闐，徒賢翻，又徒見翻。上嘉之，拜特進，兼殿中監。

19令狐潮、李庭望攻雍丘，數月不下，乃置杞州，築城於雍丘之北令，力丁翻。雍丘，唐初置杞州，貞觀元年廢。賊復置之，築城以逼雍丘。以絕其糧援。賊常數萬人，而張巡衆纔千餘，每戰輒克。河南節度使虢王巨屯彭城，假巡先鋒使。是月，魯、東平、濟陰陷于賊。彭城郡，徐州。魯郡，兗州。東平郡，鄆州。濟，子禮翻。賊將楊朝宗帥馬步二萬，將襲寧陵，斷巡後。斷，丁管翻。巡遂拔雍丘，東守寧陵以待之，帥，讀曰率。范成大北使錄：雍丘，百二十里至寧陵。始與睢陽太守許遠相見。是日，楊朝宗至寧陵城西北，巡、遠與戰，晝夜數十合，大破之，斬首萬餘級，流尸塞汴而下，睢，音雖。守，式又翻。塞，悉則翻。賊收兵夜遁。敕以巡爲河南節度副使。巡以將士有功，遣使詣虢王巨請空名告身及賜物，巨唯與折衝、果毅告身三十通，不與賜物。巡移書責巨，巨竟不應。使，疏吏翻。將，卽亮翻。折，之舌翻。

20是歲，置北海節度使，領北海等四郡；領青州北海郡，密州高密郡，登州東牟郡，萊州東萊郡。上黨節度使，領上黨等三郡；領潞州上黨郡，澤州長平郡，沁州陽城郡。興平節度使，領上洛等四郡。領商州上洛郡，金州安康郡，岐州鳳翔郡。方鎭表止著三郡，餘一郡當考。鳳翔郡郿縣東原先有興平軍，因置爲節鎭。

21吐蕃陷威戎、神威、定戎、宣威、制勝、金天、天成等軍，石堡城、百谷城、雕窠城。定戎軍在石堡城北，隔澗七里。廓州西南百四十里有洪濟橋、金天軍，其東南八十里有百谷城。河州西八十里索恭川有天成軍，西百餘里有雕窠城。皆天寶十三載置。

22初，林邑王范眞龍爲其臣摩訶漫多伽獨所殺，盡滅范氏。據新書，此事在貞觀十九年。通鑑因其改國號環王，書之以始事。范氏自晉以來，世有林邑，至是而滅。國人立其王頭黎之女爲王，女不能治國，更立頭黎之姑子諸葛地，謂之環王，妻以女王。更，工衡翻。妻，七細翻。

二載（丁酉、七五七）

1春，正月，上皇下誥，以憲部尚書李麟同平章事，總行百司，命崔圓奉誥赴彭原。麟，懿祖之後也。懿祖光皇帝，諱天錫，太祖之父也。麟，懿祖次子乞豆之後。

2安祿山自起兵以來，目漸昏，至是不復睹物；復，扶又翻。又病疽，性益躁暴，左右使令，小不如意，動加箠撻，或時殺之。既稱帝，深居禁中，大將希得見其面，皆因嚴莊白事。莊雖貴用事，亦不免箠撻，閹宦李豬兒被撻尤多，舊書曰：李豬兒，出契丹部落，十數歲事祿山，甚黠慧。祿山持刃盡去其勢，血射數升，欲死，祿山以灰火傅之，盡日而蘇。因爲閹人，遂見信用。左右人不自保。祿山嬖妾段氏，生子慶恩，欲以代慶緒爲後。慶緒常懼死，不知所出。莊謂慶緒曰：「事有不得已者，時不可失。」慶緒曰：「兄有所爲，敢不敬從。」又謂豬兒曰：「汝前後受撻，寧有數乎！不行大事，死無日矣！」豬兒亦許諾。莊與慶緒夜持兵立帳外，豬兒執刀直入帳中，斫祿山腹。左右懼，不敢動。祿山捫枕旁刀，不獲，舊書曰：祿山眼無所見，牀頭常有一刀。撼帳竿，曰：「必家賊也。」腸已流出數斗，遂死。掘牀下深數尺，深，式浸翻。以氈裹其尸埋之，誡宮中不得泄。乙卯旦，莊宣言於外，云祿山疾亟。立晉王慶緒爲太子，尋卽帝位，尊祿山爲太上皇，然後發喪。慶緒性昏懦，言辭無序，莊恐衆不服，不令見人。慶緒日縱酒爲樂，懦，奴過翻，又奴亂翻。令，力丁翻。樂，音洛。兄事莊，以爲御史大夫、馮翊王，事無大小，皆取決焉；厚加諸將官爵以悅其心。將，卽亮翻。

3 上從容謂李泌曰：「廣平爲元帥踰年，今欲命建寧專征，又恐勢分。立廣平爲太子，何如？」對曰：「臣固嘗言之矣，戎事交切，須卽區處；從，千容翻。泌，毗必翻。帥，所類翻。處，昌呂翻。至於家事，當俟上皇。不然，後代何以辨陛下靈武卽位之意邪！此必有人欲令臣與廣平有隙耳；臣請以語廣平，邪，音耶。語，牛倨翻。廣平亦必未敢當。」泌出，以告廣平王俶，俶曰：「此先生深知其心，欲曲成其美也。」乃入，固辭，曰：「陛下猶未奉晨昏，俶，昌六翻。謂人子晨省昏定之禮。臣何心敢當儲副！願俟上皇還宮，臣之幸也。」上賞慰之。還，從宣翻，又音如字。

李輔國本飛龍小兒，凡廄、牧、五坊、禁苑給使者，皆謂之小兒。李輔國以閹奴爲閑廄小兒。粗閑書計，給事太子宮，上委信之。輔國外恭謹寡言而內狡險，見張良娣有寵，陰附會之，與相表裏。建寧王倓數於上前詆訐二人罪惡，粗，坐五翻。娣，大計翻。倓，徒甘翻。數，所角翻。訐，居謁翻。二人譖之於上曰：「倓恨不得爲元帥，不用倓爲元帥，見上卷上年九月。謀害廣平王。」上怒，賜倓死。考異曰：鄴侯家傳曰：「肅宗自馬嵬北行，至同官縣，食於土豪李謙家。張良娣稱腹痛不能乘馬，併小女寄謙家而去。上即位，使人迎之。迎者或有他說，建寧聞而數以爲言。」舊傳曰：「倓屢言良娣頗專恣，與護國連結內外，欲傾動皇嗣。」未知孰是。實錄、新舊本紀皆無倓死年月。列傳云：「倓死，明年冬，廣平王復兩京。」然則倓死在至德元載也。按鄴侯家傳：「上從容言曰：『廣平爲元帥經年，今欲命建寧爲元帥。』」則是至德二載倓猶在也。又云：「代宗使自彭原迎倓喪。」故置於此。「護國」，當作「輔國」。於是廣平王俶及李泌皆內懼。俶謀去輔國及良娣，泌曰：「不可，王不見建寧之禍乎？」俶曰：「竊爲先生憂之。」去，羌呂翻。爲，于僞翻。考異曰：鄴侯家傳曰：「先公在內院未起，輔國體肥重，因近牀語，遂以身壓先公。先公素服氣，乃閉氣良久而去。」按泌方爲上所厚，恐輔國亦不敢擅殺。今不取。泌曰：「泌與主上有約矣。謂上許泌，以賊平任行高志。見上卷上年九月。俟平京師，則去還山，庶免於患。」俶曰：「先生去，則俶愈危矣。」泌曰：「王但盡人子之孝。良娣婦人，王委曲順之，亦何能爲！」吾觀代宗所以卒免張后之禍者，用李泌之言也。

4 上謂泌曰：「今郭子儀、李光弼已爲宰相，若克兩京，平四海，則無官以賞之，柰何？」對曰：「古者官以任能，爵以酬功。漢、魏以來，雖以郡縣治民，治，直之翻。然有功則錫以茅土，傳之子孫，至于周、隋皆然。唐初，未得關東，故封爵皆設虛名，其食實封者，給繒布而已。唐制：食實封者，凡一戶則以一丁之歲調給之。貞觀中，太宗欲復古制，大臣議論不同而止。見一百九十五卷貞觀十三年。由是賞功者多以官。夫以官賞功有二害，非才則廢事，權重則難制。是以功臣居大官者，皆不爲子孫之遠圖，務乘一時之權以邀利，無所不爲。嚮使祿山有百里之國，則亦惜之以傳子孫，不反矣。爲今之計，俟天下既平，莫若疏爵土以賞功臣，則雖大國，不過二三百里，可比今之小郡，豈難制哉！於人臣乃萬世之利也。」上曰：「善！」夫，音扶。過，古禾翻。考異曰：鄴侯家傳曰：「泌既與上論封爵之事，因曰：『若臣者，受賞與他人異。』上曰：『何故？』公曰：『臣絕粒無家，祿位與茅土皆非所要。爲陛下帷幄運籌，收京師後，但枕天子膝睡一覺，使有司奏客星犯帝座，一動天文，足矣。』上大笑。及南幸扶風，每頓，皆令先公領元帥兵先發，清行宮，收管鑰，奏報，然後上至。至保定郡，先公於本院寐，上來入院，不令人驚，登牀，捧先公首置於膝上，久方覺。上曰：『天子膝已枕睡了，尅復效在何時，還朕可也。』欲起謝恩，持之不許。對曰：『當如郡名，必保定矣。』」此近戲謔，今不取。

5 上聞安西、北庭及拔汗那、大食諸國兵至涼、鄯，甲子，幸保定。保定郡，本涇州安定郡，去載更郡名。鄯，音善，又時戰翻。

6 丙寅，劍南兵賈秀等五千人謀反，將軍席元慶、臨邛太守柳奕討誅之。臨邛郡，邛州。邛，渠容翻。守，式又翻。

7 河西兵馬使蓋庭倫蓋，古盍翻。與武威九姓商胡安門物等殺節度使周泌，使，疏吏翻。泌，毗必翻。聚衆六萬。武威大城之中，小城有七，武威郡，涼州，治姑臧，舊城匈奴所築，南北七里，東西三里。張氏據河西，又增築四城，箱各千步，并舊城爲五。餘二城未知誰所築也。胡據其五，二城堅守。支度判官崔稱與中使劉日新以二城兵攻之，旬有七日，平之。

8 史思明自博陵，蔡希德自太行，高秀巖自大同，牛廷介自范陽，引兵共十萬，寇太原。博陵郡，定州。蔡希德自上黨下太行道也。高秀巖爲賊守大同，自此趨太原。牛廷介自幽州，與史思明等合。李光弼麾下精兵皆赴朔方，餘團練烏合之衆不滿萬人。思明以爲太原指掌可取，既得之，當遂長驅取朔方、河、隴。太原諸將皆懼，議脩城以待之，光弼曰：「太原城周四十里，太原都城，左汾右晉，潛丘在中，長四千三百二十一步，廣二千一百二十二步，周萬五千一百五十三步。宮城在都城西北，周二千五百二十步。汾東曰東城，貞觀十一年長史李勣所築。兩城之間曰中城，武后築，以合東城。周四十里者，止言都城耳。賊垂至而興役，是未見敵先自困也。」乃帥士卒及民於城外鑿壕以自固。作塹數十萬，帥，讀曰率。塹，古歷翻，範土爲之。衆莫知所用；及賊攻城於外，光弼用之增壘於內，壞輒補之。思明使人取攻具於山東，以胡兵三千衛送之，至廣陽，廣陽，漢上艾縣，後漢改石艾縣，天寶元年更名，屬太原府。井陘關在其東，葦澤關在其東北，皆通山東之道。別將慕容溢、張奉璋邀擊，盡殺之。

思明圍太原，月餘不下，乃選驍銳爲遊兵，戒之曰：「我攻其北則汝潛趣其南，攻東則趣西，有隙則乘之。」趣，七喻翻。而光弼軍令嚴整，雖寇所不至，警邏未嘗少懈，賊不得入。光弼購募軍中，苟有小技，皆取之，隨能使之，人盡其用，得安邊軍錢工三，善穿地道。安邊軍在蔚州興唐縣。蔚州有銅冶，有錢官，故有錢工，時得其三人也。賊於城下仰而侮詈，光弼遣人從地道中曳其足而入，臨城斬之。自是賊行皆視地。賊爲梯衝、土山以攻城，光弼爲地道以迎之，近城輒陷。近，其靳翻。賊初逼城急，光弼作大礮，飛巨石，一發輒斃二十餘人，賊死者什二三，乃退營於數十步外，退營於礮所不能及之地。礮，匹貌翻。圍守益固。光弼遣人詐與賊約，刻日出降，賊喜，不爲備。光弼使穿地道周賊營中，搘之以木。搘，章移翻，拄也。至期，光弼勒兵在城上，遣裨將將數千人出，如降狀，賊皆屬目。屬，之欲翻。俄而營中地陷，死者千餘人，賊衆驚亂，官軍鼓譟乘之，俘斬萬計。會安祿山死，慶緒使思明歸守范陽，留蔡希德等圍太原。

9 慶緒以尹子奇爲汴州刺史、河南節度使。甲戌，子奇以歸、檀及同羅、奚兵十三萬趣睢陽。歸，當作嬀，嬀州也。唐人雜史多有作歸、檀者，蓋誤也。趣，七喻翻。睢，音雖。許遠告急于張巡，巡自寧陵引兵入睢陽。自寧陵東至睢陽四十五里。巡有兵三千人，與遠兵合六千八百人。賊悉衆逼城，巡督勵將士，晝夜苦戰，或一日至二十合；凡十六日，擒賊將六十餘人，殺士卒二萬餘，衆氣自倍。遠謂巡曰：「遠懦，不習兵，將，即亮翻。懦，奴過翻，又奴亂翻。公智勇兼濟；遠請爲公守，公請爲遠戰。」自是之後，遠但調軍糧，爲，于僞翻。調，徒釣翻。脩戰具，居中應接而已，戰鬭籌畫一出於巡。賊遂夜遁。

10 郭子儀以河東居兩京之間，【章：十二行本「間」下有「扼賊要衝」四字；乙十一行本同；退齋校同；張校同，云無註本亦無。】得河東則兩京可圖。河東郡，蒲州。自河東進兵攻取潼關，則兩京之路中斷，然後可圖也。時賊將崔乾祐守河東，丁丑，子儀潛遣人入河東，與唐官陷賊者謀，俟官軍至，爲內應。

11 初，平盧節度使劉正臣自范陽敗歸，事見上卷上年。安東都護王玄志鴆殺之。祿山以其黨徐歸道爲平盧節度使，玄志復與平盧將侯希逸襲殺之；復，扶又翻。又遣兵馬使董秦將兵以葦筏渡海，與大將田神功擊平原、樂安，下之。防河招討使李銑承制以秦爲平原太守。筏，音伐。秦將，即亮翻，又音如字。守，式又翻。

12 二月，戊子，上至鳳翔。

13 郭子儀自洛交引兵趣河東，宋白曰：鄜州洛交郡，漢上郡雕陰之地，後魏爲東秦州，又改爲北華州，廢帝改爲鄜州，取鄜畤爲名；隋自杏城移治五交城；天寶改洛交郡，治洛交縣，取洛水之交也。趣，七喻翻。分兵取馮翊。馮翊郡，同州。兼取蒲、同，則跨據河東、西，以圖關、陝，可以制賊。己丑夜，河東司戶韓旻等翻河東城迎官軍，新志：戶曹司戶參軍事，掌戶籍計帳、道路過所、蠲符、雜傜、逋負、良賤、芻槁、逆旅、婚姻、田訟、旌別孝悌。殺賊近千人。近，其靳翻。崔乾祐踰城得免，發城北兵攻城，且拒官軍，子儀擊破之。乾祐走，子儀追擊之，斬首四千級，捕虜五千人。乾祐至安邑，安邑縣，時屬解州。安邑人開門納之，半入，閉門擊之，盡殪。殪，一計翻。乾祐未入，自白逕嶺亡去。白逕嶺，在解縣東。遂平河東。

14 上至鳳翔旬日，隴右、河西、安西、西域之兵皆會，江、淮庸調亦至洋川、漢中。江、淮庸、調，泝漢而上梁、洋。調，徒弔翻。上自散關通表成都，信使駱驛。往來不絕曰駱驛。使，疏吏翻。長安人聞車駕至，從賊中自拔而來者日夜不絕。西師憩息既定，憩，去例翻。李泌請遣安西及西域之衆，如前策並塞東北，自歸、檀南取范陽。上曰：「今大衆已集，庸調亦至，當乘兵鋒擣其腹心，而更引兵東北數千里，先取范陽，不亦迂乎？」對曰：「今以此衆直取兩京，必得之。然賊必再強，我必又困，非久安之策。」上曰：「何也？」對曰：「今所恃者，皆西北守塞及諸胡之兵，性耐寒而畏暑，若乘其新至之銳，攻祿山已老之師，其勢必克。兩京春氣已深，賊收其餘衆，遁歸巢穴，關東地熱，官軍必困而思歸，不可留也。賊休兵秣馬，伺官軍之去，必復南來，然則征戰之勢未有涯也。伺，相吏翻。復，扶又翻。後果如泌所料。不若先用之於寒鄉，除其巢穴，則賊無所歸，根本永絕矣。」上曰：「朕切於晨昏之戀，言急於復兩京，迎上皇。

不能待此決矣。」言決不能從泌之策也。

15 關內節度使王思禮軍武功，兵馬使郭英乂軍東原，王難得軍西原。此卽武功之東原、西原也，蜀諸葛亮駐師之地。使，疏吏翻。丁酉，安守忠等寇武功，郭英乂戰不利，矢貫其頤而走；王難得望之不救，亦走；思禮退軍扶風。賊遊兵至大和關，去鳳翔五十里，鳳翔大駭，戒嚴。

16 李光弼將敢死士出擊蔡希德，大破之，斬首七萬餘級；希德遁去。將，卽亮翻，又音如字。

17 安慶緒以史思明爲范陽節度使，兼領恆陽軍事，封嬀川王；唐會要：恆陽軍置於恆州郭下。恆，戶登翻。嬀，居爲翻。以牛廷介【張：「介」作「玠」。】領安陽軍事；時慶緒分兵屯鄴郡安陽縣，因所屯之地而曰安陽軍。張忠志爲常山太守兼團練使，鎮井陘口；餘各令歸舊任，募兵以禦官軍。守，式又翻。陘，音刑。令，力丁翻。先是安祿山得兩京，珍貨悉輸范陽。思明擁強兵，據富資，益驕橫，先，悉薦翻。橫，戶孟翻。浸不用慶緒之命；慶緒不能制。爲思明殺慶緒張本。

18 戊戌，永王璘敗死，璘，離珍翻。考異曰：新舊紀、傳、實錄、唐曆皆不見璘敗時在何處，唯云「璘進至當塗」。若在當塗，不應登城望見瓜步、揚子。李白永王東巡歌云：「龍盤虎踞帝王州，帝子金陵訪古丘。」又云：「初從雲夢開朱邸，更取金陵作小山。」如此，似已據金陵。但於諸書別無所見，疑未敢質。余詳考下文，璘所登以望瓜步、揚子者，蓋登丹陽郡城也。璘自當塗進兵，擊斬丹陽太守閻敬之，遂據丹陽城，然後可以望見揚子及瓜步江津之兵。及其敗也，自丹陽奔晉陵以趣鄱陽。其道里節次可驗。其黨薛鏐皆伏誅。

時李成式與河北招討判官李銑合兵討璘，銑兵數千，軍于揚子；揚子，本爲鎮，屬江都縣，高宗廢鎮置揚子縣，卽今眞州治所。成式使判官裴茂新書作「裴茷」。將兵三千，軍于瓜步，廣張旗幟，列于江津。璘與其子瑒登城望之，始有懼色。季廣琛召諸將謂曰：「吾屬從王至此，天命未集，人謀已隳，不如及兵鋒未交，早圖去就。【章：十二行本「就」下有「不然」二字；乙十一行本同；孔本同；張校同。】死於鋒鏑，永爲逆臣矣。」諸將皆然之；於是廣琛以麾下奔廣陵，渾惟明奔江寧，是年以丹陽之江寧縣置昇州江寧郡。馮季康奔白沙。今眞州治所，唐之白沙鎮也，時屬廣陵郡。璘憂懼，不知所出。其夕，江北之軍多列炬火，光照水中，一皆爲兩，璘軍又以火應之。璘以爲官軍已濟江，遽挈家屬與麾下潛遁；及明，不見濟者，乃復入城收兵，具舟楫而去。復，扶又翻。成式將趙侃等濟江至新豐，新書曰「新豐陵」。考其地在晉陵界，蓋南朝山陵之名。璘使瑒及其將高仙琦將兵擊之；侃等逆戰，射瑒中肩，射，而亦翻。中，竹仲翻。璘兵遂潰。璘與仙琦收餘衆，南奔鄱陽，鄱陽郡，饒州。收庫物甲兵，欲南奔嶺表，江西采訪使皇甫侁江西，江南西道也。史從簡便曰江西。侁，所臻翻。遣兵追討，擒之，潛殺之於傳舍；傳，張戀翻。瑒亦死於亂兵。侁使人送璘家屬還蜀，上曰：「侁既生得吾弟，何不送之於蜀而擅殺之邪！」遂廢侁不用。

19 庚子，郭子儀遣其子旰及兵馬使李韶光、大將王祚濟河擊潼關，破之；考異曰：實錄：「三月，朔方節度使郭子儀大破賊於潼關。」汾陽家傳云：「正月二十八日，使宗子懷文潛募郭俊、苟文俊入河東，搆忠義，與大軍約期以翻城。公乃進軍出洛交，分兵收馮翊。二月十一日，郭俊等伺大軍將至，中夜舉火，剋斬幽、檀勁卒千人，崔乾祐尋縋而免。乾祐先置兵於城北廢府，遂以三千兵攻城，自領馬步五千伏於關城中。公使旰及僕固懷恩等先擊之，賊大破，遽焚橋，我軍蹈之而滅。乾祐棄關城，尋白溼嶺而逸，遂收河東郡。」舊子儀傳曰：「二年三月，子儀大破賊於潼關，崔乾祐退保蒲津。時永樂尉趙復、河東司戶韓旻、司士徐炅、宗子李藏鋒等陷賊，在蒲州，四人密謀，伺王師至則爲內應。及子儀攻蒲州，趙復等斬賊守陴者，開門納子儀。乾祐與麾下數千人北走安邑，百姓僞降，乾祐兵入將半，下懸門擊之。乾祐未入，遂得脫身東走。子儀遂收陝郡永豐倉。自是潼、陝之間無復寇鈔。」唐曆云：「子儀收蒲州，又襲下潼關。」按潼關在河東、馮翊之南，若未破河東、馮翊，安能先取潼關！又實錄云：「三月取河東，」而下復載二月戊戌以後事，與舊傳皆誤也。今從汾陽家傳及唐曆。斬首五百級。安慶緒遣兵救潼關，郭旰等大敗，死者萬餘人。李韶光、王祚戰死，僕固懷恩抱馬首浮渡渭水，退保河東。考異曰：汾陽家傳云：「僞關西節度安守忠帥兵至。二十九日，公使僕固懷恩、王仲昇陳於永豐倉南。及暮，百戰，斬一萬級。李韶光、王祚決戰而死。」唐曆：「子儀襲下潼關及同州，盛兵潼關以守之。賊將李歸仁來救，子儀戰，大敗，死者萬餘衆，退守河東。歸仁遂攻陷同州，刺史蕭賁死之，盡屠城中。」舊僕固懷恩傳云：「懷恩退至渭水，無舟楫，抱馬以渡，存者僅半，奔歸河東。」按子儀不得馮翊則西路不通，後奉詔赴鳳翔，歷馮翊而去，則馮翊不陷也。潼關者，兩京往來之路，賊所必爭也，子儀若不敗，則何以棄潼關而不守！今參取衆書可信者存之。

20 三月，辛酉，以左相韋見素爲左僕射，中書侍郎、同平章事裴冕爲右僕射，並罷政事。

初，楊國忠惡憲部尚書苗晉卿，惡，烏路翻。安祿山之反也，請出晉卿爲陝郡太守，兼陝、弘農防禦使。兼二郡防禦。晉卿固辭老病，上皇不悅，使之致仕。及長安失守，晉卿潛竄山谷；上至鳳翔，手敕徵之爲左相，軍國大務悉咨之。

21 上皇思張九齡之先見，謂識祿山有反相也，事見二百十四卷開元二十二年。爲之流涕，爲，于僞翻。遣中使至曲江祭之，張九齡，韶州曲江人。使，疏吏翻。宋白曰：曲江縣，以湞水屈曲爲名。厚恤其家。

22 尹子奇復引大兵攻睢陽。復，扶又翻。張巡謂將士曰：「吾受國恩，所守，正死耳。但念諸君捐軀命，膏草野，膏，居號翻。而賞不酬勳，以虢王巨靳告身，不與賜物，恐將士怨望而不力戰，故先以此言慰撫之。以此痛心耳。」將士皆激勵請奮。巡遂椎牛，大饗士卒，盡軍出戰。賊望見兵少，笑之。巡執旗，帥諸將直衝賊陳，少，始紹翻。帥，讀曰率。陳，讀曰陣。賊乃大潰，斬將三十餘人，殺士卒三千餘人，逐之數十里。明日，賊又合軍至城下，巡出戰，晝夜數十合，屢摧其鋒，而賊攻圍不輟。

23 辛未，安守忠將騎二萬寇河東，郭子儀擊走之，斬首八千級，捕虜五千人。將，即亮翻，又音如字。騎，奇寄翻。

24 夏，四月，顏眞卿自荆、襄北詣鳳翔，眞卿棄平原，渡河欲赴行在，而陝、洛爲賊所梗，故南奔荆、襄，然後自荆、襄取上津路，北詣鳳翔。上以爲憲部尚書。憲部，刑部。尚，辰羊翻。

25 上以郭子儀爲司空、天下兵馬副元帥，帥，所類翻。考異曰：唐曆：「四月，子儀爲司空。」尋以廣平王爲元帥，子儀爲副元帥。」按鄴侯家傳，廣平在靈武已爲元帥。唐曆誤也。使將兵赴鳳翔。將，卽亮翻，又音如字。庚寅，李歸仁以鐵騎五千邀之於三原北，三原，本漢池陽地，後魏置三原縣。子儀使其將僕固懷恩、王仲昇、渾釋之、李若幽考異曰：汾陽家傳作「桑如珪」，今從舊傳。伏兵擊之於白渠留運橋，殺傷略盡，歸仁游水而逸。白渠，漢白公所開，因名。若幽，神通之玄孫也。淮安王神通，隋義寧初起兵應高祖。

子儀與王思禮軍合於西渭橋，進屯潏西。唐都長安，跨渭爲三橋：東曰東渭橋，中曰中渭橋，西曰西渭橋。程大昌曰：秦、漢、唐架渭者凡三橋：在咸陽西十里名便橋，漢武帝造；在咸陽東南二十二里者名中渭橋，秦始皇造；在萬年縣東南四十里者爲東渭橋，不知始於何世。水經註：潏水出杜陵之樊川，過漢長安城西，而北注于渭。潏，音決。安守忠、李歸仁軍於京城西清渠。程大昌雍錄有漢、唐要地參出圖：唐京城西有漕渠，南出豐水，逕延平、金光二門，至京城西北角，屈而東流，逕漢故長安城，南至芳林園西，又屈而北流，入渭。清渠在漕渠之東，直秦之故杜南城稍東，卽香積寺北。相守七日，官軍不進。五月癸丑，守忠僞退，子儀悉師逐之。賊以驍騎九千爲長蛇陳，陳，讀曰陣。官軍擊之，首尾爲兩翼，夾擊官軍，官軍大潰。判官韓液、監軍孫知古皆爲賊所擒，軍資器械盡棄之。子儀退保武功，監，古銜翻。考異曰：汾陽家傳曰：「賊帥安守忠、李歸仁領八萬兵，屯於昆明池西，五月三日，陳於清渠之側。公大破之，追奔十餘里，斬首二萬級。六日，救兵至，又陣于清渠，我師敗績。以冒暑毒，師人多病，遂收兵赴鳳翔。」今從舊傳。中外戒嚴。

是時府庫無蓄積，朝廷專以官爵賞功，諸將出征，皆給空名告身，自開府、特進、列卿、大將軍，下至中郎、郎將，聽臨事注名。其後又聽以信牒授人官爵，有至異姓王者。信牒者，未有告身，先給牒以爲信也。諸軍但以職任相統攝，不復計官爵高下。及清渠之敗，復以官爵收散卒。恐其潰散，畏罪而歸賊，復以官爵收之。復，扶又翻。由是官爵輕而貨重，大將軍告身一通，纔易一醉。凡應募入軍者，一切衣金紫，至有朝士僮僕衣金紫，稱大官，而執賤役者。衣，於既翻。名器之濫，至是而極焉。

26 房琯性高簡，時國家多難，難，乃旦翻。而琯多稱病不朝謁，朝，直遥翻。不以職事爲意，日與庶子劉秩、諫議大夫李揖，高談釋、老，或聽門客董庭蘭鼓琴，庭蘭以是大招權利。御史奏庭蘭贓賄，丁巳，罷琯爲太子少師。房琯既敗師而不思補過。罷之爲散官，猶輕典也。以諫議大夫張鎬爲中書侍郎、同平章事。上常使僧數百人爲道場於內，晨夜誦佛。鎬諫曰：「帝王當脩德以弭亂安人，未聞飯僧可致太平也！」上然之。飯，扶晚翻。

27 庚申，上皇追册上母楊妃爲元獻皇后。妃，隋納言士達之曾孫，景雲初，入東宮爲良媛，實生上。

28 山南東道節度使魯炅守南陽，賊將武令珣、田承嗣相繼攻之。城中食盡，一鼠直錢數百，餓死者相枕藉。枕，職任翻。上遣宦官將軍曹日昇往宣慰，以宦官而爲將軍，故謂之宦官將軍。圍急，不得入。日昇請單騎入致命，襄陽太守魏仲犀不許。會顏眞卿自河北至，是年夏四月，顏眞卿已自荆、襄北詣靈武。曹日昇之至襄陽，蓋在四月之前。曰：「曹將軍不顧萬死以致帝命，何爲沮之！借使不達，不過亡一使者；達，則一城之心固矣。」日昇與十騎偕往，賊畏其銳，不敢逼。城中自謂望絕，及見日昇，大喜。日昇復爲之至襄陽取糧，復，扶又翻。以千人運糧而入，賊不能遏。炅在圍中凡周歲，去年五月賊圍南陽，至是周歲。晝夜苦戰，力竭不能支，壬戌夜，開城帥餘兵數千突圍而出，奔襄陽。承嗣追之，轉戰二日，不能克而還。帥，讀曰率。還，音旋，又如字。時賊欲南侵江、漢，賴炅扼其衝要，南夏得全。夏，戶雅翻。

29 司空郭子儀詣闕請自貶；以清渠之敗也。甲子，以子儀爲左僕射。

30 尹子奇益兵圍睢陽益急，張巡於城中夜鳴鼓嚴隊，若將出擊者；賊聞之，達旦儆備。既明，巡乃寢兵絕鼓。賊以飛樓瞰城中，無所見，遂解甲休息。巡與將軍南霽雲、南，姓也。周有南仲，魯有大夫南遺。郎將雷萬春等十餘將各將五十騎開門突出，直衝賊營，至子奇麾下，營中大亂，斬賊將五十餘人，殺士卒五千餘人。巡欲射子奇而不識，乃剡蒿爲矢，射，而亦翻；下雲射同。剡，以冉翻，削也。中者喜，中，竹仲翻。謂巡矢盡，走白子奇，乃得其狀。使霽雲射之，喪其左目，幾獲之。喪，息浪翻。幾，居使翻。子奇乃收軍退還。

31 六月，【章：十二行本「月」下有「癸未」二字；乙十一行本同；孔本同；張校同；退齋校同。】田乾眞圍安邑。會陝郡賊將楊務欽密謀歸國，河東太守馬承光以兵應之，務欽殺城中諸將不同己者，翻城來降。乾眞解安邑，遁去。

32將軍王去榮以私怨殺本縣令，當死。王去榮，富平人。上以其善用礮，壬辰，敕免死，以白衣於陝郡效力。時陝郡新復，介居兩京之間，賊所必攻也。上欲免去榮之死而收其力用，而不計其隳國法也。考異曰：實錄云：「於河東承天軍效力。」據賈至集，陝郡也。今從之。中書舍人賈至不即行下，下，遐嫁翻；下上下同。上表，以爲：「去榮無狀，殺本縣之君。易曰：『臣弒其君，子弒其父，非一朝一夕之故，其所由來者漸矣。』易坤卦文言之辭。若縱去榮，可謂生漸矣。議者謂陝郡初復，非其人不可守。然則他無去榮者，何以亦能堅守乎？陛下若以礮石一能即免殊死，今諸軍技藝絕倫者，技，渠綺翻。其徒寔繁。必恃其能，所在犯上，復何以止之！復，扶又翻。若止捨去榮而誅其餘者，則是法令不一而誘人觸罪也。誘，音酉。今惜一去榮之材而不殺，必殺十如去榮之材者，不亦其傷益多乎！夫去榮，逆亂之人也，焉有逆於此而順於彼，亂於富平而治於陝郡，悖於縣君而不悖於大君歟！夫，音扶。去榮，縣民也。縣令，則其君也。大君，謂天子。治，直吏翻。悖，蒲妹翻，又蒲沒翻。伏惟明主全其遠者、大者，則禍亂不日而定矣。」上下其事，令百官議之。下，戶嫁翻。

太子太師韋見素等議，以爲：「法者天地大典，帝王猶不敢擅殺，是【章：十二行本「是」上有「而小人得擅殺」六字；乙十一行本同；孔本同；張校同；退齋校同。】臣下之權過於人主也。過，古禾翻，又古臥翻。去榮既殺人不死，則軍中凡有技能者，亦自謂無憂，所在暴橫。技，渠綺翻。橫，戶孟翻。爲郡縣者，不亦難乎！陛下爲天下主，愛無親疏，得一去榮而失萬姓，何利之有！於律，殺本縣令，列於十惡。唐初，房玄齡依隋定律，有十惡之條：一曰謀反，二曰謀大逆，三曰謀叛，四曰謀惡逆，五曰不道，六曰大不敬，七曰不孝，八曰不睦，九曰不義，十曰内亂。犯十惡者，不得依議請之例。其不義之條，註曰：謂殺本屬府主、刺史、縣令，見受業師，吏卒殺本部五品已上官長，及聞夫喪匿不舉哀，若作樂、釋服從吉及改嫁。而陛下寬之，王法不行，人倫道屈，臣等奉詔，不知所從。夫國以法理，軍以法勝；有恩無威，慈母不能使其子。陛下厚養戰士而每戰少利，豈非無法邪！夫，音扶。少，始紹翻。邪，音耶。今陝郡雖要，不急於法也。有法則海内無憂不克，況陝郡乎！無法則陝郡亦不可守，得之何益！而去榮末技，陝郡不以之存亡；王法有無，國家乃爲之輕重。此臣等所以區區願陛下守貞觀之法。」上竟捨之。陝，失冉翻。觀，古玩翻。至，曾之子也。賈曾見二百十卷先天元年。

33 南充土豪何滔作亂，執本郡防禦使楊齊魯；南充郡，果州。劍南節度使盧元裕發兵討平之。使，疏吏翻。

34 秋，七月，河南節度使賀蘭進明克高密、琅邪，殺賊二萬餘人。邪，音耶。

35 戊申夜，蜀郡兵郭千仞等反，六軍兵馬使陳玄禮、劍南節度使李峘討誅之。峘，胡登翻。

36 壬子，尹子奇復徵兵數萬，攻睢陽。先是，許遠於城中積糧至六萬石，睢，音雖。復，扶又翻。先，悉薦翻。號王巨以其半給濮陽、濟陰二郡，濮，博木翻。濟，子禮翻。遠固爭之，不能得；既而濟陰得糧，遂以城叛，而睢陽城至是食盡。將士人廩米日一合，「廩」，當作「稟」，音筆錦翻，給也。合，音閤。十龠爲合。雜以茶紙、樹皮爲食，而賊糧運通，兵敗復徵。復，扶又翻。睢陽將士死不加益，諸軍饋救不至，士卒消耗至一千六百人，皆飢病不堪鬭，遂爲賊所圍，張巡乃脩守具以拒之。賊爲雲梯，勢如半虹，杜佑曰：以大木爲牀，下置六輪，上立雙牙，牙有檢梯，節長丈二尺，有四桄，桄相去四尺，勢微回遞互相檢，飛於雲間以窺城中。有上城梯，首冠雙轆轤，枕城而上，謂之飛雲梯。置精卒二百於其上，推之臨城，推，吐雷翻。欲令騰入。巡豫於城鑿三穴，候梯將至，於一穴中出大木，末置鐵鉤，鉤之使不得退；一穴中出一木，拄之使不得進；一穴中出一木，木末置鐵籠，盛火焚之，其梯中折，盛，時征翻。折，而設翻。梯上卒盡燒死。賊又以鉤車鉤城上棚閣，棚閣者，於城上架木爲棚，跳出城外四五尺許，上有屋宇，以蔽風雨，戰士居之，以臨禦外敵，今人謂之敵樓。鉤之所及，莫不崩陷。巡以大木，末置連鎖，鎖末置大鐶，搨其鉤頭，鐶，蘇果翻。搨，吐盍翻。以革車拔之入城，截其鉤頭而縱車令去。賊又造木驢攻城，巡鎔金汁灌之，應投銷鑠。賊又於城西北隅以土囊積柴爲磴道，磴，都鄧翻。欲登城。巡不與爭利，每夜，潛以松明、乾藁投之於中，松明者，松枯而油存，可燎之以爲明。乾，音干。積十餘日，賊不之覺，因出軍大戰，使人順風持火焚之，賊不能救，經二十餘日，火方滅。巡之所爲，皆應機立辦，賊服其智，不敢復攻。遂於城外穿三重壕，立木栅以守巡，復，扶又翻。重，直龍翻。巡亦於內作壕以拒之。

37 丁巳，賊將安武臣攻陝郡，楊務欽戰死，賊遂屠陝。以孤城介居强寇之間，外無救援，宜其受屠。

38 崔渙在江南選補，冒濫者衆，八月，【章：十二行本「月」下有「甲申」二字；乙十一行本同。】罷渙爲餘杭太守、杭州，餘杭郡。隋於餘杭縣置杭州，後自餘杭移治錢唐，後又移治柳浦，今州城是也。餘杭，漢古縣也。寰宇記曰：禹捨舟登陸於此，因名餘杭。江東采訪・防禦使。

39 以張鎬兼河南節度、采訪等使，代賀蘭進明。

40 靈昌太守許叔冀爲賊所圍，救兵不至，拔衆奔彭城。考異曰：實錄云：「拔其衆南投睢陽郡。」按張中丞傳云：「許叔冀在譙郡。」蓋叔冀欲投睢陽，爲賊所圍，遂投彭城、譙郡耳。今從新紀。

41 睢陽士卒死傷之餘，纔六百人，張巡、許遠分城而守之，巡守東北，遠守西南，與士卒同食茶紙，不復下城。賊士攻城者，巡以逆順說之，往往棄賊來降，爲巡死戰，前後二百餘人。復，扶又翻。說，式芮翻。爲，于僞翻。

是時，許叔冀在譙郡，尚衡在彭城，賀蘭進明在臨淮，漢武帝置臨淮郡，後漢明帝更名下邳，其疆域廣矣。梁於漢徐縣地置高平郡，隋開皇十八年，廢郡爲徐城縣，屬泗州下邳郡，時泗州治宿預也。武后長安四年，割徐城南界兩鄉，於沙熟、淮口置臨淮縣。開元二十三年，移泗州治臨淮；天寶元年，更爲臨淮郡。皆擁兵不救。城中日蹙，巡乃令南霽雲將三十騎犯圍而出，告急於臨淮。霽雲出城，賊衆數萬遮之，霽雲直衝其衆，左右馳射，賊衆披靡，披，普彼翻。止亡兩騎。既至臨淮，見進明，進明曰：「今日睢陽不知存亡，兵去何益！」霽雲曰：「睢陽若陷，霽雲請以死謝大夫。且睢陽既拔，卽及臨淮，譬如皮毛相依，安得不救！」進明愛霽雲勇壯，不聽其語，強留之，強，其兩翻。具食與樂，延霽雲坐。霽雲慷慨，泣且語曰：「霽雲來，【章：十二行本「來」下有「時」字；乙十一行本同；孔本同。】睢陽之人不食月餘矣！霽雲雖欲獨食，且不下咽。咽，烏前翻，喉也。大夫坐擁強兵，觀睢陽陷沒，曾無分災救患之意，豈忠臣義士之所爲乎！」因齧落一指以示進明，考異曰：韓愈書張中丞傳後云：「因拔所佩刀斷一指，血淋漓，以示賀蘭。一座大驚，皆感激，爲雲泣下。」按柳宗元霽雲碑云：「自噬其指曰：『噉此足矣。』」今從舊傳。曰：「霽雲既不能達主將之意，請留一指以示信歸報。」座中往往爲泣下。爲，于僞翻。

霽雲察進明終無出師意，遂去。至寧陵，與城使廉坦同將步騎三千人，張巡自寧陵入睢陽，蓋使廉坦守寧陵城。城使，巡所署置也。將，卽亮翻。使，疏吏翻。閏月，戊申夜，冒圍，且戰且行，至城下，大戰，壞賊營，壞，音怪。死傷之外，僅得千人入城。城中將吏知無救，皆慟哭。賊知援絕，圍之益急。

初，房琯爲相，惡賀蘭進明，事見去載十月。惡，烏路翻。以爲河南節度使，以許叔冀爲進明都知兵馬使，俱兼御史大夫。叔冀自恃麾下精銳，且官與進明等，不受其節制。故進明不敢分兵，非惟疾巡、遠功名，亦懼爲叔冀所襲也。史言房琯以私憾進明，用許叔冀以制其肘腋，使不敢分兵救巡、遠。然以進明之才，借使出兵，亦未必能制勝。

42 戊辰，上勞饗諸將，勞，力到翻。遣攻長安，謂郭子儀曰：「事之濟否，在此行也！」對曰：「此行不捷，臣必死之。」考異曰：汾陽家傳：「閏八月二十三日，肅宗授代宗鉞，俾誅元惡，詔公爲副元帥。二十三日，出鳳翔。」實錄：「九月丁亥，元帥領兵十五萬辭出。」又云：「戊子，回紇葉護至扶風。」蓋郭子儀以閏月二十三日先行屯扶風，九月十二日廣平乃發也。

43 辛未，御史大夫崔光遠破賊於駱谷。光遠行軍司馬王伯倫、判官李椿將二千人攻中渭橋，殺賊守橋者千人，乘勝至苑門。長安苑門也。賊有先屯武功者聞之，奔歸，遇於苑北，合戰，殺伯倫，擒椿送洛陽。然自是賊不復屯武功矣。復，扶又翻；下同。

44 賊屢攻上黨，常爲節度使程千里所敗。敗，補邁翻。蔡希德復引兵圍上黨。上黨郡，潞州。爲程千里被擒張本。

容肇祖標點聶崇岐覆校

資治通鑑卷第二百二十

端明殿學士兼翰林侍讀學士太中大夫提舉西京嵩山崇福宮上柱國河內郡開國公食邑二千二百戶食實封九百戶賜紫金魚袋臣　司馬光　奉敕編集
後　學　天　台　胡三省　音　註

唐紀三十六 起強圉作噩（丁酉）九月，盡著雍閹茂（戊戌），凡一年有奇。

肅宗文明武德大聖大宣孝皇帝中之下

至德二載（丁酉、七五七）

1 九月，丁丑，希德以輕騎至城下挑戰，千里帥百騎開門突出，欲擒之；會救至，【章：十二行本「至」下有「千里」二字；乙十一行本同；孔本同；張校同。】收騎退還，橋壞，墜塹中，反爲希德所擒。爲將者，不可恃勇輕脫。程千里欲擒蔡希德，反爲希德所擒，恃勇輕脫之禍也。騎，奇寄翻。挑，徒了翻。帥，讀曰率。仰謂從騎曰：「吾不幸至此，天也！歸語諸將，從，才用翻。語，牛倨翻。善爲守備，寧失帥，不可失城。」帥，所類翻。希德攻城，竟不克，送千里於洛陽，安慶緒以爲特進，囚之客省。

2 郭子儀以回紇兵精，勸上益徵其兵以擊賊。懷仁可汗遣其子葉護及將軍帝德等將精兵四千餘人來至鳳翔；上引見葉護，宴勞賜賚，惟其所欲。見，賢遍翻。勞，力到翻。丁亥，元帥廣平王俶將朔方等軍及回紇、西域之衆十五萬，號二十萬，發鳳翔。俶見葉護，約爲兄弟，葉護大喜，謂俶爲兄。回紇至扶風，郭子儀留宴三日。葉護曰：「國家有急，遠來相助，何以食爲！」宴畢，卽行。日給其軍羊二百口，牛二十頭，米四十斛。

庚子，諸軍俱發；壬寅，至長安西，陳於香積寺北灃水之東。此皆漢上林苑地也。地說云：豐水，出鄠南豐谷，北流逕漢龍臺觀東南，與渭水會于短陰山。程大昌曰：香積寺，呂圖在子午谷正北微西。郭子儀收長安，陳于寺北，距灃水，臨大川。大川者，沈水、交水，唐永安渠也。蓋寺在灃水之東，交水之西也。呂圖云在鎬水發源之北，則近昆明池矣。子儀先敗于清渠，至此則循南山出都城後，據地勢以待之也。陳，讀曰陣；下陳於、其陳、於陳、陳乃、賊陳同。李嗣業爲前軍，郭子儀爲中軍，王思禮爲後軍。賊衆十萬陳於其北，李歸仁出挑戰，官軍逐之，逼於其陳；賊軍齊進，官軍卻，爲賊所乘，軍中驚亂，賊爭趣輜重。重，直用翻。李嗣業曰：「今日不以身餌賊，軍無孑遺矣。」乃肉袒、執長刀，立於陳前，大呼奮擊，呼，火故翻。當其刀者，人馬俱碎，殺數十人，陳乃稍定。於是嗣業帥前軍各執長刀，如牆而進，身先士卒，先，悉薦翻。所向摧靡。都知兵馬使王難得救其裨將，王難得爲鳳翔都知兵馬使，時上在鳳翔，蓋御營大將也。賊射之中眉，皮垂鄣目。難得自拔箭，掣去其皮，血流被面，射，而亦翻。中，竹仲翻。掣，昌列翻。去，羌呂翻。被，皮義翻。前戰不已。賊伏精騎於陳東，欲襲官軍之後，偵者知之，騎，奇寄翻。偵，丑鄭翻。朔方左廂兵馬使僕固懷恩引回紇就擊之，翦滅殆盡，賊由是氣索。索，昔各翻，盡也。李嗣業又與回紇出賊陳後，與大軍夾擊，自午及酉，斬首六萬級，塡溝塹死者甚衆，賊遂大潰。餘衆走入城，迨夜，囂聲不止。塹，七豔翻。囂，五羔翻。

僕固懷恩言於廣平王俶曰：「賊棄城走矣，請以二百騎追之，縛取安守忠、李歸仁等。」俶，昌六翻。騎，奇寄翻。俶曰：「將軍戰亦疲矣，且休息，俟明日圖之。」懷恩曰：「歸仁、守忠，賊之驍將，驟勝而敗，此天賜我也，柰何縱之！使復得衆，驍，堅堯翻。將，即亮翻。復，扶又翻；下而復、可復、復修、復爲、敢復同。還爲我患，悔之無及！戰尚神速，何明日也！」言何用俟明日。俶固止之，使還營。還，從宣翻，又音如字。懷恩固請，往而復反，一夕四五起。遲明，諜至，遲，直二翻。諜，達叶翻。守忠、歸仁與張通儒、田乾眞皆已遁矣。廣平王若用僕固懷恩之言，固不假新店之戰，可以徑取東京矣。癸卯，大軍入西京。

初，上欲速得京師，與回紇約曰：「克城之日，土地、士庶歸唐，金帛、子女皆歸回紇。」至是，葉護欲如約。廣平王俶拜於葉護馬前曰：「今始得西京，若遽俘掠，則東京之人皆爲賊固守，紇，下沒翻。爲，于僞翻；下當爲同。不可復取矣，願至東京乃如約。」葉護驚躍下馬答拜，跪捧王足，夷禮以拜跪捧足爲敬。曰：「當爲殿下徑往東京。」卽與僕固懷恩引回紇、西域之兵自城南過，營於滻水之東。過京城南，歷安化門、明德門、啓夏門外，遶京城東南角，轉北，歷延興、春明、通化三門之外，至滻水。滻水，出藍田縣境之西，北行過白鹿原西，又北入于霸水。滻，音產。百姓、軍士、胡虜見俶拜，皆泣曰：「廣平王眞華、夷之主！」上聞之喜曰：「朕不及也！」俶整衆入城，百姓老幼夾道歡呼悲泣。俶留長安，鎮撫三日，引大軍東出。東出京城門，取洛陽。俶，昌六翻。以太子少傅虢王巨爲西京留守。少，始照翻。守，式又翻。

甲辰，捷書至鳳翔，百寮入賀。上涕泗交頤，即日，遣中使啖庭瑤入蜀奏上皇；使，疏吏翻。啖，徒敢翻，姓也。命左僕射裴冕入京師，告郊廟及宣慰百姓。

上以駿馬召李泌於長安。射，寅謝翻。泌，毗必翻。李泌時從軍在長安。既至，上曰：「朕已表請上皇東歸，朕當還東宮復脩臣子之職。」泌曰：「表可追乎？」上曰：「已遠矣。」泌曰：「上皇不來矣。」上驚，問故。泌曰：「理勢自然。」上曰：「爲之柰何？」泌曰：「今請更爲羣臣賀表，言自馬嵬請留，靈武勸進，更，古孟翻。嵬，五回翻。請留、勸進事並見二百十八卷至德元載。及今成功，聖上思戀晨昏，請速還京以就孝養之意，則可矣。」養，羊尚翻。上即使泌草表。上讀之，泣曰：「朕始以至誠願歸萬機。今聞先生之言，乃寤其失。」立命中使奉表入蜀，因就泌飲酒，同榻而寢。而李輔國請取契鑰付泌，泌請使輔國掌之；上許之。泌掌契鑰，見二百十八卷上年九月。今付輔國，宮禁之權盡歸之矣。爲輔國專擅張本。

泌曰：「臣今報德足矣，復爲閒人，何樂如之！」上曰：「朕與先生累年同憂患，今方相同娛樂，樂，音洛。奈何遽欲去乎！」泌曰：「臣有五不可留，願陛下聽臣去，免臣於死。」上曰：「何謂也？」對曰：「臣遇陛下太早，陛下任臣太重，寵臣太深，臣功太高，迹太奇，此其所以不可留也。」上曰：「且眠矣，異日議之。」對曰：「陛下今就臣榻臥，猶不得請，況異日香案之前乎！唐制：凡朝日，殿上設黼扆、躡席、熏爐、香案，皇帝升御座，宰執當香案前奏事。陛下不聽臣去，是殺臣也。」上曰：「不意卿疑朕如此，豈有如朕而辦殺卿邪！是直以朕爲句踐也！」邪，音耶。范蠡既與越王句踐報吳之恥，蠡乃扁舟五湖，遺大夫文種書，以爲句踐長頸鳥喙，可與同患難，不可與同安樂。文種見書，遂稱疾。句踐賜文種死。句，音鉤。對曰：「陛下不辦殺臣，故臣求歸；若其既辦，臣安敢復言！復，扶又翻。且殺臣者，非陛下也，乃『五不可』也。陛下曏日待臣如此，臣於事猶有不敢言者，況天下既安，臣敢言乎！」

上良久曰：「卿以朕不從卿北伐之謀乎！」謂不從使建寧王自嬀、檀取范陽之策也。肅宗以意言之。對曰：「非也，所不敢言者，乃建寧耳。」上曰：「建寧，朕之愛子，性英果，艱難時有功，謂馬嵬勸留，及北赴靈武，血戰以衞上也。事見二百十八卷元載六月。朕豈不知之！但因此爲小人所教，欲害其兄，圖繼嗣，朕以社稷大計，不得已而除之，事見上卷本年正月。嗣，祥吏翻。卿不細知其故邪？」對曰：「若有此心，廣平當怨之。廣平每與臣言其冤，輒流涕嗚咽。臣今必辭陛下去，始敢言之耳。」上曰：「渠嘗夜捫廣平，意欲加害。」對曰：「此皆出讒人之口，豈有建寧之孝友聰明，肯爲此乎！且陛下昔欲用建寧爲元帥，臣請用廣平。事見二百十八卷元載九月。帥，所類翻。建寧若有此心，當深憾於臣；而以臣爲忠，益相親善，陛下以此可察其心矣。」上乃泣下曰：「先生言是也。既往不咎，引論語孔子之言。朕不欲聞之。」

泌曰：「臣所以言之者，非咎既往，乃欲使陛下愼將來耳。昔天后有四子，長曰太子弘，天后方圖稱制，惡其聰明，酖殺之，見二百二卷高宗上元二年。立次子雍王賢。賢內憂懼，作黃臺瓜辭，冀以感悟天后。天后不聽，賢卒死於黔中。賢廢見二百二卷永隆元年；死見二百三卷武后光宅元年。卒，子恤翻。黔，音禽。其辭曰：『種瓜黃臺下，瓜熟子離離：一摘使瓜好，再摘使瓜稀，三摘猶爲可，四摘抱蔓歸！』今陛下已一摘矣，愼無再摘！」上愕然曰：「安有是哉！卿錄是辭，朕當書紳。」對曰：「陛下但識之於心，識，職吏翻，記也。何必形於外也！」是時廣平王有大功，良娣忌之，潛搆流言，故泌言及之。【章：十二行本「之」下有「泌復固請歸山，上曰俟將發此議之」十四字；乙十一行本同；退齋校同；張校同，云無註本亦無。】李泌歷事肅、代、德三朝，皆能言人所難言，奇士也。

3 郭子儀引蕃、漢兵追賊至潼關，斬首五千級，克華陰、弘農二郡。關東獻俘百餘人，敕皆斬之；監察御史李勉言於上曰：「今元惡未除，爲賊所汚者半天下，汚，烏故翻。聞陛下龍興，咸思洗心以承聖化，今悉誅之，是驅之使從賊也。」上遽使赦之。

4 冬，十月，丁未，談【章：十二行本「談」作「啖」；乙十一行本同；孔本同。】庭瑤至蜀。

5 壬子，興平軍奏：破賊於武關，克上洛郡。時王難得領興平軍。

6 吐蕃陷西平。西平郡，鄯州。

7 尹子奇久圍睢陽，城中食盡，議棄城東走，張巡、許遠謀，以爲：「睢陽，江、淮之保障，若棄之去，賊必乘勝長驅，是無江、淮也。考異曰：唐人皆以全江、淮爲巡、遠功。按睢陽雖當江、淮之路，城既被圍，賊若欲取江、淮，繞出其外，睢陽豈能障之哉！蓋巡善用兵，賊畏巡爲後患，不滅巡則不敢越過其南耳。且我衆飢羸，走必不達。古者戰國諸侯，尚相救恤，謂春秋列國，同盟有急則相救恤也。況密邇羣帥乎！羣帥，謂張鎬、尚衡、許叔冀等。帥，所類翻。不如堅守以待之。」茶紙既盡，遂食馬；馬盡，羅雀掘鼠；雀鼠又盡，巡出愛妾，殺以食士，食，祥吏翻。遠亦殺其奴；然後括城中婦人食之，【章：十二行本「之」下有「既盡」二字；乙十一行本同；孔本同；退齋校同。】繼以男子老弱。人知必死，莫有叛者，所餘纔四百人。

癸丑，賊登城，將士病，不能戰。巡西向再拜曰：「臣力竭矣，不能全城，生既無以報陛下，死當爲厲鬼以殺賊！」鬼無所歸者爲厲。城遂陷，巡、遠俱被執。尹子奇問巡曰：「聞君每戰眥裂齒碎，何也？」眥，疾智翻，又才詣翻，目眥也。巡曰：「吾志吞逆賊，但力不能耳。」子奇以刀抉其口視之，抉，一決翻。所餘纔三四。子奇義其所爲，欲活之。其徒曰：「彼守節者也，終不爲用。且得士心，存之，將爲後患。」乃并南霽雲、雷萬春等三十六人皆斬之。考異曰：新傳曰：「虢王巨之走臨淮，巡有妹嫁陸氏，遮巨勸勿行；不納。賜百縑，弗受。爲巡補縫行間，軍中號陸家姑。先巡被害。」按巨在彭城，若走臨淮，陸姊在睢陽城，何以得遮之！今不取。巡且死，顏色不亂，揚揚如常。生致許遠於洛陽。

巡初守睢陽時，卒僅萬人，城中居人亦且數萬，巡一見問姓名，其後無不識者。前後大小戰凡四百餘，殺賊卒十二萬人。巡行兵不依古法教戰陳，令本將各以其意教之。本將，謂本部之將。陳，讀曰陣。人或問其故，巡曰：「今與胡虜戰，雲合鳥散，變態不恆，數步之間，勢有同異。臨機應猝，在於呼吸之間，而動詢大將，事不相及，非知兵之變者也。故吾使兵識將意，將識士情，投之而往，如手之使指。兵將相習，人自爲戰，不亦可乎！」自興兵，器械、甲仗皆取之於敵，未嘗自脩。每戰，將士或退散，巡立於戰所，謂將士曰：「我不離此，離，力智翻。汝爲我還決之。」將士莫敢不還，死戰，卒破敵。爲，于僞翻。卒，子恤翻。又推誠待人，無所疑隱；臨敵應變，出奇無窮；號令明，賞罰信，與衆共甘苦寒暑，故下爭致死力。

張鎬聞睢陽圍急，倍道亟進，張鎬代賀蘭進明，見上卷八月。檄浙東、浙西、淮南、北海諸節度按新書方鎮表，浙東、浙西明年方置節度使。時崔渙在浙東，李希言在浙西，皆非節度使。淮南則李成式，北海尚爲賊將能元皓所據。然去年已置北海節度使，是雖未復北海而已置北海帥矣。及譙郡太守閭丘曉，使共救之。曉素傲很，不受鎬命。比鎬至，比，必利翻；及也。睢陽城已陷三日。鎬召曉，杖殺之。考異曰：舊傳作「豪州刺史」，新傳作「濠州刺史」，統紀作「亳州刺史」。按濠州在淮南，去睢陽遠。亳州與睢陽接境，必亳州也。今從統紀。余按通鑑改統紀之亳州爲譙郡，以此時未復郡爲州也。讀者宜知之。

８張通儒等收餘衆走保陝，自長安東走保陝。安慶緒悉發洛陽兵，使其御史大夫嚴莊將之，就通儒以拒官軍，并舊兵步騎猶十五萬。舊兵，謂張通儒等所領自西京東走之兵。己未，廣平王至曲沃。此非春秋晉莊叔所封之曲沃，按其地在弘農、靈寶二縣之間。水經註：弘農縣東十三里有好陽亭，又東有曲沃城。回紇葉護使其將軍鼻施吐撥裴羅等引軍旁南山搜伏，因駐軍嶺北。旁，步浪翻。郭子儀等與賊遇於新店，據舊書，新店在陝城西。賊依山而陳，子儀等初與之戰，不利，賊逐之下山。回紇自南山襲其背，於黃埃中發十餘矢。賊驚顧曰：「回紇至矣！」遂潰。官軍與回紇夾擊之，賊大敗，僵尸蔽野。嚴莊、張通儒等棄陝東走，廣平王俶、郭子儀入陝城，僕固懷恩等分道追之。

嚴莊先入洛陽告安慶緒。庚申夜，慶緒帥其黨自苑門出，東都苑門也。走河北；考異曰：實錄無新店戰日，但云：「子儀與嗣業等至新店，遇賊，大破之，逐北五十餘里，人馬相枕藉，器械、戈甲自陝至洛城委棄道路無空地。庚申，慶緒走，其夜，自東都苑門帥其衆黨奔河北。壬戌，元帥廣平王與子儀收陝郡。」汾陽家傳：「九月，安慶緒自洛疾使諸將至陝，兼收敗卒，猶十五萬。十月四日，於陝西依山而陳，彼則憑高下擊，此乃進軍上衝，賊屹立不動。公使僞退，引令下山，使回紇驀澗走險以襲其背，賊乃敗績；斬九萬級，擒一萬人。」汾陽家傳：

「十月四日破賊於陝西，八日收洛陽。」年代記：「十月，己未，破賊于新店。辛酉，慶緒聞軍敗，率其黨投相州。」舊紀：「庚申，慶緒奔河北。壬戌，廣平王入東京。」新紀：「戊申，敗賊新店，克陝郡。壬子，復東京。」按陝、洛之間，幾三百里，汾陽傳、新紀太早，實錄壬戌收陝郡太晚，今從年代記、幸蜀記。殺所獲唐將哥舒翰、程千里等三十餘人而去。許遠死於偃師。考異曰：實錄、舊傳皆曰：「尹子奇執送洛陽，與哥舒翰、程千里俱囚於客省。及安慶緒敗，渡河北走，使嚴莊皆害之。」張中丞傳：「相里造誄曰：『唐故御史中丞張、許二君，以守睢陽陷，張君遇害，許君爲羯賊所擒，求死不得，降逼至偃師縣，亦被兵焉。』」今從之。

壬戌，廣平王俶入東京。回紇意猶未厭，俶患之。父老請率羅錦萬匹以賂回紇，回紇乃止。

9 成都使還，此還者，啖庭瑤也。還，音旋。上皇誥曰：「當與我劍南一道自奉，不復來矣。」復，扶又翻；下嗣復同。上憂懼，不知所爲。【章：十二行本「爲」下有「數日」二字；乙十一行本同；孔本同；張校同。】後使者至，此奉羣臣賀表中使繼還也。言：「上皇初得上請歸東宮表，彷徨不能食，欲不歸；及羣臣表至，乃大喜，命食作樂，下誥定行日。」定東行歸京之日也。上召李泌告之曰：「皆卿力也！」

泌求歸山不已，上固留之，不能得，乃聽歸衡山。衡山，在衡陽郡衡山縣西三十里，南嶽也。漢武帝以霍山爲南嶽，隋文帝以衡山爲南嶽。按泌傳，泌願隱衡山，詔聽之。敕郡縣爲之築室於山中，爲，于僞翻。給三品料。

10 癸亥，上發鳳翔，遣太子太師韋見素入蜀，奉迎上皇。

11 乙丑，郭子儀遣左兵馬使張用濟、右武鋒使渾釋之將兵取河陽及河內；嚴莊來降。陳留人殺尹子奇，舉郡降。田承嗣圍來瑱於潁川，亦遣使來降；郭子儀應之緩，承嗣復叛，與武令珣皆走河北。走，音奏。考異曰：舊魯炅傳云：「炅保南陽，賊使武令珣攻之。令珣死，又令田承嗣攻之。」下又云：「王師收兩京，承嗣、令珣奔河北。」唐曆：「慶緒據鄴，武令珣自唐、鄧至。」炅傳云武令珣死，誤也。制以瑱爲河【章：十二行本「河」作「淮」；乙十一行本同；孔本同。】南節度使。

12 丙寅，上至望賢宮，雍錄：望賢宮，在咸陽縣東數里。得東京捷奏。丁卯，上入西京。百姓出國門奉迎，二十里不絕，舞躍呼萬歲，有泣者。上入居大明宮。高宗咸亨元年，改蓬萊宮爲大明宮，卽東內。御史中丞崔器令百官受賊官爵者皆脫巾徒跣立於含元殿前，含元殿，東內前殿也，當丹鳳門內。搏膺頓首請罪，環之以兵，環，音宦。使百官臨視之。太廟爲賊所焚，上素服向廟哭三日。是日，上皇發蜀郡。

13 安慶緒走保鄴郡，改鄴郡爲安成【嚴：「安成」改「成安」。】府，改元天成；考異曰：唐曆曰改元天和。薊門紀亂曰改元至成，與實錄年號不同。紀年通譜兩存之。今從實錄。從騎不過三百，步卒不過千人，諸將阿史那承慶等散投常山、趙郡、范陽。旬日間，蔡希德自上黨，田承嗣自潁川，武令珣自南陽，各帥所部兵歸之。又召募河北諸郡人，衆至六萬，軍聲復振。復，扶又翻。

14 廣平王俶之入東京也，百官受安祿山父子官者陳希烈等三百餘人，皆素服悲泣請罪。俶以上旨釋之，尋勒赴西京。己巳，崔器令詣朝堂請罪，此東內之朝堂也，在含元殿左右，左曰東朝堂，右曰西朝堂。朝，直遙翻。如西京百官之儀，然後收繫大理、京兆獄。其府縣所由、祇承人等受賊驅使追捕者，皆收繫之。所由人，有所監典；祇承人，聽指呼給使令而已。

初，汲郡甄濟，有操行，隱居青巖山，五代志：汲郡隋興縣有蒼巖山。隋興縣，唐時當省入汲縣。甄，之人翻。操，七到翻。行，下孟翻。安祿山爲采訪使，奏掌書記。此天寶間事。濟察祿山有異志，詐得風疾，舁歸家。祿山反，使蔡希德引行刑者二人，封刀召之，濟引首待刀；希德以實病白祿山。後安慶緒亦使人強舁至東京，強，其兩翻。月餘，會廣平王俶平東京，濟起，詣軍門上謁。上，時掌翻。俶遣詣京師，上命館之於三司，時令三司按受賊官爵者，因館濟於三司署舍，使受賊官爵者羅拜之。館，音貫。令受賊官爵者列拜以愧其心，以愧受賊官爵者之心。以濟爲祕書郎。國子司業蘇源明稱病不受祿山官，上擢爲考功郎中、知制誥。壬申，上御丹鳳門，下制：「士庶受賊官祿，爲賊用者，令三司條件聞奏；其因戰被虜，或所居密近，因與賊往來者，皆聽自首除罪；其子女爲賊所汚者，勿問。」東內端門曰丹鳳門，樓曰丹鳳樓。首，手又翻。汚，烏故翻。

15 癸酉，回紇葉護自東京還，上命百官迎之於長樂驛，長樂驛，在滻東長樂陂。上與宴於宣政殿。自含元殿入宣政門爲宣政殿，東內之中朝也。葉護奏以「軍中馬少，請留其兵於沙苑，沙苑，在馮翊渭曲。李吉甫郡國圖：沙苑，一名沙阜，在同州馮翊縣南十二里，東西八十里，南北三十里。余靖曰：唐沙苑監，今之同州。少，詩沼翻。自歸取馬，還爲陛下掃除范陽餘孽。」爲，于僞翻。上賜而遣之。

16 十一月，廣平王俶、郭子儀來自東京，上勞子儀曰：「吾之家國，由卿再造。」勞，力到翻。

17 張鎬帥魯炅、來瑱、吳王祗、李嗣業、李奐五節度徇河南、河東郡縣，皆下之；惟能元皓據北海，高秀巖據大同未下。能，奴代翻，姓也。北海，屬河南道；大同，屬河東道。

18 己丑，以回紇葉護爲司空、忠義王；歲遺回紇絹二萬匹，遺，于季翻。使就朔方軍受之。

19 以嚴莊爲司農卿。

20 上之在彭原也，更以栗爲九廟主；禮：虞，主用桑；練，主用栗。作栗主則埋桑主。上皇幸蜀，九廟之主委之賊手，故彭原更以栗爲之。庚寅，朝享於長樂殿。長樂殿，考雍錄及呂圖皆無之。以下文上皇入大明宮，御含元殿見百官，次詣長樂殿謝九廟主，則是殿亦在大明宮中也。大明宮圖有長樂門，則長樂殿蓋在長樂門內。

21 丙申，上皇至鳳翔，從兵六百餘人，從，才用翻。上皇命悉以甲兵輸郡庫。上發精騎三千奉迎。十二月，丙午，上皇至咸陽，上備法駕迎於望賢宮。上皇在宮南樓，上釋黃袍，著紫袍，望樓下馬，趨進，拜舞於樓下。上皇降樓，撫上而泣，上捧上皇足，嗚咽不自勝。上皇索黃袍，自爲上著之，著，陟略翻。勝，音升。索，山客翻。爲，于僞翻。上伏地頓首固辭。上皇曰：「天數、人心皆歸於汝，使朕得保養餘齒，汝之孝也！」上不得已，受之。父老在仗外，歡呼且拜。上令開仗，車駕所在，衞士立仗。縱千餘人入謁上皇，曰：「臣等今日復睹二聖相見，死無恨矣！」復，扶又翻。上皇不肯居正殿，此行宫正殿也。曰：「此天子之位也。」上固請，自扶上皇登殿。尚食進食，上品嘗而薦之。品品必嘗而後進。丁未，將發行宫，上親爲上皇習馬而進之上皇。上皇【章：十二行本「上皇」二字不重；乙十一行本同；張校同；熊校同。】上馬，上親執鞚。行數步，爲，于僞翻。鞚，苦貢翻。考異曰：幸蜀記云：「執轡鞚，出宫門，上皇令左右扶上馬。」今從實録。上皇止之。上乘馬前引，不敢當馳道。上皇謂左右曰：「吾爲天子五十年，未爲貴；今爲天子父，乃貴耳！」左右皆呼萬歲。玄宗失國得反，宜痛自刻責以謝天下，乃以爲天子父之貴誇左右，是全無心腸矣。上皇自開遠門入大明宫，開遠門，長安城西面北來第一門。御含元殿，慰撫百官；乃詣長樂殿謝九廟主，慟哭久之；樂，音洛。即日，幸興慶宫，遂居之。上累表請避位還東宫，上皇不許。

22 辛亥，以禮部尚書李峴、兵部侍郎呂諲爲詳理使，因按獄，特置此官。與御史大夫崔器共按陳希烈等獄。峴以殿中侍御史李栖筠爲詳理判官，栖筠多務平恕，故人皆怨諲、器之刻深，而峴獨得美譽。

23 戊午，上御丹鳳樓，赦天下，惟與安禄山同反及李林甫、王鉷、楊國忠子孫不在免例。立廣平王俶爲楚王，加郭子儀司徒，李光弼司空，鉷，戶公翻。俶，昌六翻。考異曰：實録，光弼舊守司徒。按舊傳，光弼檢校司徒耳，實錄誤也。自餘蜀郡、靈武扈從立功之臣，從，才用翻。皆進階，賜爵，加食邑有差。李憕、盧奕、顏杲卿、袁履謙、許遠、張巡、張介然、蔣清、龐堅等皆加贈官，差，初加翻。憕，持陵翻。李憕、盧奕、蔣清以守洛死。顏杲卿、袁履謙以守常山死。許遠、張巡以守睢陽死。張介然以守滎陽死。龐堅以守潁川死。其子孫。戰亡之家，給復二載。復，方目翻，除其賦役也。載，祖亥翻。郡縣來載租、庸三分蠲一。蠲，圭淵翻。近所改郡名、官名，一依故事。天寶元年，改兩省長官爲左、右相，州爲郡，刺史爲太守，十一載，又改吏部爲文部，兵部爲武部，刑部爲憲部，今皆復舊。以蜀郡爲南京，鳳翔爲西京，西京爲中京。以長安在洛陽、鳳翔、蜀郡、太原之中，故爲中京。以張良娣爲淑妃，立皇子南陽王係爲趙王，新城王僅爲彭王，潁川王僩爲兗王，東陽王侹爲涇王，僙爲襄王，倕爲杞王，偲爲召王，佋爲興王，侗爲定王。娣，大計翻。僩，戶簡翻。侹，他頂翻。僙，戶剛翻。召，讀曰邵。佋，時昭翻。侗，吐公翻。考異曰：實錄，「係」爲「傑」，「僙」爲「傜」，「倕」爲「傀」，今從唐曆、統紀、新舊紀、傳、年代記。

議者或罪張巡以守睢陽不去，與其食人，曷若全人。其友人李翰爲之作傳，表上之，睢，音雖。爲，于僞翻。傳，直戀翻。上，時掌翻；下獻上同。以爲：「巡以寡擊衆，以弱制強，保江、淮以待陛下之師，師至而巡死，謂張鎬之師至，而睢陽之城已陷三日也。巡之功大矣。而議者或罪巡以食人，愚巡以守死，以巡食人爲巡罪，守死爲巡愚。善遏惡揚，錄瑕棄用，【張：「用」作「功」。】臣竊痛之。巡所以固守者，以待諸軍之救，救不至而食盡，食既盡而及人，乖其素志。設使巡守城之初已有食人之心，損數百之衆以全天下，臣猶曰功過相掩，況非其素志乎！今巡死大難，難，乃旦翻。不睹休明，唯有令名是其榮祿。若不時紀錄，恐遠而不傳，使巡生死不遇，誠可悲焉。臣敢撰傳一卷獻上，乞編列史官。」衆議由是始息。是後赦令無不及李憕等，而程千里獨以生執賊庭，不沾褒贈。史言唐褒忠之典有遺恨。

24 甲子，上皇御宣政殿，以傳國寶授上，上始涕泣而受之。上不敢受傳國寶，見二百一十八卷元載九月。

25 安慶緒之北走也，謂自東京北走渡河。其大將北平王李歸仁及精兵曳落河、同羅、六州胡數萬人皆潰歸范陽，所過俘掠，人物無遺。史思明厚爲之備，且遣使逆招之范陽境，曳落河、六州胡皆降。同羅不從，思明縱兵擊之，同羅大敗，悉奪其所掠，餘衆走歸其國。慶緒忌思明之強，遣阿史那承慶、安守忠往徵兵，因密圖之。判官耿仁智耿仁智，蓋爲范陽節度判官。說思明曰：「大夫崇重，人莫敢言，仁智願一言而死。」思明曰：「何也？」仁智曰：「大夫所以盡力於安氏者，迫於凶威耳。今唐室中興，天子仁聖，大夫誠帥所部歸之，帥，讀曰率。此轉禍爲福之計也。」裨將烏承玼亦說思明曰：「今唐室再造，慶緒葉上露耳。朝日一出，葉上之露卽晞，故以爲諭。說，式芮翻。大夫柰何與之俱亡！若歸款朝廷，以自湔洗，易於反掌耳。」易，以豉翻。思明以爲然。

承慶、守忠以五千勁騎自隨，考異曰：舊傳云「三千騎」，今從實錄。至范陽，思明悉衆數萬逆之，相距一里所，使人謂承慶等曰：「相公及王遠至，將士不勝其喜，勝，音升。然邊兵怯懦，懼相公之衆，不敢進，願弛弓以安之。」承慶等從之。思明引承慶入內廳樂飲，樂，音洛。別遣人收其甲兵，諸郡兵皆給糧縱遣之，願留者厚賜，分隸諸營。明日，囚承慶等，遣其將竇子昂奉表以所部十三郡及兵八萬來降，十三郡，范陽、北平、嬀川、密雲、漁陽、柳城、文安、河間、上谷、博陵、勃海、饒陽、常山。并帥其河東節度使高秀巖亦以所部來降。乙丑，子昂至京師。考異曰：河洛春秋：「乾元元年四月，烏承恩受命入幽州，陳禍福，思明乃有表。」今從實錄。實錄曰：「明日，遂拘承慶，斬守忠之首以徇。」舊傳亦曰：「遂拘承慶，斬守忠、李立節之首以徇。」新烏承玼傳曰：「思明斬承慶。」按實錄，明年二月，承慶、守忠遣人齎表狀歸順。舊郭子儀傳，明年七月，破賊河上，擒安守忠。然則此際未死也。蓋二人既被拘，則降於思明，復爲之用耳。上大喜，以思明爲歸義王、范陽節度使，考異曰：河洛春秋及舊傳皆云「河北節度使」。按安祿山爲范陽節度使兼河北采訪使，思明蓋襲祿山舊官耳。今從實錄。子七人皆除顯官。遣內侍李思敬與烏承恩往宣慰，句斷。使將所部兵討慶緒。將，卽亮翻。

先是，慶緒以張忠志爲常山太守，先，悉薦翻。思明召忠志還范陽，以其將薛萼攝恆州刺史，開井陘路，開太原兵自井陘出常山之路。招趙郡太守陸濟，降之；命其子朝義將兵五千人攝冀州刺史，以其將令狐彰爲博州刺史。烏承恩所至宣布詔旨，滄、瀛、安、深、德、棣等州皆降，後魏置安州，治方城，唐檀州即其地也。唐無安州在河北，或者安、史以莫州文安郡爲安州歟？雖相州未下，謂安慶緒據鄴也。河北率爲唐有矣。因史思明降，史言一時之事。

26 上皇加上尊號曰光天文武大聖孝感皇帝。

27 郭子儀還東都，經營河北。

28 崔器、呂諲上言：「諸陷賊官，背國從僞，準律皆應處死。」上，時掌翻。背，蒲妹翻。處，昌呂翻。上欲從之。李峴以爲：「賊陷兩京，天子南巡，人自逃生。此屬皆陛下親戚或勳舊子孫，今一概以叛法處死，恐乖仁恕之道。且河北未平，羣臣陷賊者尚多，若寬之，足開自新之路；若盡誅，是堅其附賊之心也。書曰：『殲厥渠魁，脅從罔理。』書胤征之辭。李峴避唐諱，改「治」爲「理」。諲、器守文，不達大體。惟陛下圖之。」爭之累日，上從峴議，以六等定罪，重者刑之於市，次賜自盡，次重杖一百，次三等流、貶。壬申，斬達奚珣等十八人於城西南獨柳樹下，劉昫曰：獨柳樹，在長安子城西南隅。陳希烈等七人賜自盡於大理寺；應受杖者於京兆府門。

上欲免張均、張垍死，上皇曰：「均、垍事賊，皆任權要。均仍爲賊毀吾家事，爲，于僞翻；下垍爲同。罪不可赦。」上叩頭再拜曰：「臣非張說父子，無有今日。上皇之爲太子也，太平公主忌之，東宮左右持兩端，纖悉必聞於主。元獻楊后方娠，上皇不自安，密語侍讀張說曰：「用事者不欲吾多子，柰何？」命說挾劑而入，上皇於曲室自煮之。夢若有介而戈者環鼎三，而三煮盡覆，以告說。說曰：「天命也！」乃止。

遂生帝。及帝在東宮，李林甫動搖者數矣，均、垍保護，得免。臣不能活均、垍，使死者有知，何面目見說於九泉！」因俯伏流涕。上命左右扶上起，曰：「張垍爲汝長流嶺表，張均必不可活，汝更勿救。」上泣而從命。考異曰：柳珵常侍言旨云：「太上皇召肅宗謂曰：『張均弟兄皆與逆賊作權要官，就中張均更與賊毀阿奴、三哥家事，雖犬彘之不若也。其罪無赦。』肅宗下殿，叩頭再拜曰：『臣比在東宮，被人誣譖，三度合死，皆張說保護，得全首領以至今日。說兩男一度合死，臣不能力爭，儻死者有知，臣將何面目見張說於地下！』嗚咽俯伏。太上皇命左右曰：『扶皇帝起。』乃曰：『與阿奴處置張垍，宜長流遠惡處；張均宜棄市。阿奴更不要苦救這賊也。』肅宗掩泣奉詔。」按肅宗爲李林甫所危時，說已死，乃得均、垍之力。均、垍以說遺言盡心於肅宗耳。今略取其意。

安祿山所署河南尹張萬頃獨以在賊中能保庇百姓不坐。頃之，有自賊中來者，言「唐羣臣從安慶緒在鄴者，聞廣平王赦陳希烈等，皆自悼，恨失身賊庭；及聞希烈等誅，乃止。」上甚悔之。

臣光曰：爲人臣者，策名委質，有死無貳。希烈等或貴爲卿相，或親連肺腑，於承平之日，無一言以規人主之失，救社稷之危，迎合苟容以竊富貴；及四海橫潰，乘輿播越，偷生苟免，顧戀妻子，媚賊稱臣，爲之陳力，爲，于僞翻。此乃屠酤之所羞，犬馬之不如。儻各全其首領，復其官爵，是諂諛之臣無往而不得計也。彼顏杲卿、張巡之徒，世治則擯斥外方，沈抑下僚；治，直吏翻。沈，持林翻。世亂則委棄孤城，齏粉寇手。齏，牋西翻。何爲善者之不幸而爲惡者之幸，朝廷待忠義之薄而保姦邪之厚邪！至於微賤之臣，巡徼之隸，徼，吉弔翻。謀議不預，號令不及，朝聞親征之詔，夕失警蹕之所，事見二百十八卷至德元載。乃復責其不能扈從，不亦難哉！復，扶又翻。從，才用翻。六等議刑，斯亦可矣，又何悔焉！

29 故妃韋氏既廢爲尼，居禁中，是歲卒。韋妃廢見二百十五卷天寶六載。

30 置左、右神武軍，取元從子弟充，元從子弟，謂從帝馬嵬北行及自靈武還京師者。從，才用翻。其制皆如四軍，總謂之北牙六軍。左、右羽林，左、右龍武，左、右神武，謂之北牙六軍。又擇善騎射者千人爲殿前射生手，分左、右廂，號曰英武軍。騎，奇寄翻。

31 升河中防禦使爲節度，領蒲、絳等七州；至德元載，置河中防禦守捉蒲關使，今升爲節度，領蒲、絳、隰、慈、晉、虢、同七州，治蒲州。考異曰：諸地理書皆云某郡，乾元元年復爲某州，不見在何月日。是歲十二月戊午赦云：「近日所改百官額及郡名、官名，一切依故事。」蓋此卽復以郡爲州之文也。比頒下四方，已涉明年矣。故皆云乾元元年也。分劍南爲東、西川節度，東川領梓、遂等十二州；東川領梓、遂、綿、劍、龍、閬、普、陵、瀘、榮、資、簡十二州，治梓州。又置荊澧節度，領荊、澧等五州；夔峽節度，領夔、峽等五州；荊南節度本領十州，今分兩鎮。荊澧兼領朗、郢、復，共五州。夔峽兼領涪、忠、萬，共五州。更安西曰鎮西。更，工衡翻。

乾元元年（戊戌、七五八）是年二月改元。

1春，正月，戊寅，上皇御宣政殿，授册，加上尊號。考異曰：實錄：「戊寅，玄宗御宣政殿，授上傳國寶。禮畢，册上加尊號。上上言讓曰：『伏奉聖旨，賜臣典册曰光天文武大聖孝感皇帝，授傳國寶符、受命寶符各一。』」按去年十二月癸亥，上已受國璽，告太清宫。甲子，玄宗御宣政殿，授上傳國璽，於殿下涕泣拜受。今又云授寶，事似複重。唐曆、統紀、年代記、舊紀皆云去年十二月授傳國璽，此年正月戊寅册尊號，今從之。上固辭「大聖」之號，上皇不許。上尊上皇曰太上至道聖皇天帝。寇逆未平，九廟未復，而父子之間迭加徽稱，此何爲者也！

先是，官軍既克京城，先，悉薦翻。宗廟之器及府庫資財多散在民間，遣使檢括，頗有煩擾；乙酉，敕盡停之，乃命京兆尹李峴安撫坊市。

2二月，癸卯朔，以殿中監李輔國兼太僕卿。輔國依附張淑妃，判元帥府行軍司馬，勢傾朝野。爲輔國得權與淑妃交惡張本。朝，直遥翻。

3安慶緒所署北海節度使能元皓舉所部來降，能，奴代翻。降，戶江翻。以爲鴻臚卿，充河北招討使。

4丁未，上御明鳳門，唐會要曰：至德三載，改丹鳳門曰明鳳門，通化門爲達禮門，安上門爲先天門。凡坊名有「安」者悉改之，尋卻如舊。赦天下，改元。改元乾元。盡免百姓今載租、庸，復以載爲年。改年爲載，自上皇天寶三載始。復，扶又翻。

5 庚午，以安東副大都護王玄志爲營州刺史，充平盧節度使。

6 三月，甲戌，徙楚王俶爲成王。

7 戊寅，立張淑妃爲皇后。

8 鎮西、北庭行營節度使李嗣業屯河內。行營節度使始此。癸巳，北庭兵馬使王惟良謀作亂，嗣業與裨將荔非元禮討誅之。荔非，虜複姓。姓譜：荔非，西羌種，隋有荔非雄，涇州人。

9 安慶緒之北走也，其平原太守王暕、暕，古限翻。清河太守宇文寬皆殺其使者來降；慶緒使其將蔡希德、安太清攻拔之，生擒以歸，冎於鄴市。凡有謀歸者，冎，古瓦翻。「歸」字下當有「國」字。誅及種、族，胡人種誅之，華人族誅之。種，章勇翻。乃至部曲、州縣、官屬，連坐死者甚衆。又與其羣臣歃血盟於鄴南，而人心益離。慶緒聞李嗣業在河內，夏，四月，與蔡希德、崔乾祐將步騎二萬，涉沁水攻之，沁水出沁州沁源縣東南，出山而東，流過河內縣北。慶緒自鄴攻河內，須渡沁水。沁，七鴆翻。不勝而還。還，從宣翻，又如字。

10 癸卯，以太子少師虢王巨爲河南尹，充東京留守。

11 辛卯，「辛卯」當作「辛亥」，傳寫誤也。新書肅宗紀作「四月辛亥」，此又逸「四月」二字。新主入太廟。奉栗主自長樂殿入太廟。甲寅，上享太廟，遂祀昊天上帝；乙卯，御明鳳門，赦天下。

12 五月，壬午，制停采訪使，改黜陟使爲觀察使。觀察使始此。貞觀初，遣大使十人巡省天下諸州水旱，則有巡察、安撫、存撫之名。神龍二年，以五品以上二十人爲十道巡察使，按舉州、縣，再周而代。景雲二年，置都督二十四人，察刺史以下善惡。當時以爲權重難制，罷之，置十道按察使，開元二年曰十道按察采訪處置使。四年罷。八年復置按察使，秋冬巡視州縣。二十年曰採訪處置使，分十五道。天寶末，又兼黜陟使。是年改曰觀察處置使。

13 張鎬性簡澹，不事中要，中要，謂中人居權要者，如李輔國之類。聞史思明請降，上言：「思明凶險，因亂竊位，力強則衆附，勢奪則人離，彼雖人面，心如野獸，難以德懷，願勿假以威權。」又言：「滑州防禦使許叔冀，狡猾多詐，臨難必變，請徵入宿衞。」思明、叔冀後皆如鎬言。滑州，靈昌郡。使，疏吏翻。難，乃旦翻。時上以【張：「以」作「已」。】寵納思明，「以」當作「已」，唐人多通用以、已二字。但於此作「以」，文意不通。會中使自范陽及白馬來，皆言思明、叔冀忠懇可信，思明在范陽。滑州治白馬縣，漢古縣也，許叔冀屯焉。上以鎬爲不切事機，戊子，罷爲荊州防禦使；以禮部尚書崔光遠爲河南節度使。尚，辰羊翻。

14 張后生興王佋，佋，音韶。纔數歲，欲以爲嗣，上疑未決，從容謂考功郎中、知制誥李揆曰：嗣，祥吏翻。從，千容翻。「成王長，且有功，長，知兩翻。朕欲立爲太子，卿意何如？」揆再拜賀曰：「此社稷之福，臣不勝大慶。」勝，音升。上喜曰：「朕意決矣。」庚寅，立成王俶爲皇太子。揆，玄道之玄孫也。俶，昌六翻。李玄道，武德中爲天策府學士。

15 乙未，以崔圓爲太子少師，李麟爲少傅，皆罷政事。上頗好鬼神，少，始照翻。好，呼到翻。太常少卿王璵璵，音余。專依鬼神以求媚，每議禮儀，多雜以巫祝俚俗。上悅之，以璵爲中書侍郎、同平章事。俚，音里。考異曰：舊傳云「三年七月」，今從實錄。

16 贈故常山太守顏杲卿太子太保，謚曰忠節，以其子威明爲太僕丞。杲卿之死也，顏杲卿死事見二百十七卷至德元載。守，式又翻。楊國忠用張通幽之譖，竟無褒贈。上在鳳翔，顏眞卿爲御史大夫，泣訴於上，上乃出通幽爲普安太守，劍州普安郡。具奏其狀於上皇，上皇杖殺通幽。杲卿子泉明爲王承業所留，因寓居壽陽，晉置壽陽縣，屬樂平郡。後魏廢樂平郡，以壽陽縣屬太原郡。九域志：在太原府東一百八十里。然本朝太原府已移治陽曲。宋白曰：壽陽縣本漢榆次縣地。後魏風土記：晉末，山戎內侵，太原之民來向山東，戎卽居之。眞君十年，出徙壽陽之戶於大陵城南，置壽陽縣。隋開皇改壽陽爲文水縣，又於壽陽故城置壽陽縣，卽今縣是也。爲史思明所虜，去年史思明攻太原，因虜泉明。裹以牛革，送於范陽，會安慶緒初立，有赦，得免。思明降，乃得歸，求其父尸於東京，得之，遂幷袁履謙尸棺斂以歸。棺，古玩翻。斂，力贍翻。杲卿姊妹女及泉明之子皆流落河北；眞卿時爲蒲州刺史，使泉明往求之，泉明號泣求訪，哀感路人，久乃得之。泉明詣親故乞索，號，戶高翻。索，山客翻。隨所得多少贖之，先姑姊妹而後其子。姑女爲賊所掠，泉明有錢二百緡，欲贖己女，閔其姑愁悴，先，悉薦翻。後，戶遘翻。悴，秦醉翻。先贖姑女；比更得錢，比，必例翻，及也。求其女，已失所在。遇羣從姊妹從，才用翻。及父時將吏袁履謙等妻子流落者，皆與之歸，凡五十餘家，三百餘口，均減資糧，資糧則均分之，其或有不足，則減常數而均之。一如親戚。至蒲州，眞卿悉加贍給，久之，隨其所適而資送之。袁履謙妻疑履謙衣衾儉薄，發棺視之，與杲卿無異，乃始慚服。顏杲卿之忠節固照映千古，而其子之孝義亦非人所及也。

17 六月，己酉，立太一壇於南郊之東，漢武帝始祀太一，至唐，復祀之，蓋參用九宮貴神之說。項安世曰：中宮天極一星，其神太一，列宿之中最尊，所臨之方則嘉應洊臻，漢武帝始祠之。從王璵之請也。上嘗不豫，卜云山川爲祟，祟，雖遂翻，神禍也。璵請遣中使與女巫乘驛分禱天下名山、大川。巫恃勢，所過煩擾州縣，干求受贓。黃州有巫，盛年美色，從無賴少年數十，爲蠹尤甚，使，疏吏翻。少，始照翻。至黃州，宿於驛舍。刺史左震晨至驛，門扃鎖，不可啓，扃，古螢翻。鎖，蘇果翻。震怒，破鎖而入，曳巫於階下斬之，所從少年悉斃之。籍其贓，數十萬，具以狀聞，且請以其贓代貧民租，遣中使還京師，上無以罪也。

18 以開府儀同三司李嗣業爲懷州刺史，充鎭西、北庭行營節度使。李嗣業以鎭西、北庭兵屯懷州，就用爲刺史，征調以給軍。嗣，祥吏翻。

19 山人韓穎改造新曆，丁巳，初行穎曆。時韓穎上言：大衍曆或誤。帝疑之，以穎直司天臺，損益其術，每節增二日，更名至德曆。

20 戊午，敕兩京陷賊官，三司推究未畢者皆釋之；貶、降者續處分。去年十二月始命三司推究陷賊官。處，昌呂翻。分，扶問翻。

21 太子少師房琯既失職，謂罷相也。頗怏怏，多稱疾不朝，怏，於兩翻。朝，直遙翻。而賓客朝夕盈門，其黨爲之揚言於朝云：「琯有文武才，宜大用。」上聞而惡之，下制數琯罪，貶豳州刺史。爲，于僞翻。惡，烏路翻。數，所具翻，又所主翻。前祭酒劉秩貶閬州刺史，京兆尹嚴武貶巴州刺史，皆琯黨也。閬州，閬中郡。巴州，清化郡，漢巴郡宕渠縣地。閬，音浪。

22 初，史思明以列將事平盧軍使烏知義，考異曰：舊傳，「知義爲節度使」。按安祿山始爲平盧節度使。舊傳誤也。知義善待之。知義子承恩爲信都太守，以郡降思明，事見上卷至德元載。思明思舊恩而全之。及安慶緒敗，承恩勸思明降唐。去年十二月事。李光弼以思明終當叛亂，而承恩爲思明所親信，陰使圖之；又勸上以承恩爲范陽節度副使，賜阿史那承慶鐵券，令共圖思明，上從之。

承恩多以私財募部曲，又數衣婦人服詣諸將營說誘之，數，所角翻。衣，於既翻。說，輸芮翻。誘，音酉。諸將以白思明，思明疑未察。會承恩入京師，上使內侍李思敬與之俱至范陽宣慰。承恩既宣旨，思明留承恩館於府中，按經典釋文，館，古玩翻。帷其床，伏二人於床下。承恩少子在范陽，思明使省其父。少，詩照翻。省，悉景翻。思明雖伏二人以察承恩，然不使其子與父共處，則謀無自而露。姦雄之智數，固非人所及也。夜中，承恩密謂其子曰：「吾受命除此逆胡，當以吾爲節度使。」二人於牀下大呼而出。呼，火故翻。思明乃執承恩，索其裝囊，凡行者之裝，盛以囊橐，故曰裝囊。有底曰囊，無底曰橐。索，山客翻。得鐵券及光弼牒，牒云：「承慶事成則付鐵券；不然，不可付也。」又得簿書數百紙，皆先從思明反者將士名。烏承恩持鐵券入不測之虜，使阿史那承慶之事不成，承恩其能奉鐵券以還天子乎！使思明果授首，則宜宥其同惡，而先籍其姓名，果能悉誅之乎！余謂李光弼之明智必不爲此。蓋思明因承恩言，僞爲此牒，抗表以罪狀光弼；又僞爲簿書，籍將士姓名以激怒之，使與己同反而無他志。思明責之曰：「我何負於汝而爲此！」承恩謝曰：「死罪，此皆李光弼之謀也。」思明乃集將佐吏民，西向大哭曰：「臣以十三萬衆降朝廷，何負陛下，而欲殺臣！」遂榜殺承恩父子，榜，音彭。考異曰：唐曆、舊傳皆云四月殺承恩。今據河洛春秋，四月始爲節度副使，六月死。連坐死者二百餘人。承恩弟承玼走免。玼，音此，又且禮翻。思明囚思敬，表上其狀。上，時掌翻。上遣中使慰諭思明曰：「此非朝廷與光弼之意，皆承恩所爲，殺之甚善。」

會三司議陷賊官罪狀至范陽，思明謂諸將曰：「陳希烈輩皆朝廷大臣，上皇自棄之幸蜀，今猶不免於死，況吾屬本從安祿山反乎！」思明又以此激怒其將士。諸將請思明表求誅光弼，思明從之，命判官耿仁智與其僚張不矜爲表云：「陛下不爲臣誅光弼，不爲，于僞翻。臣當自引兵就太原誅之。」不矜草表以示思明，及將入函，凡表皆函封。仁智悉削去之。寫表者以白思明，思明命執二人斬之。仁智事思明久，思明憐，欲活之，復召入，去，羌呂翻。復，扶又翻。謂曰：「我任使汝垂三十年，今日非我負汝。」仁智大呼曰：「人生會有一死，得盡忠義，死之善者也。今從大夫反，不過延歲月，豈若速死之愈乎！」思明怒，亂捶之，腦流于地。史言耿仁智去逆從順，以死全節。呼，火故翻。

烏承玼奔太原，李光弼表爲昌化郡王，充石嶺軍使。石嶺軍在忻州秀容縣。

23 秋，七月，丙戌，初鑄當十大錢，文曰「乾元重寶」，乾元錢徑一寸，每緡重十斤，與開元通寶並行。從御史中丞第五琦之謀也。

24 丁亥，册命回紇可汗曰英武威遠毗伽闕可汗，以上幼女寧國公主妻之。妻，七細翻。以殿中監漢中王瑀爲册禮使，右司郎中李巽副之；命左僕射裴冕送公主至境上。戊子，又以司勳員外郎鮮于叔明爲瑀副。叔明，仲通之弟也。天寶中，鮮于仲通黨附楊國忠，致位通顯。甲子，【嚴：「子」改「午」。】上送寧國公主至咸陽，公主辭訣曰：「國家事重，死且無恨。」上流涕而還。瑀等至回紇牙帳，可汗衣赭袍胡帽，衣，於既翻。坐帳中榻上，儀衛甚嚴，引瑀等立於帳外。瑀不拜而立，可汗曰：「我與天可汗兩國之君，君臣有禮，何得不拜？」瑀與叔明對曰：「曏者唐與諸國爲婚，皆以宗室女爲公主。今天子以可汗有功，自以所生女妻可汗。

妻，七細翻。恩禮至重，可汗柰何以子壻傲婦翁，坐榻上受册命邪！」可汗改容，起受册命。明日，立公主爲可敦，自突厥有國以來，可汗號其正室曰可賀敦。舉國皆喜。

25 乙未，郭子儀入朝。考異曰：實錄：「郭子儀擒逆賊將安太清送闕下。」按上元元年，李光弼拔懷州，始擒太清。實錄誤也。唐曆、本紀等皆無之。舊子儀傳：「七月，破賊河上，擒安守忠，以獻。」諸書亦無之，今不取。

26 八月，壬寅，以青、登等五州節度使許叔冀爲滑、濮等六州節度使。考異曰：實錄云「青、徐等五州節度使季廣琛，青、登等五州節度使許叔冀。」按青州豈可屬兩節度！又廣琛先爲荆州長史，今年五月爲右常侍，九月討安慶緒時，實錄稱鄭蔡節度使。汾陽家傳稱淮西、荆、澧，舊紀稱荆州，未嘗鎮青、徐。實錄於此稱青、徐，恐誤也。余按新書方鎮表，至德元載置青密節度使，領北海、高密、東牟、東萊四郡。乾元元年，青密節度增領滑、濮二州。青密節度，卽前所云北海節度也，領青、密、登、萊四州，增領滑、濮，是爲六州節度使。若以青、登五州增滑、濮二州，則七州矣，其數不合。

27 庚戌，李光弼入朝。丙辰，以郭子儀爲中書令，光弼爲侍中。丁巳，子儀詣行營。

28 回紇遣其臣骨啜特勒及帝德將驍騎三千助討安慶緒，上命朔方左武鋒使僕固懷恩領之。

29 九月，庚午朔，以右羽林大將軍趙泚爲蒲、同、虢三州節度使。去年置河中節度使，領蒲、絳等七州。今趙玭節度蒲、同、虢三州而已。蓋兵興之際，分命節帥以扼險要，其所統之增減離合，隨時制宜耳。

30 丙子，招討党項使王仲昇斬党項酋長拓跋戎德，傳首。貞觀以後，吐蕃浸盛，党項、拓跋諸部畏逼，請內徙，詔慶州置靜邊軍州處之。又置芳池都督府於慶州懷安縣界，管小州十，以處党項野利氏部落。至德以來，中國亂，党項因寇邠、寧二州。

31 安慶緒之初至鄴也，雖枝黨離析，猶據七郡六十餘城，汲、鄴、趙、魏、平原、清河、博平，凡七郡。甲兵資糧豐備。慶緒不親政事，專以繕臺沼樓船、酣飲爲事。其大臣高尚、張通儒等爭權不叶，無復綱紀。蔡希德有才略，部兵精鋭，而性剛，好直言，通儒譖而殺之；復，扶又翻。好，呼到翻；下好殺同。考異曰：河洛春秋：「十月，蔡希德有密款歸國，將襲殺慶緒以爲內應。左右泄之，慶緒斬希德於鄴中。」又曰：「慶緒既殺希德，始有土崩之兆矣。」薊門紀亂：「史思明常畏希德，自知謀策、果斷、英武皆不及之。時希德在相州，爲慶緒竭節展效，思明未敢顯背。無何，希德爲慶緒所殺，思明初聞，驚疑不信，及知其實，大喜見於顏色焉。」今從實錄。麾下數千人皆逃散，諸將怨怒不爲用。以崔乾祐爲天下兵馬使，總中外兵。乾祐愎戾好殺，將，卽亮翻。愎，弼力翻，很也。士卒不附。

庚寅，命朔方郭子儀、淮西魯炅、興平李奐、滑濮許叔冀、鎮西·北庭李嗣業、鄭蔡季廣琛、河南崔光遠七節度使及平盧兵馬使董秦將步騎二十萬討慶緒；炅，古迥翻。濮，博木翻。嗣，祥吏翻。琛，丑林翻。將，卽亮翻，又音如字。騎，奇寄翻。又命河東李光弼、關內·澤潞王思禮王思禮先爲關內節度使，時兼領澤潞節度使，鎮潞州。二節度使將所部兵助之。考異曰：實錄有李奐，無崔光遠，而云凡九節度。汾陽家傳有光遠，無奐，又有河東兵馬使薛兼訓。蓋實錄脫光遠，汾陽傳脫奐名耳。兼訓蓋光弼裨將，光弼未至間，先遣赴鄴城也。汾陽傳又以炅爲襄鄧，廣琛爲淮西、荆澧。舊本紀：「廣琛爲荆州」。今從實錄。汾陽傳又云，

「公九月十二日出洛，師涉河而東。」今從實錄，涉庚，二十一日也。余按「涉庚」當作「庚寅」。上以子儀、光弼皆元勳，難相統屬，故不置元帥，諸軍並行，步騎數十萬，而不置元帥，號令不一，所以有安陽之敗。但以宦官開府儀同三司魚朝恩爲觀軍容宣慰處置使。處，昌呂翻。觀軍容之名自此始。

32 癸巳，廣州奏：大食、波斯圍州城，廣州治南海縣，本漢番禺縣。刺史韋利見踰城走，二國兵掠倉庫，焚廬舍，浮海而去。

33 冬，十月，甲辰，册太子，考異曰：實錄云：「可大赦天下。頃者頻興大典，累洽殊私，率土之間，屢經蕩滌。猶慮近者或滯狴牢，其天下見禁囚徒已下罪，一切放免。」按既云大赦，則死罪皆免，豈有但免徒以下罪邪！恐「可大赦天下」是衍字耳。今不書赦。更名曰豫。初，太子生之歲，豫州獻嘉禾，於是以爲祥，更名豫。更，工衡翻。自中興以來，羣下無復賜物，復，扶又翻。至是，始有新鑄大錢，乾元重寶錢也。百官、六軍霑賚有差。

34 郭子儀引兵自杏園濟河，東至獲嘉，九域志：衞州汲縣有杏園鎮。獲嘉縣，本汲縣之新中鄉，漢武帝行幸至此，聞獲呂嘉，因置獲嘉縣；唐屬懷州。九域志：獲嘉縣，在衞州西九十里。破安太清，斬首四千級，捕虜五百人。太清走保衞州，子儀進圍之；丙午，遣使告捷。魯炅自陽武濟，季廣琛、崔光遠自酸棗濟，陽武縣，武德四年置於故原武城，屬鄭州。與李嗣業兵皆會子儀於衞州。慶緒悉舉鄴中之衆七萬救衞州，分三軍，以崔乾祐將上軍，田承嗣將下軍，慶緒自將中軍。子儀使善射者三千人伏于壘垣之內，令曰：「我退，賊必逐我，汝乃登壘，鼓譟而射之。」既而與慶緒戰，僞退，賊逐之，至壘下，伏兵起射之，射，而亦翻。矢如雨注，賊還走，子儀復引兵逐之，復，扶又翻。慶緒大敗。獲其弟慶和，殺之。遂拔衞州。慶緒走，子儀等追之至鄴，許叔冀、董秦、王思禮及河東兵馬使薛兼訓皆引兵繼至。慶緒收餘兵拒戰於愁思岡，愁思岡，在鄴城西。據歐史，在相州湯陰縣。薛居正曰：湯陰縣界有一岡，土人謂之愁死岡。考異曰：汾陽家傳：「十月五日，戰愁岡。」據實錄，「癸丑，子儀破賊，擒安慶和。」癸丑，十四日也，蓋捷奏始到。又敗。前後斬首三萬級，捕虜千人。慶緒乃入城固守，子儀等圍之。【章：十二行本「之」下有「李光弼引兵繼至」七字；乙十一行本同；孔本同；張校同。】慶緒窘急，遣薛嵩求救於史思明，且請以位讓之。思明發范陽兵十三萬欲救鄴，觀望未敢進，先遣李歸仁將步騎一萬軍于滏陽，磁州治滏陽，南至鄴城六十里。遙爲慶緒聲勢。

35 甲寅，上皇幸華清宮；十一月，丁丑，還京師。

36 崔光遠拔魏州；魏州，治漢元城縣郭下。又置貴鄉縣，與元城爲二縣。丙戌，以前兵部侍郎蕭華爲魏州防禦使。會史思明分軍爲三，一出邢、洺，一出冀、貝，一自洹水趣魏州。洹水縣，漢長樂縣地。魏郡國志曰：周建德六年，分臨漳縣東北置洹水縣，在魏州西。趣，七喻翻。郭子儀奏以崔光遠代華，十二月，癸卯，敕以光遠領魏州刺史。

37 甲辰，置浙江西道節度使，領蘇、潤等十州，以昇州刺史韋黄裳爲之。浙西道節度使兼江寧軍使，領昇、潤、宣、歙、饒、江、蘇、常、杭、湖十州，治昇州。庚戌，置浙江東道節度使，領越、睦等八州，以戶部尚書李峘爲之，浙東道節度使領越、睦、衢、婺、台、明、處、溫八州，治越州。兼淮南節度使。此宜參考下卷上元元年都統李峘註。

38 己未，羣臣請上尊號曰乾元大聖光天文武孝感皇帝，許之。

39 史思明乘崔光遠初至，引兵大下，光遠使將軍李處崟拒之。崟，魚今翻。賊勢盛，處崟連戰不利，還趣城。趣，七喻翻。賊追至城下，揚言曰：「處崟召我來，何爲不出！」光遠信之，腰斬處崟。處崟，驍將，衆所恃，既死，衆無鬭志，姚聳夫若在，未必能爲宋保守河南，而聳夫之死，宋人惜之。李處崟若在，未必能爲唐保守魏州，而處崟之死，唐人惜之。以兩敵相持而自戮鬭將，乃自翦其手足也。光遠脫身走還汴州。丁卯，思明陷魏州，所殺三萬人。

40 平盧節度使王玄志薨，上遣中使往撫將士，且就察軍中所欲立者，授以旌節。高麗人李懷玉爲裨將，殺玄志之子，推侯希逸爲平盧軍使。希逸之母，懷玉姑也，故懷玉立之。立侯希逸者李懷玉，而逐侯希逸者亦李懷玉也。懷玉後賜名正己。朝廷因以希逸爲節度副使。節度使由軍士廢立自此始。

臣光曰：夫民生有欲，無主則亂。書仲虺之誥之言。是故聖人制禮以治之。治，直之翻。自天子、諸侯至於卿、大夫、士、庶人，尊卑有分，分，扶問翻。大小有倫，若綱條之相維，書說命曰：「若綱在綱，有條而不紊」。臂指之相使，賈誼曰：「如身之使臂，臂之使指，莫不制從。」是以民服事其上，而下無覬覦。覬，音冀。覦，音俞。其在周易，「上天、下澤，履。」象曰：「君子以辨上下，定民志。」此之謂也。凡人君所以能有其臣民者，以八柄存乎己也。周禮：「王以八柄馭羣臣：一曰爵，以馭其貴；二曰祿，以馭其富；三曰予，以馭其幸；四曰置，以馭其行；五曰生，以馭其福；六曰奪，以馭其貧；七曰廢，以馭其罪；八曰誅，以馭其過。」苟或捨之，則彼此之勢均，何以使其下哉！

肅宗遭唐中衰，幸而復國，是宜正上下之禮以綱紀四方；而偷取一時之安，不思永久之患。彼命將帥，統藩維，國之大事也，乃委一介之使，徇行伍之情，行，戶剛翻。無問賢不肖，惟其所欲與者則授之。自是之後，積習爲常，君臣循守，以爲得策，謂之姑息。姑，且也；息，安也；且求目前之安也。乃至偏裨士卒，殺逐主帥，亦不治其罪，因以其位任授之。然則爵祿、廢置、殺生、予奪，此卽周禮所謂八柄也。治，直之翻。予，讀曰與。皆不出於上而出於下，亂之生也，庸有極乎！

且夫有國家者，賞善而誅惡，故爲善者勸，爲惡者懲。彼爲人下而殺逐其上，惡孰大焉！乃使之擁旄秉鉞，師長一方，長，知兩翻。是賞之也。賞以勸惡，惡其何所不至乎！書云：「遠乃猷。」書康誥之言。猷，謀也。詩云：「猷之未遠，是用大諫。」詩大雅板之辭。孔子曰：「人無遠慮，必有近憂。」見論語。爲天下之政而專事姑息，其憂患可勝校乎！勝，音升。由是爲下者常眄眄焉伺其上，眄，眠見翻，目偏合而衺視也。苟得間則攻而族之；爲上者常惴惴焉畏其下，苟得間則掩而屠之；二語曲盡唐末藩鎮、將卒之情狀。間，古莧翻。惴，之睡翻，憂懼貌。爭務先發以逞其志，非有相保養爲俱利久存之計也。如是而求天下之安，其可得乎！迹其厲階，肇於此矣。言其禍肇於命侯希逸帥平盧也。毛萇曰：厲，惡也。鄭氏曰：犯政爲惡曰厲。

蓋古者治軍必本於禮，故晉文公城濮之戰，見其師少長有禮，知其可用。左傳：晉楚戰于城濮。晉侯登有莘之虚以觀師，曰：「少長有禮，其可用也。」遂戰，楚師敗績。治，直之翻；下同。少，詩照翻。長，知兩翻。今唐治軍而不顧禮，使士卒得以陵偏裨，偏裨得以陵將帥，則將帥之陵天子，自然之勢也。賈誼廉陛之論，正此意。

由是禍亂繼起，兵革不息，民墜塗炭，無所控訴，凡二百餘年，然後大宋受命。太祖始制軍法，使以階級相承，小有違犯，咸伏斧質。是以上下有敍，令行禁止，四征不庭，庭，直也。不庭，諸侯之不直者。近世儒者以不朝爲不庭，謂其不來庭也。無思不服，宇內乂安，兆民允殖，以迄于今，皆由治軍以禮故也。豈非詒謀之遠哉！

41 是歲，置振武節度使，領鎮北大都護府、麟·勝二州；鎮北大都護府，領大同、長寧二縣。振武節度使，治單于都護府，因舊振武軍而建節鎮，兼押蕃落使。宋白曰：振武軍，舊爲單于都護府，卽漢定襄郡之盛樂縣也，在陰山之陽，黄河之北，後魏所都盛樂是也。唐平突厥，於此置雲中都督府，麟德三年，改爲單于大都護府；至德後，振武節度治焉。又置陜虢華及豫許汝二節度使；安南經略使爲節度使，領交、陸等十一州。安南節度使，領交、陸、峯、愛、驩、長、福祿、芝、武莪、演、武安十一州，治交州。宋白曰：陸州玉山郡，本玉州，上元二年，改爲陸州，以州界有陸水爲名。

42 吐蕃陷河源軍。

資治通鑑卷第二百二十一

端明殿學士兼翰林侍讀學士太中大夫提舉西京嵩山崇福宮上柱國河內郡開國公食邑二千二百戶食實封九百戶賜紫金魚袋臣　司馬光　奉敕編集

後學天台　胡三省　音註

唐紀三十七

起屠維大淵獻（己亥），盡上章困敦（庚子），凡二年。

肅宗文明武德大聖大宣孝皇帝下之上

乾元二年（己亥、七五九）

1 春，正月，己巳朔，史思明築壇於魏州城北，自稱大聖燕王；以周摯爲行軍司馬。考異曰：河洛春秋作「周萬至」，邠志作「周至」，舊傳作「周贄」。今從實錄。李光弼曰：「思明得魏州而按兵不進，此欲使我懈惰，而以精銳掩吾不備也。請與朔方軍同逼魏城，求與之戰，彼懲嘉山之敗，嘉山之敗，事見二百十八卷至德元載。必不敢輕出。得曠日引久，則鄴城必拔矣。慶緒已死，彼則無辭以用其衆也。」魚朝恩以爲不可，乃止。使用光弼之計，安有滏水之潰乎！朝，直遙翻。

2 戊寅，上祀九宮貴神，李心傳曰：九宮貴神者，太一、攝提、權主、招搖、天符、青龍、咸池、太陰、天一。宋白曰：九宮貴神，其說本之黃帝九宮經、蕭吉五行大義。用王璵之言也。乙卯，耕藉田。「乙卯」，當作「乙酉」。

3 鎮西節度使李嗣業攻鄴城，爲流矢所中，中，竹仲翻。丙申，薨；兵馬使荔非元禮代將其衆。將，卽亮翻。初，嗣業表段秀實爲懷州長史，知留後事。李嗣業以鎮西、北庭兵屯懷州，會師攻鄴，以段秀實知留後事。時諸軍屯戍日久，財竭糧盡，秀實獨運芻粟，募兵市馬以奉鎮西行營，相繼於道。

4 二月，壬子，月食，既。春秋之法：書日食，不書月食。日，君象也。此因張后之專横而書月食。記曰：男教不脩，陽事不得，謫見於天，日爲之食；婦順不脩，陰事不得，謫見於天，月爲之食。是故日食，則天子素服而脩六官之職，蕩天下之陽事；月食，則后素服而脩六宮之職，蕩天下之陰事。故天子之與后，猶日之與月，陰之與陽，相須而成者也。是後月食皆書於目錄上方。先是百官請加皇后尊號曰「輔聖」，先，悉薦翻。考異曰：舊紀作「翊聖」，今從實錄。上以問中書舍人李揆，對曰：「自古皇后無尊號，惟韋后有之，韋后事見二百八卷中宗景龍元年。豈足爲法！」上驚曰：「庸人幾誤我！」會月食，事遂寢。后與李輔國相表裏，横於禁中，幾，居依翻。横，戶孟翻。干豫政事，請託無窮，上頗不悅，而無如之何。

5 郭子儀等九節度使圍鄴城，築壘再重，穿塹三重，重，直龍翻。壅漳水灌之。城中井泉皆溢，構棧而居，自冬涉春，安慶緒堅守以待史思明，食盡，一鼠直錢四千，淘牆麲及馬矢以食馬。麲，與職翻。先以麥麲雜土築牆，今圍急乏芻，故淘麲以飼馬。食，祥吏翻。人皆以爲克在朝夕，而諸軍既無統帥，帥，所類翻。進退無所稟；稟，稟令也。稟，必錦翻。行軍進退，必稟令於主帥，今諸軍無所稟也。城中人欲降者，礙水深，不得出。降，戶江翻。城久不下，上下解體。師老勢屈，故解體。思明乃自魏州引兵趣鄴，果如李光弼之言。趣，七喻翻。使諸將去城各五十里爲營，每營擊鼓三百面，遥脅之。又每營選精騎五百，日於城下抄掠，騎，奇寄翻。抄，楚交翻。官軍出，輒散歸其營；諸軍人馬牛車日有所失，樵採甚艱，晝備之則夜至，夜備之則晝至。時天下饑饉，轉餉者南自江、淮，西自并、汾，舟車相繼。思明多遣壯士竊官軍裝號，督趣運者，趣，讀曰促。責其稽緩，妄殺戮人，運者駭懼；舟車所聚，則密縱火焚之；往復聚散，自相辨識，而官軍邏捕不能察也。邏，郎佐翻。由是諸軍乏食，人思自潰。思明乃引大軍直抵城下，觀史思明用兵，所謂盜亦有道焉。官軍與之刻日決戰。

三月，壬申，官軍步騎六十萬陳於安陽河北，陳，讀曰陣；下布陳同。滏水逕安陽縣而東流，謂之安陽河。思明自將精兵五萬敵之，將，卽亮翻。諸軍望之，以爲遊軍，未介意。思明直前奮擊，李光弼、王思禮、許叔冀、魯炅先與之戰，殺傷相半；魯炅中流矢。中，竹仲翻。郭子儀承其後，未及布陳，大風忽起，吹沙拔木，天地晝晦，咫尺不相辨，兩軍大驚，官軍潰而南，賊潰而北，棄甲仗輜重委積於路。史言滏水之戰，天未悔禍，非戰之罪。使皆如李光弼、王思禮，在亂能整，則其失亡，不至於甚。重，直用翻。子儀以朔方軍斷河陽橋保東京。斷，音短。戰馬萬匹，惟存三千；甲仗十萬，遺棄殆盡。東京士民驚駭，散奔山谷；留守崔圓、河南尹蘇震等官吏南奔襄、鄧；守，式又翻。襄、鄧二州，屬山南東道。諸節度各潰歸本鎮。士卒所過剽掠，剽，匹妙翻。吏不能止，旬日方定。惟李光弼、王思禮整勒部伍，全軍以歸。考異曰：邠志曰：「史思明自稱燕王。牙前兵馬使吳思禮曰：『思明果反。蓋蕃將也，安肯盡節於國家！』因目左武鋒使僕固懷恩。懷恩色變，陰恨之。三月六日，史思明輕兵抵相州，郭公率諸軍禦之，戰于萬金驛。賊分馬軍並滏而西，郭公使僕固懷恩以蕃、渾馬軍邀擊，破之。還遇吳思禮於陣，射殺之，呼曰：『吳思禮陣沒。』其夕，收軍，郭公疑懷恩爲變，遂脫身先去。諸軍相繼潰于城下。」今從實錄。

子儀至河陽，將謀城守，師人相驚，又奔缺門。水經註：穀水出弘農澠池縣南，又東逕新安縣故城南，又東逕千秋亭南，又東逕缺門山，山阜之不接者里餘，故得是名。諸將繼至，衆及數萬，議捐東京，退保蒲、陝。將，卽亮翻。捐，于專翻。陝，失冉翻。蒲、陝二州夾河，潼關控其險，可以禦敵，故議退保之。都虞候張用濟曰：「蒲、陝荐饑，不如守河陽，賊至，併力拒之。」子儀從之。使都遊弈使靈武韓遊瓌將五百騎前趣河陽，使，疏吏翻。瓌，古回翻。騎，奇寄翻。趣，七喻翻。用濟以步卒五千繼之。周摯引兵爭河陽，後至，不得入而去。用濟役所部兵築南、北兩城而守之。是後李光弼雖斬張用濟而守河陽，則實張用濟定計於其先也。段秀實帥將士妻子及公私輜重自野戍渡河，待命於河清之南岸，野戍，卽野水渡，置戍守之，因謂之野戍。河清縣，本屬河南尹，本大基縣，武德二年置，八年省，咸亨四年復分河南洛陽、新安、王屋、濟源、河陽置大基，先天元年更名河清。帥，讀曰率。將，卽亮翻。輜，莊持翻。重，直用翻。荔非元禮至而軍焉。諸將各上表謝罪，上，時掌翻。上皆不問，惟削崔圓階封，崔圓先封趙國公，實封戶五百。國公，從一品，階比開府儀同三司。貶蘇震爲濟王府長史，削銀青階。濟王環，上弟也。濟，子禮翻。長，知兩翻。

史思明審知官軍潰去，自沙河收整士衆，還屯鄴城南。史思明之兵潰而北去，至沙河，知官軍的去，乃收整其衆而南。使官軍於滏水驚潰之後，各能收兵還營，堅壁而圍守鄴城，思明未敢南也。沙河縣，隋分龍岡縣置，唐屬邢州，在鄴城西北二百餘里。還，音旋，又音如字。安慶緒收子儀營中糧，得六七萬石，與孫孝哲、崔乾祐謀閉門更拒思明。諸將曰：「今日豈可復背史王乎！」復，扶又翻。背，蒲妹翻。思明不與慶緒相聞，又不南追官軍，但日於軍中饗士。張通儒、高尚等言於慶緒曰：「史王遠來，臣等皆應迎謝。」應，乙陵翻。慶緒曰：「任公蹔往。」思明見之涕泣，厚禮而歸之。經三日，慶緒不至。思明密召安太清令誘之，蹔，與暫同。令，力丁翻。誘，音酉。慶緒窘蹙，不知所爲，乃遣太清上表稱臣於思明，請待解甲入城，奉上璽綬。窘，巨隕翻。上，時掌翻。璽，斯氏翻。綬，音受。思明省表，曰：「何至如此！」因出表偏示將士，咸稱萬歲。省，昔景翻。思明出慶緒表偏示將士，以觀其情向背。乃手疏唁慶緒疏，所據翻。唁，魚戰翻，弔生曰唁。而不稱臣，且曰：「願爲兄弟之國，更作藩籬之援。鼎足而立，猶或庶幾；北面之禮，固不敢受。」并封表還之。慶緒大悅，因請歃血同盟，思明許之。慶緒以三百騎詣思明營，思明令軍士擐甲執兵以待之，幾，居希翻。歃，色甲翻。騎，奇寄翻。擐，音宦。引慶緒及諸弟入至庭下。慶緒再拜稽首曰：「臣不克荷負，稽，音啓。荷，下可翻，又如字。棄失兩都，久陷重圍，重，直龍翻。不意大王以太上皇之故，慶緒尊祿山爲太上皇，見二百十九卷至德元載。遠垂救援，使臣應死復生，復，扶又翻，又如字。摩頂至踵，無以報德。」思明忽震怒曰：「棄失兩都，亦何足言。爾爲人子，殺父奪其位，天地所不容。吾爲太上皇討賊，吾爲，音于僞翻。豈受爾佞媚乎！」卽命左右牽出，并其四弟及高尚、孫孝哲、崔乾祐皆殺之；張通儒、李庭望等悉授以官。思明勒兵入鄴城，收其士馬，以府庫賞將士，慶緒先所有州、縣及兵皆歸於思明。遣安太清將兵五千取懷州，因留鎮之。思明欲遂西略，慮根本未固，乃留其子朝義守相州，朝，直遥翻。引兵還范陽。

6 甲申，回紇骨啜特勒、帝德等十五人自相州奔還西京，上宴之於紫宸殿，宋敏求長安志：宣政殿北曰紫宸門，門內有紫宸殿，卽內衙之正殿。賞賜有差。庚寅，骨啜特勒等辭還行營。

7 辛卯，以荔非元禮爲懷州刺史，權知鎮西、北庭行營節度使。元禮復以段秀實爲節度判官。復，扶又翻。

8 甲午，以兵部侍郎呂諲同平章事。乙未，以中書侍郎、同平章事苗晉卿爲太子太傅，王璵爲刑部尚書，皆罷政事。以京兆尹李峴行吏部尚書，中書舍人兼禮部侍郎李揆爲中書侍郎，及戶部侍郎第五琦並同平章事。上於峴恩意尤厚，峴亦以經濟爲己任，軍國大事多獨決於峴。爲李輔國忌峴，不得久於相位張本。於是京師多盜，李輔國請選羽林騎士五百以備巡邏。羅，郎佐翻。李揆上疏曰：「昔西漢以南北軍相制，故周勃因南軍入北軍，遂安劉氏。周勃安劉，事見漢高后紀。李揆謂勃因南軍入北軍，考其本末，恐不如此。皇朝置南、北牙，文武區分，以相伺察。今以羽林代金吾警夜，忽有非常之變，將何以制之！」乃止。金吾衞，屬南牙；羽林衞，屬北牙。金吾掌巡徼，李輔國欲以羽林軍奪其職，故李揆以爲言。朝，直遥翻。

9 丙申，以郭子儀爲東畿、山東、河東諸道元帥，權知東京留守。東畿，謂東京畿。山東，謂河南、河北。河東，自蒲、絳北至幷、代。以河西節度使來瑱行陝州刺史，充陝、虢、華州節度使。來瑱徙河西，未行，而相州師潰，因使之鎭陝以守關。然瑱尋徙襄陽。華，戶化翻。

10 夏，四月，庚子，澤潞節度使王思禮破史思明將楊旻於潞城東。潞城縣，屬潞州，隋開皇十六年置，春秋潞子所邑也。九域志：潞城，在潞州東北四十里。

11 太子詹事李輔國，自上在靈武，判元帥行軍司馬事，侍直帷幄，宣傳詔命，四方文奏，寶印符契，晨夕軍號，一以委之。及還京師，專掌禁兵，常居內宅，內宅，蓋在禁中，輔國止宿之署舍也。制敕必經輔國押署，然後施行，宰相百司非時奏事，皆因輔國關白、承旨。常於銀臺門決天下事，雍錄：按六典大明宮圖，有左、右銀臺門。左銀臺門直紫宸殿之東，右銀臺門直紫宸殿之西。又考閣本大明宮圖，右銀臺門內卽翰林院、麟德殿，又東歷內侍別省、延英殿、光順門而後至紫宸殿。自左銀臺門西入，歷溫室、浴堂殿、綾綺殿而後至紫宸殿。紫宸殿在宣政殿後，當大明宮正中。右銀臺門在宮城西面，左銀臺門在宮城東面，以地望準之，正直紫宸東、西耳。事無大小，輔國口爲制敕，寫付外施行，事畢聞奏。又置察事數十人，潛令於人間聽察細事，卽行推按；有所追索，諸司無敢拒者。御史臺、大理寺重囚，或推斷未畢，輔國追詣銀臺，一時縱之。索，山客翻。斷，丁亂翻。三司、府、縣鞫獄，皆先詣輔國咨稟，輕重隨意，稱制敕行之，莫敢違者。宦官不敢斥其官，皆謂之五郎。李揆山東甲族，見輔國執子弟禮，謂之五父。李揆裔出隴西，其先客居滎陽，遂爲山東甲族。李輔國，第五。

及李峴爲相，於上前叩頭，論制敕皆應由中書出，具陳輔國專權亂政之狀，上感寤，賞其正直；峴，戶典翻。相，息亮翻。輔國行事，多所變更，更，工衡翻。罷其察事。輔國由是讓行軍司馬，請歸本官，本官，太子詹事。上不許。【章：甲十六行本「許」下有「壬寅」二字；乙十一行本同；張校同，云無註本亦無。】制：「比緣軍國務殷，或宣口敕處分。比，毗至翻。處，昌呂翻。分，扶問翻。諸色取索及杖配囚徒，自今一切並停。如非正宣，並不得行。索，山客翻。正宣，宣命。凡出宣命，有底在中書，可以檢覆，謂之正宣。中外諸務，各歸有司。英武軍虞候及六軍諸使、諸司等，比來或因論競，懸自追攝，英武軍，殿前射生手也，置虞候以統之。六軍，北門六軍也。諸使，內諸使也。諸司，內諸司也。使，疏吏翻。論，盧昆翻。自今須一切經臺、府。臺，御史臺。府，京兆府。如所由處斷不平，處，昌呂翻。斷，丁亂翻。聽具狀奏聞。諸律令除十惡、殺人、姦、盜、造僞外，餘煩冗一切删除，仍委中書、門下與法官詳定聞奏。」輔國由是忌峴。考異曰：實錄李峴傳曰：「時李輔國專典禁中兵權，詔旨或不由中書而出，峴切陳其狀。肅宗甚嘉之，即日下詔，如峴奏。由是挫輔國威權，輔國頗忌之。」蓋即此詔也。

12甲辰，置陳、鄭、亳節度使，以鄧州刺史魯炅爲之；以徐州刺史尚衡爲青、密七州節度使；七州，青、密、登、萊、淄、沂、海。炅，古迥翻。以興平軍節度使李奐兼豫、許、汝三州節度使；仍各於境上守捉防禦。陳、鄭、亳前此未嘗置節鎮，魯炅自南陽爲之。青、密等七州，尚衡自彭城升統之。興平軍本置於雍州始平縣，李奐時在行營，使統豫、許、汝三州。此皆臨時分鎮，非有一定規模也。

九節度之潰於相州也，魯炅所部兵剽掠尤甚，剽，匹妙翻。聞郭子儀退屯河上，李光弼還太原，炅慚懼，飲藥而死。還，從宣翻，又音如字。

13史思明自稱大燕皇帝，改元順天，燕，因肩翻。考異作「應天皇帝」，註曰：河洛春秋曰：「上元三年春三月，思明懷西侵之謀，慮北地之變，乃令男朝義留守相城，自領士馬歸范陽，因僭號後燕，改元順天元年。」按實錄，此年正月一日，思明稱燕王，立年號。實錄、舊傳皆不載所改年名。紀年通譜，此年即思明順天元年。柳璨正閏位曆，思明有順天、應天二號。按薊門紀亂：「思明既殺烏承恩，不稱國家正朔，亦不受慶緒指麾，境內但稱某月而已。乾元二年四月癸酉，思明僭位於范陽，建元順天，國號大燕，立妻辛氏爲皇后，次子朝興爲皇太子，長子朝義爲懷王。六月，於開元寺造塔，改寺名爲順天。上元二年正月癸卯，思明大赦，改元應天。」實錄云：「正月，立年號。」河洛春秋云：「上元三年僭號。」薊門紀亂云：「立朝興爲太子。」按思明欲立少子爲太子，左右泄其謀，故朝義弒之。紀亂云於時已立爲太子，誤也。按長曆，四月丁酉朔，無癸酉。立其妻辛氏爲皇后，子朝義爲懷王，以周摯爲相，李歸仁爲將，朝，直遙翻。相，息亮翻。將，即亮翻。改范陽爲燕京，諸州爲郡。

14 戊申，以鴻臚卿李抱玉爲鄭、陳、潁、亳節度使。臚，淩如翻。使，疏吏翻。抱玉，安興貴之後也，安興貴，見一百八十七卷高祖武德二年。爲李光弼裨將，屢有戰功，自陳恥與安祿山同姓，故賜姓李氏。

15 回紇毗伽闕可汗卒，長子葉護先遇殺，國人立其少子，是爲登里可汗。紇，下沒翻。伽，求迦翻。長，知兩翻。少，始照翻。可，從刊入聲。汗，音寒。卒，子恤翻。回紇欲以寧國公主爲殉。公主曰：「回紇慕中國之俗，故娶中國女爲婦。若欲從其本俗，何必結婚萬里之外邪！」邪，音耶。然亦爲之剺面而哭。漠北之俗，死者停屍於帳，子孫及親屬男女各殺牛馬，陳於帳前祭之，遶帳走馬七匝，詣帳門，以刀剺面，且哭，血淚俱流，如此者七度，乃止。爲，于僞翻。剺，里之翻。

16 鳳翔馬坊押官爲劫，押官者，管押馬坊之官。天興尉謝夷甫捕殺之。天興縣，本古雍縣，至德二載，改曰鳳翔，仍分置天興縣，帶鳳翔府。其妻訟冤。李輔國素出飛龍廄，李輔國本飛龍小兒。敕監察御史孫鎣鞫之，無冤。監，古銜翻。鎣，余傾翻，又烏定翻。又使御史中丞崔伯陽、刑部侍郎李曄、大理卿權獻鞫之，此唐制所謂小三司也。與鎣同。猶【章：甲十六行本「猶」上有「妻」字；乙十一行本同；張校同；退齋校同。】不服。又使侍御史太平毛若虛鞫之，太平縣，屬絳州，魏太武帝置泰平縣，周改爲太平，因太平關城爲名。若虛傾巧士，希輔國意，歸罪夷甫。伯陽怒，召若虛詰責，欲劾奏之。詰，去吉翻。劾，戶概翻，又戶得翻。若虛先自歸於上，上匿若虛於簾下。伯陽尋至，言若虛附會中人，鞫獄不直。上怒，叱出之。伯陽貶高要尉，獻貶桂陽尉，桂陽，漢縣，隋、唐帶連州。曄與鳳翔尹嚴向皆貶嶺下尉，嶺下，謂度嶺南下諸縣，史失曄、向所貶縣名，故云皆貶嶺下尉。鑾除名，長流播州。吏部尚書、同平章事李峴奏伯陽無罪，責之太重，上以爲朋黨，五月，辛巳，貶峴蜀州刺史。尚，辰羊翻。峴，戶典翻。考異曰：代宗實錄云：「屬有盜發鳳翔，管在北軍者，詔遣御史訊鞫，盜已伏罪。李輔國執奏重覆。殿中侍御史毛若虛奏覆與輔國協。肅宗大怒，下三司推鞫之。峴以若虛不直，陳於上前。及三司覆奏，與峴理協，肅宗以爲朋黨。會同列李揆希旨，遂貶峴爲通州刺史，三司大臣皆貶官。」今從肅宗實錄、舊紀、傳。右散騎常侍韓擇木入對，散，悉亶翻。騎，奇寄翻。上謂之曰：「李峴欲專權，今貶蜀州，朕自覺用法太寬。」對曰：「李峴言直，非專權。陛下寬之，祇益聖德耳。」若虛尋除御史中丞，威振朝廷。朝，直遙翻。

17 壬午，以滑、濮節度使許叔冀爲汴州刺史，充滑、汴等七州節度使；新書方鎮表：汴、滑節度使治滑州，領州五：滑、濮、汴、曹、宋。以試汝州刺史劉展爲滑州刺史，充副使。

18 六月，丁巳，分朔方置邠、寧等九州節度使。方鎮表：開元九年置朔方節度使，領單于大都護府，夏、鹽、綏、銀、豐、勝六州，定遠、豐安二軍，三受降城。十年，增領魯、麗、契三州。二十二年，兼關內道采訪處置使，增涇、原、寧、慶、隴、鄜、坊、丹、延、會、宥、麟十二州。以匡、長二州隸慶州，安樂、長樂二州隸原州。天寶元年，增領邠州。乾元元年，分鎮北大都護府，麟、勝二州，置振武節度使。是年，廢關內節度使，罷領單于大都護，以涇、原、寧、慶、坊、鄜、丹、延隸邠寧節度。邠州本豳州，開元十三年以「豳」字類「幽」，改曰邠。

19 觀軍容使魚朝恩惡郭子儀，惡，烏路翻。因其敗，短之於上。秋，七月，上召子儀還京師，以李光弼代爲朔方節度使、兵馬元帥。考異曰：邠志曰：「四月，肅宗使丞相張公鎬東都，慰勉諸軍。郭公陳饌於軍，張公不坐而去。軍中不悅，朋肆流議。居十日，有中使追郭公。」汾陽家傳曰：「六月，公朝于京師，三讓元帥，上許之。乃詔李光弼代公爲副。」段公別傳曰：「五月，李光弼代子儀爲副元帥，守東都。」今因實錄七月除趙王係爲元帥，并言之。士卒涕泣，遮中使請留子儀。子儀紿之曰：「我餞中使耳，未行也。」因躍馬而去。

光弼願得親王爲之副，辛巳，以趙王係爲天下兵馬元帥，光弼副之，考異曰：舊傳：「思明縱兵河南，加光弼太尉兼中書令，代郭子儀爲朔方節度、兵馬副元帥，以東師委之。」新傳云：「帝貸諸將罪，以光弼兼幽州大都督府長史、知諸道節度行營事，又代子儀爲朔方節度使。未幾，爲天下兵馬副元帥。」按實錄，光弼加太尉、中書令在上元元年破史思明後，爲幽州都督在此年八月。其代子儀節制朔方，實錄無月日。制辭云：「宜副出車之命，仍踐分麾之寵。」蓋只在此時耳。仍以光弼知諸節度行營。光弼以河東騎五百馳赴東都，夜，入其軍。光弼治軍嚴整，始至，號令一施，士卒、壁壘、旌旗、精采皆變。史言光弼入朔方軍，部分皆因子儀之舊，但號令加嚴整耳。治，直之翻。是時朔方將士樂子儀之寬，憚光弼之嚴。樂，音洛。

左廂兵馬使張用濟屯河陽，光弼以檄召之。用濟曰：「朔方，非叛軍也，乘夜而入，何見疑之甚邪！」與諸將謀以精鋭突入東京，逐光弼，請子儀；命其士皆被甲上馬，銜枚以待。被，皮義翻。上，時掌翻。都知兵馬使僕固懷恩曰：「鄴城之潰，郭公先去，觀懷恩此言，則邠志所云亦可以傳信。朝廷責帥，故罷其兵柄。今逐李公而強請之，【章：甲十六行本「之」下有「違拒朝命」四字；乙十一行本同；退齋校同。】是反也，其可乎！」帥，所類翻。強，其兩翻，又音如字。右武鋒使康元寶曰：「君以兵請郭公，朝廷必疑郭公諷君爲之，是破其家也。郭公百口何負於君乎！」用濟乃止。懷恩此言，與康元寶之言皆是也。使諸將從張用濟於惡，史思明之兵復至，唐事殆矣。光弼以數千騎東出汜水，用濟單騎來謁。光弼責用濟召不時至，斬之，命部將辛京杲代領其衆。考異曰：舊傳曰：「用濟承子儀之寬，懼光弼之令，與諸將頗有異議，欲逗留其衆。光弼以數千騎出次汜水縣，用濟單騎迎謁，卽斬於轅門，諸將懾伏，以辛京杲代之。復追都兵馬使僕固懷恩。懷恩懼，先期而至。」邠志曰：「五月二十三日，詔河東節度使李公代子儀兼統諸軍。李公既受命，以河東馬軍五百騎至東都，夜，入其軍。張用濟在河陽，聞之曰：『朔方軍，非叛人也，何見疑之甚！』欲率精騎突入東都，逐李公，請郭公。李公知之，遂留東都，表請濟師于河陽。冬十月，思明引衆渡河。李公曰：『思明渡河，必圖洛城，我當守武牢關，揚兵於廣武原以待之。』遂引軍東出師汜水縣。檄追河陽諸將，用濟後至，李公數其罪而戮之，以辛京杲代領其職。明日，引軍入河陽。」按實錄，此月光弼爲副元帥，九月始移軍河陽耳。

20 僕固懷恩繼至，光弼引坐，與語。史言李光弼待僕固懷恩有加於諸將。須臾，閽者白：「蕃、渾五百騎至矣。」蕃、渾，謂諸蕃種及渾種。光弼變色。懷恩走出，召麾下將，陽責之曰：「語汝勿來，何得固違！」將，卽亮翻。語，牛倨翻。光弼曰：「士卒隨將，亦復何罪！」命給牛酒。史言懷恩成備而後見光弼，光弼雖知其情而容忍不發。復，音扶又翻。

21 以【章：甲十六行本「以」上有「丁亥」二字；乙十一行本同；退齋校同。】潞沁節度使王思禮王思禮節度澤、潞、沁三州，史或稱澤潞，或稱潞沁。沁，七鴆翻。兼太原尹，充北京留守、河東節度使。代李光弼也。

初，潼關之敗，事見一百十八卷至德元載。思禮馬中矢而斃，有騎卒盩厔張光晟下馬授之，中，竹仲翻。盩，音輈。厔，音窒。晟，丞正翻。問其姓名，不告而去。思禮陰識其狀貌，識，音誌。求之不獲。及至河東，或譖代州刺史河西辛雲京，雲京，蘭州金城人，屬河西路。思禮怒之，雲京懼，不知所出。光晟時在雲京麾下，曰：「光晟嘗有德於王公，從來不敢言者，恥以此取賞耳。今使君有急，光晟請往見王公，必爲使君解之。」爲，于僞翻；下特爲同。雲京喜而遣之。光晟謁思禮，未及言，思禮識之曰：「噫！子非吾故人乎？何相見之晚邪！」光晟以實告。思禮大喜，執其手，流涕曰：「吾之有今日，皆子力也。思禮言，光晟授己以馬，脫己於兵，得有今日。吾求子久矣。」引與同榻坐，約爲兄弟。光晟因從容言雲京之冤。從，千容翻。思禮曰：「雲京過亦不細，今日特爲故人捨之。」卽日擢光晟爲兵馬使，贈金帛田宅甚厚。張光晟於王思禮，可謂君子矣。其後事德宗，以失職怨望，遂委身於朱泚，何前後之相違也！

22 辛卯，以朔方節度副使、殿中監僕固懷恩兼太常卿，進爵大寧郡王。懷恩從郭子儀爲前鋒，勇冠三軍，冠，古玩翻。前後戰功居多，故賞之。

23 八月，乙巳，襄州將康楚元、張嘉延據州作亂，刺史王政奔荆州。楚元自稱南楚霸王。

24 回紇以寧國公主無子，聽歸；丙辰，至京師。公主嫁回紇見上卷上年。

25 戊午，上使將軍曹日昇往襄州慰諭康楚元，貶王政爲饒州長史，以司農少卿張光奇爲襄州刺史；楚元不從。

26 壬戌，以李光弼爲幽州長史、河北節度等使。使之收復河北及幽、燕也。

27 九月，甲午，張嘉延襲破荆州，荆南節度使杜鴻漸棄城走，澧、朗、郢、峽、歸等州官吏聞之，爭潛竄山谷。時荆南節度使領荆、澧、朗、郢、復、夔、峽、忠、萬、歸十州。

28 戊辰，更令絳州鑄乾元重寶大錢，唐世鑄錢，大凡天下諸鑪九十九，而絳州之鑪三十。其餘諸鑪，或隔江嶺，或沒寇虜，故當時鑄錢率倚絳州。加以重輪，一當五十；大錢徑一寸二分，文亦曰「乾元重寶」，背之外郭爲重輪。每緡重十二斤，號重稜錢。重，直龍翻。在京百官，先以軍旅皆無俸祿，宜以新錢給其冬料。冬料，各官冬季所當得俸料錢也。

29 丁亥，以太子少保崔光遠爲荆、襄招討使，充山南東道處置兵馬都使；處，昌呂翻。以陳、潁、亳、申節度使王仲昇爲申、沔等五州節度使，知淮南西道行營兵馬。時淮西節度使領申、光、壽、安、沔五州。

30史思明使其子朝清守范陽，命諸郡太守各將兵三千從己向河南，分爲四道，使其將令狐彰將兵五千自黎陽濟河取滑州，思明自濮陽，史朝義自白臯，周摯自胡良濟河，白臯、胡良皆河津濟渡之要，在滑州西北岸。「良」，或作「梁」。濮，音卜。會于汴州。

李光弼方巡河上諸營，聞之，還入汴州，謂汴滑節度使許叔冀曰：「大夫能守汴州十五日，我則將兵來救。」叔冀許諾。光弼還東京。思明至汴州，叔冀與戰，不勝，遂與濮州刺史董秦及其將梁浦、劉從諫、田神功等降之。許叔冀卒如張鎬之言。思明以叔冀爲中書令，與其將李詳守汴州；厚待董秦，收其妻子，置長蘆爲質；長蘆，漢參戶縣地，後周更名長蘆縣，時屬滄州。質，音致。使其將南德信與梁浦、劉從諫、田神功等數十人徇江、淮。神功，南宮人也，南宮，漢古縣，屬冀州。思明以爲平盧兵馬使。頃之，神功襲德信，斬之。從諫脫身走。神功將其衆來降。

思明乘勝西攻鄭州，鄭州滎陽郡。光弼整衆徐行，至洛陽，謂留守韋陟曰：「賊乘勝而來，利在按兵，不利速戰。洛城不可守，於公計何如？」陟請留兵於陝，退守潼關，據險以挫其鋭。守，式又翻。陝，失冉翻。潼，音同。光弼曰：「兩敵相當，貴進忌退，今無故棄五百里地，則賊勢益張矣。張，知亮翻，又如字。不若移軍河陽，北連澤潞，利則進取，不利則退守，表裏相應，使賊不敢西侵，此猿臂之勢也。猿臂可伸而長，可縮而短，故以爲喻。夫辨朝廷之禮，光弼不如公；夫，音扶。朝，直遙翻。論軍旅之事，公不如光弼。」陟無以應。判官韋損曰：「東京帝宅，侍中奈何不守？」按李光弼至德之初已爲司空，乾元元年爲侍中，故韋損以此呼之。光弼曰：「守之，則汜水、崿嶺、龍門皆應置兵，汜水有成皋之險。崿嶺在登封縣。龍門則伊闕。汜，音祀。崿，逆各翻。子爲兵馬判官，能守之乎？」遂移牒留守韋陟使帥東京官屬西入關，牒河南尹李若幽使帥吏民出城避賊，空其城。光弼帥軍士運油、鐵諸物詣河陽爲守備，光弼以五百騎殿。帥，讀曰率。殿，丁練翻。時思明遊兵已至石橋，諸將請曰：「今自洛城而北乎，當石橋而進乎？」光弼曰：「當石橋而進。」水經註：穀水東逕洛陽廣莫門北，漢之穀門也，東逕建春門石橋下，即上東門也。此言漢、晉洛城諸門，非隋、唐所徙洛城也。上東門之地，唐爲鎮。及日暮，光弼秉炬徐行，部曲堅重，賊引兵躡之，不敢逼。躡之者，欲其兇懼而自潰。不敢逼者，以其嚴整而難犯。光弼夜至河陽，有兵二萬，郭子儀自滏水退守河陽，衆及數萬。及李光弼至河陽，有兵二萬。何衆寡之相懸乎！蓋張用濟之死，朔方士卒畏威而逃散者多也。糧纔支十日。光弼按閱守備，部分士卒，無不嚴辦。分，扶問翻。考異曰：實錄，光弼謂韋陟曰：「洛城無糧，不可守。」按河陽糧纔支十日，亦非糧多也。今不取。庚寅，思明入洛陽，城空，無所得，畏光弼掎其後，掎，居綺翻。不敢入宮，退屯白馬寺南，築月城於河陽南以拒光弼。史思明乘銳勝以攻河陽，乃先築月城者，恐戰有邂逅也。於是鄭、滑等州相繼陷沒，思明既至洛陽，則鄭、滑等州已陷沒矣。通鑑因史家成文，失於删脩也。韋陟、李若幽皆寓治於陝。

31 冬，十月，丁酉，下制親征史思明；羣臣上表諫，乃止。

32 史思明引兵攻河陽，使驍將劉龍仙詣城下挑戰。驍，堅堯翻。挑，徒了翻。龍仙恃勇，舉右足加馬鬣上，慢罵光弼。光弼顧諸將曰：「誰能取彼者？」僕固懷恩請行。光弼曰：「此非大將所爲。」光弼之言得體，懷恩固心服矣。左右言「裨將白孝德可往。」光弼召問之。孝德請行。光弼問：「須幾何兵？」對曰：「請挺身取之。」光弼壯其志，然固問所須。對曰：「願選五十騎出壘門爲後繼，兼請大軍助鼓譟以增氣。」光弼撫其背而遣之。既賞其勇，而尤賞其有取敵之方略。孝德挾二矛，策馬亂流而進。橫絶流曰亂。半涉，懷恩賀曰：「克矣。」光弼曰：「鋒未交，何以知之？」懷恩曰：「觀其攬轡安閒，知其萬全。」龍仙見其獨來，甚易之；易，以豉翻。稍近，將動，孝德搖手示之，若非來爲敵者，龍仙不測而止。去之十步，乃與之言，龍仙慢罵如初。孝德息馬良久，息馬者，使馬力完復而後戰。因瞋目謂曰：「賊識我乎？」龍仙曰：「誰也？」曰：「我，白孝德也。」龍仙曰：「是何狗彘！」孝德大呼，呼，火故翻。瞋，昌眞翻。運矛躍馬搏之。城上鼓譟，五十騎繼進。龍仙矢不及發，環走隄上。孝德追及，斬首，攜之以歸。龍仙恃勇輕敵，而孝德出其不意搏之，故勝。賊衆大駭。孝德，本安西胡人也。

思明有良馬千餘匹，每日出於河南渚浴之，循環不休以示多。光弼命索軍中牝馬，得五百匹，索，山客翻。縶其駒於城內。俟思明馬至水際，盡出之，馬嘶不已，思明馬悉浮渡河，一時驅之入城。牡馬慕牝，一時渡河，此小術耳。思明不能制，阻河水也。思明怒，列戰船數百艘，泛火船於前而隨之，欲乘流燒浮橋。光弼先貯百尺長竿數百枚，艘，蘇遭翻。貯，丁呂翻。以巨木承其根，氈裹鐵叉置其首，以迎火船而叉之。船不得進，須臾自焚盡。又以叉拒戰船，於橋上發礮石擊之，中者皆沉沒，賊不勝而去。

思明見兵於河清，礮，匹貌翻。中，竹仲翻。見，賢遍翻。杜佑曰：河清縣，南臨黄河。欲絶光弼糧道，光弼軍于野水渡以備之。既夕，還河陽，留兵千人，使部將雍希顥守其柵，雍，於用翻。曰：「賊將高庭暉、李日越、喻文景，皆萬人敵也，喻，姓也。姓譜：東晉有喻歸，撰河西記。思明必使一人來劫我。我且去之，汝待於此。若賊至，勿與之戰。降，則與之俱來。」諸將莫諭其意，皆竊笑之。既而思明果謂李日越曰：「李光弼長於憑城，今出在野，此成擒矣。汝以鐵騎宵濟，爲我取之，爲，于僞翻。不得，則勿返。」日越將五百騎晨至柵下，希顥阻壕休卒，吟嘯相視。日越怪之，怪其無戰意也。問曰：「司空在乎？」李光弼加司空、侍中，故稱之。曰：「夜去矣。」「兵幾何？」曰：「千人。」「將誰？」曰：「雍希顥。」日越默計久之，謂其下曰：「今失李光弼，得希顥而歸，吾死必矣，不如降也。」遂請降。希顥與之俱見光弼，光弼厚待之，任以心腹。高庭暉聞之，亦降。或問光弼：「降二將何易也？」易，弋豉翻。光弼曰：「此人情耳。思明常恨不得野戰，聞我在外，以爲必可取。日越不獲我，勢不敢歸。庭暉才勇過於日越，聞日越被寵任，必思奪之矣。」此謂之善用其所短。孫臏有言，善戰者因其勢而利導之。庭暉時爲五臺府果毅，代州有五臺府。己亥，以庭暉爲右武衛大將軍。唐諸府果毅，品秩猶卑，諸衛大將軍，則三品矣。考異曰：新傳曰：「上元元年，光弼降賊將高暉、李日越。」按此月己亥，高庭暉授特進，疑卽高暉也。丁巳，李日越又授特進。是此月皆已降。新傳誤。邠志曰：「二年三月，思明引衆南去，使其子朝義圍河陽。四月一日，思明陷洛城。上元元年五月，思明耀兵于河清，宣言曰：『我且渡河，絕彼餉道，三城食盡，不攻自下。』李公聞之，師于野水渡。既夕，還軍。」與實錄亦相違。今從實錄。

思明復攻河陽，復，扶又翻；下日復同。光弼謂鄭陳節度使李抱玉曰：方鎭表：乾元二年，置鄭陳節度使，領鄭、陳、亳、潁四州。然此時鄭州已沒於史思明矣。「將軍能爲我守南城二日乎？」爲，于僞翻。抱玉曰：「過期何如？」光弼曰：「過期救不至，任棄之。」抱玉許諾，勒兵拒守。城且陷，抱玉紿之曰：「吾糧盡，明旦當降。」賊喜，斂軍以待之。抱玉繕完城備，明日，復請戰。賊怒，急攻之。抱玉出奇兵，表裏夾擊，殺傷甚衆。

董秦從思明寇河陽，夜，帥其衆五百，拔柵突圍，降于光弼。帥，讀曰率；下同。時光弼自將屯中潬，城外置柵，柵外穿塹，深廣二丈。中河起石潬，築城，以衞河橋。潬，蕩旱翻。爾雅：潬，沙出。深，式禁翻。廣，古曠翻。乙巳，賊將周摯捨南城，併力攻中潬。光弼命荔非元禮出勁卒於羊馬城以拒賊。城外別築短垣，高纔及肩，謂之羊馬城。光弼自於城東北隅建小朱旗以望賊。賊恃其衆，直進逼城，以車載攻具自隨，督衆塡塹，三面各八道以過兵，又開柵爲門。光弼望賊逼城，使問元禮曰：「中丞視賊塡塹開栅過兵，晏然不動，何也？」元禮曰：「司空欲守乎，戰乎？」光弼曰：「欲戰。」元禮曰：「欲戰，則賊爲吾塡塹，爲，于僞翻；下保爲同。何爲禁之？」光弼曰：「善，吾所不及，勉之！」雖賞其敢戰，而戰危事也，故曰勉之。元禮俟栅開，帥敢死士突出擊賊，卻走數百步。元禮度賊陳堅，未易摧陷，度，徒洛翻。易，弋豉翻。乃復引退，復，扶又翻；下摯復同。須其怠而擊之。光弼望元禮退，怒，遣左右召，欲斬之。元禮曰：「戰正急，召何爲？」乃退入栅中。賊亦不敢逼。良久，鼓譟出栅門，奮擊，破之。

周摯復收兵趣北城。趣，七喻翻。光弼遽帥衆入北城，登城望賊曰：「賊兵雖多，囂而不整，不足畏也。不過日中，保爲諸君破之。」乃命諸將出戰。及期，不決，召諸將問曰：「向來賊陳，陳，讀曰陣。何方最堅？」曰：「西北隅。」光弼命其將郝廷玉當之。廷玉，光弼之愛將也。廷玉請騎兵五百，與之三百。又問其次堅者。曰：「東南隅。」光弼命其將論惟貞當之。論，姓也。諸論自吐蕃來降。惟貞請鐵騎三百，與之二百。光弼令諸將曰：「爾曹望吾旗而戰，吾颭旗緩，任爾擇利而戰；吾急颭旗三至地，颭，占琰翻。則萬衆齊入，死生以之，少退者斬！」又以短刀置鞾中，鞾，與靴同。釋名曰：鞾本胡服，趙武靈王所作。實錄曰：胡履也。趙武靈王好胡服，常短靿，以黄皮爲之，後漸以長靿，軍戎通服。唐馬周殺其靿，加以靴氈。開元中，裴叔通以羊爲之，隱麖，加以帶子裝束。故事，胡虜之服不許着入殿省，至馬周加飾，乃許之。曰：「戰，危事，吾國之三公，不可死賊手，萬一戰不利，諸君前死於敵，我自剄於此，不令諸君獨死也。」諸將出戰，頃之，廷玉奔還。光弼望之，驚曰：「廷玉退，吾事危矣。」命左右取廷玉首。廷玉曰：「馬中箭，非敢退也。」使者馳報。光弼令易馬，遣之。僕固懷恩及其子開府儀同三司瑒戰小卻，瑒，音暢，又雉杏翻。光弼又命取其首。懷恩父子顧見使者提刀馳來，更前決戰。光弼連颭其旗，諸將齊進致死，呼聲動天地，呼，火故翻。賊衆大潰，史言河陽之戰，眞爲確鬭，非李光弼督諸將致死，不足以決勝。斬首千餘級，捕虜五百人，溺死者千餘人，周摯以數騎遁去，擒其大將徐璜玉、李秦授。其河南節度使安太清走保懷州。考異曰：舊傳：「斬萬餘級，生擒八千餘人，擒其大將徐璜玉、李秦授、周摯。」按李秦授上元元年四月乃見擒。周摯二年三月爲史朝義所殺。今從實錄。實錄云：「擒僞懷州節度使安太清并男朝俊，僞貝州刺史徐璜玉。」按太清，上元元年九月拔懷州始擒之。今從舊傳。余按通鑑書擒徐璜玉、李秦授，蓋從舊傳，而以舊傳擒周摯爲誤。實錄所云擒安太清、朝俊，通鑑皆不取，而考異謂之「今從實錄」，此四字不可曉。若參取二書，又考本末，則此時只當書擒徐璜玉。如李秦授亦未當書擒。思明不知摯敗，尚攻南城，光弼驅俘囚臨河示之，乃遁。

丁巳，以李日越爲右金吾大將軍。

33 邛、簡、嘉、眉、瀘、戎等州蠻反。簡州，漢牛鞞、廣都之地，後魏於牛鞞置陽安縣及武康郡，隋廢郡，以縣屬蜀郡，仁壽初，分置簡州。餘註見前。邛，渠容翻。瀘，龍都翻。

34 十一月，甲子，以殿中監董秦爲陝西、神策兩軍兵馬使，此殿中監，所謂帶職以寄祿也。賜姓李、名忠臣。

35 康楚元等衆至萬餘人，商州刺史充荆、襄等道租庸使韋倫發兵討之，駐於鄧之境，招諭降者，厚撫之；降，戶江翻。伺其稍怠，進軍擊之，生擒楚元，其衆遂潰；得其所掠租庸二百萬緡，荆、襄皆平。倫，見素之從弟也。韋見素相天寶以迨至德。從，才用翻。

36 發安西、北庭兵屯陝，以備史思明。

37 第五琦作乾元錢、重輪錢，與開元錢三品並行，重，直龍翻。民爭盜鑄，貨輕物重，穀價騰踊，餓殍相望。上言者皆歸咎於琦，庚午，貶琦忠州長史。忠州，漢臨江、墊江、枳縣地，梁置臨江郡，後周置臨山（州），隋廢郡及州，以縣屬巴東郡，唐初分置忠州，地邊巴徼，心懷忠信爲名。殍，皮表翻。上，時兩翻。長，知兩翻。忠州南賓郡，唐置忠州，以地邊巴徼，心懷忠信爲名。御史大夫賀蘭進明貶溱州員外司馬，坐琦黨也。

38 十二月甲午，呂諲領度支使。

39 乙巳，韋倫送康楚元詣闕，斬之。

40 史思明遣其將李歸仁將鐵騎五千寇陝州，神策兵馬使衛伯玉以數百騎擊破之於礓子阪，得馬六百疋，歸仁走。以伯玉爲鎮西、四鎮行營節度使。李忠臣與歸仁等戰於永寧、莎柵之間，屢破之。礓子阪，在河南永寧縣西。永寧，漢宜陽縣西界之地，後周置同軌郡及熊耳縣、崤縣，隋廢郡及崤縣，義寧元年改爲永寧縣。礓，居良翻。宋白曰：永寧縣，本漢澠池縣之西境，後魏大統十年，於今縣東黃蘆城置北宜陽縣，廢帝二年，改爲熊耳，後周移於劉塢，隋開皇三年，移於同軌城，義寧三年，移於永固，因苻堅舊城置縣，以永寧爲名。武德三年，移理同軌，貞觀十四年移理莎柵，十七年又移理鹿橋。

上元元年（庚子、七六〇）是年閏四月始改元。

1 春，正月，辛巳，以李光弼爲太尉兼中書令，餘如故。

2 丙戌，以于闐王勝之弟曜同四鎮節度副使，權知本國事。于闐王與四鎮節度使皆在行營，故令其弟與節度副使同權國事。

3 党項等羌吞噬邊鄙，將逼京畿，乃分邠寧等州節度爲鄜坊丹延節度，亦謂之渭北節度。邠寧節度領州九，分四州爲渭北節度。鄜，音膚。以邠州刺史桑如珪領邠寧，鄜州刺史杜冕領鄜坊節度副使，分道招討。戊子，以郭子儀領兩道節度使，兩道，邠寧、鄜坊也。留京師，假其威名以鎮之。

4 上祀九宮貴神。

5 二月，李光弼攻懷州，史思明救之。癸卯，光弼逆戰於沁水之上，破之，斬首三千餘級。沁，七鴆翻。

6 忠州長史第五琦既行，或告琦受人金二百兩，遣御史劉期光追按之。琦曰：「琦備位宰相，二百兩金不可手挐；若付受有憑，請準律科罪。」期光卽奏琦已服罪。史言劉期光不能審克閱實而妄奏。庚戌，琦坐除名，長流夷州。宋白曰：夷州之地，歷代恃險，不聞臣附。隋大業七年，始招慰，置綏陽縣，唐武德四年，置夷州。舊志：京師南四千三百八十七里，至洛陽三千八百八十里。

7 三月，甲申，改蒲州爲河中府。

8 庚寅，李光弼破安太清於懷州城下；夏，四月，壬辰，破史思明於河陽西渚，斬首千五百餘級。

9 襄州將張維瑾、曹玠殺節度使史翽，據州反。翽，呼外翻。制以隴州刺史韋倫爲山南東道節度使。時李輔國用事，節度使皆出其門。倫既朝廷所除，又不謁輔國，尋改秦州防禦使。己未，以陝西節度使來瑱爲山南東道節度使。至德二載，廢南陽節度使，升襄陽防禦使爲山南東道節度使，領襄、鄧、隨、唐、安、均、房、金、商九州，治襄州。瑱至襄州，張維瑾等皆降。降，戶江翻。

10 閏月，丁卯，加河東節度使王思禮爲司空。自武德以來，思禮始不爲宰相而拜三公。

11 甲戌，徙趙王係爲越王。

12 己卯，赦天下，改元。改元上元。

13 追謚太公望爲武成王，選歷代名將爲亞聖、十哲。開元十九年，始置太公尚父廟，以留侯張良配；中春、中秋上戊祭之，牲樂之制如文宣王。出師命將，發日，引辭於廟。仍以古名將十人爲十哲，配享。是年，尊爲武成王，以歷代良將爲十哲像，坐侍：秦武安侯白起、漢淮陰侯韓信、蜀丞相諸葛亮、唐尙書右僕射衞國公李靖、司空英國公李勣列於左；漢太子少傅張良、齊大司馬田穰苴、吳將軍孫武、魏西河守吳起、燕昌國君樂毅列於右。其中祀、下祀并雜祀一切並停。旱故也。唐六典：昊天上帝、五方帝、皇地祇、神州宗廟爲大祀。日月、星辰、社稷、先代帝王、岳鎮、海瀆、帝社、先蠶、孔宣父、齊太公、諸太子廟爲中祀。司中、司命、風師、雨師、衆星、山林、川澤、五龍祠等及州、縣社稷、釋奠爲小祀。雜祀，蓋小鬼之神，若漢志所謂杜將軍、寶雞之類。

14 是日，史思明入東京。考異曰：按去年九月，思明已入東京。實錄至此復云爾者，蓋當時城空，李光弼在河陽，思明還屯白馬寺，不入宮闕，今始移軍入其城耳。

15 五月，丙午，以太子太傅苗晉卿行侍中。晉卿練達吏事，而謹身固位，時人比之胡廣。

16 宦者馬上言受賂，爲人求官於兵部侍郎、同中書門下三品呂諲，諲爲之補官。爲，于僞翻。事覺，上言杖死。壬子，諲罷爲太子賓客。

17 癸丑，以京兆尹南華劉晏爲戶部侍郎，充度支、鑄錢、鹽鐵等使。南華，本漢離狐縣，歷代不更名；天寶元年，更名南華縣，屬曹州。鹽鐵使，乾元元年以命第五琦。會要：開元二十五年，監察御史羅文信充諸道鑄錢使，其後楊愼矜、楊國忠相繼爲之。晏善治財利，故用之。治，直之翻。

18 六月，甲子，桂州經略使邢濟奏：破西原蠻二十萬衆，斬其帥黃乾曜等。西原蠻居廣、容之南，邕、桂之西，有寧氏，相承爲豪。又有黃氏，居黃橙洞，其屬也。其地西接南詔。天寶初，黃氏強，與韋氏、周氏、儂氏相脣齒，爲寇害，據十餘州，又逐韋、周于海濱縣，地數千里。帥，所類翻。

19 乙丑，鳳翔節度使崔光遠奏破涇、隴羌、渾十餘萬衆。【據章鈺資治通鑑校宋記補。】

20 三品錢行浸久，開元錢與乾元當十錢、重輪錢爲三品。屬歲荒，米斗至七千錢，人相食。京兆尹鄭叔清捕私鑄錢者，數月間，榜死者八百餘人，不能禁。屬，之欲翻。榜，音彭。乃敕京畿，開元錢與乾元小錢皆當十，其重輪錢當三十，諸州更俟進止。是時史思明亦鑄順天、得一錢，史思明鑄「得一元寶」錢，徑一寸四分。既而惡得一非長祚之兆，改其文曰「順天元寶」。一當開元錢百。賊中物價尤貴。

21 甲申，興王佋薨。佋，張后長子也，幼曰定王侗。佋，音韶。侗，音通，又音同。張后以故數欲危太子，數，所角翻。太子常以恭遜取容。會佋薨，侗尚幼，太子位遂定。

22 乙酉，鳳翔節度使崔光遠破党項於普潤。普潤縣，屬鳳翔府，漢杜陽縣之地，隋作仁壽宮，大業初置普潤縣。宋白曰：普潤縣，本漢安定、鶉狐二縣之地，在漢又爲漆縣。隋大業元年於細川谷置普潤縣，蓋以杜、漆、岐三水灌溉民田，民獲濟利，以爲縣名。麟遊縣則漢杜陽之地，有隋仁壽宮。

23 平盧兵馬使田神功奏破史思明之兵於鄭州。

24 上皇愛興慶宮，自蜀歸，卽居之。事見上卷至德二載。上時自夾城往起居，夾城，開元二十年所築。上皇亦間至大明宮。間，古莧翻。左龍武大將軍陳玄禮、內侍監高力士久侍衛上皇；上又命玉眞公主、如仙媛、考異曰：常侍言旨作「九仙媛」，唐曆作「九公主、女媛」，今從新、舊傳。蓋舊宮人也。內侍王承恩、魏悅及梨園弟子常娛侍左右。上皇多御長慶樓，長慶樓，南臨大道，上皇每御之，裴徊觀覽。父老過者往往瞻拜，呼萬歲，上皇常於樓下置酒食賜之；又嘗召將軍郭英乂等上樓賜宴。有劍南奏事官過樓下拜舞，諸道遣官入京師奏事者，謂之奏事官。上皇命玉真公主、如仙媛爲之作主人。爲，于僞翻。

李輔國素微賤，雖暴貴用事，上皇左右皆輕之。輔國意恨，且欲立奇功以固其寵，乃言於上曰：「上皇居興慶宮，日與外人交通，陳玄禮、高力士謀不利於陛下。今六軍將士盡靈武勳臣，皆反仄不安，臣曉諭不能解，不敢不以聞。」李輔國此言，是臨肅宗以兵也。上泣曰：「聖皇慈仁，豈容有此！」帝上上皇尊號曰聖皇天帝。對曰：「上皇固無此意，其如羣小何！陛下爲天下主，當爲社稷大計，消亂於未萌，豈得徇匹夫之孝！且興慶宮與閭閻相參，垣墉淺露，非至尊所宜居。大內深嚴，奉迎居之，與彼何殊，又得杜絕小人熒惑聖聽。如此，上皇享萬歲之安，陛下有三朝之樂，記曰：文王之爲世子也，朝於王季日三。朝，直遙翻。庸何傷乎！」上不聽。興慶宮先有馬三百匹，輔國矯敕取之，矯敕，猶言矯詔也。纔留十匹。上皇謂高力士曰：「吾兒爲輔國所惑，不得終孝矣。」

輔國又令六軍將士，號哭叩頭，請迎上皇居西內。唐以大明宮爲東內，太極宮爲西內，興慶宮爲南內。號，戶刀翻。上泣不應。輔國懼。會上不豫，秋，七月，丁未，輔國矯稱上語，迎上皇遊西內，至睿武門，輔國將射生五百騎，露刃遮道奏曰：「皇帝以興慶宮湫隘，湫，下也。隘，小也，狹也。陸德明音義：湫，子小翻；徐音秋。迎上皇遷居大內。」上皇驚，幾墜。幾，居依翻。高力士曰：「李輔國何得無禮！」叱令下馬。輔國不得已而下。力士因宣上皇誥曰：「諸將士各好在！」以將士露刃遮道，震驚上皇，殊無善狀，令其好在。好在，猶今人言好生，言不得以兵干乘輿也。將士皆納刃，再拜，呼萬歲。力士又叱輔國與己共執上皇馬鞚，侍衛如西內，居甘露殿。西內以兩儀殿爲內朝。兩儀殿北有甘露門。甘露門內爲甘露殿。如，往也。輔國帥衆而退。帥，讀曰率；下同。所留侍衛兵，纔尪老數十人。尪，烏光翻。陳玄禮、高力士及舊宮人皆不得留左右。上皇曰：「興慶宮，吾之王地，王，于況翻。事見二百九卷睿宗景雲元年。吾數以讓皇帝，皇帝不受。今日之徙，亦吾志也。」是日，輔國與六軍大將素服見上，請罪。北門六軍也。數，所角翻。見，賢遍翻。上又迫於諸將，乃勞之曰：「南宮、西內，亦復何殊！南宮，卽謂興慶宮。取語便順，或言南宮，或言南內。勞，力到翻。復，扶又翻。卿等恐小人熒惑，防微杜漸，以安社稷，何所懼也！」刑部尚書顏眞卿首率百寮上表，請問上皇起居。輔國惡之，奏貶蓬州長史。梁以漢宕渠縣界置安國縣，後周置蓬州，隋廢州，以縣屬清化郡，唐復分置蓬州。惡，烏路翻。宋白曰：因蓬山爲名，至京師二千三百六十里，東都二千五百八十二里。

25 癸丑，敕天下重稜錢皆當三十，如畿內。重稜錢，卽重輪錢。重，直龍翻。

26 丙辰，高力士流巫州，王承恩流播州，魏悅流溱州，陳玄禮勒致仕；置如仙媛於歸州，貞觀八年，分辰州龍標縣置巫州，京師南三千一百五十八里，至東都三千八百三十三里。播州，秦夜郎郡之南境，隋牂柯郡之牂柯縣，貞觀九年，置郎州，十一年，置播州，京師南四千四百五十里，至東都四千九百六十里。貞觀十六年，開山洞置溱州，至京師三千四百八十里，東都四千二百里。歸州，漢秭歸縣地，後周置秭歸郡，隋廢郡，以縣屬巴東郡；唐武德二年，分秭歸、巴東二縣置歸州，京師南二千二百六十八里，至東都一千八百四十三里。玉真公主出居玉真觀。玉真觀，睿宗爲主所起。上更選後宮百餘人，置西內，備灑掃。灑，所賣翻。掃，素報翻，又皆如字。令萬安、咸宜二公主視服膳；萬安、咸宜二公主皆上皇女。四方所獻珍異，先薦上皇。然上皇日以不懌，因不茹葷，辟穀，浸以成疾。上初猶往問安，既而上亦有疾，但遣人起居。其後上稍悔寤，惡輔國，欲誅之，惡，烏路翻。畏其握兵，竟猶豫不能決。

27 初，哥舒翰破吐蕃於臨洮西關磨環川，於其地置神策軍。會要：天寶十三載，哥舒翰以前年收九曲，請以其地置洮陽郡，郡內置神策軍，去臨洮郡二百里。及安祿山反，軍使成如璆璆，與球同。遣其將衛伯玉將千人赴難。難，乃旦翻。既而軍地淪入吐蕃，伯玉留屯於陝，累官至右羽林大將軍。八月，庚午，以伯玉爲神策軍節度使。爲神策軍強盛張本。

28 丁亥，贈謚興王佋曰恭懿太子。

29 九月，甲午，置南都於荊州，以荊州爲江陵府，仍置永平軍團練兵三千人，以扼吳、蜀之衝，從節度使呂諲之請也。

30 或上言：「天下未平，不宜置郭子儀於散地。」散，昔亶翻。乙未，命子儀出鎮邠州；党項遁去。畏子儀也。戊申，制：「子儀統諸道兵自朔方直取范陽，還定河北，發射生英武等禁軍射生號英武軍，見上卷至德二載十二月。及朔方、鄜坊、邠寧、涇原諸道蕃、漢兵共七萬人，皆受子儀節度。」鄜，音夫。制下旬日，復爲魚朝恩所沮，事竟不行。使郭子儀果總兵向范陽，則史思明有內顧之憂，李光弼成夾攻之勢，必無邙山之敗矣。郭、李成功，則又必無樹置河北諸帥之禍矣。復，扶又翻。

31 冬，十月，丙子，置青、沂等五州節度使。詳考通鑑所書，乾元二年四月甲辰，以尚衡爲青密節度使，上元二年四月乙亥，青密節度使尚衡破史朝義兵。如此，則是年尚衡尚鎮青密，安得又置青沂等州節度使邪！新書方鎮表：上元二年置淄沂節度使，領淄、沂、滄、德、棣五州。侯希逸自平盧引兵保青州，授青密節度使，遂廢淄沂節度，并所管五州，號淄青、平盧節度。通鑑書侯希逸爲平盧、淄青節度在寶應元年五月。蓋新表與通鑑各以所見書爲據，故參錯不同如此。

32 十一月，壬辰，涇州破党項。

33 御史中丞李銑、宋州刺史劉展皆領淮西節度副使。銑貪暴不法，展剛強自用，故爲其上者多惡之；惡，烏路翻。節度使王仲昇先奏銑罪而誅之。時有謠言曰：「手執金刀起東方。」仲昇使監軍使、內左常侍邢延恩入奏：唐中人出監方鎮軍，品秩高者爲監軍使，其下爲監軍。監，古銜翻。「展倔強不受命，姓名應謠讖，此句當屬上句。倔，其勿翻。強，其兩翻。讖，謂金刀之謠應劉姓也。請除之。」

延恩因說上曰：「展與李銑一體之人，今銑誅，展不自安，苟不去之，恐其爲亂。然展方握強兵，宜以計去之。說，式芮翻。去，羌呂翻。請除展江淮都統，代李峘，峘，戶登翻。俟其釋兵赴鎮，中道執之，此一夫力耳。」上從之，以展爲都統淮南東、江南西、浙西三道節度使；考異曰：沈既濟劉展亂紀云：「淮南東道、浙江西道凡二十三州，置都統節度。」下云：「以展爲都統江南、淮南節度使。」下又云：「三道皆發吏申圖籍。」按舊李峘傳：「峘都統淮南、江南、江西節度。」展既代峘，其所統亦三道耳。淮南者，東道楊、楚、滁、和、舒、廬、濠、壽八州也。江南者，浙西昇、潤、常、蘇、湖、杭、睦七州也。江西者，洪、虔、江、吉、袁、信、撫七州也。凡二十二州。亂紀誤以「二」爲「三」，又脫「江南西道」字耳。密敕舊都統李峘及淮南東道節度使鄧景山圖之。李峘爲浙東節度兼淮南，見上卷元年。按唐會要：乾元元年十二月，李峘除都統淮南、江東、江西節度、宣慰、觀察、處置等使。都統之名起於此。通鑑但書以浙東兼淮東，與會要少異。

延恩以制書授展，展疑之，曰：「展自陳留參軍，數年至刺史，可謂暴貴矣。江、淮租賦所出，今之重任，展無勳勞，又非親賢，一旦恩命寵擢如此，得非有讒人間之乎？」間，古莧翻。因泣下。延恩懼，曰：「公素有才望，主上以江、淮爲憂，故不次用公。公反以爲疑，何哉？」展曰：「事苟不欺，印節可先得乎？」延恩曰：「可。」乃馳詣廣陵，與峘謀，解峘印節以授展。展得印節，乃上表謝恩，牒追江、淮親舊，置之心膂，三道官屬遣使迎賀，申圖籍，相望於道，展悉舉宋州兵七千趣廣陵。趣，七喻翻。

延恩知展已得其情，還奔廣陵，書云：「作僞心勞日拙，」邢延恩之謂矣。與李峘、鄧景山發兵拒之，移檄州縣，言展反。展亦移檄言峘反，州縣莫知所從。峘引兵渡江，與副使潤州刺史韋儇、儇，許緣翻。浙西節度使侯令儀屯京口，鄧景山將萬人屯徐城。徐城縣屬泗州，漢徐縣地，隋置徐城縣於大徐城，開元二十五年，移就臨淮縣。展素有威名，御軍嚴整，江、淮人望風畏之。展倍道先期至，使人問景山曰：「吾奉詔書赴鎮，此何兵也？」景山不應。展使人呼於陳前曰：呼，火故翻。「汝曹皆吾民也，勿干吾旗鼓。」使其將孫待封、張法雷擊之，景山衆潰，與延恩奔壽州。展引兵入廣陵，遣其將屈突孝標將兵三千徇濠、楚，王暅將兵四千略淮西。暅，古鄧翻。

李峘闢北固爲兵場，北固山，在京口，梁武帝所登，即其地。插木以塞江口。展軍於白沙，設疑兵於瓜洲，今揚州江都縣南三十里，有瓜洲鎮，正對京口北固山。塞，昔則翻。多張火、鼓，張火及鼓，以爲疑兵。若將趣北固者，如是累日。峘悉鋭兵守京口以待之。展乃自上流濟，襲下蜀。此自白沙濟江也。昇州東北九十里至句容縣，有下蜀戍，在句容縣北，近江津。峘軍聞之，自潰，峘奔宣城。宣城，漢宛陵縣地，晉置宣城郡，隋平陳，廢郡，改宛陵爲宣城縣，帶宣州。李峘奔宣城，就鄭炅之。

甲午，展陷潤州。考異曰：實錄：「十一月壬子，淮南節度奏展反，鄧景山、李峘戰敗。八日，展陷潤州。

十日，陷昇州。」按八日甲午，十日丙申，壬子二十六日，乃奏到日也。唐曆：「壬子，淮南奏宋州刺史劉展赴鎮，揚州長史淮南節度鄧景山、都統·尙書李峘承詔拒之，兵敗，奔於壽州。乙未，劉展陷揚州。景申，陷潤州。丁酉，陷昇州。」壬子在前，蓋因實錄也。今從劉展亂紀及新書本紀。昇州軍士萬五千人謀應展，攻金陵城，昇州治金陵。不克而遁。侯令儀懼，以後事授兵馬使姜昌羣，棄城走。昌羣遣其將宗犀詣展降。丙申，展陷昇州，以宗犀爲潤州司馬、丹楊軍使；乾元二年置丹楊軍於潤州。使昌羣領昇州，以從子伯瑛佐之。從，才用翻。

34 李光弼攻懷州，百餘日，乃拔之，生擒安太淸。考異曰：舊傳云：「擒安太淸、周摯、楊希文等，送於闕下。」按周摯於時不在懷州城中，明年爲史朝義所殺，非光弼所擒也。

35 史思明遣其將田承嗣將兵五千徇淮西，王同芝將兵三千人徇陳，許敬江將二千人徇兗鄆，薛鄂將五千人徇曹州。新書「江」作「釭」，「鄂」作「蕚」。

36 十二月，丙子，党項寇美原、【章：甲十六行本「原」下有「華原」二字；乙十一行本同；退齋校同。】同官，大掠而去。後魏景明元年，分漢富平縣置土門縣，屬新平郡，因土門山爲名，隋廢土門縣入華原。咸亨二年，分京兆之富平、華原及同州之蒲城以故土門縣置美原縣。同官，本漢銅官之地，後因謂之銅官川。後魏眞君七年，置銅官縣，屬北地郡，隋爲銅官，至唐，二縣並屬京兆。宋白曰：同官縣，漢祋祤地，晉爲頻陽地，苻堅於祋祤城東北銅官州置銅官護軍，後魏眞君七年，罷軍爲縣。後周除「金」，作此「同」字。

37 賊帥郭愔等引諸羌、胡敗秦隴防禦使韋倫，帥，所類翻。敗，補賣翻。殺監軍使。

38 兗鄆節度使能元皓方鎮表：乾元二年，升鄆、齊、兗三州都防禦使爲節度使。是年，以齊州隸青密，而兗鄆增領徐州。能，奴代翻。擊史思明兵，破之。

39 李峘之去潤州也，副使李藏用謂峘曰：「處人尊位，食人重祿，臨難而逃之，非忠也；處，昌呂翻。難，乃旦翻。以數十州之兵食，三江、五湖之險固，韋昭曰：三江，謂吳松江、錢唐江、浦陽江也。吳地記曰：松江東北行七十里，得三江口。東北入海爲婁江，東南入江爲東江，并松江爲三江。五湖註已見晉安帝紀。不發一矢而棄之，非勇也。失忠與勇，何以事君！藏用請收餘兵，竭力以拒之。」峘乃悉以後事授藏用。藏用收散卒，得七百人，東至蘇州募壯士，得二千人，立柵以拒劉展。

展遣其將傅子昂、宗犀攻宣州，宣歙節度使鄭炅之棄城走，宣歙節度使領宣、歙、饒三州。歙，書涉翻。李峘奔淇【章：甲十六行本「淇」作「洪」；乙十一行本同。】州。

李藏用與展將張景超、孫待封戰於郁墅，兵敗，奔杭州。景超遂據蘇州，待封進陷湖州。湖州，本漢烏程縣地，吳置吳興郡，隋平陳，廢郡，置湖州，大業初，廢州，以縣屬吳郡。唐武德四年，復置湖州。展以其將許嶧爲潤州刺史，嶧，音亦。李可封爲常州刺史，楊持璧蘇州刺史，待封領湖州事。景超進逼杭州，藏用使其將溫晁屯餘杭。餘杭，漢縣，時屬杭州，在州西四十五里。晁，直遙翻。展以李晃爲泗州刺史，宗犀爲宣州刺史。

傅子昂屯南陵，南陵，漢春穀縣地，梁置南陵縣及南陵郡，隋廢郡，以縣屬宣州。舊治赭圻城，長安四年，移治青陽城。將下江州，徇江西。江西，謂江南西道。於是屈突孝摽陷濠、楚州，屈，居勿翻。王晅陷舒、和、滁、廬等州，所向無不摧靡，聚兵萬人，騎三千，横行江、淮間。壽州刺史崔昭發兵拒之，由是晅不得西，止屯廬州。

初，上命平廬【章：甲十六行本「廬」作「盧」，「盧」下有「都知」二字；乙十一行本同；張校同；退齋校同。】兵馬使田神功將所部精兵五千屯任城；任，音壬。鄧景山既敗，與邢延恩奏乞敕神功救淮南，未報。景山遣人趣之，趣，讀曰促。且許以淮南金帛子女爲賂，神功及所部皆喜，悉衆南下，及彭城，敕神功討展。田神功至彭城，敕方下。展聞之，始有懼色，自廣陵將兵八千拒之，選精兵二千渡淮，擊神功於都梁山，展敗，走至天長；天寶元年，分江都、六合、高郵置千秋縣，七載，更名天長，屬揚州。以五百騎據橋拒戰，又敗，展獨與一騎亡渡江。神功入廣陵考異曰：劉展亂紀云：「二年春，神功舉兵東下。」實錄、唐曆，神功入揚州在此月。今從之。及楚州，當屬上句。蓋先入楚州而後入廣陵。大掠，殺商胡以千數，城中地穿掘略徧。穿掘，以求人所窖藏者。掘，其月翻。

40 是歲，吐蕃陷廓州。

資治通鑑卷第二百二十二

端明殿學士兼翰林侍讀學士太中大夫提舉西京嵩山崇福宮上柱國河內郡開國公食邑二千二百戶食實封九百戶賜紫金魚袋臣　司馬光　奉敕編集
後　學　天　台　胡三省　音　註

唐紀三十八

起重光赤奮若（辛丑），盡昭陽單閼（癸卯）六月，凡二年有奇。

肅宗文明武德大聖大宣孝皇帝下之下

上元二年（辛丑、七六一）

1 春，正月，癸卯，史思明改元應天。

2 張景超引兵攻杭州，敗李藏用將李彊於石夷門。敗，補邁翻。將，即亮翻；下同。孫待封自武康南出，吳分烏程、餘杭二縣置永安縣，晉改爲永康，又改爲武康，唐屬杭州。自武康南出，過狗頭嶺，至杭州五十里。溫晁據險擊敗之；去年李藏用使溫晁屯餘杭。餘杭東至杭州錢塘縣界一十八里，又東二十七里則至杭州。此陸路也，故溫晁得趨而據險以敗孫待封。待封脫身奔烏程，李可封以常州降。丁未，田神功使特進楊惠元等將千五百人西擊王暅。暅，戶登翻。辛亥夜，神功先遣特進范知新等將四千人自白沙濟，西趣下蜀；鄧景山將千人自海陵濟，東趣常州；趣，七喻翻；下同。神功與邢延恩將三千人軍於瓜洲，壬子，濟江。展將步騎萬餘陳於蒜山；陳，讀曰陣。蒜山，在潤州城西三里；其上多蒜，故名。蒜，蘇貫翻。神功以舟載兵趣金山，會大風，五舟飄抵金山下，金山，在大江中，南直西津渡口，去潤州城七里。展屠其二舟，沈其三舟，沈，持林翻。神功不得渡，還軍瓜洲。而范知新等兵已至下蜀，展擊之，不勝。弟殷勸展引兵逃入海，可延歲月，展曰：「若事不濟，何用多殺人父子乎！死，早晚等耳！」遂更帥衆力戰。帥，讀曰率。【章：胡註「帥，讀曰率」，十二行本作「帥」。是註本刻誤，乙十一行本同。】將軍賈隱林射展，中目而仆，遂斬之。射，而亦翻。中，竹仲翻。考異曰：實錄云：「乙卯，平盧兵馬使田神功生擒逆賊劉展。」舊神功傳亦然。今從劉展亂紀。劉殷、許嶧等皆死。嶧，音亦。隱林，滑州人也。楊惠元等擊破王暅於淮南，暅引兵東走，至常熟，乃降。王暅東走，渡江而至常熟。晉分吳縣置海虞縣，梁立信義郡南沙縣，隋平陳，廢郡，幷海虞、南沙、海陽、前京、信義、興國等縣爲常熟縣，屬蘇州。孫待封詣李藏用降。張景超聚兵至七千餘人，聞展死，悉以兵授張法雷，使攻杭州，景超逃入海。法雷至杭州，李藏用擊破之，餘黨皆平。平盧軍大掠十餘日。田神功所將平盧兵也。安、史之亂，亂兵不及江、淮，至是，其民始罹荼毒矣。考異曰：劉展亂紀，孫待封降以下事在二月。今因展敗，終言之。

3 荊南節度使呂諲奏：請以江【嚴：「江」改「湖」。】南之潭、岳、郴、邵、永、道、連，黔中之涪州，皆隸荊南；從之。邵州，漢召陵、都梁之地。召陵，後漢改爲昭陽，晉改爲邵陽。吴立邵陵郡，隋廢郡爲邵陽縣，屬潭州；唐武德四年，分置南梁州，貞觀十年，更名邵州。郴，丑林翻。黔，其今翻。

4 二月，奴刺、党項寇寶雞，奴刺，西羌種落之名。刺，來葛翻。至德二載，改陳倉縣爲寶雞縣，以其地有秦時寶雞祠故也，時屬鳳翔府。燒大散關，南侵鳳州，殺刺史蕭怈，怈，余世翻。大掠而西；鳳翔節度使李鼎追擊，破之。

5 戊辰，新羅王金嶷入朝，嶷，魚力翻。因請宿衞。

6 或言：「洛中將士皆燕人，燕，於肩翻。久戍思歸，上下離心，擊之，可破也。」陝州觀軍容使魚朝恩以爲信然，屢言於上，上敕李光弼等進取東京。光弼奏稱：「賊鋒尚銳，未可輕進。」朔方節度使僕固懷恩，勇而愎，愎，蒲逼翻。麾下皆蕃、漢勁卒，恃功，多不法，郭子儀寬厚曲容之，每用兵臨敵，倚以集事；李光弼性嚴，一裁之以法，無所假貸。懷恩憚光弼而心惡之，乃附朝恩，言東都可取。史言僕固懷恩欲覆李光弼之軍以便其私。惡，烏故翻。朝，直遥翻。由是中使相繼，督光弼使出師，光弼不得已，使鄭陳節度使李抱玉守河陽，與懷恩將兵會朝恩及神策節度使衞伯玉攻洛陽。

戊寅，陳於邙山。光弼命依險而陳，懷恩陳於平原，光弼曰：「依險則可以進，可以退；若平原，戰而不利則盡矣。思明不可忽也。」命移於險，懷恩復止之。史思明乘其陳未定，陳，讀曰陣。進兵薄之，官軍大敗，死者數千人，軍資器械盡棄之。考異曰：實錄曰：「史思明潛遣間諜反說官軍曰：『洛中將士久戍思歸，士多不睦。』魚朝恩以爲然，乃告光弼及僕固懷恩、衛伯玉等曰：『可速出軍，以掃殘寇。』光弼等然之。」今從舊光弼傳。實錄曰：「光弼、懷恩敗績，步兵死者數萬。」今從舊思明傳。光弼、懷恩渡河走保聞喜，朝恩、伯玉奔還陝，抱玉亦棄河陽走，河陽、懷州皆沒於賊。朝廷聞之，大懼，益兵屯陝。相州之敗，邙山之敗，皆魚朝恩爲之也。唐不以覆軍之罪罪朝恩而罷郭、李兵柄，失刑甚矣。

7 李揆與呂諲同爲相，不相悅。乾元二年，李揆與呂諲同相。上元元年，諲罷。諲在荊南，以善政聞，揆恐其復入相，奏言置軍湖南非便，潭、郴、邵、永、道、連皆在洞庭湖之南。呂諲請兼領之，故揆言非其便。復，扶又翻。又陰使人如荊、湖荊，謂荊南。湖，謂湖南。求諲過失。諲上疏訟揆罪，癸未，貶揆袁州長史，以河中節度使蕭華爲中書侍郎、同平章事。

8 史思明猜忍好殺，好，呼到翻。羣下小不如意，動至族誅，人不自保。朝義，其長子也，朝，直遙翻；下朝清同。長，知兩翻。常從思明將兵，頗謙謹，愛士卒，將士多附之，無寵於思明。思明愛少子朝清，使守范陽，朝清守范陽，事始上卷上年。少，詩照翻。常欲殺朝義，立朝清爲太子，左右頗泄其謀。思明既破李光弼，欲乘勝西入關，使朝義將兵爲前鋒，自北道襲陝城，思明自南道將大軍繼之。南道，出二崤之間。漢建安中，曹公西討巴蜀，惡南路之險，更開北道。三月，甲午，朝義兵至礓子嶺，即礓子阪也。按舊書，礓子嶺在陝城東。衛伯玉逆擊，破之。考異曰：實錄作「甲子」。按長曆，此月丙戌朔，下有戊戌，當作甲午。朝義數進兵，皆爲陝兵所敗。數，所角翻。敗，補邁翻。思明退屯永寧，以朝義爲怯，曰：「終不足成吾事！」欲按軍法斬朝義及諸將。戊戌，命朝義築三隅城，新書作「三角城」，蓋一角依山，止築其三角也。欲貯軍糧，貯，丁呂翻。期一日畢。朝義築畢，未泥，思明至，詬怒之，令左右立馬監泥，斯須而畢。詬，古候翻。監，古銜翻。思明又曰：「俟克陝州，終斬此賊。」朝義憂懼，不知所爲。

思明在鹿橋驛，鹿橋驛，永寧傳舍也。貞觀十七年，嘗徙永寧縣於此。令腹心曹將軍將兵宿衞；朝義宿於逆旅，水經註：陝城東有漫澗，澗北有逆旅亭，謂之漫口客舍。此酈道元以一時經由所見者言之耳。自元魏至唐乾元、上元間，三百許年矣，漫口客舍必不復存。此逆旅特汎言旅舍耳。其部將駱悅、蔡文景說朝義曰：說，式芮翻。「悅等與王，死無日矣！自古有廢立，請召曹將軍謀之。」朝義俛首不應。俛，音免。悅等曰：「王苟不許，悅等今歸李氏，王亦不全矣。」朝義泣曰：「諸君善爲之，勿驚聖人！」當時臣子謂其君父爲聖人。悅等乃令許叔冀之子季常召曹將軍，至，則以其謀告之；曹將軍知諸將盡怨，恐禍及己，不敢違。令，力丁翻。將，卽亮翻。是夕，悅等以朝義部兵三百被甲詣驛，被，皮義翻。宿衞兵怪之，畏曹將軍，不敢動。悅等引兵入至思明寢所，值思明如廁，問左右，未及對，已殺數人，左右指示之。思明聞有變，踰垣至廐□【章：十二行本□作「中」；乙十一行本同。】自鞴馬乘之，鞴，平祕翻。悅傔人周子俊射之，傔，丁念翻。射，而亦翻。中臂，墜馬，遂擒之。中，竹仲翻。思明問：「亂者爲誰？」悅曰：「奉懷王命。」思明封朝義爲懷王。思明曰：「我朝來語失，謂欲斬朝義也。宜其及此。然殺我太早，何不待我克長安！今事不成矣。」悅等送思明於柳泉驛，囚之，唐制：三十里一驛。柳泉驛又當在鹿橋驛東三十里。考異曰：河洛春秋曰：「思明混諸嫡庶，以少者爲尊，唯愛所鍾，卽爲繼嗣，欲殺朝義，追朝清爲僞太子。左右泄之，父子之隙自此始構。」邠志曰：「三月，思明乘勝欲下陜城，使朝義帥銳卒北路先往，已自宜陽引衆繼之。」今從實錄、舊傳。還，報朝義曰：「事成矣。」還，從宣翻。朝，直遙翻。朝義曰：「不驚聖人乎？」悅曰：「無。」時周摯、許叔冀將後軍在福昌，將，卽亮翻，又音如字。福昌又在柳泉驛之東。宋白曰：福昌縣，唐屬洛州，古宜陽地，今縣治魏一泉塢城。悅等使許季常往告之，摯驚倒於地；朝義引軍還，摯、叔冀來迎，悅等勸朝義執摯，殺之。軍至柳泉，悅等恐衆心未壹，遂縊殺思明，縊，一計翻，又於賜翻。以氈裹其尸，橐駝負歸洛陽。

朝義卽皇帝位，改元顯聖。密使人至范陽，敕散騎常侍張通儒等散，昔亶翻。騎，奇計翻。殺朝清及朝清母辛氏幷不附己者數十人。其黨自相攻擊，戰城中數月，死者數千人，范陽乃定。去年若果能使郭子儀自朔方直擣范陽，適值城中自相攻擊，可馳檄而下也。朝義以其將柳城李懷仙爲范陽尹、燕京留守。燕，因肩翻。守，式又翻。考異曰：實錄：「朝義旣殺思明，密遣使馳至范陽，殺僞太子朝英及僞皇后辛氏幷不附己者數十人。僞范陽留守張通儒知有變，遂引兵戰於城中。數日，戰不利，死者數千人，通儒被斬於亂兵中。」薊門紀亂曰：「思明既王有數十州之地，年餘，朝興遂爲皇太子。朝興，辛氏之長男，特爲思明所愛，嗜酒好色，凶獷頑戾，招集幽、薊惡少與其年齒相類者百人爲左右，皆彎弓利劍，飾以丹雘、珠玉，帶佩印，雕鏤金銀，控弦揮刃，常如見敵，以南行大將子弟統之。每與其黨飲宴，酒酣，爇燎其鬚髮，或以銅彈丸擊之，以頤頷爲的。血流至地，無楚痛之色，則賞卮酒；少似嚬蹙，乃鞭之，從脛至踵，或至數千，困絕將殞，方捨之。候稍愈，復鞭之，有杖六七千不死者。姬妾皆思明所掠良家子，有不稱命，則殺之。亦有以湯鑊死者，既火盛湯沸，令壯士抱而投之，初宛轉叫呼，須臾骨肉糜爛。旁人皆毛豎股慄，朝興笑臨而觀之，以所策毬杖於鑊中撞擊，顔色自若。上元二年三月甲寅，使使告捷，云王師敗績于洛北，斬首萬餘級，勒其六宮及朝興，備車馬，爲赴洛之計。賊庭之黨相慶，踊躍叫喚，聲振天地十餘日。又宦者二人傳思明僞敕云：收兵陝、虢，以朝興爲周京留守，仍勒馳驛速發，并辛氏已下續行。朝興大喜。其宦者，朝義僞遣之，人莫知也。時朝義已殺思明，僭位，潛勒僞左散騎常侍張通儒、戶部尚書康孝忠與朝興衙將高鞫仁、高如震等謀誅朝興。其日，朝興速召工匠與其母、妻造寶鈿鞍勒，搜索庫藏，脩乘騎之具，并命左右各備行裝，唯數十人侍衛。思明留駿馬百餘匹在其廄中，朝興出入馳驟，每日則於桑乾河飲之。通儒將入，潛令康孝忠從數十人持兵詣飲處，馳取其馬，閉於城南毗沙門神之院。通儒與鞫仁領步兵十餘人入其日華門，僞皇城留守劉象昌逢之，驚問其故。通儒顧左右斬之。俄而朝興腹心衞鳴鶴又問，亦斬之。子城擾亂。朝興惶怖，猶能擐甲持兵，與親信二三十人出拒，奔走於廄中取馬。馬盡矣，唯病馬一匹，朝興乘而策之，不前，遂步戰。通儒立白旗招朝興之黨，降者捨罪，復官爵。惡少等雖沐朝興之錫賚，亦怨其無道鞭捶，降者太半。朝興猶從十餘人接戰，弓矢所發，無不中者，中者皆應弦沒羽。通儒軍披靡，所傷者數十百人，退出子城外。人不知甲兵之故，皆惶恐潛匿。通儒於城門拒戰良久，日已云暮，朝興衆寡不敵，走匿城上之逍遙樓，遂失其所。通儒兵入禁中，劫掠金帛，思明、朝興妻衣服皆盡。夜半，蕃將曹閔之於樓上擒獲之。朝興曰：『我兄弟六七人，朝興一身，斬之何益！』高如雲對曰：『以殿下殘酷，人各有怨心。』朝興曰：『乞放此一度，後更不敢。』執者皆笑。又謂閔之曰：『此腰帶三十兩黃金新造，謹奉將軍。』閔之曰：『殿下但死，腰帶閔之自解取。』左右益笑。縊以弓弦，斷其首，函送洛陽。僞侍中向閏客特受思明委託，朝興亦甚敬憚，至是惶怖，走入私第，不自安，匍匐待罪。通儒領之，勒馳驛赴洛。通儒收朝興黨與，悉誅之。思明驍將辛萬年特有寵於朝興，又與鞫仁、如震等友善，爲兄弟。當誅朝興之黨也，通儒有意於萬年。及令行刑，遂忘之。至是，赦鞫仁、如震斬萬年首送。鞫仁置酒與萬年同飲，謂曰：『張尚書令殺弟，故相報。』萬年稽首，但乞快死。鞫仁抗聲曰：『只可兄弟謀取通儒，終不肯殺弟。』於是如震、萬年領其部曲百餘人入子城，斬通儒於子城南廊下，城中擾亂；又殺其素不快者軍將數人，共推僞中書令阿史那承慶爲留守，函通儒等首，使萬年送洛陽，誣其欲以薊城歸順。朝義聞之，使使令向閏客所在卻回爲留守。鞫仁、如震等各從數百人被甲巡城，城中人心彌懼。承慶爲留守一兩日，又不自安，遞相疑阻，於是領蕃兵數十騎出子城，至如震宅門，立令屈將軍暫要相見。如震不虞有難，馳至馬前，承慶斬之，應聲而殞。承慶入東軍，與僞尚書康孝忠招集蕃、羯。鞫仁聞如震遇害，驚而且怒，統麾下軍討之，相逢於宴設樓下。接戰，自午至酉，鞫仁兵皆城旁少年，驍勇勁捷，馳射如飛；承慶兵雖多，不敵，大敗，殺傷甚衆，積尸成丘。承慶、孝忠出城收散卒，東保潞縣，又南掠屬縣，野營月餘，徑詣洛陽自陳其事，城中蕃軍家口盡踰城相繼而去。鞫仁令城中，殺胡者皆重賞。於是羯、胡俱殪，小兒皆擲於空中，以戈承之，高鼻類胡而濫死者甚衆。時鞫仁在城中最尊，使使奏朝義以承慶等反。向閏客行至貝州，承朝義命回，將至，衆官迎之；鞫仁嚴兵不出。閏客甚懼，戒其子弟從者無帶兵器，從數人而入。鞫仁待之於日華門，閏客望見，下馬執手相慰，鞫仁亦抗禮還營。閏客但專守子城端坐，餘不敢輒有所問。奏承慶等使回，朝義以鞫仁爲燕京都知兵馬使。五月甲戌，朝義以僞太常卿李懷仙爲御史大夫、范陽節度使；燕州頗有兵甲，故委腹心，鞫仁聞之，意不快也。無何，懷仙至，從羸馬數千，自薊城南門入。鞫仁不出，迎之於日華門。懷仙至，卑身過禮，立談，約爲兄弟，結盟相固，期同保燕邦以奬其主。鞫仁意少解。懷仙以薊縣爲節度院，雖任節制，鞫仁兵五千餘人皆不受命。十數日，懷仙待之彌厚，每衙，皆降階交接，鞫仁亦不爲之屈。既而懷仙命饗軍士，中宴，鞫仁疑有變，兵皆驚走，還營被甲。懷仙憂懼無計，遂因其牙將朱希彩，責以驚軍中之罪。其夜，鞫仁將襲懷仙，遇大雨，持疑未決，徹明，遂止，單騎至節度門。懷仙已潛備壯士待之。鞫仁趨入，懷仙亦不改常禮，與坐良久，乃問驚軍之罪，門已闔，顧左右拉殺之，立捨希彩。自暮春至夏中，兩月間，城中相攻殺凡四五，死者數千，戰鬭皆在坊市閭巷間。但兩敵相向，不入人家剽劫一物，蓋家家自有軍人之故，又百姓至於婦人小童，皆閑習弓矢，以此無虞。六月丙申，宣思明遺誥，發喪，將相百僚縞素，哭於其聽政樓前，卑幼相視而笑，笑聲與哭聲參半焉。朝義又追向閏客赴洛陽，加懷仙燕京留守。」河洛春秋：「初，朝義令人以書與向貢并阿史那王殺朝清。朝清既受父命，常有君臨之心，惟以毬獵爲務，車下勇敢之士僅三千人，每日教習，然其殘酷頗有父風，而加婬亂，幽州士庶，無不吁嗟。向貢、高久仁等既見諸將之書，又聞思明已死，因說朝清曰：『昨有密旨，令大王主器承祧，其事尤重。今敵國猶在，上人未還，儻更移恩於人，誠恐自貽窘迫。』朝清然之。是日，顧左右，各令辭訣，便自飾裝。高久仁、高如震等及其無備，率壯士數百人潛入子城門，阿史那王、向貢等共率三百人繼至。朝清時在臥內，僕妾侍側，忽聞兵士，問是何人。門人曰：『三軍叛。』乃擐甲登樓，責讓向貢等。高如震乃於樓下佯戰，朝清自援弓射之，凡斃數人。阿史那軍佯北，朝清下樓，向貢等令人擒殺之。向貢攝知軍事，經四十日，阿史那又殺向貢。阿史那自稱長史，三日後，斬高久仁，以其首梟之，殺朝清故也。高如震還，固守，與阿史那相持。城中分兩軍，經五日，以燕州街爲界，各自禦備，遞相捉搦，不得往來。阿史那從經略軍領諸蕃部落及漢兵三萬人，至宴設樓前與如震會戰。如震不利，乃使輕兵二千人於子城東出，直至經略軍南街，腹背而擊之，并招漢軍萬餘人。阿史那軍敗，走於武清縣界野營。後朝義使招之，盡歸東都，應是胡面，不擇少長，盡誅之。於是朝義僞授李懷仙幽州節度。高如震旅拒之中，承阿史那遁逸之後，野行草次，人各持兵，糗糧芻茭，非戮不應。朝義令兵士悉爲商賈，白衣先行，至幽州，盡被捉爲團練。懷仙方自統五千餘騎直叩薊門。高如震方欲出師以抗其命，慮其卒叛，因出迎之。懷仙實內圖之，且外示寬宥，大行誘募，咸捨厥僭，於是士衆怗然，競皆欣戴。乃大賞設，經三日，因衆前卻，乃斬高如震，幽州遂平。」舊傳亦云「朝義令人殺僞太子朝英」，新傳作「朝清」。今從河洛春秋及新傳，餘從薊門紀亂。時洛陽四面數百里，州、縣皆爲丘墟，而朝義所部節度使皆安祿山舊將，與思明等夷，朝義召之，多不至，朝，直遙翻。使，疏吏翻。將，即亮翻。略相羈縻而已，不能得其用。

9 李光弼上表，固求自貶；上，時掌翻。制以開府儀同三司、侍中，領河中節度使。

10 術士長塞鎮將朱融據新書，長塞鎮，當在蔚州界。唐制：上鎮將正六品下，中鎮將正七品上，下鎮將正七品下。與左武衞將軍竇如玢等玢，音彬。謀奉嗣岐王珍作亂，金吾將軍邢濟告之。夏，四月，乙卯朔，廢珍爲庶人，溱州安置，其黨皆伏誅。嗣，祥吏翻。溱，茲詵翻。珍，業之子也。岐王業，上皇之弟。丙辰，左散騎常侍張鎬貶辰州司戶。鎬嘗買珍宅故也。散，昔亶翻。騎，奇計翻。鎬，下老翻。辰州盧溪郡，漢辰陵、沅陵、義陵縣地。舊志：辰州，京師南微東三千四百五里。

11 己未，以吏部侍郎裴遵慶爲黃門侍郎、同平章事。

12 乙亥，青密節度使尙衡破史朝義兵，斬首五千餘級。

13 丁丑，兗鄆節度使能元皓破史朝義兵。鄆，音運。能，奴代翻。

14 壬午，梓州刺史段子璋反。子璋驍勇，從上皇在蜀有功，梓州梓潼郡，漢郪縣、廣漢、氐道地。東川節度使李奐奏替之，替，代也。子璋舉兵，襲奐於綿州。綿州，治巴西，漢之涪縣也。道過遂州，刺史虢王巨蒼黃脩屬郡禮迎之，梓、遂二州並屬東川節度，蓋列郡也。巨脩屬郡禮以迎子璋，示卑服之意。子璋殺之。李奐戰敗，奔成都，子璋自稱梁王，改元黃龍，以綿州爲龍安府，置百官，又陷劍州。劍州，治普安，漢之梓潼縣也。

15 五月，己丑，李光弼自河中入朝。

16 初，李輔國與張后同謀遷上皇於西內。遷上皇見上卷上年。是日端午，山人李唐見上，上方抱幼女，謂唐曰：「朕念之，卿勿怪也。」對曰：「太上皇思見陛下，計亦如陛下之念公主也。」上泫然泣下，泫，胡畎翻。然畏張后，尚不敢詣西內。

17 癸巳，党項寇寶雞。

18 初，史思明以其博州刺史令狐彰爲滑鄭汴節度使，將數千兵戍滑臺。滑州，古滑臺也。彰密因中使楊萬定通表請降，徙屯杏園度。思明疑之，遣其將薛岌圍之。彰與岌戰，大破之，因隨萬定入朝。甲午，以彰爲滑、衞等六州節度使。滑、衞、相、貝、魏、博六州。

19 戊戌，平盧節度使侯希逸擊史朝義范陽兵，破之。

20 乙未，西川節度使崔光遠與東川節度使李奐共攻綿州，庚子，拔之，斬段子璋。

21 復以李光弼爲河南副元帥、太尉兼侍中，都統河南、淮南東·西、山南東、荆南、江南西、浙江東·西八道行營節度，考異曰：實錄、舊紀皆云，光弼都統河南、淮南、山南東、江東五道。唐曆、會要爲河南、淮南東·西、山南東、荆南五道。劉展亂紀又有江西、浙東、浙西凡八道。按袁晁亂浙東，光弼討平之，則是浙東亦其統内也。今從之。復，扶又翻。帥，所類翻。統，他綜翻。出鎮臨淮。臨淮郡，泗州。

22 六月，甲寅，青密節度使能元皓敗史朝義將李元遇。按上卷五年冬書兗鄆節度使能元皓。詳考本末，「青密」恐當作「兗鄆」。敗，補賣翻。

23 江淮都統李峘畏失守之罪，失守事見上卷上年。峘，户登翻。歸咎於浙西節度使侯令儀，丙子，令儀坐除名，長流康州；康州，因晉康郡而名，治端溪縣，至京師五千七百五十里，東都五千一百五十里。加田神功開府儀同三司，賞平劉展之功也。徙徐州刺史；自平盧兵馬使徙刺徐州。徵李峘、鄧景山還京師。還，從宣翻，又音如字。

24 戊寅，党項寇好畤。党，底朗翻。畤，音止。好畤縣，自漢至後魏屬扶風，後周省；隋開皇十七年，置上宜縣，屬京兆。又有舊莫西縣，十八年，改曰好畤，大業三年，廢入上宜。武德二年，分醴泉置好畤，貞觀八年，廢上宜入岐陽，二十一年，省好畤、岐陽，復置上宜，更上宜曰好畤。

25 秋，七月，癸未朔，日有食之既，大星皆見。見，賢遍翻。

26 以試少府監李藏用爲浙西節度副使。少，詩照翻。

27 八月，癸丑朔，加開府儀同三司李輔國兵部尚書。乙未，輔國赴上，僕射、尚書赴省供職，曰赴上。上，時掌翻。宰相朝臣皆送之，御廚具饌，太常設樂。輔國驕縱日甚，求爲宰相，上曰：「以卿之功，何官不可爲，其如朝望未允何！」相，息亮翻。朝，直遙翻。輔國乃諷僕射裴冕等使薦己。上密謂蕭華曰：「輔國求爲宰相，若公卿表來，不得不與。」華出，問冕；曰：「初無此事，吾臂可斷，斷，丁管翻。宰相不可得！」華入言之，上大悅；輔國銜之。銜，戶緘翻。

28 己巳，李光弼赴河南行營。

29 辛巳，以殿中監李若幽爲鎮【章：十二行本「鎮」上有「朔方」二字；乙十一行本同；退齋校同。】西、北庭、興平、陳鄭等節度行營及河中節度使，代李光弼。鎮絳州，賜名國貞。

30 九月，甲申，天成地平節，上於景雲二年九月三日生，以九月三日爲天成地平節。上於三殿置道場，南部新書：大明宮中有麟德殿，在仙居殿之西北。此殿三面，亦以三殿爲名。雍錄：麟德殿，在翰林院之東。以宮人爲佛菩薩，釋典曰：菩，普也。薩，濟也。言能普濟衆生也。武【章：十二行本「武」上有「北門」二字；乙十一行本同。】士爲金剛神王，范成大曰：在處寺門有兩金剛神，是千佛數中最後者，一名婁至德，一名青葉髻。召大臣膜拜圍繞。膜，莫乎翻。

31 壬寅，制去尊號，但稱皇帝；去年號，但稱元年，去，羌呂翻。以建子月爲歲首，月皆以所建爲數；【嚴：「數」改「名」。】因赦天下。停京兆、河南、太原、鳳翔四京及江陵南都之號。四京見二百二十卷至德元載。南都見上卷上年。自今每除五品以上清望官及郎官、御史、刺史，令舉一人自代，觀其所舉，以行殿最。令，力丁翻。殿，丁甸翻。

32 江、淮大饑，人相食。

33 冬，十月，江淮都統崔圓署李藏用爲楚州刺史。統，他綜翻；或從上聲。考異曰：劉展亂紀曰：「初，劉展既平，諸將爭功，疇賞未及李藏用，崔圓乃署藏用爲楚州刺史，領二城而居盱眙。」按實錄，七月，藏用已除浙西節度副使。蓋恩命未到耳。會支度租庸使以劉展之亂，諸州用倉庫物無準，奏請徵驗。唐六典：度支郎，掌支度國用、租賦多少之數。凡天下邊軍皆有支度之使，以計軍資、糧、仗之用。每歲皆申度支而會計之。此支度租庸使，蓋使之支度江、淮租、庸者也。使，疏吏翻。時倉猝募兵，物多散亡，徵之不足，諸將往往賣產以償之。藏用恐其及己，嘗與人言，頗有悔恨。其牙將高幹挾故怨，使人詣廣陵告藏用反，先以兵襲之。藏用走，幹追斬之。崔圓遂簿責藏用將吏以驗之，將吏畏，皆附成其狀。將，卽亮翻。附高幹之言以成李藏用反狀。獨孫待封堅言不反，圓命引出斬之。或曰：「子何不從衆以求生！」待封曰：「吾始從劉大夫，奉詔書來赴鎮，劉大夫，謂劉展。赴鎮事見上卷上年。人謂吾反；李公起兵滅劉大夫，今又以李公爲反。如此，誰則非反者，庸有極乎！吾寧就死，不能誣人以非罪。」遂斬之。史言兵興之時多濫刑。

34 建子月，壬午朔，上受朝賀，如正旦儀。以其月爲歲首也。朝，直遥翻；下同。

35 或告鴻臚卿康謙與史朝義通，事連司農卿嚴莊，俱下獄。臚，陵如翻。朝，直遥翻。下，遐嫁翻。獄，宜欲翻。京兆尹劉晏遣吏防守莊家。上尋敕出莊，引見。見，賢遍翻。莊怨晏，因言晏與臣言，常道禁中語，矜功怨上。丁亥，貶晏通州刺史，通州，通川郡，漢宕渠縣地。舊志：通州，京師西南二千五百里。莊難江尉。難江縣，漢宕渠地，梁置東巴州，後魏恭帝改集州，後周改宕渠爲難江縣，以水爲名也。隋廢集州，以縣屬梁州；唐初復置集州，以難江爲治所。謙伏誅。戊子，御史中丞元載爲戶部侍郎，充句當度支、鑄錢、鹽鐵兼江淮轉運等使。句，古候翻。當，丁浪翻。度，徒洛翻。使，疏吏翻。載初爲度支郎中，敏悟善奏對，上愛其才，委以江淮漕運，數月，遂代劉晏，專掌財利。

36 戊戌，冬至；己亥，上朝上皇於西內。朝，直遥翻；下同。

37 神策節度使衞伯玉攻史朝義，拔永寧，破澠池、福昌、長水等縣。永寧、澠池、福昌三縣時屬河南府。澠，彌兗翻。後魏分陝縣置南陝縣，西魏改曰長淵，屬弘農郡，唐初改名長水，避高祖諱也，初屬穀州，後屬洛州。宋白曰：長水縣，本盧氏地，後魏延昌二年，分盧氏東境庫谷以西、沙渠谷以東爲南陝縣。餘同上註。

38 己酉，上朝獻太清宮；庚戌，享太廟、元獻廟。太清宮，在丹鳳門之左，南出第二坊。太廟，在朱雀街東第二街，北來第二坊。元獻廟，上母元獻楊后廟也。建丑月，辛亥朔，祀圜丘、太一壇。乾元元年立太一壇，見二百二十卷。考異曰：實錄：「建子月戊戌冬至，其日祀昊天上帝。己亥，詔以來月一日祭圜丘及太一壇。」又云：「建丑月辛亥，以河南節度使來瑱爲太子少保。」下又有丁未、己酉、庚戌日事。又云：「建丑月辛亥朔，拜南郊，祭太乙壇。」按瑱傳，未嘗爲河南節度使及少保。實錄誤剩此一日事。其冬至祀上帝，蓋有司行事，非親祀也。

39 平盧節度使侯希逸與范陽相攻連年，救援既絕，又爲奚所侵，乃悉舉其軍二萬餘人襲李懷仙，破之，因引兵而南。

寶應元年（壬寅、七六二）以楚州表言上帝賜寶玉改元。改元實在四月。

1 建寅月，去年九月，敕以建子月爲歲首，而通鑑仍以建寅月爲歲首者，以是年四月制復月數皆如其舊也。改元亦在是月。甲申，追尊靖德太子琮爲奉天皇帝，妃竇氏爲恭應皇后，丁酉，葬于齊陵。琮，上皇之長子，天寶十載薨，謚曰靖德太子。新書地理志：齊陵，在京兆昭應縣東十六里。琮，徂宗翻。

2 甲辰，吐蕃遣使請和。使，疏吏翻。

3 李光弼拔許州，擒史朝義所署潁川太守李春；朝義將史參救之，許州，潁川郡，唐已復郡爲州，安、史猶仍天寶舊名。守，式又翻。將，卽亮翻。丙午，戰于城下，又破之。

4 戊申，平盧節度使侯希逸於青州北渡河而會田神功、能元皓於兗州。使，疏吏翻。能，奴代翻。

5 租庸使元載以江、淮雖經兵荒，其民比諸道猶有貲產，乃按籍舉八年租調之違負及逋逃者，計其大數而徵之；八年，自天寶十三載止上元二年。天寶十三載，天下未亂，租、調之入爲盛。十四載，而祿山反，租、調始有違負逋逃。自是迄于去年，大難未平，戰兵不止，違負逋逃，年甚一年。今不問有無，計其大數而徵之。調，徒釣翻。擇豪吏爲縣令而督之，不問負之有無，貲之高下，察民有粟帛者發徒圍之，籍其所有而中分之，甚者什取八九，謂之白著。著，直略翻。今人猶謂無故而費放財物者爲白著。勃海高雲有白著歌曰：「上元官吏務剝削，江、淮之人多白著。」有不服者，嚴刑以威之。民有蓄穀十斛者，則重足以待命，重，直龍翻。或相聚山澤爲羣盜，州縣不能制。

6 建卯月，辛亥朔，赦天下；復以京兆爲上都，河南爲東都，鳳翔爲西都，江陵爲南都，太原爲北都。去年罷西京及南都。復，扶又翻，又音如字。

7 奴剌寇成固。成固縣，自漢以來屬漢中。剌，來達翻。

8 初，王思禮爲河東節度使，資儲豐衍，贍軍之外，積米百萬斛，奏請輸五十萬斛於京師。思禮薨，乾元元年，王思禮鎮太原，其薨當在去年。管崇嗣代之，爲政寬弛，信任左右，數月間，耗散殆盡，惟陳腐米萬餘斛在。言見在米止此數。上聞之，以鄧景山代之。景山至，則鉤校所出入，將士輩多有隱沒，皆懼。有裨將抵罪當死，諸將請之，不許；其弟請代兄死，亦不許；請入一馬以贖死，乃許之。諸將怒曰：「我輩曾不及一馬乎！」遂作亂，將，即亮翻。癸丑，殺景山。上以景山撫御失所以致亂，不復推究亂者，遣使慰諭以安之。復，扶又翻。諸將請以都知兵馬使、代州刺史辛雲京爲節度使。【章：十二行本「使」下有「己未以雲京爲北都留守、河東節度使」十五字；乙十一行本同；退齋校同。】雲京奏張光晟爲代州刺史。張光晟有德於辛雲京，見上卷乾元二年。

9 絳州素無儲蓄，民間饑，不可賦斂，斂，力贍翻。將士糧賜不充，朔方等諸道行營都統李國貞屢以狀聞；朝廷未報，軍中咨怨。咨嗟憂愁而怨上也。突將王元振將作亂，突將，以領驍勇馳突之士。突將，卽亮翻。矯令於衆曰：「來日脩都統宅，各具畚鍤，畚，布袞翻，織竹爲器。鍤，測洽翻，鍫也。待命于門。」士卒皆怒，曰：「朔方健兒豈脩宅夫邪！」乙丑，元振帥其徒作亂，燒牙城門。帥，讀曰率。國貞逃于獄，元振執之，置卒食於前，曰：「食此而役其力，可乎！」國貞曰：「脩宅則無之，軍食則屢奏而未報，諸君所知也。」衆欲退。元振曰：「今日之事，何必更問！都統不死，則我輩死矣。」遂拔刃殺之。鎭西、北庭行營兵屯於翼城，翼城縣，屬絳州，本漢絳縣，後魏曰北絳縣。隋開皇十八年，改曰翼城，以春秋翼侯邑于此也。亦殺節度使荔非元禮，推裨將白孝德爲節度使，朝廷因而授之。

10 戊辰，淮西節度使王仲昇與史朝義將謝欽讓戰于申州城下，爲賊所虜，淮西震駭。會侯希逸、田神功、能元皓攻汴州，朝義召欽讓兵救之。

11 絳州諸軍剽掠不已，剽，匹妙翻。朝廷憂其與太原亂軍合從連賊，從，子容翻。非新進諸將所能鎭服，辛未，以郭子儀爲汾陽王，知朔方、河中、北庭、潞澤節度行營兼興平、定國等軍副元帥，發京師絹四萬匹、布五萬端、米六萬石以給絳軍。

建辰月，庚寅，子儀將行，時上不豫，羣臣莫得進見。見，賢遍翻。子儀請曰：「老臣受命，將死於外，不見陛下，目不瞑矣。」上召入臥內，謂曰：「河東之事，一以委卿。」

史朝義遣兵圍李抱玉於澤州，子儀發定國軍救之，乃去。

12 上召山南東道節度使來瑱赴京師；瑱樂在襄陽，其將士亦愛之，乃諷所部將吏上表留之；行及鄧州，復令還鎮。樂，音洛。復，扶又翻。荆南節度使呂諲、淮西節度使王仲昇及中使往來者言「瑱曲收衆心，恐久難制。」上乃割商、金、均、房別置觀察使，令瑱止領六州。山南東道領襄、鄧、隨、唐、安、均、房、金、商九州。今分四州，餘五州耳。曰領六州，無亦於郢、復二州增領一州邪！會謝欽讓圍王仲昇於申州數月，瑱怨之，按兵不救，仲昇竟敗沒。行軍司馬裴莪謀奪瑱位，莪，如融翻。密表瑱倔強難制，倔，其勿翻。強，其兩翻。請以兵襲取之，上以爲然。癸巳，以瑱爲淮西、河南十六州節度使，考異曰：舊傳無汝，云十五州。今從實錄。外示寵任，實欲圖之。密敕以莪代瑱爲襄、鄧等州防禦使。

13 甲午，奴剌寇梁州，剌，來達翻。觀察使李勉棄城走。時山南西道觀察使置司梁州。以邠州刺史河西臧希讓爲山南西道節度使。山南西道節度領梁、洋、集、壁、文、通、巴、興、鳳、利、開、渠、蓬十三州。邠，彌頻翻。使，疏吏翻。考異曰：肅宗實錄作「希液」。代宗實錄有傳，作「希讓」，今從之。

14 丙申，党項寇奉天。党，底朗翻。奉天縣，屬雍州。

15李輔國以求宰相不得怨蕭華。求相不得事見上上元二年八月。相，息亮翻。庚午，以戶部侍郎元載爲京兆尹。載詣輔國固辭，輔國識其意；壬寅，以司農卿陶鋭爲京兆尹。輔國言蕭華專權，請罷其相，上不許。輔國固請不已，乃從之，仍引元載代華。考異曰：舊華傳云：「肅宗寢疾，輔國矯命罷華相。」今從輔國傳。戊申，華罷爲禮部尚書，以載同平章事，領度支、轉運使如故。尚，辰羊翻。度，徒洛翻。

16建巳月，庚戌朔，建巳月，四月也。澤州刺史李抱玉破史朝義兵於城下。朝，直遙翻。

17壬子，楚州刺史崔侁表稱，有尼眞如，恍惚登天，見上帝，賜以寶玉十三枚，侁，疏臻翻。恍，呼廣翻。尼，女夷翻。惚，音忽。唐會要：「十三寶：一曰玄黃天符，如笏，長八寸，闊三寸，上圓下方，近圓有孔，黃玉也；二曰玉雞，毛文悉備，白玉也；三曰穀璧，白玉也，徑可五六寸，其文粟粒，無雕鐫之迹；四曰西王母白環，二枚，白玉也，徑六七寸；五曰碧色寶，圓而有光；六曰如意寶珠，圓如雞卵，光如月；七曰紅靺鞨，大如巨栗，赤如櫻桃；八曰琅玕珠，二枚，長一寸二分；九曰玉玦，形如玉環，四分缺；十曰玉印，大如半手，斜長，理如鹿形，陷入印中，以印物，則鹿形著焉；十一曰皇后採桑鉤，長五六寸，細如筋屈，其末似金又似銀；十二曰雷公石斧，長四寸，闊二寸，無孔，細緻如青玉；十三曰闕；凡十三寶，置于日中，皆白氣連天。」云：「中國有災，以此鎮之。」羣臣表賀。

18甲寅，上皇崩于神龍殿，神龍殿，蓋中宗於神龍間居之，遂以名殿。年七十八。乙卯，遷坐於太極殿。坐，徂臥翻，神御坐也。上以寢疾，發哀於內殿，羣臣發哀於太極殿。內殿，上居大明宮之寢殿也。太極殿，西內前殿，大行所御。蕃官剺面割耳者四百餘人。剺，里之翻。丙辰，命苗晉卿攝冢宰。上自仲春寢疾，聞上皇登遐，哀慕，疾轉劇，乃命太子監國。冢，而隴翻。監，古銜翻。甲子，制改元；改元寶應。復以建寅爲正月，月數皆如其舊；復，扶又翻。赦天下。

19 初，張后與李輔國相表裏，專權用事，見上卷乾元二年。晚年，更有隙。內射生使三原程元振黨於輔國。以宦官領射生手，故曰內射生使。上疾篤，后召太子謂曰：「李輔國久典禁兵，制敕皆從之出，擅逼遷聖皇，玄宗尊號曰聖皇天帝。其罪甚大，所忌者吾與太子。今主上彌留，書顧命曰：「病日臻，既彌留。」言病日至一日，愈留而不去體也。輔國陰與程元振謀作亂，不可不誅。」太子泣曰：「陛下疾甚危，二人皆陛下勳舊之臣，一旦不告而誅之，必致震驚，恐不能堪也。」后曰：「然則太子姑歸，吾更徐思之。」太子出，后召越王係謂曰：「太子仁弱，不能誅賊臣，汝能之乎？」對曰：「能。」係乃命內謁者監段恒俊選宦官有勇力者二百餘人，授甲於長生殿後。恒，戶登翻。乙丑，后以上命召太子。元振知其謀，密告輔國，伏兵於陵霄門以俟之。雍錄：六典大明宮圖，宮城北面玄武門之西有青霄門。閣本大明宮圖作淩雲門。太子至，以難告。難，乃旦翻。太子曰：「必無是事，主上疾亟召我，我豈可畏死而不赴乎！」元振曰：「社稷事大，太子必不可入。」乃以兵送太子於飛龍廄，飛龍廄，仗內六閑之一也。程大昌曰：在玄武門外。且以甲卒守之。是夜，輔國、元振勒兵三殿，收捕越王係、段恒俊及知內侍省事朱光輝等百餘人，繫之。以太子之命遷后於別殿。時上在長生殿，使者逼后下殿，幷左右數十人幽於後宮，宦官宮人皆驚駭逃散。丁卯，上崩。年五十二。輔國等殺后幷係及兗王僴。僴，下赧翻。考異曰：肅宗實錄曰：「張后因太子監國，謀誅輔國。其日，使人以上命召太子，語之，太子不可。乙丑，后矯上命將喚太子，程元振知之，密告輔國。景寅，元振與輔國夜勒兵於三殿前，使人收捕越王及同謀內侍朱光輝、段恆俊等百餘人，繫之，移皇后於別殿。其夜，六宮內人、中官等驚駭奔走。及明，上崩。」代宗實錄曰：「乙丑，皇后召上。旣夜，輔國、元振勒兵捕係，幽后。丁卯，肅宗崩。」係傳：「乙丑，后召太子。景寅夜，元振、輔國勒兵捕係，幽后。是日，俱爲輔國所害。」舊肅宗紀：「丁卯，宣遺詔。是日，上崩。」代宗紀：「乙丑，皇后矯詔召太子。輔國、元振衞從太子入飛龍廄以俟變。是夕，勒兵於三殿，收係及朱光輝、馬英俊等。丁卯，肅宗崩。」新本紀：「丙寅，閑廄使李輔國、飛龍廄副使程元振遷皇后于別殿，殺越王係、兗王僴。是夜，皇帝崩。」代宗錄、唐曆、統紀、係傳皆以段恆俊爲馬英俊。按張后以乙丑日召太子，迨夜不至，必知有變矣，輔國等安能待至來夜，然後勒兵收係等乎！蓋收係等在乙丑之夜也。今從代宗實錄、舊代宗紀。新、舊傳皆云兗王僴寶應元年薨。而代宗實錄羣臣議係、僴之罪，云：「二王同惡，共扇姦謀。」蓋僴亦預謀也。今從之。是日，輔國始引太子素服於九仙門與宰相相見，閣本大明宮圖，宮城西面右銀臺門之北有九仙門，又北轉東則凌雲門。相，息亮翻。敍上皇晏駕，拜哭，敍自上皇晏駕後，宮中多故，不見輔臣。始行監國之令。命太子監國在甲子前，而乙丑卽有內變。旣定，乃始行令。監，古咸翻。戊辰，發大行皇帝喪於兩儀殿，宣遺詔。肅宗崩於東內寢殿，發喪於西內內朝，從上皇也。上皇梓宮在西內前殿。己巳，代宗卽位。

20 高力士遇赦還，至朗州，上元元年，高力士流巫州，遇赦還至朗州。自朗至京師尚二千二百五十九里。赦者，甲子赦也。還，從宣翻，又音如字。聞上皇崩，號慟，嘔血而卒。力士流，見上卷上元元年。號，戶刀翻。卒，子恤翻。

21 甲戌，以皇子奉節王适爲天下兵馬元帥。奉節，縣名，蜀先主改魚復縣爲奉節縣。帥，所類翻。

22 李輔國恃功益橫，明謂上曰：「大家但居禁中，外事聽老奴處分。」於上前明言之，無所忌憚。橫，戶孟翻。處，昌呂翻。分，扶問翻。上內不能平，以其方握禁兵，外尊禮之。乙亥，號輔國爲尚父而不名，齊太公輔周武王，號師尚父，今以其號寵中人。事無大小皆咨之，羣臣出入皆先詣，輔國亦晏然處之。史言李輔國凶愚。處，昌呂翻。以內飛龍廄副使程元振爲左監門衛將軍。知內侍省事朱光輝及內常侍啖庭瑤、山人李唐等二十餘人皆流黔中。自朱光輝以下，皆大行左右。監，古銜翻。啖，徒覽翻。黔，其今翻。

23 初，李國貞治軍嚴，治，直之翻。朔方將士不樂，樂，音洛。皆思郭子儀，故王元振因之作亂。子儀至軍，元振自以爲功，子儀曰：「汝臨賊境，絳州東與河南接界，時賊又據河陽、河內，故云然。輒害主將，若賊乘其釁，釁，隙也。將，卽亮翻。無絳州矣。吾爲宰相，豈受一卒之私邪！」五月，庚辰，收元振及其同謀四十人，皆殺之。相，息亮翻。考異曰：「實錄曰：「子儀至軍，撫循士衆，潛問罪人，得害國貞者王元禮等四十人。爲首者斬，餘並決殺。」邠志曰：「七月，郭公到朔方行營。」舊傳曰：「三月，子儀辭赴鎭。」汾陽家傳曰：「建辰月十一日，發上都，二十七日，至絳州，五月二日，斬元振等三十人。」今元振名從諸書，月日從家傳，人數從實錄。辛雲京聞之，亦推按殺鄧景山者數十人，誅之。由是河東諸鎭率皆奉法。郭子儀誅王元振而河東諸鎭皆奉法，僕固懷恩分河北諸州授田承嗣等以成藩鎭之禍，用人可不謹哉！

24 壬午，以李輔國爲司空兼中書令。

25 党項寇同官、華原。

26 甲申，以平盧節度使侯希逸爲平盧、青·淄等六州節度使，青、淄、齊、沂、密、海六州。淄州，治淄川，本漢般陽縣，宋僑立清河郡及貝丘縣，魏爲東清河郡；隋置淄州，取淄水爲名。由是青州節度有平盧之號。

27 乙酉，徙奉節王适爲魯王。适，古活翻。

28 追【章：十二行本「追」上有「庚寅」二字；乙十一行本同；退齋校同。】尊上母吳妃爲皇太后。吳妃事肅宗於東宮，生上而薨。

29 壬辰，貶禮部尚書蕭華爲峽州司馬。元載希李輔國意，輔國以不相銜華。以罪誣之也。

30 敕乾元大小錢皆一當一，民始安之。民不便乾元二品錢，見上卷乾元二年。

31 史朝義自圍宋州數月，城中食盡，將陷，刺史李岑不知所爲。遂城果毅開封劉昌曰：易州有遂城府。開封，漢縣，唐屬汴州，漢故縣在今縣南五十里。杜佑曰：天寶以後，邊帥怙寵，便請署官，易州遂城府、坊州安臺府別將、果毅之類，每一制則同授千餘人。「倉中猶有麴數千斤，請屑食之；不過二十日，李太尉必救我。李太尉，謂光弼。城東南隅最危，昌請守之。」李光弼至臨淮，諸將以朝義兵尚強，請南保揚州。光弼曰：「朝廷倚我以爲安危，我復退縮，朝廷何望！復，扶又翻。且吾出其不意，賊安知吾之衆寡！」遂徑趣徐州，趣，七喻翻。使兗鄆節度使田神功進擊朝義，大破之。先是，田神功既克劉展，去年正月，神功克劉展。先，悉薦翻；下同。留連揚州未還，太子賓客尚衡與左羽林大將軍殷仲卿相攻於兗、鄆，考異曰：衡上元元年爲淄青節度使，此年五月，田神功自淄青移兗鄆，六月，衡自賓客爲常侍，七月，仲卿自左羽林大將軍爲光祿卿，而得相攻於兗、鄆者，蓋衡猶未離淄青，仲卿亦在彼，雖有新除官，皆未肯入朝也。聞光弼至，憚其威名，神功遽還河南，此河南，總言河南道。衡、仲卿相繼入朝。考異曰：舊傳曰：「朝義乘北邙之勝，寇申、光等十三州，自領精騎圍李岑於宋州，將士皆懼，請南保揚州。光弼徑赴徐州以鎮之，遣田神功擊敗之。」又曰：「初，光弼將赴臨淮，在道，舁疾而行。監軍使以袁晁方擾江、淮，光弼兵少，請保潤州以避其鋒。光弼不從，徑往泗州。光弼未至河南也，田神功平劉展後，逗留於揚府，尚衡、殷仲卿相攻於兗、鄆，來瑱旅拒於襄陽，及光弼輕騎至徐州，史朝義退走，田神功遽歸河南，尚衡、殷仲卿、來瑱皆懼其威名，相繼赴闕。」按光弼既使田神功擊敗朝義，則是神功已還也。實錄，今年八月，袁晁始陷台州。借使當時已擾江、淮，則自泗州往潤州，不得謂避其鋒也。今從新傳。

光弼在徐州，惟軍旅之事自決之，自餘衆務，悉委判官張傪。傪，七感翻，又倉含翻。傪吏事精敏，區處如流，處，昌呂翻。諸將白事，光弼多令與傪議之，諸將事傪如光弼，由是軍中肅然，東夏以寧。夏，戶雅翻。先是，田神功起偏裨爲節度使，去年六月，田神功自平盧兵馬使節度兗鄆。

留前使判官劉位等於幕府，神功皆平受其拜；及見光弼與修抗禮，乃大驚，偏拜位等曰：「神功出於行伍，不知禮儀，諸君亦胡爲不言，成神功之過乎！」史言武夫悍將可以禮化，居其上者當以身作則。行，戶剛翻。

32 丁酉，赦天下。

33 立皇子益昌王邈爲鄭王，天寶改利州爲益昌郡。延爲慶王，迥爲韓王。

34 來瑱聞徙淮西，大懼，上言：「淮西無糧，請俟收麥而行；」又諷將吏留己。來瑱挾衆以要君，欲再求免，得乎！上欲姑息無事，壬寅，復以瑱爲山南東道節度使。復，扶又翻。

35 飛龍副使程元振謀奪李輔國權，密言於上，請稍加裁制。六月，己未，解輔國行軍司馬及兵部尚書，餘如故，以元振代判元帥行軍司馬，仍遷輔國出居外第。自肅宗時，李輔國常居禁中內宅。於是道路相賀。輔國始懼，上表遜位。辛酉，罷輔國兼中書令，進爵博陸王。輔國入謝，憤咽而言曰：「老奴事郎君不了，請歸地下事先帝！」上猶慰諭而遣之。考異曰：舊傳：「輔國欲入中書，作謝表，閽吏止之曰：『尚父罷相，不應復入此門。』輔國氣憤而言曰：『老奴死罪，事郎君不了，請歸地下事先帝。』上猶優詔答之。」按此乃對上之語，非對閽吏之語也。今從唐紀。

36 壬戌，以兵部侍郎嚴武爲西川節度使。

37 襄鄧防禦使裴茙屯穀城，穀城，漢筑陽縣地，晉置義成郡及義城縣。隋開皇十六年，廢郡，改縣曰穀城，以其地有穀城山也。既得密敕，即帥麾下二千人沿漢趣襄陽；帥，讀曰率。趣，七喻翻。己巳，陳於穀水北。瑱以兵逆之，問其所以來，對曰：「尚書不受朝命，故來。若受代，謹當釋兵。」瑱曰：「吾已蒙恩，復留鎮此，復，扶又翻。何受代之有！」因取敕及告身示之，莪驚惑。瑱與副使薛南陽縱兵夾擊，大破之，追擒莪於申口，金州洵陽縣有申口鎮。送京師；賜死。考異曰：舊莪傳曰：「瑱設具於江津以俟之。莪初聲言假道入朝，及見瑱，即云奉代，且欲視事。瑱報曰：『瑱已奉恩命，復任此。』莪惶惑，喻其麾下曰：『此言必妄。』遂引射瑱軍，因與瑱兵交戰。莪軍大敗。」按瑱若設具相見，則莪豈得遽射瑱軍而交戰！今從瑱傳。

38 乙亥，以通州刺史劉晏去年十一月，晏貶通州。爲戶部侍郎兼京兆尹，充度支、轉運、鹽鐵、鑄錢等使。

39 秋，七月，壬辰，以郭子儀都知朔方、河東、北庭、潞·儀·澤·沁·陳·鄭等節度行營時以潞、儀、澤、沁、陳、鄭爲一鎮，以李抱玉爲節度使，蓋抱玉先以陳鄭節度使討賊在行營，李光弼邙山之敗，抱玉奔澤州，陳鄭爲賊所隔，朝廷因使之節度潞、儀、沁、澤四州。及興平等軍副元帥。

40 癸巳，劍南兵馬使徐知道反，以兵守要害，拒嚴武，武不得進。

41 八月，桂州刺史邢濟討西原賊帥吳功曹等，平之。帥，所類翻。

42 己未，徐知道爲其將李忠厚所殺，劍南悉平。

43 乙丑，山南東道節度使來瑱入朝謝罪，上優待之。

44 己巳，郭子儀自河東入朝。時程元振用事，忌子儀功高任重，數譖之於上。子儀不自安，表請解副元帥、節度使。上慰撫之，子儀遂留京師。

45 台州賊帥袁晁攻陷浙東諸州，改元寶勝；考異曰：柳璨正閏位曆、宋庠紀元通譜皆改元昇國。今從新書。民疲於賦斂者多歸之。李光弼遣兵擊晁於衢州，衢州，春秋時越姑蔑之地，秦以爲太末縣，漢分立新安縣，晉改信安；唐置衢州，以三衢山名。昔洪水派山爲三道，故曰三衢。斂，力贍翻。破之。

46 乙亥，徙魯王适爲雍王。雍，於用翻。

47 九月，庚辰，以來瑱爲兵部尚書、同平章事、知山南東道節度使。

48 乙未，加程元振驃騎大將軍兼內侍監。驃，匹妙翻。騎，奇寄翻。

49 左僕射裴冕爲山陵使，方上之役，唐置山陵使，以宰相爲之。議事有與程元振相違者，丙申，貶冕施州刺史。考異曰：代宗實錄：「秘書監韓穎、中書舍人劉烜善候星曆，乾元中待詔翰林，頗承恩顧，又與李輔國昵狎。時上軫憂山陵，廣詢卜兆，穎等不能精慎，妄有否臧，因是得罪，配流嶺南，既行，賜死于路。初，冕爲僕射，數論時政，遂兼御史大夫，充山陵使，以李輔國權重有恩，乃奏輔國所親信劉烜爲判官，潛結輔國。烜得罪，乃連坐焉。」今從舊程元振傳。

50 上遣中使劉清潭使於回紇，脩舊好，好，呼到翻。且徵兵討史朝義。清潭至其庭，回紇登里可汗已爲朝義所誘，云「唐室繼有大喪，今中原無主，因連有玄宗、肅宗之喪，遂誑以中原無主。可汗宜速來共收其府庫。」可汗信之。清潭致敕書曰：「先帝雖棄天下，今上繼統，乃昔日廣平王，與葉護共收兩京者也。」事見二百二十卷至德二載。回紇業已起兵至三城，即朔方三受降城。見州、縣皆爲丘墟，有輕唐之志，乃困辱清潭。清潭遣使言狀，且曰：「回紇舉國十萬衆至矣！」京師大駭。上遣殿中監藥子昂往勞之於忻州南。初，毗伽闕可汗爲登里求婚，肅宗以僕固懷恩女妻之，爲登里可敦。勞，力到翻。爲，于僞翻。妻，七細翻。可汗請與懷恩相見，懷恩時在汾州，上令往見之，懷恩爲可汗言唐家恩信不可負，爲，于僞翻。可汗悅，遣使上表，請助國討朝義。可汗欲自蒲關入，由沙苑出潼關東向，藥子昂說之曰：「關中數遭兵荒，說，式芮翻。數，所角數。州縣蕭條，無以供擬，恐可汗失望；賊兵盡在洛陽，請自土門略邢、洺、懷、衞而南，得其資財以充軍裝。」可汗不從；又請「自太行南下據河陰，扼賊咽喉」，可從刊入聲。汗，音寒。行，戶剛翻。咽，音煙。亦不從；又請「自陝州大陽津渡河，陝州陝縣北有大陽關，黃河津濟之要也，卽左傳秦孟明伐晉，自茅津濟，封殽尸之路也，亦曰陝津。陝，失冉翻。食太原倉粟，與諸道俱進」，乃從之。隋置太原倉，在河東界。史言回紇所利在中國財寶，而不敢輕與賊遇。

51 袁晁陷信州。信州，本吳鄱陽郡之葛陽縣，陳改葛陽爲弋陽。唐乾元元年，分饒州之弋陽、衢州之常山、玉山及割建、撫之地置信州，治上饒縣，以其旁下饒州，故以名縣。晁，馳遙翻。

52 冬，十月，袁晁陷溫州、明州。溫州，永嘉郡，治永嘉縣。明州，餘姚郡，治鄮縣，今之鄞縣是也。

53 以雍王适爲天下兵馬元帥。辛酉，辭行，以兼御史中丞藥子昂、魏琚爲左右廂兵馬使，以中書舍人韋少華爲判官，給事中李進爲行軍司馬，會諸道節度使及回紇于陜州，進討史朝義。雍，於用翻。适，古活翻。帥，所類翻。少，始照翻。使，疏吏翻。朝，直遙翻。上欲以郭子儀爲适副，程元振、魚朝恩等沮之而止。沮，在呂翻。加朔方節度使僕固懷恩同平章事兼絳州刺史，領諸軍節度行營以副适。絳州，絳郡。時朔方軍屯絳州，故以懷恩領刺史。爲懷恩恃功畔援張本。

54 上在東宮，以李輔國專橫，心甚不平，橫，下孟翻。及嗣位，以輔國有殺張后之功，不欲顯誅之。壬戌夜，盜入其第，竊輔國之首及一臂而去。考異曰：舊傳曰：「盜殺李輔國，攜首臂而去。」統紀曰：「輔國悖於明皇，上在東宮，聞而頗怒。及踐阼，輔國又立功，難於顯戮，密令人刺之，斷其首，棄之溷中，又斷其右臂，馳祭泰陵，中外莫測。後杭州刺史杜濟話於人曰：『嘗識一武人爲牙門將，曰：某即害尚父者。』」今從舊傳。敕有司捕盜，遣中使存問其家，爲刻木首葬之，爲，于僞翻。仍贈太傅。太傅，三公。

55 丙寅，上命僕固懷恩與母、妻俱詣行營。時登里與懷恩之女俱來，故使懷恩母、妻詣行營以親結之。雍王适至陜州，回紇可汗屯於河北，雍，於用翻。适，古活翻。陜，失冉翻。紇，下沒翻。可，從刊入聲。汗，音寒。陜州之河北也。括地志曰：陜州河北縣，本漢大陽縣。天寶元年，太守李齊物開三門以利漕運，得古刃，有篆文曰「平陸」，因更名平陸縣。适與僚屬從數十騎往見之。可汗責适不拜舞，藥子昂對以禮不當然。回紇將軍車鼻曰：「唐天子與可汗約爲兄弟，可汗於雍王，叔父也，何得不拜舞？」子昂曰：「雍王，天子長子，今爲元帥。騎，奇計翻。長，知兩翻。帥，所類翻。安有中國儲君向外國可汗拜舞乎！且兩宮在殯，兩宮，謂上皇、先帝，時皆未葬。不應舞蹈。」力爭久之，車鼻遂引子昂、魏琚、韋少華、李進各鞭一百，以适年少未諳事，遣歸營。應，於陵翻。少，詩照翻。諳，烏含翻。考異曰：代宗實錄云：「雍王恭行詔命，辭色不屈，虜亦不敢失禮，時人難之。時官軍合圍，將誅無禮，王以東略之故，止之。」又曰：「會中數萬人駭愕失色，雍王正色叱之，可汗遂退。」建中實錄曰：「上堅立不屈。」此蓋史官虛美耳。今從舊回紇傳。琚、少華一夕而死。

戊辰，諸軍發陝州，僕固懷恩與回紇左殺爲前鋒，陝西節度使郭英乂、方鎮表：上元元年，改陝、虢、華節度爲陝西節度使。使，疏吏翻。神策觀軍容使魚朝恩爲殿，殿，丁練翻。自澠池入；澠，彌兗翻。潞澤節度使李抱玉自河陽入；河南等道副元帥李光弼自陳留入；分道並入以攻洛陽。雍王留陝州。考異曰：代宗實錄：「戊辰，元帥雍王帥僕固懷恩等諸軍及回紇兵馬進發陝州東討，留英乂、朝恩爲後殿。是日，又詔河東道節度使自澤州路入。」今從唐曆及舊朝義傳。辛未，懷恩等軍于同軌。河南永寧縣，後周之同軌縣地，有同軌城。

史朝義聞官軍將至，謀於諸將。阿史那承慶曰：「唐若獨與漢兵來，宜悉衆與戰；若與回紇俱來，其鋒不可當，宜退守河陽以避之。」朝義不從。朝，直遙翻。諸將，卽亮翻。紇，下沒翻。壬申，官軍至洛陽北郊，分兵取懷州；癸酉，拔之。去年邙山之敗，河陽、懷州皆陷於賊。洛陽北郊，在邙山外。乙亥，官軍陳于橫水。按舊書：橫水，在洛陽北郊。金人疆域圖：孟津縣有橫水店。陳，讀曰陣；下恩陳、陳於、賊陳、陳亦同。賊衆數萬，立柵自固，懷恩陳于西原以當之。遣驍騎及回紇並南山出柵東北，驍，堅堯翻。騎，奇計翻。並，步浪翻。柵，測革翻。表裏合擊，大破之。朝義悉其精兵十萬救之，陳於昭覺寺，官軍驟擊之，殺傷甚衆，而賊陳不動；魚朝恩遣射生五百人力戰，賊雖多死者，陳亦如初。鎮西節度使馬璘曰：「事急矣！」犯陳而不能陷，引退必敗，故曰事急。使，疏吏翻。璘，離珍翻。遂單騎奮擊，奪賊兩牌，牌，古謂之楯，晉、宋之間謂之彭排，南方以皮編竹爲之，以捍敵，北人以木爲之。左傳：欒祁以楊楯賈禍，蓋北方之用木也尚矣。突入萬衆中。賊左右披靡，披，普彼翻。大軍乘之而入，賊衆大敗；轉戰於石榴園、老君廟，賊又敗；人馬相蹂踐，塡尙書谷，蹂，人九翻。尙，辰羊翻。斬首六萬級，捕虜二萬人，朝義將輕騎數百東走。將，卽亮翻，又音如字；下等將同。懷恩進克東京及河陽城，獲其中書令許叔冀、王伷等，伷，音胄。承制釋之。懷恩留回紇可汗營於河陽，使其子右廂兵馬使瑒及朔方兵馬使高輔成帥步騎萬餘乘勝逐朝義，紇，下沒翻。可，從刊入聲。汗，音寒。使，疏吏翻。瑒，音暢，又雉杏翻。帥，讀曰率；下同。騎，奇計翻。朝，直遥翻。至鄭州，再戰皆捷。朝義至汴州，其陳留節度使張獻誠閉門拒之，朝義奔濮州，獻誠開門出降。汴，皮面翻。濮，博木翻。降，戶剛翻；下同。

回紇入東京，肆行殺略，死者萬計，火累旬不滅。朔方、神策軍亦以東京、鄭、汴、汝州皆爲賊境，所過虜掠，三月乃已。使郭、李爲帥，安有是禍邪！比屋蕩盡，士民皆衣紙。比，毗必翻，又毗至翻。衣，於既翻。回紇悉置所掠寶貨於河陽，留其將安恪守之。

十一月，丁丑，露布至京師。

朝義自濮州北渡河，懷恩進攻滑州，拔之，追敗朝義於衛州。將，即亮翻。敗，補賣翻。朝義睢陽節度使田承嗣等將兵四萬餘人與朝義合，復來拒戰；睢，音雖。嗣，祥吏翻。復，扶又翻。僕固瑒擊破之，長驅至昌樂東。朝義帥魏州兵來戰，又敗走。昌樂，漢古縣，屬魏州，後唐避諱，改爲南樂。樂，音洛。帥，讀曰率。於是鄴郡節度使薛嵩以相、衛、洺、邢四州降于陳鄭、澤潞節度使李抱玉，恆陽節度使張忠志以趙、恆、深、定、易五州降于河東節度使辛雲京。洺，音名。恆，戶登翻。考異曰：舊懷恩傳曰：「嵩以相、衛、洺、邢、趙州降于李抱玉，李寶臣以深、恆、定、易四州降于雲京。」代宗實錄曰：「張忠志以趙、定、深、恆、易五州歸順。」又曰：「史思明授忠志恆趙節度使。」今從舊王武俊傳。嵩，楚玉之子也。楚玉，薛訥之弟。抱玉等已進軍入其營，按其部伍，嵩等皆受代；居無何，僕固懷恩皆令復位。由是抱玉、雲京疑懷恩有貳心，各表言之，朝廷密爲之備；懷恩亦上疏自理，上慰勉之。令，力丁翻。朝，直遙翻。上，時掌翻。疏，所去翻。辛巳，制：「東京及河南、北受僞官者，一切不問。」爲青、冀、魏、幽各據所有州縣以傳世張本。

56 己丑，以戶部侍郎劉晏兼河南道水陸轉運都使。睿宗先天二年，以李傑爲陝州刺史，充水陸運使。水陸運使自此始也。至開元二年，傑除河南少尹，充水陸運使。天寶十二載，陝郡太守崔無詖充使，楊國忠充使，水陸轉運都使始此。

57 丁酉，以張忠志爲成德軍節度使，統恆、趙、深、定、易五州，賜姓李，名寶臣。初，辛雲京引兵將出井陘，常山裨將王武俊說寶臣曰：「今河東兵精銳，出境遠鬬，不可敵也。且吾以寡當衆，以曲遇直，戰則必離，守則必潰，公其圖之。」寶臣乃撤守備，舉五州來降。及復爲節度使，以武俊之策爲善，說，式芮翻。復，扶又翻。擢爲先鋒兵馬使。武俊，本契丹也，初名沒諾干。爲王武俊夷張氏，得成德張本。契，欺訖翻，又音喫。

郭子儀以僕固懷恩有平河朔功，請以副元帥讓之。己亥，以懷恩爲河北副元帥，加左僕射兼中書令、單于、鎮北大都護、朔方節度使。

史朝義走至貝州，與其大將薛忠義等兩節度合，僕固瑒追之至臨清。臨清，漢清淵縣，後魏改曰臨清，唐屬貝州。九域志：在魏州北一百五十里。朝義自衡水引兵三萬還攻之，瑒設伏擊走之。回紇又至，官軍益振，遂逐之；大戰于下博東南，下博，漢縣，時屬深州。賊大敗，積尸擁流而下；朝義奔莫州。考異曰：河洛春秋曰：「朝義戰敗，走歸范陽，途經衡水。僕固瑒領蕃、漢兵一十五萬趁及朝義接戰，敗之。是夏涉秋苦雨，陂湖流注，河東兵馬使李竭誠、成德軍將李令崇咸統精兵，亦革面來王，競爲犄角。

其漳河及諸津渡船，悉是虜獲。朝義遣人致命，竟不應。續令散雇舟船，並皆掠盡，四路俱絕。諸將或請戰，或請降，朝義不悅。田承嗣上疏與朝義曰：『臣聞兵勢兩均，成敗由將；衆寡不敵，全滅在權。昔劉主破於白帝，曹公敗於赤壁，陸遜、黃蓋皆以權道取之。今部統之師，皆自疲頓，主客勢倍，勞逸力殊，若驅而令戰，未見其利。請用車五十乘於古夏康王城北作三箇車營，車上皆設棚排，倒戈爲禦，每車甲士二人，持兵而伏，隨軍子女羅於帳中，每營輜重分列其次。營後選二萬人，布偃月陣，凡敵衆我寡，則設此陣，左右有險，亦設此陣，左右奇軍，亦設此陣，各令猛將主之，左者東南行，右者西南行，令去車營十里餘，營前選精卒五千人，鴈行陣，使之接戰，不勝，則退於偃月陣後。前軍既卻，敵必至車營，愛其珍玩，必將攻取。候其兵縱，陣勢已分，然後桴鼓齊鳴，前後俱至，貔貅奮勇，鹵楯爭先。左軍西行，右軍東邁，皆取古城之南，令首尾相屬。伏兵之發，料敵必驚，後軍之來，自然斷絕，前後既不相救，中軍又遇精兵，服色相亂，不敗何待！令文景義主左軍，達于義感主右軍，足下自主中軍，若其不捷，老臣請以弱卒五千爲足下呑之。』朝義覽疏大悅，因用其計，官軍敗績，喪師三千餘級。僕固瑒大震，退師數十里。由是朝義得達莫州。朝義既敗官軍，威聲復振，凡所追集，人莫己違，鳩集舟航，幷連牌栰，先濟輜重，兼及老弱，方以軍南行，若有攻擊。僕固瑒令吏士各顧所部以抗其鋒。朝義乃整師徒，一時北濟。僕固瑒亦連船艦，宵濟趨之。」今從舊懷恩傳。懷恩都知兵馬使薛兼訓、兵馬使郝庭玉與田神功、辛雲京會於下博，進圍朝義於莫州，青淄節度使侯希逸繼至。

58 十二月，庚申，初以太祖配天地。高祖武德元年制：每歲圜丘、方丘之祀，以太祖景皇帝配。高宗乾封二年，以高祖、太宗並配。是時太常卿杜鴻漸等議，以神堯爲受命之主，非始封之君，不得爲太祖以配天地。太祖景皇帝始受封於唐，卽殷之契、周之后稷也，請以郊配天地。從之。

代宗睿文孝武皇帝上之上初名俶，後改名豫，肅宗長子也。登遐之後，議上廟號曰世宗，避太宗諱，改曰代宗。

廣德元年（癸卯、七六三）是年七月方改元，事見下卷。

1 春，正月，己卯，追諡吳太后曰章敬皇后。吳太后，上生母也。

2 癸未，以國子祭酒劉晏爲吏部尚書、同平章事，度支等使如故。

3 初，來瑱在襄陽，程元振有所請託，不從；及爲相，去年加來瑱同平章事。元振譖瑱言涉不順。王仲昇在賊中，以屈服得全，賊平得歸，與元振善，奏瑱與賊合謀，致仲昇陷賊。壬寅，瑱坐削官爵，流播州，賜死於路，由是藩鎮皆切齒於元振。爲諸鎮忌程元振、不敢勤王張本。

4 史朝義屢出戰，皆敗，田承嗣說朝義，令親往幽州發兵，還救莫州，承嗣自請留守莫州。說，式芮翻。守，式又翻。朝義從之，選精騎五千自北門犯圍而出。朝義既去，承嗣即以城降，送朝義母、妻、子於官軍。於是僕固瑒、侯希逸、薛兼訓等帥衆三萬追之，及於歸義，歸義，漢易縣地，屬涿郡。北齊省入鄚縣，武德五年，置歸義及北義州；貞觀元年，州縣皆省，八年，復置歸義縣，屬幽州。按宋白續通典，唐歸義縣在瓦橋關北。與戰，朝義敗走。

時朝義范陽節度使李懷仙已因中使駱奉仙請降，遣兵馬使李抱忠將兵三千鎮范陽縣，

范陽縣，漢涿縣也，爲涿郡治所。曹魏文帝改涿郡爲范陽郡，隋廢范陽郡，復置涿郡於薊縣，以涿縣屬焉。武德七年，改涿縣爲范陽縣，仍屬幽州；天寶元年，改幽州涿郡爲范陽郡，故薊城亦曰范陽。史以縣字別之，其地在薊南。宋白曰：南至莫州一百六十里。朝義至范陽，不得入。官軍將至，朝義遣人諭抱忠以大軍留莫州，輕騎來發兵救援之意，因責以君臣之義，抱忠對曰：「天不祚燕，唐室復興，復，扶又翻。今既歸唐矣，豈可更爲反覆，獨不愧三軍邪！大丈夫恥以詭計相圖，願早擇去就以謀自全。且田承嗣必已叛矣，不然，官軍何以得至此！」朝義大懼，曰：「吾朝來未食，獨不能以一餐相餉乎！」抱忠乃令人設食於城東。於是范陽人在朝義麾下者，並拜辭而去，朝義涕泣而已，獨與胡騎數百既食而去。東奔廣陽，餉，式亮翻。令，力丁翻。朝，直遥翻。騎，奇計翻。檀州燕樂縣，後魏置廣陽郡，後齊廢郡，而舊郡名猶存。廣陽不受；欲北入奚、契丹，至溫泉柵，據新、舊書懷恩傳，溫泉柵在平州界石城縣東北。契，欺訖翻，又音喫。柵，測革翻。李懷仙遣兵追及之；朝義窮蹙，縊於林中，懷仙取其首以獻。僕固懷恩與諸軍皆還。縊，於賜翻，又於計翻。還，音旋，又如字。

甲辰，朝義首至京師。考異曰：河洛春秋曰：「朝義東投廣陽郡，不受。北取潞縣、漁陽，擬投兩蕃。至榆關，李懷仙使使招回，卻至漁陽過，從潞縣至幽州城東阿婆門外，於巫閭神廟中，兄弟同被絞縊而死，乃授首與駱奉仙。經一日，諸軍方知，歸莫州城下。」舊僕固懷恩傳曰：「寶應二年三月，朝義至平州石城縣溫泉柵，窮蹙，走入長林自縊，懷仙使妻弟徐有濟傳其首以獻。」史朝義傳：「二年正月，李懷仙於莫州生擒之，送款來降，梟首至闕下。」實錄：「寶應元年十一月己亥，僕固懷恩上言：幽州平，河北州縣盡平，史朝義爲亂兵所戮，傳首上都。」舊紀：「寶應二年十月，河北州郡悉平，李懷仙以幽州降，田承嗣以魏州降。」沈既濟建中實錄：「二年正月，賊將李懷仙擒朝義以降，山東平。」唐曆：「正月甲辰，李懷仙擒史朝義，梟首，獻至闕下，盡以所管來降。」年代記：「寶應元年十二月己亥，僕固懷恩上言：『史朝義爲亂兵所殺，傳首上都。』二年正月甲申，朝義梟首至闕。」新紀：「廣德元年正月甲申，朝義自殺，其將李懷仙以幽州降。」按諸軍圍朝義於莫州，已在去年十一月末，而河洛春秋云圍城四十日。懷恩舊傳亦云攻守月餘日。然則朝義之死，必在今年正月明矣。諸書皆云朝義此年正月被殺，而實錄在元年十一月，舊紀因之，又脫十一月字。懷恩傳誤以正月爲三月。甲申，正月十日；甲辰，三十日也。新本紀蓋據年代記，但年代記元年冬十一月己亥朝義死，亦與實錄同。若正月被殺，不應十日首級已至長安。疑甲申自殺，甲辰傳首至闕。新紀止用年代記甲申至闕爲自殺日，未知何所據。今從唐曆，以甲辰傳首至京師。

5 **閏月，己酉夜，有回紇十五人犯含光門，突入鴻臚寺，**紇，下沒翻。唐太極宮南面三門，中曰朱雀門，東曰安上門，西曰含光門。按朱雀門，太極宮端門也。雍錄曰：承天門之南，朱雀門之北，宗廟、社稷、百僚廨舍列乎其間，六省、九寺、一臺、兩監、十八衛以坊里準之。此兩門內外，南北各占兩街，不爲民居。自朱雀門南卽市井邑屋，各立坊巷。以此觀之，則朱雀街西兩坊，百司庶府居之，其門曰含光門。朱雀街東兩坊，亦百司庶府居之，其門曰安上門也。臚，陵如翻。**門司不敢遏。**

6 **癸亥，以史朝義降將薛嵩爲相、衞、邢、洺、貝、磁六州節度使，**宋白曰：磁州，本漢廣平縣地，周武帝於此置滏陽縣及成安郡。隋開皇十年，廢郡，置磁州，唐武德元年分相州置磁州，貞觀元年，州廢。薛嵩既得節，復表以相州之滏陽、洺州之邯鄲·武安置磁州。磁，牆之翻。相，音息亮翻。**田承嗣爲魏、博、德、滄、瀛五州都防禦使，**魏州，漢魏郡之地。博州，漢爲東郡聊城縣。德州，漢平原郡地，隋置德州，因安德縣名之。**李**

懷仙仍故地爲幽州、盧龍節度使。改范陽節度使爲幽州節度使。時平盧已陷，又兼盧龍節度使。時河北諸州皆已降，嵩等迎僕固懷恩，拜於馬首，乞行間自效；降，戶江翻。行，戶剛翻。懷恩亦恐賊平寵衰，故奏留嵩等及李寶臣分帥河北，自爲黨援。帥，所類翻；下同。朝廷亦厭苦兵革，苟冀無事，因而授之。河北藩鎮，自此強傲不可制矣。

7回紇登里可汗歸國，其部衆所過抄掠，紇，下沒翻。可，從刊入聲。汗，音寒。抄，楚交翻。廩給小不如意，輒殺人，無所忌憚。陳鄭、澤潞節度使李抱玉欲遣官屬置頓，人人辭憚，使，疏吏翻。趙城尉馬燧獨請行。隋義寧元年，分霍邑置趙城縣，屬晉州。比回紇將至，比，必利翻，及也。燧先遣人賂其渠帥，約毋暴掠，帥，所類翻；下同。帥遺之旗曰：遺，惟季翻。「有犯令者，君自戮之。」燧取死囚爲左右，小有違令，立斬之。回紇相顧失色，涉其境者皆拱手遵約束。抱玉奇之，燧因說抱玉曰：「燧與回紇言，頗得其情。僕固懷恩恃功驕蹇，其子瑒好勇而輕，說，式芮翻。好，呼到翻。瑒，音暢，又雉杏翻。輕，區正翻。今內樹四帥，四帥，謂田承嗣、李寶臣、李懷仙、薛嵩。外交回紇，必有窺河東、澤潞之志，宜深備之。」抱玉然之。

8初，長安人梁崇義以羽林射生從來瑱鎮襄陽，累遷右兵馬使。崇義有勇力，能卷鐵舒鉤；沈毅寡言，瑱，他甸翻。卷，讀曰捲。沈，持林翻。得衆心。瑱之入朝也，命諸將分戍諸州，朝，直遙翻。將，卽亮翻。瑱死，戍者皆奔歸襄陽。行軍司馬龐充將兵二千赴河南，蓋先是來瑱使龐充赴河南行營會討史朝義。至汝州，聞瑱死，引兵還襲襄州；左兵馬使李昭拒之，充奔房州。崇義自鄧州引戍兵歸，與昭及副使薛南陽相讓爲長，長，知兩翻。久之不決，衆皆曰：「兵非梁卿主之不可。」遂推崇義爲帥。崇義尋殺昭及南陽，以其狀聞，上不能討。三月甲辰，以崇義爲襄州刺史、山南東道節度留後。唐藩鎮命帥，未授旌節者，先以爲節度留後。爲梁崇義以襄陽拒命而死張本。崇義奏改葬瑱，爲之立祠，不居瑱聽事及正堂。爲，于僞翻。聽，讀曰廳。

9 辛酉，葬至道大聖大明孝皇帝于泰陵；泰陵，在同州奉先縣東北二十里金粟山。廟號玄宗。庚午，葬文明武德大聖大宣孝皇帝于建陵；建陵，在京兆醴泉縣東北十八里武將山。廟號肅宗。

10 夏，四月，庚辰，李光弼奏擒袁晁，浙東皆平。時晁聚衆近二十萬，近，其靳翻。轉攻州縣，光弼使部將張伯儀將兵討平之。伯儀，魏州人也。

11 郭子儀數上言：「吐蕃、党項不可忽，宜早爲之備。」不能用郭子儀之言，爲二虜入京師張本。數，所角翻。上，時掌翻；下同。

12 辛丑，遣兼御史大夫李之芳等使于吐蕃，爲虜所留，二年乃得歸。史究言之。

13 羣臣三上表請立太子；五月，癸卯，詔許俟秋成議之。

14 丁卯，制分河北諸州：以幽、莫、嬀、檀、平、薊爲幽州管；恆、定、趙、深、易爲成德軍管；相、貝、邢、洺爲相州管；魏、博、德爲魏州管；滄、棣、冀、瀛爲青淄管；懷、衞、河陽爲澤潞管。自田承嗣、李靈耀相繼叛亂，諸鎮所管，不復守此制。

15 六月，癸酉，禮部侍郎華陰楊綰上疏，以爲：「古之選士必取行實，行，下孟翻；下行著同。近世專尚文辭。自隋煬帝始置進士科，猶試策而已；至高宗時，考功員外郎劉思立始奏進士加雜文，明經加帖，從此積弊，轉而成俗。朝之公卿以此待士，朝，直遙翻。家之長老以此訓子，長，知兩翻。其明經則誦帖括以求僥幸。帖括者，舉人因試帖，遂括取粹會爲一書，相傳習誦之，以應試，謂之帖括。又，舉人皆令投牒自應，如此，欲其返淳朴，崇廉讓，何可得也！請令縣令察孝廉，取行著鄉閭，學知經術者，薦之於州。行，下孟翻。刺史考試，升之於省。任各占一經，占，之贍翻。朝廷擇儒學之士，問經義二十條，對策三道，上第卽注官，中第得出身，下第罷歸。又道舉亦非理國，【章：十二行本「國」下有「所資」二字；乙十一行本同；退齋校同。】置道舉，見二百十四卷開元二十五年。望與明經、進士並停。」上命諸司通議，給事中李栖筠、左丞賈至、京兆尹嚴武並與綰同。至議以爲：「今試學者以帖字爲精通，考文者以聲病爲是非，聲病，謂以平、上、去、入四聲緝而成文，音從文順謂之聲，反是則謂之病。風流頹弊，誠當釐改。然自東晉以來，人多僑寓，士居鄉土，百無一二；請兼廣學校，保桑梓者鄉里舉焉，在流寓者庠序推焉。」敕禮部具條目以聞。綰又請置五經秀才科。

16 庚寅，以魏博都防禦使田承嗣爲節度使。承嗣舉管内戶口，壯者皆籍爲兵，惟使老弱者耕稼，數年間有衆十萬；又選其驍健者萬人自衞，謂之牙兵。魏牙兵始此，迄于梁、唐。魏以之強，亦以之亡。

17 同華節度使李懷讓爲程元振所譖，恐懼，自殺。乾元元年置陝、虢、華節度使，上元元年改陝西節度使，分河中之同州與華州爲同華節度使。華，戶化翻。

容肇祖標點聶崇岐覆校

資治通鑑卷第二百二十三

端明殿學士兼翰林侍讀學士太中大夫提舉西京嵩山崇福宮上柱國河内郡開國公食邑二千二百户食實封九百户賜紫金魚袋臣司馬光　奉敕編集
後學天台胡三省　音註

唐紀三十九起昭陽單閼（癸卯）七月，盡旃蒙大荒落（乙巳）十月，凡二年有奇。

代宗睿文孝武皇帝上之下

廣德元年（癸卯、七六三）

1 秋，七月，壬寅，羣臣上尊號曰寶應元聖文武孝皇帝。以楚州所獻十三寶爲上登極之符應也。上，時掌翻。壬子，赦天下，改元。方改元廣德。諸將討史朝義者進官階、加爵邑有差。將，卽亮翻。册回紇可汗爲頡咄登蜜施合俱錄英義建功毗伽可汗，可敦爲娑墨光親麗華毗伽可敦；頡咄，華言社稷發用；登蜜施，華言到竟；合俱錄，華言婁羅；娑墨，華言得憐；毗伽，華言足意智。紇，下沒翻。可，從刊入聲。汗，音寒。頡，奚結翻。咄，當沒翻。伽，求迦翻。娑，蘇何翻。左、右殺以下，皆加封賞。左殺封雄朔王，右殺封寧朔王，胡祿都督封金河王，拔覽將軍封靜漢王，諸都督十一人並封國公。

2 戊辰，楊綰上貢舉條目：秀才問經義二十條，對策五道；國子監舉人，令博士薦於祭酒，祭酒試通者升之於省，如鄉貢法。令，力丁翻。唐取士之科，由學館曰生徒，由州縣者曰鄉貢。凡明經、秀才、俊士、進士，明於理體爲鄉里稱者，縣考試，州長重覆，送之尚書省。既至省，皆疏名列到、結款通保及所居，始由戶部集閱而關于禮部試之。今楊綰所上國子監舉人，略如鄉貢法。明法，委刑部考試。明法，律學也。或以爲明經、進士，行之已久，不可遽改。事雖不行，識者是之。

3 以僕固瑒爲朔方行營節度使。

4 吐蕃入大震關，陷蘭、廓、河、鄯、洮、岷、秦、成、渭等州，盡取河西、隴右之地。蘭、廓、秦、渭等州，即河西、隴右之地也，先已爲吐蕃所陷，史因其入大震關而備言之。蘭州，漢金城郡，隋置蘭州，因皋蘭山爲名。廓州，漢西平郡南界；前涼以其地爲湟河郡，後魏置洮河郡；周建德五年，取河南地置廓州，取廓清之義爲名。河州，漢枹罕縣，前涼張駿分置河州。鄯州，漢破羌允吾縣地，唐平薛舉，置鄯州。洮州，治漢洮陽城，周保定初置。岷州，秦臨洮縣地，後魏大統十年置岷州，以南有岷山名。秦州，治成紀顯親川，因魏、晉舊州名。成州，古西戎地，後千畝戎姜氏居之，又後爲白馬氐國；漢爲武都郡，晉爲仇池郡，後魏改爲南秦州，西魏改成州。渭州，治漢襄武縣，後魏置。唐自武德以來，開拓邊境，地連西域，皆置都督、府、州、縣。開元中，置朔方、隴右、河西、安西、北庭諸節度使以統之，歲發山東丁壯爲戍卒，繒帛爲軍資，開屯田，供糗糧，繒，慈陵翻。糗，去久翻。設監牧，畜馬牛，軍城戍邏，萬里相望。畜，吁玉翻。邏，郎佐翻。及安祿山反，邊兵精銳者皆徵發入援，謂之行營，所留兵單弱，胡虜稍蠶食之；數年間，西北數十州相繼淪沒，自鳳翔以西，邠州以北，皆爲左衽矣。史言唐所以失河、隴。

初，僕固懷恩受詔與回紇可汗相見於太原；河東節度使辛雲京以可汗乃懷恩壻，恐其合謀襲軍府，閉城自守，亦不犒師。使，疏吏翻。犒，苦到翻。及史朝義既平，詔懷恩送可汗出塞，往來過太原，朝，直遙翻。過，古禾翻，又古臥翻。雲京亦閉城不與相聞。懷恩怒，具表其狀，不報。懷恩將朔方兵數萬屯汾州，使其子御史大夫瑒將萬人屯榆次，裨將李光逸等屯祈【祁】縣，將，卽亮翻；下裨將同，又音如字。裨，彼迷翻。榆次、祈〔祁〕，皆漢古縣，屬太原。李懷光等屯晉州，張維嶽等屯沁州。沁，七浸翻。考異曰：邠志作「張如岳」，今從實錄、唐曆。懷光，本勃海靺鞨也，靺鞨，音末曷。姓茹，茹，音如。爲朔方將，以功賜姓。中使駱奉仙至太原，雲京厚結之，爲言懷恩與回紇連謀，反狀已露。使，疏吏翻。爲，于僞翻。奉仙還，過懷恩，懷恩與飲於母前，母數讓奉仙曰：還，音旋，又音如字。數，所角翻。「汝與吾兒約爲兄弟，今又親雲京，何兩面也！」唐人謂反覆者爲兩面。貞元以後，劍南西山白狗等羌內附，賜牛糧，治生業，差賜官祿，皆得世襲；然陰附吐蕃，世謂之兩面羌。此其證也。酒酣，懷恩起舞，奉仙贈以纏頭綵。唐人宴集，酒酣爲人舞，當此禮者以綵物爲贈，謂之纏頭。倡伎當筵舞者亦有纏頭喝賜，杜甫詩所謂「舞罷錦纏頭」者也。酣，戶甘翻。懷恩欲酬之，曰：「來日端午，當更樂飲一日。」樂，音洛。奉仙固請行，懷恩匿其馬，奉仙謂左右曰：「朝來責我，又匿我馬，將殺我也。」夜，踰垣而走；懷恩驚，遽以其馬追還之。八月，癸未，奉仙至長安，奏懷恩謀反；考異曰：實錄：「癸未，懷恩旋師，次于汾州，逗遛不進。監軍使駱奉仙以聞。上以功高不之罪，優詔慰勞之。」又曰：「懷恩頓軍汾上，監軍使駱奉仙因公宴，言有所指，懷恩已萌二心，肆口酬對，奉仙不告而出，乘傳上聞。上以功高容之，叱奉仙出，待懷恩如舊。懷恩憚奉仙，益不自安。」邠志曰：「寶應二年，河朔既平，詔太原節度辛雲京及僕固懷恩各以其軍送回紇還蕃。既出晉關，辛公率其輕兵先入太原。懷恩怒其不告，曰：『辛君有虞於我也。』回紇至，辛公館于城外，致牛酒以犒之。懷恩欲因回紇規其城壁，陰導回紇請觀佛寺，辛公許之。既入城，見羅兵於諸街，蕃人大驚，辟易而去。」今從舊懷恩傳。懷恩亦具奏其狀，請誅雲京、奉仙；上兩無所問，優詔和解之。

懷恩自以兵興以來，謂自祿山反，朔方起兵討之，以至平賊時也。所在力戰，一門死王事者四十六人，女嫁絕域，謂嫁回紇可汗也。說諭回紇，說，式芮翻。紇，下沒翻。再收兩京，平定河南、北，功無與比，而爲人構陷，憤怨殊深，上書自訟，以爲：「臣昨奉詔送可汗歸國，傾竭家貲，俾之上道。行至山北，上，時兩翻。可，從刊入聲。汗，音寒。懷恩屯汾州，謂太原之地爲山北。雲京、奉仙閉城不出祗迎，仍令潛行竊盜。回紇怨怒，亟欲縱兵，臣力爲彌縫，方得出塞。雲京、奉仙恐臣先有奏論，遂復妄稱設備，令，力丁翻。爲，于僞翻。復，扶又翻；下並同。與李抱玉共相組織。臣靜而思之，其罪有六：昔同羅叛亂，臣爲先帝掃清河曲，一也；臣男玢爲同羅所虜，得間亡歸，臣斬之以令衆士，二也；二事並見二百十八卷肅宗至德元載。玢，悲巾翻。間，古莧翻。臣有二女，遠嫁外夷，爲國和親，蕩平寇敵，三也；臣與男瑒不顧死亡，爲國效命，四也；河北新附，節度使謂田承嗣、李寶臣、李懷仙等。皆握強兵，臣撫綏以安反側，五也；臣說諭回紇，使赴急難，天下既平，送之歸國，六也。說，式芮翻。難，乃旦翻。臣既負六罪，誠合萬誅，惟當吞恨九泉，銜冤千古，復何訴哉！臣受恩深重，夙夜思奉天顏，言欲入朝也。但以來瑱受誅，瑱，他甸翻。事見上卷正月。朝廷不示其罪，諸道節度，誰不疑懼！近聞詔追數人，唐人率謂召爲追。觀考異所引諸家雜史可見。盡皆不至，實畏中官讒口，虛受陛下誅夷；豈惟羣臣不忠，正爲回邪在側。當時君臣情事，誠如懷恩之言。且臣前後所奏駱奉仙，詞情非不摭實，摭，之石翻。陛下竟無處昌呂翻。置，寵任彌深；皆由同類比周，比，毗至翻。蒙蔽聖聽。竊聞四方遣人奏事，陛下皆云與驃騎議之，驃騎，謂程元振也。驃，匹妙翻。騎，奇寄翻。曾不委宰相可否，或稽留數月不還，遠近益加疑阻。代宗省懷恩書至此，豈不爲之動心邪！曾，才登翻。如臣朔方將士，功效最高，爲先帝中興主人，乃陛下蒙塵故吏，曾不別加優獎，反信讒嫉之詞。子儀先已被猜，臣今又遭詆毀，將，即亮翻。被，皮義翻。弓藏鳥盡，信匪虛言。古語云：「高鳥盡，良弓藏；狡兔死，走狗烹；敵國破，謀臣亡。」言以今事準之，非虛言也。陛下信其矯誣，矯，託也。託言謀反以厚誣。何殊指鹿爲馬！引趙高事以況諸閹。儻不納愚懇，且貴因循，臣實不敢保家，陛下豈能安國！懷恩心跡，於此可見。忠言利行，忠言逆耳利於行，古語也。惟陛下圖之。臣欲公然入朝，朝，直遙翻；下同。恐將士留沮。今託巡晉、絳，於彼遷延，乞陛下特遣一介至絳州問臣，臣即與之同發。」

九月，壬戌，上遣裴遵慶諭旨，且察其去就。懷恩見遵慶，抱其足號泣訴冤。號，戶刀翻。遵慶爲言聖恩優厚，諷令入朝。懷恩許諾。副將范志誠以爲不可，曰：「公信其甘言，入則爲來瑱，不復還矣！」明日，懷恩見遵慶，以懼死爲辭，請令一子入朝，志誠又以爲不可，遵慶乃還。還，音旋，又如字；下同。御史大夫王翊使回紇還，懷恩先與可汗往來，恐翊洩其事，遂留之。

6 吐蕃之入寇也，邊將告急，程元振皆不以聞。冬，十月，吐蕃寇涇州，刺史高暉以城降之，遂爲之鄉導，降，戶江翻。鄉，讀曰嚮。考異曰：汾陽家傳：「八月，吐蕃次涇、寧州，遣感激軍使高暉禦之，戰敗，執暉。九月，至便橋。」實錄：「十月庚午，吐蕃寇涇州，辛未，犯奉天、武功。」按今涇州東去邠州三程，邠州南去奉天二程，不應庚午寇邠州，辛未已至奉天。蓋史官據奏到日書之耳。段公家傳：「九月二十日，吐蕃寇涇原，節度使高暉降之。十一月一日，陷邠州，節度使張蘊琦棄城遁。」舊本紀：「九月己丑，吐蕃寇涇州，刺史高暉以城降，因爲吐蕃鄉導。十月辛未，犯京畿。」新本紀：「九月乙丑，涇州刺史高暉叛附于吐蕃，十月庚午，吐蕃陷邠州，辛未，寇奉天、武功。」今月從實錄而不取其日。引吐蕃深入；過邠州，上始聞之。辛未，寇奉天、武功，京師震駭。詔以雍王适爲關內元帥，郭子儀爲副元帥，出鎮咸陽以禦之。

子儀閒廢日久，實應元年八月，郭子儀自河東入朝，遂留京師。部曲離散，至是召募，得二十騎而行，至咸陽，吐蕃帥吐谷渾、党項、氐、羌二十餘萬衆，彌漫數十里，已自司竹園渡渭，鳳翔府盩厔縣有司竹園，漢書王莽傳所謂霍鴻負倚芒竹，即此地也。蘇軾曰：盩厔有官竹園，臨水，數十里不絕，所謂司竹也。循山而東。子儀使判官中書舍人王延昌入奏，請益兵，程元振遏之，竟不召見。見，賢遍翻。癸酉，渭北行營兵馬使呂月將將精卒二千破吐蕃於盩厔之西。將、將：上如字；下即亮翻。乙亥，吐蕃寇盩厔，月將復與力戰，兵盡，爲虜所擒。復，扶又翻。

上方治兵，治，直之翻。而吐蕃已度便橋，倉猝不知所爲，丙子，出幸陝州，陝，失冉翻。官吏藏竄，六軍逃散。郭子儀聞之，遽自咸陽歸長安，比至，比，必利翻，及也。車駕已去。上纔出苑門，渡滻水，按唐禁苑，包大明宮之北，東距滻水。考雍錄、長安志諸書，禁苑東面出滻水，無其門，蓋出光泰門耳。射生將王獻忠擁四百騎叛還長安，將，即亮翻。騎，奇寄翻。脅豐王珙等十王西迎吐蕃。珙，玄宗子，音居勇翻。遇子儀於開遠門內，開遠門，長安城西面北頭第一門。子儀叱之，獻忠下馬，謂子儀曰：「今主上東遷，社稷無主，令公身爲元帥，郭子儀爲中書令，故稱爲令公。廢立在一言耳。」子儀未應。珙越次言曰：「公何不言！」子儀責讓之，以兵援送行在。丁丑，車駕至華州，官吏奔散，無復供擬，復，扶又翻。扈從將士不免凍餒。會觀軍容使魚朝恩將神策軍自陝來迎，上乃幸朝恩營。從，才用翻。將，即亮翻。使，疏吏翻。朝，直遙翻。恩將，音同上。陝，失冉翻。豐王珙見上於潼關，上不之責，退至幕中，有不遜語；羣臣奏議誅之，乃賜死。

戊寅，吐蕃入長安，高暉與吐蕃大將馬重英等立故邠王守禮之孫承【章：十二行本「承」上有「廣武王」三字；乙十一行本同。】宏爲帝，珙，居重翻。吐，從暾入聲。重，直龍翻。邠，悲頻翻。邠王守禮，章懷太子之子。改元，置百官，以前翰林學士于可封等爲相。吐蕃剽掠府庫市里，焚閭舍，長安中蕭然一空。相，息亮翻。剽，匹妙翻；下同。苗晉卿病臥家，遣人輿入，迫脅之，晉卿閉口不言，虜不敢殺。於是六軍散者所在剽掠，士民避亂，皆入山谷。

辛巳，上至陝，百官稍有至者。郭子儀引三十騎自御宿川循山而東，騎，奇計翻。三輔黃圖曰：御宿川在長安城南。漢武帝爲離宮別館，禁禦人不得往來游觀。上宿其中，故曰禦宿。程大昌曰：御宿川即樊川，在萬年縣南二十五里。謂王延昌曰：「六軍將士逃潰者多在商州，今速往收之，商州，治上洛縣，至京師二百八十一里。并發武關防兵，數日間，北出藍田以向長安，吐蕃必遁。」過藍田，遇元帥都虞候臧希讓、鳳翔節度使高昇，得兵近千人。武關，在商州西北，雍州藍田縣南。吐，從暾入聲。過，古禾翻，又古臥翻。使，疏吏翻。近，其靳翻。子儀與延昌謀曰：「潰兵至商州，官吏必逃匿而人亂。」使延昌自直徑入商州撫諭之。諸將方縱兵暴掠，聞子儀至，皆大喜聽命。將，即亮翻。子儀恐吐蕃逼乘輿，留軍七盤，杜佑曰：七盤，即王莽所謂「繞霤之固南當荆楚」者也。繞霤者，言四面塞阸屈曲，水回繞而霤，今謂之七盤、十二綷。乘，承正翻。吐，從暾入聲。三日乃行，比至商州，比，必利翻。行收兵，并武關防兵合四千人，軍勢稍振。子儀乃泣諭將士以共雪國恥，取長安，皆感激受約束。子儀請太子賓客第五琦爲糧料使，給軍食。將，即亮翻。糧料使，主給行營軍食。我宋朝隨軍轉運使即其任。上賜子儀詔，恐吐蕃東出潼關，徵子儀詣行在。子儀表稱：「臣不收京城無以見陛下，若出兵藍田，虜必不敢東向。」上許之。鄜延【章：十二行本「延」作「坊」；乙十一行本同。】節度判官段秀實說節度使白孝德引兵赴難，上元元年，置渭北、鄜坊節度使，領鄜、坊、丹、延四州，治坊州。吐，從暾入聲。潼，音同。說，式芮翻。難，乃旦翻。孝德即日大舉，南趣京畿，李嗣業自西域赴難於至德之初，白孝德自鄜坊赴廣德之難，皆段秀實發之，其忠義蓋天性也。與蒲、陝、商、華合勢進擊。陝，失冉翻。華，戶化翻。

吐蕃既立廣武王承宏，欲掠城中士、女、百工，整衆歸國。子儀使左羽林大將軍長孫全緒將二百騎出藍田觀虜勢，令第五琦攝京兆尹，與之偕行，又令寶應軍使張知節將兵繼之。長，知兩翻。將，即亮翻，又音如字。騎，奇計翻。令，力丁翻。琦，音奇。上以射生軍入禁中清難，賜名寶應功臣，故射生軍亦號寶應軍。全緒至韓公堆，晝則擊鼓張旗幟，夜則多然火，以疑吐蕃。前光祿卿殷仲卿聚衆近千人，保藍田，與全緒相表裏，帥二百餘騎直渡滻水。近，其靳翻。帥，讀曰率。滻，音產。吐蕃懼，百姓又紿之曰：「郭令公自商州將大軍不知其數至矣！」紿，湯亥翻。將，即亮翻，又音如字。虜以爲然，稍稍引軍去。全緒又使射生將王甫入城陰結少年數百，夜擊鼓大呼於朱雀街，將，即亮翻。少，始照翻。呼，火故翻。唐太極宮正南出朱雀門，自朱雀門南出至明德門，皆名朱雀街。吐蕃惶駭，庚寅，悉衆遁去。考異曰：舊吐蕃傳曰：「子儀帥部曲數百人及其妻子僕從南入牛心谷，駝馬車牛數百兩。子儀遲留，未知所適。行軍判官中書舍人王延昌、監察御史李萼謂子儀曰：『令公身爲元帥，主上蒙塵于外，今吐蕃之勢日逼，豈可懷安于谷中，何不南趨商州，漸赴行在！』子儀遽從之。延昌曰：『吐蕃知令公南行，必分兵來逼，若當大路，事即危矣。不如取玉山路而去，出其不意。』子儀又從之。子儀之隊千餘人，山谷束隘，連延百餘里，人不得馳。延昌與蕚恐狹徑被追，前後不相救，至倒迴口，遂與子儀別行，踰絕澗，登七盤，趨于商州。先是，六軍將張知節與麾下數百人自京城奔于商州，大掠避難朝官、士庶及居人資財、鞍馬，已有日矣。延昌與蕚既至，說知節曰：『將軍身掌禁兵，軍敗而不赴行在，又恣其下虜掠，何所歸乎！今郭令公，元帥也，已欲至洛南，將軍若整頓士卒，諭以禍福，請令公來撫之，圖收長安，此則將軍非常之功也。』知節大悅。其時諸軍將臧希讓、高昇、彭體盈、李惟誅等數人，各有部曲家兵數十騎，相次而至，又從其計，皆相率爲軍，約不侵暴。延昌留于軍中主約，蕚以數騎往迎子儀，去洛南十餘里，及之，遂與子儀回至商州。諸將大喜，皆遵其約束。吐蕃將入京師也，前光祿卿殷仲卿逃難而出，至藍田，糾合敗兵及諸驍勇願從者百餘人，南保藍田以拒吐蕃，其衆漸振，至于千人。子儀既至商州，募人往探賊勢，羽林將軍長孫全緒請行。全緒至韓公堆，仲卿得官軍，其勢益壯，遂相爲表裏。仲卿帥二百餘騎遊弈，直渡滻水。吐蕃懼，問百姓，百姓皆紿之曰：『郭令公大軍不知其數。』賊以爲然，遂抽軍而還。」汾陽家傳曰：「公以三十騎循御宿川，略山而東。公西望國門，涕不自勝，謂延昌曰：『爲舍人計，何以復國？』延昌歔欷不能對。公謂曰：『料諸將散卒必逃商於，若速行收合散卒，兼武關兵，數日之內，卻出藍田，設疑兵，爲旆，屯於韓公堆，吐蕃必懼我而退，乃相與速驅之。』過藍田，公與延昌議曰：『散兵至商州，必官吏不守，則兵亂而人潰。』使延昌間道中宿至商州，果如所議。延昌以公之言巡撫之，亂乃止，潰乃復。」今從之。

高暉聞之，帥麾下三百餘騎東走，至潼關，守將李日越擒而殺之。帥，讀曰率。將，即亮翻；下同。考異曰：新魚朝恩傳曰：「朝恩遣劉德信討斬之。」今從實錄。

壬辰，詔以元載判元帥行軍司馬，以第五琦爲京兆尹。癸巳，以郭子儀爲西京留守。甲午，子儀發商州。己亥，以魚朝恩部將皇甫溫爲陝州刺史，周智光爲華州刺史。爲周智光以華州跋扈張本。

7 驃騎大將軍、判元帥行軍司馬程元振專權自恣，人畏之甚於李輔國。諸將有大功者，元振皆忌疾欲害之。吐蕃入寇，元振不以時奏，致上狼狽出幸。上發詔徵諸道兵，李光弼等皆忌元振居中，莫有至者，中外咸切齒而莫敢發言。太常博士柳伉上疏，伉，苦浪翻。以爲：「犬戎犯關度隴，不血刃而入京師，劫宮闈，焚陵寢，武士無一人力戰者，此將帥叛陛下也。陛下疏元功，委近習，疏，與疎同。日引月長，以成大禍，羣臣在廷，無一人犯顏回慮者，此公卿叛陛下也。陛下始出都，百姓塡然，奪府庫，相殺戮，此三輔叛陛下也。自十月朔召諸道兵，盡四十日，無隻輪入關，此四方叛陛下也。內外離叛，陛下以今日之勢爲安邪，危邪？若以爲危，豈得高枕，枕，職任翻。不爲天下討罪人乎！爲，于僞翻。臣聞良醫療疾，當病飲藥，藥不當病，猶無益也。陛下視今日之病，何繇至此乎？必欲存宗廟社稷，獨斬元振首，馳告天下，悉出內使隸諸州，言悉出諸宦官隸諸州羈管也。時宦官皆爲內諸司使，故曰內使。持神策兵付大臣，時魚朝恩領神策軍。然後削尊號，下詔引咎，曰：『天下其許朕自新改過，宜卽募士西赴朝廷；若以朕惡不悛，悛，丑緣翻。則帝王大器，敢妨聖賢，其聽天下所往。』如此，而兵不至，人不感，天下不服，臣請闔門寸斬以謝陛下。」上以元振嘗有保護功，保護事見上卷寶應元年。十一月，辛丑，削元振官爵，放歸田里。

8 王甫自稱京兆尹，聚衆二千餘人，署置官屬，暴橫長安中。橫，戶孟翻。壬寅，郭子儀至滻水西，郭子儀至滻水西，則已渡滻水，近京城矣。甫按兵不出。或謂子儀，城不可入。子儀不聽，引三十騎徐進，使人傳呼召甫；甫失據，出迎拜伏，子儀斬之，考異曰：實錄曰：「有武將王甫等，誘長安惡少數百人，集六街鼓於朱雀街，大鼓之。吐蕃聞之震懾，乘夜而遁。」汾陽家傳曰：「射生將王撫，猛而多力，自稱御史大夫，領五百騎、二千步卒，兼補官屬，以謀作亂。甲午，公發商州；冬十一月壬寅，公次滻水之右。王撫知公之來也，於城中堅列行陣，戈矛若林，指揮其間，按甲不出。人勸公必不可入，公以三十騎徐進，曾不少懼，令傳呼王撫，撫應聲伏，烏合之徒，一時而潰。」邠志曰：「郭公屯商州，十二月一日，率諸軍五萬餘人出藍田，去城百里而軍。城中相傳，言大軍將至，西戎懼焉。三日，馬家小兒、張小君、李酒盞、射生官王甫等五百餘人，夜半，聚六街鼓入于子城，雷擊天門街中，仍分其衆建旗諸門。吐蕃以爲大軍夜至，相帥遁去。小君使報郭公。七日，郭公全師入于京師，繫小君、酒盞、王甫等，責之曰：『吾軍未至，汝設詐以畏吐蕃，吐蕃知之怒汝，燔爇宮闕，從容而去，豈不由汝乎！』命斬之。遂以破賊收城聞。」舊子儀傳曰：「全緒遣禁軍舊將王甫入長安，陰結豪俠爲內應，一日，齊擊鼓於朱雀街，蕃軍惶駭而去。」又曰：「射生將王撫自署爲京兆尹，聚兵二千人，擾亂京城，子儀召撫，殺之。詔子儀權京城留守。」吐蕃傳：「吐蕃餘衆尚在城，軍將王撫及御史大夫王仲昇領兵自苑中入，椎鼓大呼，仲卿之兵又入城，吐蕃皆奔走。」若如邠志所言，是子儀殺撫而攘其功，訐子儀必不爲也。子儀勳業，今古推高，淩準作書，多攻其短，疑有宿嫌，不可盡信。今從汾陽家傳及子儀舊傳。其兵盡散。白孝德與邠寧節度使張蘊琦將兵屯畿縣，京兆府管二十縣，萬年、長安爲赤縣，餘縣皆爲畿縣。子儀召之入城，京畿遂安。

9 宦官廣州市舶使呂太一發兵作亂，唐置市舶使於廣州以收商舶之利，時以宦者爲之。舶，音白。節度使張休棄城奔端州。舊志：廣州西至端州二百四十里。太一縱兵焚掠，官軍討平之。

10 吐蕃還至鳳翔，節度使孫志直閉城拒守，吐蕃圍之數日。鎮西節度使馬璘聞車駕幸陝，將精騎千餘自河西入赴難；難，乃旦翻。轉鬬至鳳翔，值吐蕃圍城，璘帥衆持滿外向，突入城中，不解甲，背城出戰，帥，讀曰率；下同。背，蒲妹翻。單騎先士卒奮擊，俘斬千計而歸。明日，虜復逼城請戰，先，昔薦翻。俘，方無翻。復，扶又翻。璘開懸門以待之。杜預曰：懸門，施於內城門。按今邊城之門，設扉以啓閉。而懸門者，設於門闑之外，常懸而不下，寇至則下之以塞門，以爲重閉之固。虜引退，曰：「此將軍不惜死，宜避之。」遂去，居於原、會、成、渭之地。原州，高平郡；會州，會寧郡；成州，同谷郡；皆據河、隴之勝以臨唐境。

11 十二月，丁亥，車駕發陝州。陝，失冉翻。左丞顏眞卿請上先謁陵廟，然後還宮，元載不從，眞卿怒曰：「朝廷豈堪相公再壞邪！」還，從宣翻，又音如字。載，祖亥翻，又音如字。朝，直遙翻。相，昔亮翻。邪，音耶。壞，音怪。載由是銜之。甲午，上至長安，郭子儀帥城中百官及諸軍迎於滻水東，伏地待罪。上勞之曰：「用卿不早，故及於此。」銜，其緘翻。勞，力到翻。滻，音產。

12以魚朝恩爲天下觀軍容宣慰處置使，總禁兵，權寵無比，魚朝恩以陜州迎扈之勞，過承權寄恩寵。去程得魚，所謂去虺得虎也。處，昌呂翻。使，疏吏翻。朝，直遙翻。築城於鄠縣及中渭橋，屯兵以備吐蕃。以駱奉仙爲鄠縣築城使，遂將其兵。鄠，音戶。吐，從暾入聲。將，卽亮翻，又音如字。

13乙未，以苗晉卿爲太保，裴遵慶爲太子少傅，並罷政事；以宗正卿李峴爲黃門侍郎、同平章事。遵慶既去，元載權益盛，以貨結內侍董秀，使主書卓英倩潛與往來，上意所屬，主書，省吏也。峴，戶典翻。屬，之欲翻。載必先知之，承意探微，探，吐南翻。言無不合；上以是益愛之。英倩，金州人也。金州，安康郡。

14吐蕃既去，廣武王承宏逃匿草野；上赦不誅，丙申，放之於華州。華州華陰郡，去京師一百八十里。

15程元振既得罪，歸三原，聞上還宮，衣婦人服，還，從宣翻，又音如字。衣，於既翻。私入長安，復規任用，京兆府擒之以聞。復，扶又翻。規，圖也。考異曰：實錄如此，仍云「將圖進取」。舊傳：「元振服縗麻於車中，入京城，以規任用。與御史大夫王仲昇飲酒，爲御史所彈。」今從實錄，參以舊傳。

16吐蕃陷松、維、保三州及雲山新築二城，松州交川郡，以郡界有甘松嶺名州。開元二十八年，以維州之定廉置奉州雲山郡，天寶八年，徙治天保軍，更曰天保郡，是年沒吐蕃。至乾元元年，嗣歸誠王董嘉俊以郡來歸，始更名保州。又按天寶八年分定廉置雲山縣，時蓋於縣新築二城也。西川節度使高適不能救，於是劍南西山諸州亦入於吐蕃矣。使，疏吏翻。吐，從暾入聲。

二年（甲辰、七六四）

1春，正月，壬寅，敕稱程元振變服潛行，將圖不軌，長流溱州。上念元振之功，復念其保護之功也。尋復令於江陵安置。復，扶又翻。溱，緇詵翻。溱州治榮懿縣，貞觀開山洞所置也。江陵府，上元置府，又置南都，則善地也。令，力丁翻。

2癸卯，合劍南東、西川爲一道，以黄門侍郎嚴武爲節度使。分劍南爲東、西道，見二百二十卷肅宗至德元載。考異曰：舊傳：「武爲京兆少尹，以史思明阻兵，不之官，出爲綿州刺史，遷東川節度使。上皇誥兩川合爲一道，拜武劍南節度使。」新傳：「武爲少尹，坐房琯，貶巴州，久之，遷東川。」餘同舊傳。按思明阻兵河、洛，京兆少尹何妨之官！此年始合東、西川爲一道，豈上皇誥所合！新、舊傳皆誤。

3丙午，遣檢校刑部尚書顏眞卿宣慰朔方行營。上之在陝也，顏眞卿請奉詔召僕固懷恩，上不許。校，古孝翻。尚，辰羊翻。陝，失冉翻。至是，上命眞卿說諭懷恩入朝。對曰：「陛下在陝，臣往，以忠義責之，使之赴難，說，式芮翻。朝，直遙翻。難，乃旦翻。彼猶有可來之理；今陛下還宮，還，從宣翻，又音如字。彼進不成勤王，退不能釋衆，召之，庸肯至乎！且言懷恩反者，獨辛雲京、駱奉仙、李抱玉、魚朝恩四人耳，朝，直遙翻。自餘羣臣皆言其枉。陛下不若以郭子儀代懷恩，可不戰而服也。」時汾州別駕李抱眞，抱玉之從父弟也，從，才用翻。知懷恩有異志，脫身歸京師。上方以懷恩爲憂，召見抱眞問計，對曰：「此不足憂也。朔方將士思郭子儀，如子弟之思父兄。懷恩欺其衆云，郭子儀已爲魚朝恩所殺，衆信之，故爲其用耳。將，即亮翻。朝，直遙翻。陛下誠以子儀領朔方，彼皆不召而來耳。」上然之。

4 甲寅，禮儀使杜鴻漸唐會要曰：高祖禪代之際，溫大雅與竇威、陳叔達參定禮儀。自後至開元初，參定禮儀者並不入銜，無由檢敘。開元九年，韋縚除國子司業，仍知太常禮儀事，自此至二十三年，凡四改官，至太常卿，並帶知禮儀事。至天寶九載，始置禮儀使，以太子左庶子韋述爲之。使，疏吏翻。奏：「自今祀圜丘、方丘請以太祖配，祈穀以高祖配，大雩以太宗配，明堂以肅宗配。」從之。唐制：冬至祀圜丘，夏至祀方丘，孟春祈穀，孟夏雩祀，季秋大享明堂；以肅宗配，嚴父之義也。

5 乙卯，立雍王适爲皇太子。雍，於用翻。适，古活翻。

6 吐蕃之入長安也，諸軍亡卒及鄉曲無賴子弟相聚爲盜；吐蕃既去，猶竄伏南山子午等五谷，吐，從暾入聲。長安之南山，西接岐州界，東抵虢州界。其谷之大者有五，子午谷、斜谷、駱谷、藍田谷、衡嶺谷也。所在爲患。丁巳，以太子賓客薛景仙爲南山五谷防禦使，以討之。

7 魏博節度使田承嗣奏名所管曰天雄軍，從之。使，疏吏翻。嗣，祥吏翻。

8 僕固懷恩既不爲朝廷所用，遂與河東都將李竭誠潛謀取太原；朝，直遙翻。將，即亮翻。都將，都知兵馬使。辛雲京覺之，殺竭誠，乘城設備。懷恩使其子瑒將兵攻之，雲京出與戰，瑒大敗而還，遂引兵圍榆次。去年七月，懷恩使瑒屯榆次。瑒，音暢，又雉杏翻。還，從宣翻，又音如字。上謂郭子儀曰：「懷恩父子負朕實深。代宗心事，惟與子儀言之。聞朔方將士思公如枯旱之望雨，公爲朕鎭撫河東，爲，于僞翻。汾上之師必不爲變。」汾上，謂汾陽，時朔方軍多在焉。戊午，以子儀爲關內、河東副元帥、河中節度等使。懷恩將士聞之，皆曰：「吾輩從懷恩爲不義，何面目見汾陽王！」帥，所類翻。

9 癸亥，以劉晏爲太子賓客，李峴爲詹事，並罷政事。晏坐與程元振交通；元振獲罪，峴有功【章：十二行本「功」作「力」；乙十一行本同。】焉，由是爲宦官所疾，李峴相肅宗，不爲李輔國所容，宦官之媢疾非一日矣。峴，戶典翻。故與晏皆罷。以右散騎常侍王縉爲黃門侍郎，太常卿杜鴻漸爲兵部侍郎，並同平章事。散，昔亶翻。騎，奇計翻。縉，音晉。爲王縉黨附元載與之俱誅張本。

10 丁卯，以郭子儀爲朔方節度大使。二月，子儀至河中。雲南子弟萬人戍河中，將貪卒暴，爲一府患，子儀斬十四人，杖三十人，府中遂安。

11 癸酉，上朝獻太清宮；太清宮，玄宗所建。朝，音直遙翻。甲戌，享太廟；乙亥，祀昊天上帝於圜丘。

12 僕固瑒圍榆次，旬餘不拔；遣使急發祁縣兵，李光逸盡與之。李光逸屯祁縣，事始上年七月。士卒未食，行不能前，十將白玉、焦暉以鳴鏑射其後者，後者，行不能及衆者也。射，而亦翻；下乃射、射之同。軍士曰：「將軍何乃射人？」玉曰：「今從人反，終不免死；死一也，射之何傷！」白玉、焦暉欲殺瑒，先激其衆。至榆次，瑒責其遲，胡人曰：「我乘馬，乘，音承。乃漢卒不行耳。」瑒捶漢卒，卒皆怨怒，曰：「節度使黨胡人。」其夕，焦暉、白玉帥衆攻瑒，殺之。帥，讀曰率。僕固懷恩聞之，入告其母。母曰：「吾語汝勿反，語，牛倨翻。國家待汝不薄，今衆心既變，禍必及我，將如之何！」懷恩不對，再拜而出。母提刀逐之曰：「吾爲國家殺此賊，爲，于僞翻。取其心以謝三軍。」懷恩疾走，得免，遂與麾下三百渡河北走。自汾州西渡河，投北，趣靈州。

時朔方將渾釋之守靈州，懷恩檄至，云全軍歸鎮，釋之曰：「不然，此必衆潰矣。」將拒之，其甥張韶曰：「彼或翻然改圖，以衆歸鎮，何可不納也！」釋之疑未決。懷恩行速，先候者而至，先，昔薦翻。釋之不得已納之。張韶以其謀告懷恩，懷恩以韶爲間，殺釋之而收其軍，史言渾釋之以臨事不決自禍。間，古莧翻。使韶主之；既而曰：「釋之，舅也，彼尚負之，安有忠於我哉！」他日，以事杖之，折其脛，置於彌峨城而死。張韶之死宜矣。折，而設翻。脛，音胡定翻。脛，腳莖也。

都虞候張維嶽在沁州，聞懷恩去，乘傳至汾州，傳，張戀翻，驛馬也。撫定其衆，殺焦暉、白玉而竊其功，以告郭子儀。子儀使牙官盧諒至汾州，節鎮、州、府皆有牙官、行官，牙官給牙前驅使，行官使之行役出四方。自五季以後，詬詈武臣率曰牙官。維嶽賂諒，使實其言。子儀奏維嶽殺瑒，考異曰：汾陽家傳曰：「開府盧昴，公先使汾州慰諭，及還，惡不比於己者，好賂於己者，公捶殺之。」邠志曰：「郭公使牙官盧諒之軍，如岳賂諒，使信其言。郭公以如岳殺瑒聞，詔優之。諸將云云，郭公乃理諒罪，棒殺之。」今參取二書，昴職名從邠志。傳首詣闕。羣臣入賀，上慘然不悅，曰：「朕信不及人，致勳臣顛越，深用爲愧，又何賀焉！」命輦懷恩母至長安，給待優厚，月餘，以壽終；史言壽終，明非殺之也。以禮葬之，功臣皆感歎。

戊寅，郭子儀如汾州，考異曰：實錄：「廣德元年十二月丁酉，僕固瑒爲帳下張維岳所殺，以其衆歸郭子儀。懷恩聞之，棄營脫身遁走北蕃。」按朔方兵所以不附僕固氏者，以子儀爲之帥也。縱不在子儀領朔方節度使之後，亦當在領河東副元帥之後也。而實錄二年正月丁卯，子儀爲朔方節度使。汾陽家傳：「二年正月，子儀充河東副元帥、河中節度使，癸亥，代宗三殿宴送，二十六日，發上都，二月，至河中，兼朔方節度大使，戊寅，往汾州，甲申，還至河中。」邠志：「二年正月二十日詔郭公加河中節度、河東副元帥，二十九日，加朔方節度，二月，僕固瑒率軍攻榆次，逾旬不拔」云云。然則瑒死決不在去年十二月。今因子儀如汾州，并言之。懷恩之衆【章：十二行本「衆」下有「數萬」二字；乙十一行本同；張校同，云無註本亦無。】悉歸之，咸鼓舞涕泣，喜其來而悲其晚也。卒如顏眞卿、李抱眞之言。子儀知盧諒之詐，杖殺之。上以李抱眞言有驗，遷殿中少監。

13 上之幸陝也，李光弼竟遷延不至；上恐遂成嫌隙，其母在河中，數遣中使存問之。數，所角翻。吐蕃退，除光弼東都留守以察其去就；光弼辭以就江、淮糧運，引兵歸徐州。上迎其母至長安，厚加供給，使其弟光進掌禁兵，遇之加厚。皆所以懷來光弼。

14 戊子，赦天下。【據章鈺資治通鑑校宋記補。】

15 自喪亂以來，喪，息浪翻。汴水堙廢，漕運者自江、漢抵梁、洋，迂險勞費，自安祿山作亂，關、洛路阻，漕運泝江入漢，抵梁、洋，故汴渠堙廢不治。三月己酉，以太子賓客劉晏爲河南、江、淮以來轉運使，議開汴水。庚戌，又命晏與諸道節度使均節賦役，聽便宜行畢以聞。時兵火之後，中外艱食，關中米斗千錢，百姓挼穗以給禁軍，挼，奴禾翻。宮廚無兼時之積。宮廚，所以奉上及宮中食膳。晏乃疏浚汴水，遺元載書，具陳漕運利病，時元載爲相，故遺書言漕運事。遺，唯季翻。令中外相應。自是每歲運米數十萬石以給關中，唐世推漕運之能者，推【嚴：「推」改「惟」。】晏爲首，後來者皆遵其法度云。

16 甲子，盛王琦薨。琦，玄宗子也。

17 党項寇同州，郭子儀使開府儀同三司李國臣擊之，曰：「虜得間則出掠，間，古莧翻。官軍至則逃入山，宜使羸師居前以誘之，勁騎居後以覆之。」國臣與戰於澄城北，澄城，春秋左傳北徵之地，漢爲徵縣，屬馮翊。音澄。後魏爲澄城縣，幷置澄城郡，隋廢郡存縣，唐屬同州。九域志：縣在州北九十里。大破之，斬首捕虜千餘人。

18 夏，五月，癸丑，初行五紀曆。寶應元年六月望，戊夜，月蝕三之一。官曆加時在日出後，有交，不署蝕。代宗以至德曆不與天合，詔司天臺官屬郭獻之等復用麟德元紀，更立歲差，增損遲疾交會及五星差數，以寫大衍舊術，上元七曜，起虛四度。帝爲製序，題曰五紀曆。

19 庚申，禮部侍郎楊綰奏歲貢孝弟力田無實狀，及童子科皆僥倖；悉罷之。孝弟力田之科始於漢。

20 郭子儀以安、史昔據洛陽，故諸道置節度使以制其要衝；今大盜已平，而所在聚兵，耗蠹百姓，表請罷之，仍自河中爲始。子儀時鎮河中，表先罷河中節度以示諸鎮，君子惜其有安國家尊朝廷之心而時君不能盡用之也。六月，【章：十二行本「月」下有「庚辰」二字；乙十一行本同。】敕罷河中節度及耀德軍。乾元二年置耀德軍於河中。子儀復請罷關內副元帥；復，扶又翻；下衆復同。不許。

21 僕固懷恩至靈武，收合散亡，其衆復振。上厚撫其家。癸未，下詔，稱其「勳勞著於帝室，及於天下。疑隙之端，起自羣小，察其深衷，本無他志；君臣之義，情實如初。但以河北既平，朔方已有所屬，宜解河北副元帥、朔方節度等使，優詔解其職任，使河北諸帥不復稟其約束，朔方將士心歸子儀。其太保兼中書令、大寧郡王如故。但當詣闕，更勿有疑。」懷恩竟不從。

22 秋，七月，庚子，稅天下青苗錢以給百官俸。乾元以來，天下用兵，京師百寮，俸錢減耗。上卽位，推恩庶寮，下議公卿，或言稅畝有苗者，公私咸濟。乃分遣憲官稅天下地青苗錢，充百司課料。宋白曰：大曆五年五月，詔京兆府應徵青苗、地頭錢等，承前青苗錢，每畝徵十五文，地頭錢，每畝徵二十五文，自今已後，宜一切以青苗錢爲名，每畝減五文，徵三十五文，隨徵夏稅時據數徵納。八年，每畝率十五文。俸，方用翻。

23太尉兼侍中、河南副元帥、臨淮武穆王李光弼，治軍嚴整，治，直之翻。指顧號令，諸將莫敢仰視，謀定而後戰，能以少制衆，與郭子儀齊名。及在徐州，擁兵不朝，諸將田神功等不復稟畏，少，始照翻。復，扶又翻。李光弼處危疑之地，其迹若無君者，而諸將亦不復稟畏光弼。節義天下之大義，非虛語也。光弼愧恨成疾，己酉，薨。史言李光弼不能以功名自終。八月，丙寅，以王縉代光弼都統河南、淮西、山南東道諸行營。統，他綜翻，俗從上聲。

24郭子儀自河中入朝，會涇原奏僕固懷恩引回紇、吐蕃十萬衆將入寇，朝，直遙翻。紇，下沒翻。吐，從暾入聲。考異曰：舊子儀傳云「數十萬衆」，懷恩傳云「誘吐蕃十萬衆」。按汾陽家傳，實不過十萬。京師震駭，詔子儀帥諸將出鎮奉天。帥，讀曰率。奉天縣，屬京兆。宋白曰：本醴泉縣地，武后分置奉天縣以奉乾陵，在京兆西北百五十里。上召問方略，對曰：「懷恩無能爲也。」上曰：「何故？」對曰：「懷恩勇而少恩，少，詩沼翻。士心不附，所以能入寇者，因思歸之士耳。以此觀之，則懷恩將士蓋有關內、河東人。懷恩本臣偏裨，裨，頻眉翻。其麾下皆臣部曲，必不忍以鋒刃相向，以此知其無能爲也。」辛巳，子儀發，赴奉天。

25甲午，加王縉東都留守。縉，音晉。守，式又翻。

26河中尹兼節度副使崔寓使，疏吏翻。寓，于矩翻。考異曰：五月己罷河中節度，今猶有副使者，蓋言其前官也。發鎮兵西禦吐蕃，爲法不一。九月，丙申，鎮兵作亂，掠官府及居民，終夕乃定。吐，從噉入聲。

27 丙午，加河東節度使辛雲京同平章事。

28 辛亥，以郭子儀充北道邠寧、涇原、河西以來通和吐蕃使，以陳鄭、澤潞節度使李抱玉充南道通和吐蕃使。託通和以緩吐蕃之兵。吐，從噉入聲。子儀聞吐蕃逼邠州，甲寅，遣其子朔方兵馬使晞將兵萬人救之。邠，卑旻翻。將，卽亮翻，又音如字。

29 己未，劍南節度使嚴武破吐蕃七萬衆，拔當狗城。當狗城，當白狗羌之路，故以名城。

30 關中蟲蝗、霖雨，米斗千餘錢。

31 僕固懷恩前軍至宜祿，郭子儀使右兵馬使李國臣將兵爲郭晞後繼。邠寧節度使白孝德敗吐蕃于宜祿。將，卽亮翻，又音如字，領也。敗，補賣翻。考異曰：實錄：「癸巳，孝德敗吐蕃一千餘衆於宜祿，生擒蕃將數人。」按汾陽家傳，二十六日，賊先軍次宜祿。然則前八日孝德豈得已敗吐蕃於宜祿乎！實錄誤。冬，十月，懷恩引回紇、吐蕃至邠州，白孝德、郭晞閉城拒守。考異曰：汾陽家傳：「晞屢破吐蕃。」今從實錄。舊子儀傳曰：「虜寇邠州，子儀在涇陽，子儀令長男朔方兵馬使曜率師拒之，與白孝德閉城拒守。」按實錄及晞傳皆云晞拒懷恩，破之。子儀傳云「曜」，誤也。

32 庚午，嚴武拔吐蕃鹽川城。鹽川城，在當狗城西北。維州舊有鹽溪縣，永徽初，省入保州定廉縣。

33 僕固懷恩與回紇、吐蕃進逼奉天，京師戒嚴。諸將請戰，郭子儀不許，曰：「虜深入吾地，利於速戰，吾堅壁以待之，彼以吾爲怯，必不戒，乃可破也。若遽戰而不利，則衆心離矣。敢言戰者斬！」辛未夜，子儀出陳於乾陵之南，陳，讀曰陣。壬申未明，虜衆大至。虜始以子儀爲無備，欲襲之，忽見大軍，驚愕，遂不戰而退。子儀使裨將李懷光等將五千騎追虜，至麻亭而還。虜至邠州，丁丑，攻之，不克；乙酉，虜涉涇而遁。考異曰：實錄：「十月辛未夜，郭晞遣馬步三千人於邠州西斬賊營，殺千餘人，生擒八十三人，俘大將四人。十一月乙未，懷恩及吐蕃等自潰，京師解嚴。」汾陽家傳曰：「十月七日，公誓師曰：『明日有寇，爾其備之。』及夜，出兵數萬陣于西門之外，廣布旗幟，如十萬軍。未曙，懷恩、吐蕃、回紇、吐渾等已陣于乾陵北，長二十里。懷恩等初謂無備，欲襲之。既見陣，兩蕃大駭，不敢戰。而懷恩頃爲公所馭，懾公之威，又遁。初，軍中偶語，夜中出兵，與鬼鬭耳。及未曙，寇已至矣。軍中所以服公之先知也。賊至于邠州，營于北原。十三日，攻其東門，不剋。十四日，橫陣于南原，請戰。晞等與之連戰，大破之，追奔數十里。二十一日，涉涇而還。」邠志：「懷恩寇邠、涇，十七日，衆渡涇水，郭晞率衆禦之，戰于邠郛，我師敗績。懷恩覆其陣，泣曰：『此等昔爲我兒，我教其射，反爲他人致死於我，惜哉！』明日，引軍南出。」舊郭晞傳曰：「懷恩誘虜再寇邠州，陣于涇北，晞乘其半濟而擊之，大破獯虜，斬首五千級，連戰皆捷。」吐蕃傳曰：「郭晞於邠州西三十里，令精騎斫懷恩營，破五千衆，斬首千餘級，生擒八十五人，降其大將四人。」諸書載邠、寧戰守、勝敗，事各不同，今從汾陽家傳，以實錄參之。

34 懷恩之南寇也，河西節度使楊志烈發卒五千，謂監軍柏文達曰：「河西銳卒，盡於此矣，君將之以攻靈武，使，疏吏翻。監，古銜翻。將，卽亮翻；下同，又音如字。則懷恩有返顧之慮，此亦救京師之一奇也！」文達遂將衆擊摧砂堡、靈武縣，皆下之，摧砂堡，在原州西北。靈武，後周置建安縣，後又置歷城郡；隋開皇三年廢郡，十八年改建安爲廣閏，仁壽九年又改曰靈武，屬涇州。進攻靈州。懷恩聞之，自永壽遽歸，宋白曰：永壽縣，屬邠州，武德元年，於永壽原置縣，因原立名。使蕃、渾二千騎夜襲文達，大破之，士卒死者殆半。文達將餘衆歸涼州，哭而入。志烈迎之曰：「此行有安京室之功，卒死何傷。」士卒怨其言。未幾，幾，居豈翻。吐蕃圍涼州，士卒不爲用；志烈奔甘州，爲沙陀所殺。【章：十二行本「殺」下有「涼州遂陷」四字；乙十一行本同；退齋校同；張校同，云無註本亦無。】舊志：涼州，西北至甘州六百里。沙陀姓朱耶，世居沙陀磧，因以爲名。沙陀始見于此。

35 十一月，丁未，郭子儀自行營入朝，郭晞在邠州，縱士卒爲暴，節度使白孝德患之，以子儀故，不敢言；涇州刺史段秀實自請補都虞候，虞候，古候奄之職。虞，防虞也。候，候望也。孝德從之。既署一月，晞軍士十七人入市取酒，以刃刺酒翁，酒翁，釀酒者也，今人呼爲酒大工。刺，七亦翻。壞釀器，壞，古瞶翻。秀實列卒取十七人首注槊上，植市門。植，直吏翻，又時力翻。考異曰：此出柳宗元段太尉逸事狀。段公家傳曰：「廣德二年正月，白孝德授邠寧節度使。七月，大軍西還，頗有俘掠，又以邠土經寇，未暇耕耘，乃謀頓軍奉天，取給畿內。時倉廩匱竭，吏人潛竄，軍士公行發掘，兼施捶訊，閭里怨苦，遠近彰聞。孝德知之，力不能制。公戲謂賓朋曰：『若使余爲軍候，不令至是。』行軍司馬王稷以其言啓於白孝德，卽日，以公爲都虞候，兼權知奉天縣事。浹旬而軍不犯禁，逾月而路不拾遺。永泰元年，孝德奉詔歸邠州，表公進封張掖郡王、北庭行軍、邠寧都虞候。」據實錄，時晞官爲左常侍，宗元云尚書，誤也。又按實錄，廣德二年十月，吐蕃寇邠州，孝德、晞閉城拒守。汾陽家傳，其年九月，公使陳回光與孝德議邊事於邠州。則孝德不以永泰元年始歸邠州，陳翃誤也。逸事狀又云：「先是太尉在涇州爲營田官，涇大將焦令諶取人田，自占數十頃，給與農曰：『且熟，歸我半。』是歲大旱，野無草，農以告。諶曰：『我知入數而已，不知旱也。』督責益急，且飢死無以償，卽告太尉。太尉判狀辭甚巽，使人來諭諶。諶盛怒，召農者曰：『我畏段某邪，何敢言我！』取判鋪背上，以大杖擊二十，垂死，輿來庭中。太尉大泣曰：『乃我困汝。』卽自取水，洗去血，裂裳衣瘡，手注善藥，旦夕自哺農者然後食。取騎馬賣，市穀代償，使勿知。淮西寓軍帥尹少榮，剛直士也，入見諶，大罵曰：『汝誠人邪！涇州野如赭，人且飢死，而必得穀，又用大杖擊無罪者。段公，仁信大人也，而汝不知敬。今段公唯一馬，賤賣市穀入汝，又取，不恥。凡爲人傲天災，犯大人，擊無罪者，又取仁者穀，使主人出無馬，汝將何以視天地，尚不愧奴隸耶！』諶雖暴抗，然聞言則大愧，流汗，不能食，曰：『吾終不可以見段公。』一夕，自恨死。」按段公別傳，大曆八年焦令諶猶存。蓋宗元得於傳聞，其實令諶不死也。

晞一營大譟，盡甲，孝德震恐，召秀實曰：「柰何？」秀實曰：「無傷也，請往解之。」孝德使數十人從行，秀實盡辭去，選老躄者一人譟，則竈翻。躄，俾亦翻，跛之甚者也。持馬至晞門下。甲者出，秀實笑且入，曰：「殺一老卒，何甲也！吾戴吾頭來矣。」老卒，秀實自謂也。言戴頭而來，聽其斬之也。甲者愕。因諭曰：「常侍負若屬邪，邪，音耶。晞時帶左散騎常侍，故稱之。副元帥負若屬邪？副元帥，謂子儀。帥，所類翻。柰何欲以亂敗郭氏！」敗，補賣翻。晞出，秀實讓之曰：「副元帥勳塞天地，塞，昔則翻。當念始終。今常侍恣卒爲暴，行且致亂，亂則罪及副元帥；

亂由常侍出，然則郭氏功名，其存者幾何！」幾，居豈翻。言未畢，晞再拜曰：「公幸教晞以道，句斷。恩甚大，敢不從命！」顧叱左右：「皆解甲，散還火伍中，敢譁者死！」還，從宣翻，又音如字。唐制：兵五人爲伍，十人爲火。秀實因留宿軍中。晞通夕不解衣，戒候卒擊柝衞秀實。旦，俱至孝德所，謝不能，句斷。請改。請改過也。邠州由是無患。

36 五谷防禦使薛景仙討南山羣盜，連月不克，上命李抱玉討之。賊帥高玉最強，抱玉遣兵馬使李崇客將四百騎自洋州入，襲之於桃虢川，大破之；玉走成固。使，疏吏翻。騎，奇計翻。洋，音祥，又如字。走，音奏。將，卽亮翻，又如字。洋州，古成固縣。唐志：洋州，治興道縣，卽古成固地。庚申，山南西道節度使張獻誠擒玉，獻之，餘盜皆平。

37 十二月，乙丑，加郭子儀尚書令。子儀以爲：「自太宗爲此官，累聖不復置，復，扶又翻。近皇太子亦嘗爲之，非微臣所宜當。」固辭，不受，還鎭河中。

38 是歲，戶部奏：戶二百九十餘萬，口一千六百九十餘萬。史言喪亂之後，戶口減於承平什七八。

39 上遣于闐王勝還國，勝固請留宿衞，以國授其弟曜，勝令弟曜攝國，自將兵入援，見二百十九卷至德元載。闐，徒賢翻，又徒見翻。上許之；加勝開府儀同三司，賜爵武都王。

永泰元年（乙巳、七六五）

1 春，正月，癸卯朔，改元；赦天下。

2 戊申，加陳鄭、澤潞節度使李抱玉鳳翔、隴右節度使，李抱玉時以陳鄭、澤潞行營兵屯京西，故加鳳翔、隴右節度使。以其從弟殿中少監抱眞爲澤潞節度副使。從，才用翻。少，始照翻。抱眞以山東有變，上黨爲兵衝，而荒亂之餘，土瘠民困，無以贍軍，乃籍民，每三丁選一壯者，免其租、傜，給弓矢，使農隙習射，歲暮都試，史炤曰：謂總閱試習武備也。霍光傳：都肄郎。孟康曰：都，試也。漢制，郡國以八月都試，閱武備。行其賞罰。比三年，得精兵二萬，比，必利翻，及也。既不費廩給，府庫充實，遂雄視山東。由是天下稱澤潞步兵爲諸道最。爲李抱眞以澤潞兵横制諸叛張本。

3 二月，戊寅，党項寇富平，焚定陵殿。党，底朗翻。定陵，中宗陵也，在雍州富平縣西北。凡陵有寢有殿，後曰寢，前曰殿。

4 庚辰，儀王璲薨。璲，玄宗子也，音遂。

5 三月，壬辰朔，命左僕射裴冕、右僕射郭英乂等文武之臣十三人於集賢殿待制。永徽中，命弘文館學士一人日待制於武德殿西門。文明元年，詔京官五品以上清官日一人待制於章善、明福門。先天末，又命朝集使六品以上二人隨仗待制。時勳臣罷節制，無職事，令待制於集賢殿門。宋白曰：是年，詔左僕射裴冕、右僕射郭英乂、太子少傅裴遵慶、檢校太子少保兼御史大夫元志直、太子詹事兼御史大夫臧希讓、左散騎常侍暢璀、檢校刑部尚書王昂、高昇、檢校工部尚書知省事崔渙、吏部侍郎李季師、王延昌、禮部侍郎賈至、涇王傅吳令瑤集賢待制。以勳臣罷節制，無職事，乃於禁門書院待制，間以文儒，寵之也。左拾遺洛陽獨孤及上疏曰：「陛下召冕等待制以備詢問，此五帝盛德也。上，時掌翻。疏，所句翻。頃者陛下雖容其直而不錄其言，有容下之名，無聽諫之實，遂使諫者稍稍鉗口飽食，相招爲祿仕，此忠鯁之人所以竊歎，而臣亦恥之。今師興不息十年矣，鉗，其廉翻。玄宗天寶十四載，安祿山反，至是十年。人之生產，空於杼軸。擁兵者第館亙街陌，奴婢厭酒肉，而貧人羸餓就役，剝膚及髓。長安城中白晝椎剽，羸，倫爲翻。椎，直追翻。剽，匹妙翻。吏不敢詰，官亂職廢，將墮卒暴，百揆隳剌，如沸粥紛麻，唐、虞有百揆之官。孔安國曰：揆，度也。度百事，總百官。此所謂百揆，蓋言百官之事也。詰，去吉翻。將，卽亮翻。剌，來達翻。民不敢訴於有司，有司不敢聞於陛下，茹毒飲痛，窮而無告。陛下不以此時思所以救之之術，臣實懼焉。今天下惟朔方、隴西有吐蕃、僕固之虞，邠、涇、鳳翔之兵足以當之矣。自此而往，東洎海，南至番禺，吐，從暾入聲。邠，卑巾翻。洎，其計翻。番禺，音潘愚。西盡巴、蜀，無鼠竊之盜而兵不爲解。爲，于僞翻。傾天下之貨，竭天下之穀，以給不用之軍，臣不知其故。假令居安思危，自可阨要害之地，俾置屯禦，令，力丁翻。阨，與扼同。悉休其餘，以糧儲扉屨之資扉，扶沸翻，草屨也，黄帝臣於則所造。充疲人貢賦，歲可減國租之半。陛下豈可持疑於改作，使率土之患日甚一日乎！」上不能用。

6 丙午，以李抱玉同平章事，鎮鳳翔如故。

7 庚戌，吐蕃遣使請和，詔元載、杜鴻漸與盟於興唐寺。程大昌曰：安國寺在朱雀街東第四街之長樂坊。興唐寺別在向南一坊。開元八年造。會要：興唐寺在大寧坊，神龍元年，太平公主爲天后立，爲罔極寺，開元二十年改爲興唐寺。使，疏吏翻。載，祖亥翻，又音如字。上問郭子儀：「吐蕃請盟，何如？」對曰：「吐蕃利我不虞，若不虞而來，國不可守矣。」不虞，猶不備也。乃相繼遣河中兵戍奉天，又遣兵巡涇原以覘之。覘，丑廉翻，又丑豔翻。

8 是春不雨，米斗千錢。

9 夏，四月，丁丑，命御史大夫王翊充諸道稅錢使。河東道租庸、鹽鐵使裴諝入奏事，諝，私呂翻。上問：「榷酤之利，歲入幾何？」諝久之不對。上復問之，復，扶又翻。對曰：「臣自河東來，所過見菽粟未種，農夫愁怨，臣以爲陛下見臣，必先問人之疾苦，乃責臣以營利，臣是以未敢對也。」上謝之，拜左司郎中。諝，寬之子也。裴寬事玄宗。

10 辛卯，劍南節度使嚴武薨。武三鎮劍南，按至德二載收長安，以武爲劍南東川節度使。上皇誥以劍南兩川合爲一道，拜武成都尹，充劍南節度使。既，召入朝。去年，復以武鎮劍南。凡再鎮劍南，前後三受命耳。廣德二年，考異謂東、西川非上皇誥所合者，蓋至德二載分劍南爲東、西川，是年上皇還京師，則合東、西川爲一道，必非上皇誥。通鑑乾元元年書嚴武貶巴州，寶應元年書以兵部侍郎嚴武爲西川節度使，廣德二年書合東、西川，以黄門侍郎嚴武爲節度使。據通鑑所書，武蓋再鎮劍南。今曰三鎮劍南，則是先嘗除東川，乃可言三。通鑑既不取新、舊二書，宜不書除東川一節。然言武三鎮劍南，更須博考。按下卷書武用崔旰事，亦只再鎮劍南耳。唐書蓋因杜甫詩，有「主恩前後三持節」之語，致有此誤。厚賦斂以窮奢侈；梓州刺史章彝小不副意，召而杖殺之；然吐蕃畏之，不敢犯其境。母數戒其驕暴，斂，力贍翻。吐，從暾入聲。數，所角翻。武不從；

及死，母曰：「吾今始免爲官婢矣！」言武驕暴，以悖逆致罪，禍必及母，今其死，乃知免。

11 五月，癸丑，以右僕射郭英乂爲劍南節度使。爲郭英乂爲崔旰所殺張本。射，寅謝翻。使，疏吏翻。

12 畿內麥稔，京兆尹第五琦請稅百姓田，十畝收其一，曰：「此古什一之法也。」史言第五琦傅會古法以欺君。琦，音奇。上從之。

13 平盧節度使侯希逸鎭淄青，侯希逸鎭淄青始上卷上元二年。使，疏吏翻；下同。好遊畋，營塔寺，好，呼到翻。軍州苦之。兵馬使使，疏吏翻。李懷玉得衆心，希逸忌之，因事解其軍職。希逸與巫宿於城外，軍士閉門不納，奉懷玉爲帥。帥，所類翻。希逸奔滑州，上表待罪，詔赦之，召還京師。還，從宣翻，又音如字。秋，七月，壬辰，以鄭王邈爲平盧、淄青節度大使，邈，皇子也。以懷玉知留後，賜名正己。時承【章：十二行本「承」作「成」；乙十一行本同；張校同。】德節度使李寶臣，魏博節度使田承嗣，相衞節度使薛嵩，盧龍節度使李懷仙，收安、史餘黨，各擁勁卒數萬，治兵完城，相，息亮翻。嗣，祥吏翻。治，直之翻。自署文武將吏，不供貢賦，與山南東道節度使梁崇義及正己皆結爲婚姻，互相表裏。朝廷專事姑息，不能復制，雖名藩臣，羈縻而已。史因李正己逐侯希逸，究言藩鎭之橫。復，扶又翻。將，卽亮翻。朝，直遙翻。

14 甲午，以上女昇平公主嫁郭子儀之子曖。曖，烏代翻。

15 太子母沈氏，吳興人也；吳興，湖州。安祿山之陷長安也，見二百十八卷肅宗至德元載。掠送洛陽宮。上克洛陽，見二百二十一卷乾元二年。見之，未及迎歸長安；會史思明再陷洛陽，見一百二十一卷乾元二年。遂失所在。上即位，遣使散求之，不獲。己亥，壽州崇善寺尼廣澄詐稱太子母，按驗，乃故少陽院乳母也，大明宮有少陽院，太子居之。尼，女夷翻。少，詩照翻。鞭殺之。

16 九月，庚寅朔，置百高座於資聖、西明兩寺，據百高座，百尺高座也。唐會要：資聖寺在崇仁坊，本長孫無忌宅，龍朔三年，爲文德皇后資福，立爲尼寺，咸亨四年，復爲僧寺。西明寺在延康坊，本越國公楊素宅，貞觀中賜濮王泰，泰死，乃立爲寺。講仁王經，所謂護國仁王經。內出經二寶輿，以人爲菩薩、鬼神之狀，導以音樂鹵簿，百官迎於光順門外，從至寺。菩，音蒲。薩，桑葛翻。

17 僕固懷恩誘回紇、吐蕃、吐谷渾、党項、奴剌，誘，羊久翻。吐，從暾入聲。紇，下沒翻。谷，音浴。党，音底朗翻。剌，盧達翻。數十萬衆俱入寇，令吐蕃大將尚結悉贊摩、馬重英等自北道趣奉天，党項帥任敷、鄭庭、郝德等自東道趣同州，宋白曰：任敷，朔方舊將。趣，七喻翻；下同。吐谷渾、奴剌之衆自西道趣盩厔，回紇繼吐蕃之後，懷恩又以朔方兵繼之。

郭子儀使行軍司馬趙復入奏曰：「虜皆騎兵，其來如飛，不可易也。易，以豉翻，輕也。請使諸道節度使鳳翔李抱玉、滑濮李光庭、邠寧白孝德、「李光庭」，恐當作「李光進」。鎮西馬璘、河南郝庭玉、淮西李忠臣各出兵以扼其衝要。」此時李光庭、郝庭玉、李忠臣各在本道，餘皆分屯京西。上從之。諸道多不時出兵；李忠臣方與諸將擊毬，得詔，亟命治行。治，直之翻。諸將及監軍皆曰：「師行必擇日。」忠臣怒曰：「父母有急，豈可擇日而後救邪！」卽日勒兵就道。懷恩中途遇暴疾而歸；丁酉，死於鳴沙。考異曰：舊懷恩傳曰：「懷恩領回紇及朔方之衆繼進，行至鳴沙縣，遇疾，舁歸；九月九日，死於靈武。」按長曆，九月庚寅朔。丁酉，八日也。唐曆、邠志皆云「九月八日，懷恩死於靈州」。今從實錄。大將張韶代領其衆，別將徐璜玉殺之，范志誠又殺璜玉而領其衆。懷恩拒命三年，再引胡寇，爲國大患，去年及今年之寇。上猶爲之隱，爲，于僞翻。前後敕制未嘗言其反；及聞其死，憫然曰：「懷恩不反，爲左右所誤耳！」

吐蕃至邠州，白孝德嬰城自守。甲辰，上命宰相及諸司長官六曹有尚書，寺有卿，監有監，皆爲諸司長官。於西明寺行香設素饌，奏樂。徼福於佛也。是日，吐蕃十萬衆至奉天，京城震恐。朔方兵馬使渾瑊、渾，戶昆翻，又戶本翻。瑊，古咸翻。討擊使白元光先戍奉天，虜始列營，瑊帥驍騎二百衝之，身先士卒，虜衆披靡。先，昔見翻。披，普彼翻。瑊挾虜將一人躍馬而還，從騎無中鋒鏑者。從，才用翻。中，竹仲翻。城上士卒望之，勇氣始振。乙巳，吐蕃進攻之，虜死傷甚衆，數日，斂衆還營；瑊夜引兵襲之，殺千餘人，前後與虜戰二百餘合，斬首五千級。丙午，罷百高座講；召郭子儀於河中，使屯涇陽。己酉，命李忠臣屯東渭橋，李光進屯雲陽，馬璘、郝庭玉屯便橋，李抱玉屯鳳翔，內侍駱奉仙、將軍李日越屯盩厔，同華節度使周智光屯同州，鄜坊節度使杜冕屯坊州，上自將六軍屯苑中。

庚戌，下制親征。辛亥，魚朝恩請索城中，括士民私馬，令城中男子皆衣皁，索，山客翻。衣，於既翻。團結爲兵，城門皆塞二開一。塞，悉則翻。士民大駭，踰垣鑿竇而逃者甚衆，吏不能禁。朝恩欲奉上幸河中以避吐蕃，恐羣臣議論不一，一旦，百官入朝，立班久之，閤門不開，閤門，謂東西上閤門也。朝恩忽從禁軍十餘人操白刃而出，宣言：「吐蕃數犯郊畿，操，七刀翻。數，所角翻。車駕欲幸河中，何如？」公卿皆錯愕不知所對。有劉給事者，獨出班抗聲曰：「敕使反邪！唐人謂宦官爲敕使。使，疏吏翻。今屯軍如雲，不勠力扞寇，而遽欲脅天子棄宗廟社稷而去，非反而何！」朝恩驚沮而退，事遂寢。劉給事立朝守正不可奪如此；且兩省官也，而史失其名，唐置史館何爲哉！考異曰：新魚朝恩傳云：「僕固瑒攻絳州，使姚良據溫，誘回紇陷河陽。朝恩遣李忠誠討瑒，以霍文瑒監之；王景岑討良，王希遷監之。敗瑒於萬泉，生擒良。高暉等引吐蕃入寇，遣劉德信討斬之。故朝恩因麾下數克獲，竊以自高。是時郭子儀有定天下功，居人臣第一，心媢之，乘相州敗，醜爲詆譖。肅宗不內其語，然猶罷子儀兵，留京師。代宗立，與程元振一口加毀，帝未及寤，子儀憂甚；俄而吐蕃陷京師，卒用其力，王室再安。朝恩內慚，乃勸帝徙洛陽，欲遠戎狄，百僚在庭，朝恩從十餘人持兵出曰：『虜犯都甸，欲幸洛，云何？』宰相未對。有近臣折曰：『敕使反邪！今屯兵足以扞寇，何遽脅天子棄宗廟爲！』朝恩色沮，而子儀亦謂不可，乃止。」李肇國史補曰：「代宗朝百僚，立班良久，閤門不開。魚朝恩忽擁白刃十餘人而出，宣言曰：『西蕃頻犯郊圻，欲幸河中，何如？』宰臣以下蒼黃不知所對。給事中劉，不記其名，出班抗聲曰：『敕使反邪！』云云。由此罷遷幸之議。」按僕固瑒攻榆次，不聞攻絳州。高暉爲李日越所擒，不聞劉德信所斬。朝恩欲幸河中，不聞欲幸洛。既云頻犯郊圻，必是吐蕃後入寇時也。新書所云，不知據何書。今從國史補。

自丙午至甲寅，大雨不止，故虜不能進。吐蕃移兵攻醴泉，党項西掠白水，白水縣，漢粟邑之地，後魏太和二年，置白水縣及白水郡，隋廢郡存縣，唐屬同州。東侵蒲津。丁巳，吐蕃大掠男女數萬而去，所過焚廬舍，蹂禾稼殆盡。周智光引兵邀擊，破之於澄城北，因逐北至鄜州。宋白曰：鄜州，漢上郡雕陰之地。後魏太和十一年，置東秦州，孝昌二年，又改爲北華州；廢帝二年，改爲鄜州，因鄜畤爲名。九域志：鄜州，東南至同州四百一十四里。澄城縣，在同州北九十里。坊州，漢渠搜縣，中部都尉理所，後魏屬鄜州管內。周天和七年，元皇帝作牧鄜州，於此置馬坊，唐高祖因置坊州，取馬坊爲名。九域志：坊州，北至鄜州一百一十里。鄜，音夫。智光素與杜冕不協，遂殺鄜州刺史張麟，阬冕家屬八十一人，焚坊州廬舍三千餘家。

冬，十月，己未，復講經於資聖寺。

吐蕃退至邠州，遇回紇，復相與入寇，復，扶又翻；下復至同。辛酉，至奉天。考異曰：邠志曰：「八月，懷恩以諸戎入寇，九月，詔郭公討之，師于涇陽。回紇屯涇北，去我十里，朝恩請擊回紇。郭公曰：『我昔與回紇情契頗至，今茲爲寇，必將有故，吾方導而問之，可不戰而下也。』朝恩流言謂郭公與懷恩爲應，陰率諸軍列營渭上。郭公章疏逾旬不達。郭公諸子在長安聞之，使小將強羽以物議告郭公。郭公間道入覲，且以衆議聞。上曰：『無是。』即日令赴涇陽。朝恩驚曰：『郭公眞長者，吾比疑之，誠小人也。』」按回紇九月未至涇陽，十月辛酉始至奉天，丙寅圍涇陽，丁卯子儀已與之盟，首尾纔七日，豈容有章疏逾旬不達之事！子儀爲元帥，與強敵對壘，豈可棄軍入朝！汾陽家傳此際亦無入朝事。今不取。癸亥，党項焚同州官廨、民居而去。廨，居隘翻。

丙寅，回紇、吐蕃合兵圍涇陽，子儀命諸將嚴設守備而不戰。及暮，二虜退屯北原，涇陽之北原也。丁卯，復至城下。是時，回紇與吐蕃聞僕固懷恩死，已爭長，不相睦，長，知兩翻。分營而居，子儀知之。回紇在城西，子儀使牙將李光瓚等往說之，牙將者，牙前將領，統元帥親兵。說，式芮翻；下往說同。欲與之共擊吐蕃。回紇不信，曰：「郭公固在此乎？汝紿我耳。若果在此，可得見乎？」光瓚還報，子儀曰：「今衆寡不敵，難以力勝。昔與回紇契約甚厚，不若挺身往說之，可不戰而下也。」諸將請選鐵騎五百爲衞從，從，才用翻。子儀曰：「此適足爲害也。」郭晞扣馬諫曰：「彼，虎狼也；大人，國之元帥，柰何以身爲虜餌！」子儀曰：「今戰，則父子俱死而國家危；往以至誠與之言，或幸而見從，則四海之福也！不然，則身沒而家全。」子儀之審處利害而權其輕重者如此。以鞭擊其手曰：「去！」遂與數騎開門而出，使人傳呼曰：「令公來！」子儀時爲中書令，故傳呼令公。回紇大驚。其大帥合胡祿都督藥葛羅，可汗之弟也，執弓注矢立於陣前。子儀免冑釋甲投槍而進，回紇諸酋長相顧曰：「是也！」酋，慈由翻。皆下馬羅拜。子儀亦下馬，前執藥葛羅手，讓之曰：「汝回紇有大功於唐，謂舉兵助唐平安、史也。唐之報汝亦不薄，柰何負約，深入吾地，侵逼畿縣，唐京都屬縣，附城之縣爲赤，爲次赤。如昭應、奉天、醴泉等縣爲次赤。餘爲畿縣。棄前功，結怨仇，背恩德而助叛臣，何其愚也！背，蒲妹翻。

且懷恩叛君棄母，謂懷恩阻兵汾、絳，既而叛歸靈武，棄母於汾州也。於汝國何有！今吾挺身而來，聽汝執我殺之，我之將士必致死與汝戰矣。」藥葛羅曰：「懷恩欺我，言天可汗已晏駕，令公亦捐館，中國無主，我是以敢與之來。今知天可汗在上都，自貞觀中四夷君長請太宗爲天可汗，是後夷人率謂天子爲天可汗。上都，長安也。令公復總兵於此，懷恩又爲天所殺，我曹豈肯與令公戰乎！」子儀因說之曰：「吐蕃無道，乘我國有亂，不顧舅甥之親，吐蕃尚唐公主，爲舅甥之國。復，扶又翻。說，式芮翻。吞噬我邊鄙，焚蕩我畿甸，其所掠之財不可勝載，勝，音升。馬牛雜畜，長數百里，畜，許救翻。長，直亮翻。彌漫在野，此天以賜汝也。全師而繼好，漫，音萬，又莫官翻。好，呼到翻。破敵以取富，爲汝計，孰便於此！不可失也。」藥葛羅曰：「吾爲懷恩所誤，負公誠深，今請爲公盡力，擊吐蕃以謝過。爲，于僞翻。然懷恩之子，可敦兄弟也，願捨之勿殺。」子儀許之。回紇觀者【章：十二行本「者」下有「左右」二字；乙十一行本同；退齋校同。】爲兩翼，稍前，子儀麾下亦進，子儀揮手卻之，因取酒與其酋長共飲。藥葛羅使子儀先執酒爲誓，子儀酹地曰：紇，下沒翻。酋，慈由翻。長，知兩翻。酹，盧對翻。以酒沃地曰酹。「大唐天子萬歲！回紇可汗亦萬歲！兩國將相亦萬歲！有負約者，身隕陳前，家族□□。」【章：十二行本作「滅絕」二字；乙十一行本同；張校同，云無註本脫「滅絕」二字。】可，從刊入聲。汗，音寒。將，即亮翻。相，息亮翻。陳，讀曰陣。盃至藥葛羅，亦酹地曰：「如令公誓！」於是諸酋長皆大喜曰：「鄉以二巫師從軍，巫言此行甚安隱，隱，讀曰穩。【章：乙十一行本正作「穩」；孔本同。】不與唐戰，見一大人而還，今果然矣。」子儀遺之綵三千匹，遺，唯季翻。酋長分以賞巫。子儀竟與定約而還。吐蕃聞之，夜，引兵遁去。回紇遣其酋長石野那等六人入見天子。見，賢遍翻。

藥葛羅帥衆追吐蕃，子儀使白元光帥精騎與之俱；癸酉，戰於靈臺西原，大破之，靈臺，漢鶉觚縣地，天寶元年，更名靈臺。九域志：靈臺縣，在涇州東九十里。舊史，破吐蕃處，在靈臺縣西五十里，地名赤山嶺。殺吐蕃萬計，得所掠士女四千人。丙子，又破之於涇州東。考異曰：實錄曰：「十月，吐蕃退至邠州，與回紇相遇，復合從爲寇。辛酉，寇奉天。乙亥，回紇以懷恩死，貳於吐蕃。丁丑，郭子儀單騎詣回紇軍，免冑與回紇大將語，責以負約，遂與之盟。己卯，回紇首領石野那等六人來朝。庚辰，子儀遣白元光帥精銳會回紇兵數千人大破吐蕃十餘萬衆于靈臺縣之西原。」汾陽家傳曰：「十月八日，吐蕃、回紇合圍涇陽，屯于北原。其夜，公使方面各除道二，詰朝將戰。明日，寇又至，兵甲益盛。公使衙前將李光瓚等出諭之，亦不受，請決戰。公以虜騎勁，亦以衆寡不敵，孤軍無救，使闢軍門，躍一騎而出。兵部郎中馬錫、主客員外郎陳翃時以一騎從。回紇合胡祿都督藥葛羅宰相立於陣前，持滿相向，公前叱之云云。藥葛羅等憫然懷慚，伏而請罪，因與之盟。吐蕃聞之，夜半，抽兵而逸。回紇藥葛羅等遽追之，公使白元光等繼之，十五日，至靈臺，破尙結息一十萬衆。十八日，於涇州東又破之。」舊子儀傳曰：「子儀自河中至，屯於涇陽，而虜騎已合。子儀一軍萬餘人，而雜虜圍之數重。子儀使李國臣、高昇拒其東，魏楚玉當其南，陳迴光當其西，朱元琮當其北，子儀帥甲騎二千出沒於左右前後。虜見而問曰：『此誰也？』報曰：『郭令公也。』回紇曰：『令公存乎？僕固懷恩言天可汗已棄四海，令公亦謝世，中國無主，故從其來。今令公存，天可汗存乎？』報之曰：『皇帝萬壽無疆。』回紇皆曰：『懷恩欺我。』子儀又使諭之云云。回紇曰：『謂令公亡矣，不然，何以至此！令公誠存，安得而見之？」子儀將出，諸將諫。子儀曰：「今力固不敵，且至誠感神，況虜輩乎！」回紇傳曰：「吐蕃將馬重英等十月初引退，取邠州舊路而歸。回紇首領羅達干等帥其衆二千餘騎詣涇陽請降，子儀許之，率衆被甲持滿數千人。回紇譯曰：『此來非惡心，要見令公。』子儀曰：『我令公也。』回紇曰：『請去甲。』子儀便脫兜鍪槍甲，竦馬挺身而前。回紇酋長相顧曰：『是也！』便下馬羅拜。子儀亦下馬，執回紇大將合胡祿都督藥葛羅等手，責讓之曰：『國家知回紇有功，報汝大厚，汝何負約，犯我王畿！我須與汝戰，何乃降爲！我一身挺入汝營，任心拘縶，我下將士須與汝戰。』回紇又譯曰：『懷恩負心，來報可汗云，「唐國天子今已向江、淮，令公亦不主兵，」我是以敢來。今知天可汗見在上都，令公爲將，懷恩天又殺之，今請追殺吐蕃，收其羊馬，以報國恩。』」邠志曰：「十月二十四日，回紇逼涇陽，陣于郭西，使漢語者曰：『城中誰將？』軍吏對曰：『郭令公也。』虜曰：『郭令公亡矣，紿我也。』郭公聞之，獨與家童五六人常服相詣。其子晞等扣馬止之，公撾其手曰：『去。』使人告虜，按轡就之。回紇熟視曰：『是也！』下馬皆拜，曰：『始者不知令公尚在，今日降，可乎！』郭公入其衆，取酒飲之。虜又請曰：『恐不見信，願擊吐蕃以自效。』郭公從之。回紇擊吐蕃，逐之，三十日，敗蕃衆於靈臺，殺萬餘人而去。」按長曆十月己未朔，三日辛酉，十九日丁丑。如實錄所言，豈有回紇、吐蕃數十萬衆入京畿，留十七日而寂無攻戰之一事乎！當是時，陳翃在子儀軍中，所記月日近得其實。今二虜圍涇陽及子儀與回紇盟及破吐蕃月日，皆從汾陽家傳。事則兼采衆書，擇其可信者取之。

丁丑，僕固懷恩將張休藏等降。

辛巳，詔罷親征，京城解嚴。

18 初，肅宗以陝西節度使郭英乂領神策軍，使內侍魚朝恩監其軍；英乂入爲僕射，朝恩專將之。將，卽亮翻；下同。及上幸陝，朝恩舉在陝兵與神策軍迎扈，悉號神策軍，天子幸其營。及京師平，朝恩遂以軍歸禁中，自將之，然尚未得與北軍齒。北軍，北門六軍也。至是，朝恩以神策軍從上屯苑中，其勢寖盛，分爲左、右廂，居北軍之右矣。史言神策軍雄盛之所由始。

19 郭子儀以僕固名臣、李建忠等皆懷恩驍將，恐逃入外夷，請招之。名臣，懷恩之姪也，時在回紇營。上敕幷舊將有功者皆赦其罪，令回紇送之。壬午，名臣以千餘騎來降。子儀使開府儀同三司慕容休貞以書諭党項帥鄭庭、郝德等，皆詣鳳翔降。

20 甲申，周智光詣闕獻捷，再宿歸鎭。智光負專殺之罪未治，謂殺張麟及杜冕家屬之罪。治，直之翻。上既遣而悔之。

21 乙酉，回紇胡祿都督等二百餘人入見，前後贈賚繒帛十萬匹；府藏空竭，稅百官俸以給之。見，賢遍翻。藏，徂浪翻。

資治通鑑卷第二百二十四

端明殿學士兼翰林侍讀學士太中大夫提舉西京嵩山崇福宮上柱國河内郡開國公食邑二千二百戶食實封九百戶賜紫金魚袋臣　司馬光　奉敕編集
後　學　天　台　胡三省　音　註

唐紀四十起旃蒙大荒落（乙巳）閏月，盡昭陽赤奮若（癸丑），凡八年有奇。

代宗睿文孝武皇帝中之上

永泰元年（乙巳、七六五）

1閏十月，乙巳，郭子儀入朝。子儀以靈武初復，僕固懷恩死，始復靈武。百姓彫弊，戎落未安，請以朔方軍糧使三原路嗣恭鎮之；軍糧使，即糧料使。河西節度使楊志烈既死，楊志烈死見上卷廣德二年。請遣使巡撫河西及置涼、甘、肅、瓜、沙等州長史。上皆從之。

2丁未，百官請納職田充軍糧；唐制：一品職分田十二頃，二品十頃，三品九頃，四品七頃，五品六頃，六品四頃，七品三頃五十畝，八品二頃五十畝，九品二頃，皆給百里內之地。諸州都督、都護、親王府官：二品十二頃，三品十頃，四品八頃，五品七頃，六品五頃，七品四頃，八品三頃，九品二頃五十畝。鎮、戍、關、津、岳、瀆官：五品五頃，六品三頃五十畝，七品三頃，八品二頃，九品一頃五十畝。三衛中郎將、上府折衝都尉六頃，中府五頃五十畝，下府及郎將五頃，上府果毅都尉四頃，中府三頃五十畝，下府三頃，上府長史、別將三頃，中府、下府二頃五十畝。親王府典軍五頃五十畝，副典軍四頃，千牛備身左右、千牛備身三頃，折衝上府兵曹二頃，中府、下府一頃五十畝，列軍校尉一頃二十畝，旅帥一頃，隊正副八十畝。親王以下，又有永業田百頃。職事官：一品六十頃，郡王、職事官從一品五十頃，國公、職事官從二品三十五頃，郡公、職事官從三品二十五頃，縣公、職事官從三品二十頃，侯、職事官從四品十二頃，子、職事官從五品八頃，男、職事官從五品五頃，六品、七品二頃五十畝，八品、九品二頃。上柱國三十頃，柱國二十五頃，上護軍二十頃，護軍十五頃，上輕車都尉十頃，輕車都尉七頃，上騎都尉六頃，騎都尉四頃，驍騎、飛騎尉八十畝，雲騎、武騎尉六十畝。散官五品以上，給同職事官。許之。

3 戊申，以戶部侍郎路嗣恭爲朔方節度使。嗣，祥吏翻。使，疏吏翻。嗣恭披荊棘，立軍府，威令大行。

4 己酉，郭子儀還河中。子儀自朝京師還鎮河中。還，從宣翻，又音如字。

5 初，劍南節度使嚴武奏將軍崔旰爲利州刺史；時蜀中新亂，山賊塞路，塞，昔則翻。旰討平之。及武再鎮劍南，賂山南西道節度使張獻誠以求旰，利州，古苴侯邑，秦、漢爲葭萌之地。蜀漢爲漢壽縣，晉爲晉壽，梁爲黎州，尋又改利州；天寶爲益昌郡，乾元復爲利州，山南西道巡屬也。旰，古旦翻。獻誠使旰移疾自解，詣武。武以爲漢州刺史，使將兵擊吐蕃於西山，連拔其數城，攘地數百里；漢州，漢雒縣，什方、綿竹地，唐垂拱立漢州，天寶爲德陽郡，乾元復爲州。武作七寶轝迎旰入成都以寵之。武薨，見上卷四月。行軍司馬杜濟知軍府事。都知兵馬使郭英幹，英乂之弟也，與都虞候郭嘉琳共請英乂爲節度使；旰時爲西山都知兵馬使，與所部共請大將王崇俊爲節度使。會朝廷已除英乂，英乂由是銜之，至成都數日，即誣崇俊以罪而誅之。召旰還成都，旰辭以備吐蕃，未可歸，英乂愈怒，絕其餽餉以困之。旰轉徙入深山，英乂自將兵攻之，聲言助旰拒守。會大雪，山谷深數尺，深，式禁翻。士馬凍死者甚衆，旰出兵擊之，英乂大敗，收餘兵，纔及千人而還。還，從宣翻，又音如字。

英乂爲政，嚴暴驕奢，不恤士卒，衆心離怨。玄宗之離蜀也，之離，力智翻。肅宗至德元載，玄宗離成都。以所居行宮爲道士觀，觀，古玩翻。仍鑄金爲眞容。英乂愛其竹樹茂美，奏爲軍營，因徙去眞容，自居之。旰宣言英乂反，不然，何以徙眞容自居其處！於是帥所部五千餘人襲成都。辛巳，【章：十二行本「巳」作「亥」；乙十一行本同。】戰于城西，英乂大敗。旰遂入成都，屠英乂家。英乂單騎奔簡州。宋白曰：簡州，漢牛鞞縣地。隋仁壽三年，分益州之陽安、平泉、資州之資陽，置簡州，州有賴簡池，因名。普州刺史韓澄殺英乂，送首於旰。邛州牙將柏茂琳、瀘州牙將楊子琳、劍州牙將李昌巎宋白曰：邛州，漢臨邛縣，梁武陵王紀置邛州，取南界邛來山爲名。瀘州，漢江陽縣，梁置瀘州，取瀘水爲名。劍州，漢廣漢之梓潼縣，梁置安州，西魏爲始州；唐先天二年，改爲劍州，取劍閣爲名。巎，奴刀翻。考異曰：唐曆作「李昌夔」，今從實錄。各舉兵討旰，蜀中大亂。旰，衛州人也。

6 華原令顧繇上言，元載子伯和等招權受賄，十二月，戊戌，繇坐流錦州。宋白曰：唐垂拱二年，分辰州麻陽縣地，幷開山洞，置錦州。舊志：錦州至京師三千五百里。

7自安、史之亂，國子監室堂頹壞，軍士多借居之。祭酒蕭昕上言：「學校不可遂廢。」

大曆元年（丙午、七六六）是年十一月，方改元。

1春，正月，乙酉，敕復補國子學生。

2丙戌，以戶部尚書劉晏爲都畿、河南、淮南、江南、湖南、荆南、山南東道轉運、常平、鑄錢、鹽鐵等使，侍郎第五琦爲京畿、關內、河東、劍南、山南西道轉運等使，分理天下財賦。

3周智光至華州，周智光還華州，見上卷上年。益驕橫，橫，戶孟翻。召之，不至，上命杜冕從張獻誠於山南以避之；智光遣兵於商山邀之，不獲。智光自知罪重，乃聚亡命、無賴子弟，衆至數萬，縱其剽掠以悅其心，剽，匹妙翻。擅留關中所漕米二萬斛，藩鎭貢獻，往往殺其使者而奪之。

4二月，丁亥朔，釋奠于國子監。唐制：中春、中秋釋奠于文宣王，皆以上丁戊〔日？〕，以祭酒、司業、博士三獻。命宰相帥常參官、常參官，常朝日常赴朝參者也。唐制，文官五品以上及兩省供奉官、監察御史、員外郎、太常博士日參，號常參官。武官三品以上三日一朝，號九參官。五品以上及新行〔折衝〕當番者五日一朝，號六參官。弘文、崇文館、國子監學生四時參。凡諸王入朝及以恩追至者日參。其文武官職事九品以上及二王後，則朝朔望而已。帥，讀曰率；下同。相，息亮翻。魚朝恩帥六軍諸將往聽講，朝，直遙翻。將，卽亮翻。子弟皆服朱紫爲諸生。朝恩既貴顯，乃學講經爲文，僅能執筆辨章句，遽自謂才兼文武，人莫敢與之抗。

辛卯，命有司脩國子監。

元載專權，恐奏事者攻訐其私，載，祖亥翻，又如字。訐，居謁翻。乃請：「百官凡論事，皆先白長官，長官白宰相，然後奏聞。」仍以上旨諭百官曰：「比日諸司奏事煩多，所言多讒毀，長，知兩翻。比，毗至翻。故委長官、宰相先定其可否。」

刑部尚書顏眞卿上疏，以爲：「郎官、御史，陛下之耳目。尚，辰羊翻。上，時掌翻。疏，所據翻。郎官者，尚書省曹二十四司郎官。御史者，御史臺三院御史。今使論事者先白宰相，是自掩其耳目也。陛下患羣臣之爲讒，何不察其言之虛實！若所言果虛宜誅之，果實宜賞之。不務爲此，而使天下謂陛下厭聽覽之煩，託此爲辭以塞諫爭之路，臣竊爲陛下惜之！塞，昔則翻。爭，讀曰諍。爲，于僞翻。太宗著門司式云：唐式三十三篇，以尚書省諸曹及祕書、太常、司農、光祿、太府、太僕、少府及監門、宿衞、計帳、爲其篇目。『其無門籍人，有急奏者，皆令門司與仗家引奏，唐制：門籍，流內記官爵、姓名，流外記年齒、狀貌。月一易其籍，非遷解不除。無門籍者，有急奏，則令門司與仗家引奏。仗家，宿衞五仗之執事者。令，力丁翻。無得關礙。』所以防壅蔽也。天寶以後，李林甫爲相，深疾言者，道路以目。上意不下逮，下情不上達，蒙蔽喑嗚，史炤曰：喑嗚，語喑啞不明。卒成幸蜀之禍。

卒，子恤翻。陵夷至于今日，其所從來者漸矣。夫人主大開不諱之路，羣臣猶莫敢盡言，況令宰相大臣裁而抑之，則陛下所聞見者不過三數人耳。天下之士從此鉗口結舌，陛下見無復言者，以爲天下無事可論，是林甫復起於今日也！昔林甫雖擅權，羣臣有不諂宰相輒奏事者，則託以他事陰中傷之，復，扶又翻。中，竹仲翻。猶不敢明令百司奏事皆先白宰相也。陛下儻不早寤，漸成孤立，後雖悔之，亦無及矣！」載聞而恨之，奏眞卿誹謗；乙未，貶峽州別駕。峽州，夷陵郡。舊志：京師東南一千四百八十八里。

6 己亥，命大理少卿楊濟脩好於吐蕃。少，始照翻。好，呼到翻。吐，從暾入聲。

7 壬子，以杜鴻漸爲山南西道・劍南東・西川副元帥、劍南西川節度使，以平蜀亂。崔旰之亂也。帥，所類翻。使，疏吏翻。

8 以四鎭、北庭行營節度使馬璘兼邠寧節度使。璘以段秀實爲三使都虞候。三使，四鎭一也，北庭二也，邠寧三也。卒有能引弓重二百四十斤者，考異曰：舊傳作「能引二十四弓」。今從段公別傳。犯盜當死，璘欲生之，秀實曰：「將有愛憎而法不一，雖韓、彭不能爲理。」璘善其議，竟殺之。璘處事或不中理，處，昌呂翻。中，竹仲翻。秀實力爭之。璘有時怒甚，左右戰栗，秀實曰：「秀實罪若可殺，何以怒爲！無罪殺人，恐涉非道。」璘拂衣起，秀實徐步而出；良久，璘置酒召秀實謝之。自是軍州事皆咨秀實而後行。璘由是在邠寧，聲稱殊美。稱，尺正翻。

9 癸丑，以山南西道節度使張獻誠兼劍南東川節度使，邛州刺史柏茂琳爲邛南防禦使；邛南，邛水以南也。邛水出嚴道邛崍山，入青衣江。以崔旰爲茂州刺史，充西山防禦使。三月，癸未，獻誠與旰戰于梓州，獻誠軍敗，僅以身免，旌節皆爲旰所奪。

10 夏，五月，河西節度使楊休明徙鎮沙州。涼州淪陷故也。

11 秋，八月，國子監成；丁亥，釋奠。記文王世子：凡始立學者，必釋奠于先聖先師。考之鄭註，凡學，四時皆有釋奠。釋奠者，設薦饌酌奠而已，無迎尸以下之事。記又曰：始立學者，既釁器，用幣，然後釋菜，不舞，不授器。註云：釋菜，禮輕也。釋奠則舞，舞則授器。司馬之屬，司兵、司戈、司盾。祭祀，授舞者兵也。周禮大胥：春入學，釋菜，合舞。註云：合舞，等其進退。鄭司農云：舍菜，謂舞者皆持芬香之菜。秦、漢釋奠無文。魏則以太常行事，晉、宋以學官主祭。南齊武帝時，有司奏釋奠先聖先師，禮文又有釋菜，未詳今當行何禮，用何樂？時從喻希議，用元嘉故事，設軒懸之樂，六佾之舞，牲牢器用悉依上公。梁及北齊，車駕視學，皆親釋奠。唐春、秋釋奠，三獻皆以學官。太宗貞觀十四年，親釋奠于國學。玄宗開元十一年，詔春、秋釋奠，用牲牢。魚朝恩執易升高座，講「鼎覆餗」以譏宰相。易曰：鼎折足，覆公餗。言三公鼎足承君，苟非其人，則折足而覆亂美實。餗，音桑谷翻，鼎實也。王縉怒，元載怡然。考異曰：是時縉留守東都而得預此會者。按實錄，明年二月，郭子儀入朝，詔元載、王縉等宴於其第。然則雖守東都，有時朝京師也。朝恩謂人曰：「怒者常情，笑者不可測也。」

12 杜鴻漸至蜀境，聞張獻誠敗而懼，使人先達意於崔旰，許以萬全。旰卑辭重賂以迎之，鴻漸喜；進至成都，見旰，但接以溫恭，無一言責其干紀，【章：十二行本「紀」下有「日與將佐高會」六字；乙十一行本同；退齋校同。】州府事悉以委旰。又數薦之於朝，因請以節制讓旰，數，所角翻。以柏茂琳、楊子琳、李昌巙各爲本州刺史。上不得已從之。杜鴻漸習知朝廷之務姑息，故敢以崔旰等請。壬寅，以旰爲成都尹、西川節度行軍司馬。崔旰遂據有西川。

13 甲辰，以魚朝恩行內侍監、判國子監事。中書舍人京兆常袞上言：「成均之任，當用名儒，五帝名學曰成均。垂拱元年，改國子監曰成均，義取此也。尋復其舊。常袞謂國子監爲成均，亦猶今人言太學爲辟雍耳。不宜以宦者領之。」丁未，命宰相以下送朝恩上。上，時掌翻。

14 京兆尹黎幹自南山引澗水穿漕渠入長安，功竟不成。

15 冬，十月，乙未，上生日，開元十四年十月十三日上生，以其日爲天興聖節。諸道節度使獻金帛、器服、珍玩、駿馬爲壽，共直緡錢二十四萬。常袞上言，以爲：「節度使非能男耕女織，必取之於人。斂怨求媚，不可長也。長，知兩翻。請卻之。」上不聽。

16 京兆尹第五琦什一稅法，民苦其重，多流亡。十一月，甲子，日南至，赦，改元，改元大曆。悉停什一稅法。行什一稅，見上卷上年。

17 十二月，癸卯，周智光殺陝州監軍張志斌。斌，音彬。智光素與陝州刺史皇甫溫不協，志斌入奏事，智光館之，自陝州入奏事，道過華州。館，古玩翻。志斌責其部下不肅，智光怒曰：

「僕固懷恩不反，正由汝輩激之。我亦不反，今日爲汝反矣！」爲，于僞翻。叱下斬之，臠食其肉。史炤曰：臠切其肉以食也。朝士舉選人，畏智光之暴，多自同州竊過，選，須絹翻。智光遣將將兵邀之於路，死者甚衆。將，即亮翻。戊申，詔加智光檢校左僕射，遣中使余元仙持告身授之。智光慢罵曰：「智光有大功於天下國家，不與平章事而與僕射！且同、華地狹，不足展材，若益以陝、虢、商、鄜、坊五州，庶猶可耳。」因歷數大臣過失，數，所具翻。且曰：「此去長安百八十里，智光夜眠不敢舒足，恐踏破長安城，至於挾天子令諸侯，惟周智光能之。」元仙股慄。郭子儀屢請討智光，上不許。

18 郭子儀以河中軍食常乏，乃自耕百畝，將校以是爲差，於是士卒皆不勸而耕。是歲，河中野無曠土，軍有餘糧。史言郭子儀忠勤爲國。

19 以隴右行軍司馬陳少遊爲桂管觀察使。桂管領桂、昭、賀、富、藤、梧、〔容〕、潘、白、廉、繡、欽、横、邕、融、柳、貴十七州。劉昫曰：桂管十五州，在廣州西：桂、昭、富、梧、蒙、龔、潯、鬱林、平琴、賓、澄、繡、象、柳、融。少遊，博州人也，爲吏強敏而好賄，好，呼到翻。善結權貴，以是得進。既得桂州，惡其道遠多瘴癘，惡，烏路翻。宦官董秀掌樞密，是後遂以中官爲樞密使。少遊請歲獻五萬緡，又納賄於元載子仲武。董秀引薦於內，元載引薦於外。內外引薦，數日，改宣歙觀察使。宋白曰：乾元元年，停采訪使及諸道黜陟使，置觀察處置使。其年，李峘除都督江淮節度、宣慰、觀察、處置使。今按李峘之任重矣，陳少遊止觀察一二州或數州，其任在節度使下。

二年（丁未、七六七）

1 春，正月，丁巳，密詔郭子儀討周智光，子儀命大將渾瑊、李懷光軍于渭上；智光麾下聞之，皆有離心。己未，智光大將李漢惠自同州帥所部降於子儀。帥，讀曰率；下同。降，戶江翻。壬戌，貶智光澧州刺史。宋白曰：澧州，漢零陽縣地。吳立天門郡，隋置松州，尋改澧州，州在澧水之陽，故名。舊志：州在京師東南一千八百九十三里。澧，音禮。甲子，華州牙將姚懷、李延俊殺智光，以其首來獻。

淮西節度使李忠臣入朝，以收華州爲名，帥所部兵大掠，自潼關至赤水，水經註：渭水東過鄭縣北，又東與赤水合。九域志：華州鄭縣有赤水鎮。二百里間，財畜殆盡，官吏有衣紙衣，於既翻。或數日不食者。己巳，置潼關鎮兵二千人。

2 壬申，分劍南置東川觀察使，鎮遂州。合東、西川，見上卷廣德二年。

3 二月，丙戌，郭子儀入朝。上命元載、王縉、魚朝恩等互置酒於其第，一會之費至十萬緡。上禮重子儀，常謂之大臣而不名。

郭曖嘗與昇平公主爭言，永泰元年，下嫁郭曖，事見上卷。曖曰：「汝倚乃父爲天子邪？我父薄天子不爲！」公主恚，奔車奏之。上曰：「此非汝所知。彼誠如是，使彼欲爲天子，天下豈汝家所有邪！」慰諭令歸。子儀聞之，囚曖，入待罪。上曰：「鄙諺有之：史炤曰：鄙諺，俚俗所傳之言也。『不癡不聾，不作家翁。』兒女子閨房之言，何足聽也！」子儀歸，杖曖數十。

4 夏，四月，庚子，命宰相、魚朝恩與吐蕃盟于興唐寺。命宰相及魚朝恩也。

5 杜鴻漸請入朝奏事，以崔旰知西川留後。考異曰：舊鴻漸傳云：「鴻漸仍帥旰同入覲。」寧傳云：「鴻漸請旰爲行軍司馬，仍賜名寧。鴻漸歸，遂授寧西川節度使。至十四年，始入朝。」實錄亦無隨鴻漸入朝事，鴻漸傳誤也。六月，甲戌，鴻漸來自成都，廣爲貢獻，因盛陳利害，薦旰才堪寄任；上亦務姑息，乃留鴻漸復知政事。復，扶又翻。秋，七月，丙寅，以旰爲西川節度使，杜濟爲東川節度使。旰厚斂以賂權貴，斂，力贍翻。元載擢旰弟寬至御史中丞，寬兄審至給事中。

6 丁卯，魚朝恩奏以先所賜莊爲章敬寺，據舊史，章敬寺在通化門外。以資章敬太后冥福，上母吳后，謚章敬。於是窮壯極麗，盡都市之財不足用，奏毀曲江及華清宮館以給之，「財」，當作「材」。都市之材，謂材木積於都市者。長安朱雀街東第五街、皇城之東第三街昇道坊龍華尼寺南，有流水屈曲，謂之曲江。此地在秦爲宜春苑、隑州，在漢爲樂遊園；開元疏鑿，遂爲勝境。其南有紫雲樓、芙蓉苑，其西有杏園、慈恩寺。江側菰蒲葱翠，柳陰四合，碧波紅蕖，依映可愛。華清宮見二百十五卷天寶六載。費逾萬億。孔穎達曰：億之數有大小二法：其小數，以十爲等，十萬爲億，十億爲兆也；其大數，以萬爲等，數萬至萬，是萬萬爲億，又從億而數至萬，萬億爲兆。衞州進士高郢上書，略曰：「先太后聖德，不必以一寺增輝；國家永圖，無寧以百姓爲本。捨人就寺，何福之爲！」又曰：「無寺猶可，無人其可乎！」又曰：「陛下當卑宮室，以夏禹爲法，而崇塔廟踵梁武之風乎！」又上書，略曰：「古之明王積善以致福，不費財以求福；脩德以消禍，不勞人以禳禍。今興造急促，晝夜不息，力不逮者隨以榜笞，榜，音彭。愁痛之聲盈於道路，以此望福，臣恐不然。」又曰：「陛下迴正道於內心，求微助於外物，徇左右之過計，傷皇王之大猷，臣竊爲陛下惜之！」爲，于僞翻。皆寢不報。考異曰：鄴集，前書八月二十五日、後書九月十二日上。今因造寺終言之。

始，上好祠祀，未甚重佛。元載、王縉、杜鴻漸爲相，三人皆好佛；縉尤甚，不食葷血，葷，臭菜也。血者，殺六畜而取之。好，呼到翻。與鴻漸造寺無窮。上嘗問以「佛言報應，果爲有無？」載等奏以：「國家運祚靈長，非宿植福業，何以致之！福業已定，雖時有小災，終不能爲害，所以安、史悖逆方熾而皆有子禍；謂安慶緒殺祿山、史朝義殺思明也。僕固懷恩稱兵內侮，出門病死；回紇、吐蕃大舉深入，不戰而退：事並見上卷上年。此皆非人力所及，豈得言無報應也！」上由是深信之，常於禁中飯僧百餘人；飯，扶晚翻。有寇至則令僧講仁王經以禳之，所謂護國仁王經也。寇去則厚加賞賜。胡僧不空，官至卿監，爵爲國公，出入禁闥，勢移權貴，京畿良田美利多歸僧寺。敕天下無得箠曳僧尼。造金閣寺於五臺山，忻州五臺縣有五臺山，釋氏相傳以爲文殊道場。註詳見後。鑄銅塗金爲瓦，所費鉅億；鉅億者，億億也。此言大數之億。

緡給中書符牒，令五臺僧數十人散之四方，求利以營之。載等每侍上從容，多談佛事，從，千容翻。由是中外臣民承流相化，皆廢人事而奉佛，政刑日紊矣。紊，亡運翻。

7 八月，庚辰，鳳翔等道節度使、左僕射、平章事李抱玉入朝，李抱玉以陳鄭、澤潞、鳳翔等道節度使防吐蕃。固讓僕射，言辭確至，確，堅也，固也。上許之；癸丑，又讓鳳翔節度使，不許。

8 丁酉，杜鴻漸飯千僧，以使蜀無恙故也。飯，扶晚翻。

9 九月，吐蕃衆數萬圍靈州，遊騎至潘原、宜祿；潘原，本古陰盤縣，天寶元年，更名潘原，屬涇州。詔郭子儀自河中帥甲士三萬鎮涇陽，京師戒嚴。甲子，子儀移鎮奉天。考異曰：汾陽家傳：「八月十七日，吐蕃至涇西。二十七日，詔統精卒一萬與馬璘合攻之。」今從實錄。實錄：「甲寅，寇靈州。乙卯，寇宜祿。」蓋據奏到日。今從唐曆。

10 山獠陷桂州，逐刺史李良。獠，魯皓翻。

11 冬，十月，戊寅，朔方節度使路嗣恭破吐蕃於靈州城下，考異曰：唐曆：「九月，吐蕃圍靈武。戊申，嗣恭破吐蕃。」按長曆，戊申，九月一日也。今從實錄。斬首二千餘級；吐蕃引去。

12 十二月，庚辰，盜發郭子儀父冢，捕之，不獲。人以爲魚朝恩素惡子儀，疑其使之。惡，烏路翻。子儀自奉天入朝，朝廷憂其爲變；子儀見上，上語及之，子儀流涕曰：「臣久將兵，不能禁暴，軍士多發人冢。今日及此，乃天譴，非人事也。」朝廷乃安。

13 是歲，復以鎮西爲安西。改鎮西見二百二十卷肅宗至德元載。復，扶又翻。

14 新羅王憲英卒，子乾運立。

三年（戊申、七六八）

1 春，正月，乙丑，上幸章敬寺，度僧尼千人。

2 贈建寧王倓爲齊王。倓死見二百十九卷至德二載。

3 二月，癸巳，商州兵馬使劉洽殺防禦使殷仲卿，尋討平之。

4 甲午，郭子儀禁無故軍中走馬。南陽夫人乳母之子犯禁，子儀妻封南陽夫人。都虞候杖殺之。諸子泣訴於子儀，且言都虞候之横，宇文泰相魏，置虞候都督，後世因之，置虞候之官。横，戶孟翻。子儀叱遣之。明日，以事語僚佐而歎息語，牛倨翻。曰：「子儀諸子，皆奴材也。不賞父之都虞候而惜母之乳母子，非奴材而何！」

5 庚子，以後宮獨孤氏爲貴妃。

6 三月，乙巳朔，日有食之。

7 夏，四月，戊寅，山南西道節度使張獻誠，以疾舉從父弟右羽林將軍獻恭自代，從，才用翻。上許之。

8 壬寅，西川節度使崔旰入朝。

9 初，上遣中使徵李泌於衡山，泌歸衡山見二百二十卷至德二載。既至，復賜金紫，泌從肅宗於靈武，已賜金紫，既歸衡山，反其初服，今復賜之。復，扶又翻。爲之作書院於蓬萊殿側，蓬萊殿在紫宸殿北。蓬萊殿北有太液池，池中有蓬萊山。爲，于僞翻；下爲泌同。上時衣汗衫、躡屨過之，汗衫，宴居之常服也，今通貴賤皆服之，惟天子以黃爲別。炙轂子曰：燕朝，袞冕有白紗中單，有明衣，皆汗衫之象，以行祭接神。漢高祖與項羽交戰，汗透中單，改名汗衫，貴賤通服。衣，於既翻。過，古禾翻。自給、舍以上給、舍者，謂給事中、中書舍人，皆唐正五品官也。及方鎭除拜、軍國大事，皆與之議。又使魚朝恩於白花屯爲泌作外院，使與親舊相見。

上欲以泌爲門下侍郎、同平章事，泌固辭。泌，毘必翻。考異曰：鄴侯家傳曰：「固辭，以讓元載。」按載時已爲相，何讓之有！又曰：「到山四歲而二聖登遐。代宗踐阼，命中人手詔馹騎徵先公於衡岳。先是半年前，先公夜遇盜三人，爲其所拉，而投之於懸澗，及日出，乃寤，下藉樹葉丈餘，都無所傷，緣巖攀蘿而出，不敢至舊居，山中人初以爲仙去。及中貴將至，先公大懼，沐浴更衣以俟命，乃代宗踐阼之徵也。疑盜爲張后及輔國所遣，亦竟不知其由。」按玄、肅登遐，泌雖在山林，豈容全不知！如家傳所言，是代宗纔立即召泌也。頃經幸陝，泌豈得全無一言！召泌必在幸陝之後。李繁誤記耳。上曰：「機務之煩，不得晨夕相見，誠不若且居密近，何必署敕然後爲宰相邪！」相，息亮翻。邪，音耶。後因端午，王、公、妃、主各獻服玩，上謂泌曰：「先生何獨無所獻？」對曰：「臣居禁中，自巾至履皆陛下所賜，所餘惟一身耳，何以爲獻！」上曰：「朕所求正在此耳。」泌曰：「臣身非陛下有，誰則有之？」上曰：「先帝欲以宰相屈卿而不能得，見二百一十八卷肅宗至德元載七月。自今既獻其身，當惟朕所爲，不爲卿有矣！」泌曰：「陛下欲使臣何爲？」上曰：「朕欲卿食酒肉，有室家，受祿位，爲俗人。」泌泣曰：「臣絕粒二十餘年，陛下何必使臣隳其志乎！」上曰：「泣復何益！復，扶又翻。卿在九重之中，欲何之？」乃命中使爲泌葬二親，重，直龍翻。使，疏吏翻。爲，于季翻；下又爲同。又爲泌娶盧氏女爲妻，考異曰：鄴侯家傳云：「永泰元年端午，上令泌食肉結婚。」按下云：「阿足師竊氈履，置紫宸。上欲使內人護燈燭。泌曰：『臣六七年在此。』」又曰「況新賜婚」。上即位至永泰，纔四年耳。又云，「因此得謗，元載遂因魚朝恩事排出之」。然則結婚與朝恩誅不相遠。今盡因追贈承天言之。資費皆出縣官。賜第於光福坊，令泌數日宿第中，數日宿蓬萊院。

上與泌語及齊王倓，欲厚加褒贈，泌請用岐、薛故事贈太子，令，力丁翻。倓，徒甘翻。岐王範贈惠文太子，薛王業贈惠宣太子，皆在玄宗朝。上泣曰：「吾弟首建靈武之議，成中興之業，事見二百一十九卷肅宗至德元載。岐、薛豈有此功乎！竭誠忠孝，乃爲讒人所害。鄉使尚存，朕必以爲太弟。今當崇以帝號，成吾夙志。」乙卯制，追謚倓曰承天皇帝；庚申，葬順陵。謚，申至翻。順陵，在咸陽縣咸陽原。考異曰：鄴侯家傳曰：「命使自彭原迎喪，葬齊陵。」今從實錄，葬順陵。

10 崔旰之入朝也，以弟寬爲留後，是年四月壬寅，崔旰入朝。朝，直遙翻。瀘州刺史楊子琳帥精騎數千乘虛突入成都；瀘，音盧。帥，讀曰率。騎，奇計翻。朝廷聞之，加旰檢校工部尚書，賜名寧，校，古孝翻。尚，辰羊翻。考異曰：舊傳，盱初爲杜鴻漸行軍司馬，卽改名寧。今從實錄。遣還鎮。

11 六月，壬辰，幽州兵馬使朱希彩、經略副使昌平朱泚、使，疏吏翻。昌平，本漢軍都縣，後魏更名昌平縣，唐屬幽州。泚，且禮翻，又音此。泚弟滔共殺節度使李懷仙，希彩自稱留後。閏月，成德軍節度使李寶臣遣將將兵討希彩，爲希彩所敗；敗，補賣翻。朝廷不得已宥之。庚申，以王縉領盧龍節度使；丁卯，以希彩領【章：十二行本「領」作「知」；乙十一行本同。】幽州留後。

12 崔寬與楊子琳戰，數不利，數，所角翻。秋，七月，崔寧妾任氏出家財數十萬，募兵得數千人，帥以擊子琳，破之；任，音壬。帥，讀曰率。考異曰：實錄：「五月，子琳襲據成都，卽日詔寧還成都。」七月壬申又云，「子琳寇成都，遂據其城，寧弟寬破之。」蓋五月奏據城，七月奏破之，成功雖因任氏，奏時須著寬名故也。子琳走。

13 乙亥，王縉如幽州，朱希彩盛兵嚴備以逆之。縉晏然而行，希彩迎謁甚恭。縉度終不可制，度，徒洛翻。勞軍，旬餘日而還。勞，力到翻。還，從宣翻，又如字。

14 回紇可敦卒，紇，下沒翻。卒，子恤翻。庚辰，以右散騎常侍蕭昕爲弔祭使。散，昔亶翻。騎，奇計翻。昕，許斤翻。使，疏吏翻。回紇庭詰昕曰：「我於唐有大功，唐柰何失信，市我馬，不時歸其直？」昕曰：「回紇之功，唐已報之矣。僕固懷恩之叛，回紇助之，與吐蕃連兵入寇，逼我郊畿。詰，去吉翻。及懷恩死，吐蕃走，然後回紇懼而請和，我唐不忘前功，加惠而縱之。事見上卷永泰元年。不然，匹馬不歸矣。乃回紇負約，豈唐失信邪！」回紇慙，厚禮而歸之。

15 丙戌，內出盂蘭盆賜章敬寺。釋氏盂蘭盆經：目連比丘見其亡母在餓鬼中。目連白佛言：七月望日，當爲七代父母阨難中者，具百味五果以著盆中，供養十方佛，然後受食。夢華錄曰：中元，賣冥器、綵衣，以竹牀三腳如燈窩狀，謂之盂蘭盆。掛冥財、衣服在上，焚之。釋氏要覽曰：梵云盂蘭，此云救倒懸盆。陸游曰：俗以七月望日具素饌享先，織竹作盆盎，貯紙錢，盛以一竹焚之，謂之盂蘭盆。嗚呼！代宗爲此，以七廟神靈爲安在邪！設七廟神座，書尊號於旛上，百官迎謁於光順門。閣本大明宮圖：光順門在紫宸門之西。光順門內則明義殿、承歡殿。自是歲以爲常。

16 八月，壬戌，吐蕃十萬衆寇靈武。丁卯，吐蕃尚贊摩二萬衆寇邠州，京師戒嚴；邠寧節度使馬璘擊破之。吐，從暾入聲。邠，卑旻翻。使，疏利翻。璘，離珍翻。

17 庚午，河東節度使、同平章事辛雲京薨，以王縉領河東節度使，餘如故。

18 九月，壬申，命郭子儀將兵五萬屯奉天以備吐蕃。將，卽亮翻，又如字。

19 丁丑，濟王環薨。環，玄宗子也。濟，子禮翻。

20 壬午，朔方騎將白元光擊吐蕃，破之。壬辰，元光又破吐蕃二萬衆於靈武。騎，奇計翻。考異曰：實錄：「戊戌，郭子儀奏靈州破吐蕃六萬餘衆，百僚入賀，京師解嚴。」蓋卽壬辰白元光所破也。子儀合前後所破而奏之耳。鳳翔節度使李抱玉使右軍都將臨洮李晟將兵五千擊吐蕃，晟曰：「以力則五千不足用；以謀則太多。」乃將千人【章：十二行本「人」下有「兼行」二字；乙十一行本同；張校同，云無註本亦無。】出大震關；至臨洮，屠吐蕃定秦堡，臨洮，洮州。吐蕃志吞秦土，故築堡於洮州，以定秦爲名。洮，徒刀翻。晟，承正翻。焚其積聚，虜堡帥慕容谷種而還。帥，所類翻。還，從宣翻，又音如字。吐蕃聞之，釋靈州之圍而去。戊戌，京師解嚴。

21 潁州刺史李岵以事忤滑亳節度使令狐彰，岵，侯古翻。忤，五故翻。彰使節度判官姚奭按行潁州，行，下孟翻。因代岵領州事，且曰：「岵不受代，卽殺之。」岵知之，因激怒將士，使殺奭，與奭同死者百餘人。岵走依河南節度使田神功於汴州。汴，皮面翻。冬，十月，乙巳，彰表言其狀，岵亦上表自理。上命給事中賀若察往按之。亦上，時兩翻。考異曰：實錄：「十月乙巳，潁州刺史李岵殺本道節度判官姚奭及奭之弟，岵棄州奔汴州。本道節度使令狐彰以聞，岵亦抗表上聞。初，岵以公務爲彰所怒，因遣奭巡按境內，便留知潁州事。岵聞之，遂與親吏潛謀，詐爲奭書，將爲變，使將士遺於路中，潁州守將得之，懼，乃與岵同謀殺奭。詔給事中賀若察使于潁按覆。」唐曆曰：「十月，潁州將士怒殺亳州判官魏奭。初，令狐彰怒潁州刺史李岵，遣奭代之，且告之曰：『若岵不受替，卽殺之。』岵覺之，以告將吏，怒而殺奭并弟。」統紀作「滑亳州判官姚奭」，又曰：「彰表先至，遣給事中賀若察往滑州宣詔，決李岵配流夷州，尋賜自盡。」今姓名從實錄、統紀，事則參取諸書。

22 丁卯，郭子儀自奉天入朝。朝，直遙翻。

23 十一月，丁亥，以幽州留後朱希彩爲節度使。使，疏吏翻。

24 郭子儀還河中。自奉天入朝，回還河中。還，從宣翻。又音如字。元載以吐蕃連歲入寇，馬璘以四鎮兵屯邠寧，力不能拒，載，祖亥翻，又如字。吐，從暾入聲。璘，離珍翻。邠，音卑旻翻。而郭子儀以朔方重兵鎮河中，深居腹中無事之地，乃與子儀及諸將議，徙璘鎮涇州，而使子儀以朔方兵鎮邠州，曰：「若以邊土荒殘，軍費不給，則以內地租稅及運金帛以助之。」諸將皆以爲然。十二月，己酉，徙馬璘爲涇原節度使，以邠、寧、慶三州隸朔方。將，卽亮翻。朔方兵分屯邠、蒲始此。考異曰：實錄：「己酉，以吐蕃歲犯西疆，增脩鎮守，乃以邠寧節度馬璘鎮涇州，仍爲涇原節度使，以邠、寧、慶等州隸朔方。」汾陽家傳：「四年五月，詔集兵於邠郊。六月，公自河中遣一萬兵。二十八日，公如邠州。」舊子儀傳：「時以西蕃侵寇，京師不安，馬璘雖在邠州，力不能拒，乃以子儀兼邠、寧、慶節度，自河中移鎮邠州，徙馬璘涇原節度使。」邠志：「初，吐蕃既退，諸侯入覲。是時馬鎮西以四鎮兼邠寧，李公軍澤潞以防秋軍盩厔。丞相元公載使人諷諸將使責己曰：『今四郊多壘，中外未寧，公執國柄有年矣，安危大計，一無所聞，如之何？』載曰：『非所及也。』他日又言，且曰：『得非曠職乎？』載莞然曰：『安危繫於大臣，非獨宰臣也。先王作兵，置之四境，所以禦戎狄也。今內地無虞，朔方軍在河中，澤潞軍在盩厔，遊軍伺寇，不遠京室，王畿之內，豈假是邪！必令損益，須自此始。故曰非所及也。』郭、李曰：『宰臣但圖之。』載曰：『今若徙四鎮于涇，朔方于邠，澤潞于岐，則內地無虞，三邊有備，三賢之意何如？』三公曰：『惟所指揮。』既而相謂曰：『我曹既爲所册，得無行乎？』十二月，詔馬公兼領涇原，尋以鄭潁資之；李公兼領山南，猶以澤潞資之；郭公兼領邠寧，亦以河中資之。三將皆如詔。朔方軍自此大徙于邠。郭公雖連統數道，軍之精甲，悉聚邠府，其他子弟，分居蒲、靈，各置守將以專其令。蒲之餘卒，稍遷于邠。十年之間，無遺甲矣。」段公別傳曰：「馬公朝于京師，以公掌留事。馬公懇奏，請以邠、寧、慶三州讓副元帥子儀，令以朔方、河中之軍鎮之，自帥四鎮、北庭之衆，遷赴涇州，將以拓西境。代宗壯而許之。十二月二日，朝廷以馬公爲涇原節度使。」蓋三年立此議，至四年，子儀始遷邠。今參取諸書。璘先往城涇州，以都虞候段秀實知邠州留後。璘，離珍翻。邠，卑旻翻。

初，四鎮、北庭兵遠赴中原之難，事見二百十九卷至德元載。難，乃旦翻。久羈旅，數遷徙，數，所角翻。四鎮歷汴、虢、鳳翔，北庭歷懷、絳、鄜然後至邠，頗積勞弊。汴，皮面翻。鄜，音夫。及徙涇州，衆皆怨誹。誹，敷尾翻。刀斧兵馬使王童之謀作亂，刀斧兵馬使，領羣刀斧。期以辛酉旦警嚴而發。旦警嚴者，將旦嚴鼓以警衆也。周禮謂之發昫，今人謂之攢點。前夕，有告之者；秀實陽召掌漏者，怒之，以其失節，令每更來白，掌漏者，謂守漏之卒也。令，力丁翻。更，工衡翻。輒延之數刻，遂四更而曙，童之不果發。秀實欲討之而亂迹未露，恐軍中疑其冤。告者又云，「今夕欲焚馬坊草，因救火謀作亂。」中夕，火果起，秀實命軍中行者皆止，坐者勿起，各整部伍，嚴守要害。童之白請救火，不許。及旦，捕童之及其黨八人，皆斬之。下令曰：「後徙者族，流言者刑！」遂徙于涇。史言段秀實能弭亂。令，力丁翻。

25 癸亥，西川破吐蕃萬餘衆。吐，從暾入聲。

26 平盧行軍司馬許杲考異曰：舊傳作「許果」。今從韓愈順宗實錄。將卒三千人駐濠州不去，有窺淮南意，將，即亮翻。又如字。濠州治鍾離，漢當塗縣地；隋改濠州，因濠水而名。淮南節度使崔圓令副使元城張萬福攝濠州刺史；杲聞，卽提卒去，止當塗。此當塗縣，宋屬太平州，本漢丹陽縣地。按漢書地理志，當塗屬九江郡。晉成帝時，以江北之當塗縣流人過江者立當塗僑縣，遂爲實土。是歲，上召萬福，以爲和州刺史、行營防禦使，討杲。萬福至州，杲懼，移軍上元，按上元，楚之金陵，秦之秣陵，吳之建業，江左之建康。晉分秣陵置臨江縣，太康初，又改爲江寧，至肅宗上元二年更今名，屬昇州。使，疏吏翻。又北至楚州大掠，許杲既去濠州，南渡江而屯當塗。及張萬福至歷陽逼之，又移上元，又自上元渡江而北，掠楚州也。淮南節度使韋元甫命萬福追討之；未至淮陰，杲爲其將康自勸所逐。使，疏吏翻。將，卽亮翻。自勸擁兵繼掠，循淮而東，萬福倍道追而殺之，免者什二三。元甫將厚賞將士，萬福曰：「官健常虛費衣糧，無所事。兵農既分，縣官費衣糧以養軍，謂之官健，猶言官所養健兒也。按唐六典：衞士之外，天下諸軍有健兒。舊健兒在軍皆有年限，更來往，頗爲勞弊。開元十五年，敕以天下無虞，宜與人休息，自今已後，諸軍鎭量閑劇，利害置兵防健兒，於諸色征行人內及客戶中召募，取丁壯情願充健兒、長住邊軍者，每年加常例給賜，兼給永年優復，其家口情願同者，聽至軍州，各給田地屋宅。人賴其利，中外獲安，永無徵發之役。此當時言兵農已分之利，而養兵之害卒不可救，以至于今。今方立小功，不足過賞，請用三分之一。」

四年（己酉、七六九）

1春，正月，丙子，郭子儀入朝，魚朝恩邀之遊章敬寺。朝，直遙翻。魚朝恩建章敬寺，自以爲功，因子儀入朝，請遊之以夸大其事。元載恐其相結，密使子儀軍吏告子儀曰：「朝恩謀不利於公。」

子儀不聽。吏亦告諸將，將士請衷甲以從者三百人。杜預曰：衷甲，謂在衣中。從，才用翻；下同。子儀曰：「我，國之大臣，彼無天子之命，安敢害我！若受命而來，汝曹欲何爲！」乃從家僮數人而往。朝恩迎之，驚其從者之約。子儀以所聞告，且曰：「恐煩公經營耳。」朝恩撫膺捧手流涕曰：「非公長者，能無疑乎！」長，知兩翻。

2 壬午，流李岵於夷州。岵，侯古翻。流岵，直在令狐彰也。

3 乙酉，郭子儀還河中。朝而還也。還，從宣翻，又如字。

4 辛卯，賜李岵死。

5 二月，壬寅，以京兆之好畤、鳳翔之麟遊、普潤隸神策軍，畤，音止。從魚朝恩之請也。

6 楊子琳既敗還瀘州，招聚亡命，得數千人，沿江東下，聲言入朝；涪州守捉使王守仙伏兵黄草峽，瀘，音盧。水經註：涪州之西有黄葛峽，山高險絕，無人居。意即此峽也。按杜甫詩有「黄草峽西船不歸」之句，註云：黄草峽，在涪州之西。涪，音浮。子琳悉擒之，擊守仙於忠州，守仙僅以身免。子琳遂殺夔州別駕張忠，據其城。荊南節度使衞伯玉欲結以爲援，以夔州許之，使，疏吏翻。夔州，荊南巡屬。爲之請於朝。爲，于僞翻。陽曲人劉昌裔舊志：前漢陽曲縣，唐忻州定襄縣即其地也。後漢移陽曲縣於太原界，乃於陽曲古城置定襄縣。而太原之陽曲，隋開皇六年，改爲陽直，十六年，又改爲汾陽，惡陽曲之名也。武德七年，復改爲陽曲縣。說子琳遣使詣闕請罪，說，式芮翻。子琳從之。乙巳，以子琳爲峽州團練使。峽州，夷陵郡。

7初，僕固懷恩死，見上卷永泰元年。上憐其有功，置其女宮中，養以爲女。回紇請以爲可敦，夏，五月，辛卯，册爲崇徽公主，嫁回紇可汗。壬辰，遣兵部侍郎李涵送之，涵奏祠部郎中虞鄉董晉爲判官。虞鄉，漢解縣，後魏分置虞鄉縣。貞觀十七年，省解縣併入虞鄉，二十年，復置解縣而省虞鄉，天授二年，復分解縣置虞鄉縣，屬河中府。宋白曰：後魏太和九年，於今虞鄉縣西十三里置南解縣，周明帝廢南解，以虞鄉縣屬綏化郡，今縣西三十四里綏化故城是也。寶定四年，改綏化爲虞鄉縣，周末，置解縣於今虞鄉城東，於解縣西五十里別置虞鄉縣，今邑是也。六月，丁酉，公主辭行，至回紇牙帳。回紇來言曰：「唐約我爲市，馬既入，而歸我賄不足，我於使人乎取之。」涵懼，不敢對，視晉，晉曰：「吾非無馬而與爾爲市，爲爾賜不既多乎！爾之馬歲至，吾數皮而歸資。言不計其生死，皆償馬直也。邊吏請致詰也，天子念爾有勞，故下詔禁侵犯。諸戎畏我大國之爾與也，莫敢校焉。爾之父子寧而畜馬蕃者，畜，呼玉翻。蕃，音煩。非我誰使之！」於是其衆皆環晉拜。環，音宦。既又相帥南面序拜，皆舉兩手曰：「不敢有意大國。」此晉吏韓愈狀晉之辭，其言容有溢美。帥，讀曰率。

8戊申，王縉表讓副元帥、都統、行營使。【章：十二行本「使」下有「許之」二字；乙十一行本同；退齋校同。】

9辛酉，郭子儀自河中遷于邠州，其精兵皆自隨，餘兵使裨將將之，分守河中、靈州。將，卽亮翻。軍士久家河中，頗不樂徙，樂，音洛。往往自邠逃歸；行軍司馬嚴郢領留府，悉捕得，誅其渠帥，衆心乃定。邠，卑旻翻。郢，以井翻。帥，所類翻。

10 秋，九月，吐蕃寇靈州；丁丑，朔方留後常謙光擊破之。

11 河東兵馬使王無縱、張奉璋等恃功驕蹇，以王縉書生，易之，縉，音晉。易，以豉翻。多違約束。縉受詔發兵詣鹽州防秋，鹽州，漢五原郡地，隋置鹽州，治五原縣。今州南抵慶州馬嶺縣北界，卽漢馬嶺縣地。遣無縱、奉璋將步騎三千赴之。奉璋逗遛不進，無縱托他事擅入太原城；縉悉擒斬之，幷其黨七人，諸將悍戾者殆盡，將，卽亮翻，又如字。騎，奇計翻。悍，侯旰翻。軍府始安。

12 冬，十月，常謙光奏吐蕃寇鳴沙，首尾四十里。吐，從暾入聲。鳴沙縣，屬靈州，本漢富平縣地。郭子儀遣兵馬使渾瑊將銳兵五千救靈州，子儀自將進至慶州，聞吐蕃退，乃還。使，疏吏翻。將，卽亮翻。瑊，古咸翻。還，從宣翻，又如字。吐，從暾入聲。

13 黃門侍郎、同平章事杜鴻漸以疾辭位，壬申，許之；乙亥，薨。鴻漸病甚，令僧削髮，遺令爲塔以葬。令，力丁翻。遺令，力定翻。

14 丙子，以左僕射裴冕同平章事。初，元載爲新平尉，射，寅謝翻。新平，漢上郡之白土縣，後漢獻帝置新平郡，至于後魏，縣名猶不改。西魏置豳州，隋開皇四年，改曰新平縣，因郡以名縣也。唐爲邠州治所。宋白曰：新平，漢漆縣地，漢建安中，分扶風置新平郡。姚萇之亂，屠廢不立，後魏於今縣西南置白土縣，屬新平郡；隋開皇四年，改白土縣爲新平縣；唐武德以新平縣爲豳州治所。冕嘗薦之，故載舉以爲相，亦利其老病易制。易，以豉翻。受命之際，蹈舞仆地，載趨而扶之，代爲謝詞。十二月，戊戌，冕薨。

五年（庚戌、七七〇）

1春，正月，己巳，羌酋白對蓬等各帥部落內屬。酋，慈由翻。

2觀軍容宣慰處置使、左監門衛大將軍兼神策軍使、內侍監魚朝恩，專典禁兵，寵任無比，處，昌呂翻。監，古銜翻。朝，直遙翻。上常與議軍國事，勢傾朝野。朝恩好於廣座恣談時政，好，呼到翻。陵侮宰相，元載雖強辯，亦拱默不敢應。

神策都虞候劉希暹，都知兵馬使王駕鶴，皆有寵於朝恩；希暹說朝恩於北軍置獄，左、右神策軍，左、右羽林軍，左、右龍武軍，皆謂之北軍。說，式芮翻。相，息亮翻。暹，息廉翻。使坊市惡少年羅告富室，誣以罪惡，捕繫地牢，訊掠取服，少，詩照翻。掠，音亮。籍沒其家貲入軍，并分賞告捕者；地在禁密，人莫敢言。朝恩每奏事，以必允爲期；朝廷政事有不豫者，輒怒曰：「天下事有不由我者邪！」朝，直遙翻。邪，音耶。上聞之，由是不懌。

朝恩養子令徽尚幼，爲內給使，衣綠，唐制：內給使無常員，屬內侍省。凡無官品者，號內給使，掌諸門進物之曆。宋白曰：掌諸門進物出物之曆。衣，於既翻。與同列忿爭，歸告朝恩。朝恩明日見上曰：「臣子官卑，爲儕輩所陵，儕，士皆翻。乞賜之紫衣。」上未應，有司已執紫衣於前，令徽服之，拜謝。上強笑曰：「兒服紫，大宜稱。」強，其兩翻。稱，尺正翻。心愈不平。元載測知上指，乘間奏朝恩專恣不軌，間，古莧翻。請除之；上亦知天下共怨怒，遂令載爲方略。朝恩每入殿，常使射生將周皓將百人自衞，令，力丁翻。將，卽亮翻；皓將同，又音如字。又使其黨陝州節度使皇甫溫握兵於外以爲援；陝，失冉翻。度使，疏吏翻。載皆以重賂結之，故朝恩陰謀密語，上一一聞之，而朝恩不之覺也。

辛卯，載爲上謀，爲，于僞翻。徙李抱玉爲山南西道節度使，以溫爲鳳翔節度使，外重其權，實內溫以自助也。載又請割郿、虢、寶雞、鄠、盩厔隸抱玉，鄠，音戶。盩厔，音舟窒。漢志，右扶風有郿、虢二縣，及晉，省虢縣，存郿縣。後魏於虢縣地置武都郡，西魏置洛邑縣，後周置朔州，州尋廢。隋開皇初，廢郡，大業初，改洛邑縣爲虢縣。後魏又於郿縣置平陽，周城二縣，西魏改平陽爲郿城，後周廢入周城縣。隋開皇十八年，改周城曰渭濱，大業二年，改曰郿縣。唐志，二縣皆屬鳳翔府。興平、武功、天興、扶風隸神策軍，興平，舊曰始平，景龍元年，更名金城，至德二載，更名興平，屬京兆府。朝恩喜於得地，殊不以載爲虞，驕橫如故。橫，戶孟翻。

3 壬辰，加河南尹張延賞爲東京留守；罷河南等道副元帥，以其兵屬留守。守，式又翻。帥，所類翻。延賞，嘉貞之子也。張嘉貞，開元中爲相。

4 二月，戊戌，李抱玉徙鎭盩厔，徙屯盩厔以兼統山南。軍士憤怒，大掠鳳翔坊市，數日乃定。

劉希暹頗覺上意異，以告魚朝恩，朝恩始疑懼。暹，息廉翻。朝，直遙翻。然上每見之，恩禮益隆，朝恩亦以此自安。皇甫溫至京師，元載留之未遣，因與溫及周皓密謀誅朝恩。考異曰：邠志曰：「五年春，詔以寒食召郭公，豐年令節，思與大臣爲樂。時欲誅朝恩，因喻郭公，『朔方一軍，有社稷勞，宜以功卒數千人入朝，朕因宴賞，得以相識。』二月，郭公以組甲三千人入覲。魚朝恩請公遊章敬寺，公許之。丞相元公意其相得，使諷邠吏請公無往，邠吏自中書馳告郭公曰：『軍容將不利於公。』亦告諸將。須臾，朝恩使至，郭公將行，士之衷甲請從者三百人，願備非常。郭公怒曰：『我大臣也，彼非有密旨，安敢害我！若天子之命，爾曹胡爲！』獨與僮僕十數人赴之。朝恩候之，驚曰：『何車騎之省也！』公以所聞對，且曰：『恐勞思慮耳！』軍容撫胸捧手，嗚咽雪涕曰：『非公長者，得無疑乎！』」按汾陽家傳，子儀五月入朝，七月至邠州。或是四年正月入朝時事。於時未有誅朝恩之謀。今不取。家傳又曰：「三月，公上言魚朝恩潛結周智光爲外應，久掌禁兵，若不早圖，禍將作矣。」亦不取。既定計，載白上。上曰：「善圖之，勿反受禍！」

三月，癸酉，寒食，荊楚歲時記：冬至後一百四日、一百五日、一百六日斷火，謂之寒食。初學記曰：琴操：晉文公與介子綏俱亡，文公復國，子綏無所得，作龍蛇之歌而隱。文公求之，不肯出，乃燔左右木，子綏抱木而死。文公哀之，令人五月五日不得舉火。及周舉移書、魏武明罰令、陸翽鄴中記，並云寒食斷火起於子推。琴操所云子綏，卽推也。又云五月五日，與今有異，皆因流俗所傳。按左傳及史記並無子推被焚之事。然周書司烜氏，仲春以木鐸徇火禁於國中。註云：爲季春將出火也。今寒食，準節氣是仲春之末。清明是三月之初。然則禁火並周制也。上置酒宴貴近於禁中，載守中書省。宴罷，朝恩將還營，上留之議事，因責其異圖。

朝恩自辯，語頗悖慢，皓與左右擒而縊殺之，載，祖亥翻，又如字。朝，直遙翻。還，從宣翻，又音如字。悖，蒲妹翻，又蒲沒翻。縊，於賜翻，又於計翻。考異曰：實錄：「是日，初詔罷朝恩觀軍容等使，更加實封，留于禁中。朝恩既奉詔，知負恩，乃自縊。」又曰：「載遣腹心京兆尹崔昭等候朝恩出處。會寒食，宴近臣，朝恩入謁，有詔留之，朝恩乃懼，言頗悖戾。上以舊勳矜貸，不加嚴刑，朝恩遂自縊。」新傳曰：「載用左常侍崔昭尹京兆，厚以財結其黨皇甫溫、周皓。」按實錄，去年十月乙卯，孟皞爲京兆尹，今年三月辛卯爲左常侍，未嘗言崔昭爲京兆也。奉詔自縊，殆非其實。新傳云，「周皓與左右擒縊之。」今從之。外無知者。上下詔，罷朝恩觀軍容等使，內侍監如故。詐云「朝恩受詔乃自縊」，以尸還其家，賜錢六百萬以葬。

丁丑，加劉希暹、王駕鶴御史中丞，以慰安北軍之心。丙戌，赦京畿繫囚，命盡釋朝恩黨與，且曰：「北軍將士，皆朕爪牙，並宜仍舊。使，疏吏翻。暹，息廉翻。將，卽亮翻。朕今親御禁旅，勿有憂懼。」

6 己丑，罷度支使及關內等道轉運、常平、鹽鐵使，其度支事委宰相領之。度，徒洛翻。相，息亮翻。

7 敕皇甫溫還鎭于陝。既誅魚朝恩，不復以溫鎭鳳翔。陝，失冉翻。

8 元載既誅魚朝恩，上寵任益厚，載遂志氣驕溢；每衆中大言，自謂有文武才略，古今莫及，弄權舞智，政以賄成，僭侈無度。吏部侍郎楊綰，典選平允，選，須絹翻。性介直，不附載；嶺南節度使徐浩，貪而佞，傾南方珍貨以賂載。載【章：十二行本「載」上有「辛卯」二字；乙十一行本同；張校同；退齋校同。】以綰爲國子祭酒，引浩代之。浩，越州人也。載有丈人自宣州來，據顏師古漢書音義：丈人，尊老之稱，蓋父執也。載，祖亥翻，又如字。使，疏吏翻。從載求官，載度其人不足任事，度，徒洛翻。但贈河北一書而遣之。丈人不悅，行至幽州，私發書視之，書無一言，惟署名而已。丈人大怒，不得已試謁院僚，院僚，使院僚屬也。判官聞有載書，大驚，判官，節度判官。立白節度使，遣大校以箱受書，館之上舍，校，戶教翻。館，工喚翻。留宴數日，辭去，贈絹千匹。其威權動人如此。

9 夏，四月，庚子，湖南兵馬使臧玠殺觀察使崔灌；澧州刺史楊子琳起兵討之，取賂而還。澧，音禮。楊子琳自峽州還澧州。還，從宣翻，又音如字。

10 涇原節度使馬璘屢訴本鎮荒殘，無以贍軍，璘，離珍翻。上諷李抱玉以鄭、潁二州讓之；乙巳，以璘兼鄭潁節度使。

11 庚申，王縉自太原入朝。縉，音晉。朝，直遙翻。

12 癸未，以左羽林大將軍辛京杲爲湖南觀察使。

13 荊南節度使衛伯玉遭母喪，六月，戊戌，以殿中監王昂代之。伯玉諷大將楊鉥等拒昂留己；鉥，十律翻。甲寅，詔起復伯玉鎮荊南如故。

14 秋，七月，京畿饑，唐以京兆、同、華、商、邠、岐爲京畿。米斗千錢。

15 劉希暹内常自疑，希暹黨附魚朝恩，朝恩死，故常自疑。暹，昔廉翻。有不遜語，王駕鶴以聞。九月，辛未，賜希暹死。

16 吐蕃寇永壽。吐，從暾入聲。永壽縣，屬邠州，古豳地，漢爲漆縣；唐武德分新平置永壽。

17 冬，十一月，郭子儀入朝。郭子儀自邠入朝。

18 上悉知元載所爲，以其任政日久，欲全始終，因獨見，深戒之；載猶不悛，上由是稍惡之。載，祖亥翻，又音如字。見，賢遍翻。惡，烏路翻。

載以李泌有寵於上，忌之，言「泌常與親故宴於北軍，與魚朝恩親善，宜知其謀。」上曰：「北軍，泌之故吏也，李泌從肅宗自靈武至鳳翔，軍謀大事，泌皆預決，故言北軍將校皆其故吏。泌，毗必翻。故朕使之就見親故。朝恩之誅，泌亦預謀，卿勿以爲疑。」載與其黨攻之不已；會江西觀察使魏少遊求參佐，上謂泌曰：「元載不容卿，朕今匿卿於魏少遊所。少，詩照翻。俟朕決意除載，當有信報卿，可束裝來。」乃以泌爲江西判官，江西觀察判官。且屬少遊使善待之。屬，之欲翻。

六年（辛亥、七七一）

1 春，二月，壬寅，河西、隴右、山南西道副元帥兼澤潞、山南西道節度使李抱玉上言：帥，所類翻。使，疏吏翻。上，時兩翻。「凡所掌之兵，當自訓練。今自河、隴達於扶、文，綿亙二千餘里，撫御至難。若吐蕃道岷、隴【章：十二行本「蕃」下有「兩」字，「道」下無「岷隴」二字；乙十一行本同。】俱下，吐，從暾入聲。言蕃兵入寇，分道向岷、隴二州而下。臣保固汧、隴則不救梁、岷，進兵扶、文則寇逼關輔，首尾不贍，進退無從。願更擇能臣，委以山南，使臣得專備隴坻。」詔許之。汧，口堅翻。坻，音底。

2 郭子儀還邠州。還，從宣翻，又音如字。

3 嶺南蠻酋梁崇牽自稱平南十道大都統，據容州，酋，慈由翻。統，他綜翻，俗音從上聲。容州治普寧縣，漢合浦縣地，今州西有容山而名。與西原蠻張侯、夏永等連兵攻陷城邑，前容管經略使元結等皆寄治蒼梧。容管領辯、白、牢、欽、禺、湯、瀼、巖、古等州，在桂管西南。武德四年，分靜州之蒼梧、豪靜置梧州。酋，慈由翻。經略使王翃至藤州，翃，戶宏翻。以私財募兵，不數月，斬賊帥歐陽珪，馳詣廣州，見節度使李勉，請兵以復容州；嶺南節度使治廣州，兼統五管，故詣之請兵。帥，所類翻。勉以爲難，翃曰：「大夫如未暇出兵，但乞移牒諸州，揚言出千兵爲援，冀藉聲勢，亦可成功。」勉從之。翃乃與義州刺史陳仁璀、宋白曰：義州，卽漢蒼梧郡猛陵縣地，隋爲永熙郡永業縣。唐武德四年，於此置南義州，天寶改爲連城郡，乾元後爲義州。璀，七罪翻。藤州刺史李曉庭等結盟討賊。藤州，治鐔津縣，漢之猛陵縣也。翃募得三千餘人，破賊數萬衆；攻容州，拔之，擒梁崇牽，前後大小百餘戰，盡復容州故地。分命諸將襲西原蠻，新書：西原蠻，居廣、容之南，邕、桂之西，北接道州、武岡，依阻峒穴，綿地數千里。將，卽亮翻。復鬱林等諸州。

先是，番禺賊帥馮崇道，先，昔薦翻。番禺，漢縣，唐帶廣州。番山在州東三百步，禺山在北一里，因以名縣。番，音潘。桂州叛將朱濟時，皆據險爲亂，陷十餘州，官軍討之，連年不克；李勉遣其將李觀與翃併力攻討，悉斬之，觀，古玩翻。三月，五嶺皆平。

4 河北旱，米斗千錢。

5 夏，四月，己未，澧州刺史楊子琳入朝，上優接之，賜名猷。澧，音禮。朝，直遙翻。

6 庚申，以典內董秀爲內常侍。唐百官志：太子內坊局令，從五品下。初，內坊隸東宮，開元二十七年，隸內侍省爲局，改典內曰令，置丞，掌坊事及導客。內常侍，正五品下。

7 吐蕃請和；庚辰，遣兼御史大夫吳損使于吐蕃。吐，從暾入聲。使，疏吏翻。

8 成都司錄李少良上書言元載姦贓陰事，少，始照翻。上，時掌翻。載，祖亥翻，又如字。上置少良於客省。少良以上語告友人韋頌，殿中侍御史陸珽以告載，載奏之。上怒，下少良、頌、珽御史臺獄。御史奏少良、頌、珽凶險比周，離間君臣，下，遐駕翻。少，時照翻。珽，他頂翻。比，毗至翻。間，古莧翻。五月，戊申，敕付京兆，皆杖死。

9 秋，七月，丙午，元載奏，凡別敕除文、武六品以下官，乞令吏部、兵部無得檢勘，從之。時載所奏擬多不遵法度，恐爲有司所駁故也。載，祖亥翻，又音如字。駁，比角翻。

10 八月，丁卯，淮西節度使李忠臣將兵二千屯奉天防秋。使，疏吏翻。將，卽亮翻，又音如字。秋高馬肥，吐蕃數入寇，唐歲調關東之兵屯京西以防之，謂之防秋。

11 上益厭元載所爲，思得士大夫之不阿附者爲腹心，漸收載權。丙子，內出制書，以浙西觀察使李栖筠爲御史大夫，宰相不知，載由是稍絀。相，昔亮翻。絀，敕律翻。

12 九月，吐蕃下青石嶺，軍于那城；青石嶺，在原州西。那城，卽漢朝那，故城在原州花石川。吐，從暾入聲。郭子儀使人諭之，明日，引退。

13 是歲，以尚書右丞韓滉爲戶部侍郎、判度支。自兵興以來，所在賦斂無度，尚，辰羊翻。度，徒洛翻。斂，力贍翻。倉庫出入無法，國用虛耗。滉爲人廉勤，精於簿領，作賦斂出入之法，滉，呼廣翻。御下嚴急，吏不敢欺；亦值連歲豐穰，邊境無寇，自是倉庫蓄積始充。滉，休之子也。韓休，開元中爲相，有直聲，而滉以強幹聞。

七年（壬子、七七二）

1 春，正月，甲辰，回紇使者擅出鴻臚寺，唐鴻臚寺，在朱雀街西第二街北來第一坊，又北卽西內宮城。紇，下沒翻。臚，陵奴翻。掠人子女；所司禁之，毆擊所司，以三百騎犯金光、朱雀門。騎，奇計翻。金光門，長安城西面中門；朱雀門，宮城南門也。是日，宮門皆閉，上遣中使劉清潭諭之，乃止。使，疏吏翻。

2 三月，郭子儀入朝；丙午，還邠州。朝，直遙翻。還，從宣翻，又音如字。邠，卑旻翻。

3夏，四月，吐蕃五千騎至靈州，尋退。吐，從暾入聲。騎，奇計翻。

4五月，乙未，赦天下。

5秋，七月，癸巳，回紇又擅出鴻臚寺，紇，下沒翻。臚，陵如翻。逐長安令邵說至含光門街，西內宮城之外爲皇城，南面三門，西爲含光門。說，讀曰悅。奪其馬；說乘他馬而去，弗敢爭。

6盧龍節度使朱希彩既得位，悖慢朝廷，殘虐將卒；孔目官李懷瑗因衆怒，伺間殺之。使，疏吏翻。悖，蒲妹翻，又蒲沒翻。朝，直遙翻。將，即亮翻。伺，相吏翻。間，古莧翻。朱希彩殺李懷仙自立，事見上卷三年。瑗，于絹翻。衆未知所從；經略副使朱泚營於城北，其弟滔將牙內兵，潛使百餘人於衆中大言曰：「節度使非朱副使不可。」衆皆從之。泚遂權知留後，遣使言狀。泚，且禮翻，又音此。將，即亮翻。冬，十月，辛未，以泚爲檢校左常侍、幽州・盧龍節度使。左常侍，左散騎常侍也。

7十二月，辛未，置永平軍於滑州。

八年（癸丑、七七三）

1春，正月，昭義節度使、相州刺史薛嵩薨。子平，年十二，將士脅以爲帥，平僞許之；既而讓其叔父崿，相，昔亮翻。帥，所類翻。崿，五各翻。夜奉父喪，逃歸鄉里。壬午，制以崿知留後。

2二月，壬申，永平節度使令狐彰薨。彰承滑、亳離亂之後，治軍勸農，府廩充實。治，直之翻。時藩鎮率皆跋扈，獨彰貢賦未嘗闕；歲遣兵三千詣京西防秋，自齎糧食，道路供饋皆不受，所過秋豪不犯。疾亟，召掌書記高陽齊映，高陽，漢縣，屬涿郡，唐屬瀛州。與謀後事，映勸彰請代人，遣子歸私第；彰從之，遺表稱：「昔魚朝恩破史朝義，欲掠滑州，臣不聽，由是有隙。及朝恩誅，值臣寢疾，以是未得入朝，生死愧負。臣今必不起，倉庫畜牧，先已封籍，軍中將士，州縣官吏，按堵待命。將，即亮翻。朝，直遙翻。伏見吏部尚書劉晏、工部尚書李勉可委大事，願速以代臣。臣男建等，今勒歸東都私第。」彰薨，將士欲立建，建誓死不從，舉家西歸。三月，丙子，以李勉爲永平節度使。

3 吏部侍郎徐浩、薛邕，皆元載、王縉之黨；浩妾弟侯莫陳怤爲美原尉，載，祖亥翻，又音如字。縉，音晉。怤，芳俱翻。咸亨二年，分富平、華原及同州之蒲城，以故土門縣置美原縣。浩屬京兆尹杜濟虛以知驛奏優，奏優者，言郵驛往來，供給車馬、薪芻、粮用，皆無闕乏，優於餘縣也。屬，之欲翻。又屬邕擬長安尉。怤參臺，御史大夫李栖筠劾奏其狀，筠，俞輪翻。劾，戶蓋翻，又戶得翻。敕禮部侍郎萬年于邵等按之。邵奏邕罪在赦前，應原除，上怒。夏，五月，乙酉，貶浩明州別駕，邕歙州刺史；丙戌，貶濟杭州刺史，邵桂州長史，朝廷稍肅。明州，京師東南四千一百里。歙州，京師東南三千六百六十七里。杭州，京師東南三千五百五十六里。桂州，京師水陸路四千七百六十里。歙，音攝。杭，戶剛翻。長，知兩翻。考異曰：實錄云：「侯莫陳怤爲美原尉。」舊李栖筠傳云：「華原尉侯莫陳怤，以主郵傳優，改長安尉。」又曰：「栖筠劾奏浩等，上依違未決。屬月蝕，上問其故。對曰：『臣聞日蝕脩德，月蝕脩刑，今誣上行私之罪未理，此天所以儆戒於明聖。』由是感寤，坐忒者皆貶謫。自此朝綱益振，百度肅然。」按己丑月乃食，於時未也。今不取。

4 辛卯，鄭王邈薨，贈昭靖太子。邈，上次子也。

5 回紇自乾元以來，歲求和市，每一馬易四十縑，動至數萬匹，馬皆駑瘠無用；朝廷苦之，所市多不能盡其數，回紇待遣、繼至者常不絕於鴻臚。至是，上欲悅其意，命盡市之。秋，七月，辛丑，回紇辭歸，載賜遺及馬價，共用車千餘乘。遺，惟季翻。乘，承正翻。

6 八月，己未，吐蕃六萬騎寇靈武，踐秋稼而去。考異曰：汾陽家傳：「八月，吐蕃五千騎至靈州南七級渠，公遣溫儒雅、從政等連兵救之。九月，大破之。」今從實錄。

7 辛未，幽州節度使朱泚遣弟滔將五千精騎詣涇州防秋。自安祿山反，幽州兵未常爲用，滔至，上大喜，勞賜甚厚。勞，力到翻。

8 壬申，回紇復遣使者赤心以馬萬匹來求互市。復，扶又翻。

9 九月，壬午，循州刺史哥舒晃殺嶺南節度使呂崇賁，據嶺南反。

10 癸未，晉州男子郇模，郇，須倫翻；古國名，後世以國爲姓。以麻辮髮，持竹筐葦席，哭於東市。人問其故，對曰：「願獻三十字，一字爲一事；若言無所取，請以席裹尸，貯筐中，棄於野。」京兆以聞。上召見，賜新衣，館於客省。時於古銀臺門置客省，或四方奏計未遣者、上書言事忤旨者及蕃客未報者，皆館於其中，常數百人。館，古玩翻。其言「團」者，請罷諸州團練使也；「監」者，請罷諸道監軍使也。監，古銜翻。

11 魏博節度使田承嗣爲安、史父子立祠堂，謂之四聖，爲，于僞翻。且求爲相；上令內侍孫知古因奉使諷令毀之。冬，十月，甲辰，加承嗣同平章事以褒之。

12 靈州破吐蕃萬餘衆。吐蕃衆十萬寇涇、邠，郭子儀遣朔方兵馬使渾瑊將步騎五千拒之。庚申，戰于宜祿。宋白曰：宜祿，本漢鶉觚縣地，後魏熙平二年，分鶉觚縣置東陰盤縣，廢帝元年，以縣南臨宜祿川，改爲宜祿縣。九域志：宜祿在邠州西六十里。考異曰：實錄作「甲子」，蓋奏到之日也。邠志云「十八日」，與唐曆合。今從之。瑊登黄菩原菩，音倍。黄菩，草名。蓋其地多黄菩草，因以名原。望虜，句斷。命據險布拒馬以備其馳突。宿將史抗、溫儒雅等意輕瑊，不用其命；瑊召使擊虜，則已醉矣；見拒馬，曰：「野戰，烏用此爲！」命撤之。叱騎兵衝虜陳，不能入而返；陳，讀曰陣。虜躡而乘之，官軍大敗，士卒死者什七八，居民爲吐蕃所掠千餘人。

甲子，馬璘與吐蕃戰于鹽倉，又敗。鹽倉，在涇州城西。考異曰：邠志曰：「十月，西戎寇邠，涇原節度使馬公襲之，郭公使其將渾瑊率步騎五千爲之掎角。十八日，師登黄菩原，望見吐蕃，瑊急引其衆前據乘險，仍設拒馬槍以遏馳突之勢。史抗、溫儒雅等宿將五六人任氣自負，輕侮都將，置酒高飲；瑊使召之，至，則皆醉矣。見拒馬槍，曰：『野地見賊須擊，設此何爲！』命去之。戎衆既陳，抗等叱馬軍使馳賊，及回，自衝其軍，吐蕃躡背而入，我師大敗，卒之不死者什二三。」汾陽家傳：「十月，吐蕃四節度歷涇川，過閣川南，於渭河合軍，公遣渾瑊等前後相接以待之。二十四日，大戰于長武城，我師敗績。瑊等突出，乃免。」唐曆：「十八日，吐蕃寇邠州，瑊與戰於宜祿，官軍大敗。

二十二日，馬璘出兵擊之，又敗。二十七日己巳，璘遣軍斫吐蕃營，破之。二十八日庚午，詔追諸道兵屯西郊。十一月一日，吐蕃退。」段公別傳曰：「八年冬十月二十三日，犬戎入寇，大戰于鹽倉，我軍與朔方兵馬使渾瑊之衆併力齊攻，防秋諸軍望賊而退，於是我師不利。」今日從邠志、唐曆、段公家傳。事從實錄、舊傳，兼采諸書。璘爲虜所隔，逮暮未還，涇原兵馬使焦令諶等與敗卒爭門而入。或勸行軍司馬段秀實乘城拒守，秀實曰：「大帥未知所在，當前擊虜，豈得苟自全乎！」召令諶等讓之曰：「軍法，失大將，麾下皆死。諸君忘其死邪！」令諶等惶懼拜請命。帥，所類翻。將，卽亮翻。秀實乃發城中兵未戰者悉出，陳于東原，陳，讀曰陣。且收散兵，爲將力戰狀。吐蕃畏之，稍卻。既夜，璘乃得還。

郭子儀召諸將謀曰：「敗軍之罪在我，不在諸將。然朔方兵精聞天下，聞，音問。今爲虜敗，何策可以雪恥？」敗，補賣翻。莫對。渾瑊曰：「敗軍之將，不當復預議。復，扶又翻；下同。然願一言今日之事，惟理瑊罪，理，治也。不則再見任。」不，讀曰否。子儀赦其罪，使將兵趣朝那。虜既破官軍，欲掠汧、隴。鹽州刺史李國臣曰：「虜乘勝必犯郊畿，我掎其後，虜必返顧。」乃引兵趣秦原，括地志曰：秦州清水縣有秦亭、秦谷，非子所封地也。趣，七喩翻。鳴鼓而西。虜聞之，至百城，返，百城，卽涇州靈臺縣之百里城。渾瑊邀之於隘，盡復得其所掠；馬璘亦出精兵襲虜輜重于潘原，重，直用翻。殺數千人，虜遂遁去。

13 乙丑，以江西觀察使路嗣恭【章：十二行本「恭」下有「兼嶺南節度使」六字；乙十一行本同。】討哥舒晃。

14 初，元載嘗爲西州刺史，知河西、隴右山川形勢。是時，吐蕃數爲寇，數，所角翻。載言於上曰：「四鎮、北庭既治涇州，無險要可守。隴山高峻，南連秦嶺，秦嶺，卽商嶺。北抵大河。今國家西境盡潘原，而吐蕃戍摧沙堡，原州居其中間，當隴山之口，其西皆監牧故地，草肥水美，平涼在其東，唐原州治古高平，當隴道之要。漢光武取隴右，先降高峻而後可以蹙隗囂。赫連勃勃據高平，乘高以窺隴東、嶺北，得以病姚興，誠要害之地也。平涼縣屬原州，西南卽隴山之六盤關。獨耕一縣，可給軍食，故壘尚存，吐蕃棄而不居。每歲盛夏，吐蕃畜牧青海，去塞甚遠，若乘間築之，間，古莧翻。二旬可畢。移京西軍戍原州，移郭子儀軍戍涇州，爲之根本，分兵守石門、木峽，原州西南有木峽關。州境又有石門關。漸開隴右，進達安西，據吐蕃腹心，則朝廷可高枕矣。」并圖地形獻之，密遣人出隴山商度功用。枕，職任翻。度，徒洛翻。會汴宋節度使田神功入朝，上問之，對曰：「行軍料敵，宿將所難，陛下柰何用一書生語，欲舉國從之乎！」載尋得罪，事遂寢。爲後楊炎復議城原州張本。

15 有司以回紇赤心馬多，請市千匹。郭子儀以爲如此，逆其意太甚，自請輸一歲俸爲國市之。爲，于僞翻。上不許。十一月，戊子，命市六千匹。

容肇祖標點聶崇岐覆校

資治通鑑卷第二百二十五

端明殿學士兼翰林侍讀學士太中大夫提舉西京嵩山崇福宮上柱國河内郡開國公食邑二千二百戶食實封九百戶賜紫金魚袋臣司馬光奉敕編集

後學天台胡三省音註

唐紀四十一

起閼逢攝提格（甲寅），盡屠維協洽（己未）七月，凡五年有奇。

代宗睿文孝武皇帝中之下

大曆九年（甲寅、七七四）

1 春，正月，壬寅，田神功薨於京師。田神功入朝見上卷上年。

2 澧朗鎮遏使楊猷自澧州沿江而下，擅出境至鄂州，詔聽入朝。猷遂泝漢江而上，澧，音禮。使，疏吏翻。朝，直遥翻。泝，蘇故翻。下，遐稼翻。上，時掌翻。復州、郢州皆閉城自守，復、郢二州皆濱漢，此時蓋爲山南東道巡屬。守，式又翻。山南東道節度使梁崇義發兵備之。

3 二月，辛未，徐州軍亂，刺史梁乘逾城走。徐州，治彭城。

4 諫議大夫吳損使吐蕃，留之累年，竟病死虜中。吐，從暾入聲。損出使見上卷六年。

5 庚辰，汴宋兵防秋者千五百人，盜庫財潰歸，汴，皮變翻。考異曰：唐曆作「十日己酉」。按長曆，是月庚午朔。十日，乃己卯也。今從實錄。〕田神功薨故也。己丑，以神功弟神玉知汴宋留後。

6 癸巳，郭子儀入朝，上言：「朔方，國之北門，中間戰士耗散，什纔有一。今吐蕃兼河、隴之地，雜羌、渾之衆，朝，直遙翻。史炤曰：羌，党項之屬。渾，吐谷渾也。勢強十倍。願更於諸道各發精卒，成四、五萬人，則制勝之道必矣。」

7 三月，戊申，以皇女永樂公主許妻魏博節度使田承嗣之子華。樂，音洛。妻，七細翻。嗣，祥吏翻。上意欲固結其心，而承嗣益驕慢。史言狼子野心，不可以恩結。

8 以【章：十二行本「以」上有「戊午」二字；乙十一行本同；退齋校同。】澧朗鎮遏使楊猷爲洮州刺史、隴右節度兵馬使。澧，音禮。使，疏吏翻。洮，土刀翻。洮州時已陷吐蕃，楊猷特領刺史耳。

9 夏，四月，甲申，郭子儀辭還邠州，子儀自邠入朝，今還。還，從宣翻，又音如字。考異曰：唐曆作「癸未」。今從實錄。復爲上言邊事，復，扶又翻。爲，于僞翻；下爲己、仍爲同。至涕泗交流。

10 壬辰，赦天下。

11 五月，丙午，楊猷自澧州入朝。是年正月已書楊猷離澧州，沿江泝漢，今方至京師。朝，直遙翻。

12 涇原節度使馬璘入朝，諷將士爲己表求平章事。璘，離珍翻。將，卽亮翻。丙寅，以璘爲左僕射。璘，離珍翻。

13六月，盧龍節度使朱泚遣弟滔奉表請入朝，且請自將步騎五千防秋；上許之，泚，且禮翻，又音此。將，卽亮翻，又音如字。騎，奇寄翻。仍爲先築大第於京師以待之。

14癸未，興善寺胡僧不空卒，贈開府儀同三司、司空，賜爵肅國公，謚曰大辯正廣智不空三藏和尚。釋典云：佛在多羅柰，最初爲五人說契經修多羅藏。佛在羅閱祇，最初爲須那提說毗眉藏。佛在毗舍離獼猴池，最初爲跂耆說阿毗曇藏。五百羅漢夜集阿毗曇，相續解說經，此爲三藏學。又，三藏學，經、律、論也。卒，子恤翻。藏，徂浪翻。

15京師旱，京兆尹黎幹作土龍祈雨，自與巫覡更舞。覡，刑狄翻。更，工衡翻。彌月不雨，又禱於文宣王。上聞之，命撤土龍，減膳節用。秋，七月，戊午，雨。

16朱泚入朝，至蔚州，有疾，蔚，紆勿翻。此自幽州西出山後，取太原路入朝。宋白曰：蔚州，西南至代州四百六十里。諸將請還，俟間而行。待病間而行也。將，卽亮翻。間，讀如字。泚曰：「死則輿尸而前！」諸將不敢復言。復，扶又翻。九月，庚子，至京師，士民觀者如堵。安、史亂後，河北諸帥阻兵不朝，朱泚之來長安，士民以爲美事。辛丑，宴泚及將士於延英殿，盧文紀曰：上元以來，置延英殿，或宰相欲有奏對，或天子欲有咨度，皆非時召見。程大昌曰：高宗初剏蓬萊宮，諸門殿亭皆已立名。至上元二年，延英殿當御座生玉芝。則是初有大明宮，卽有延英殿。顧召對宰臣，則始於代宗耳。代宗以苗晉卿年老，蹇甚，聽入閤不趨，爲御延英，此優禮也。按六典，宣政殿前西上閤門之西，卽爲延英門。延英門之左，卽延英殿。故陽城欲救陸贊，約拾遺王仲舒守延英殿上疏，伏閤不去也。犒賞之盛，近時未有。

17 壬寅，回紇擅出鴻臚寺，白晝殺人，紇，下沒翻。臚，陵如翻。有司擒之；上釋不問。

18 甲辰，命郭子儀、李抱玉、馬璘、朱泚分統諸道防秋之兵。璘，離珍翻。泚，且禮翻，又音此。

19 冬，十月，壬申，信王瑝薨。乙亥，梁王璿薨。二王皆玄宗子。信以州爲國名。瑝，戶盲翻，又音皇。璿，似宣翻。

20 魏博節度使田承嗣誘昭義將吏使作亂。使，疏吏翻。嗣，祥吏翻。誘，羊久翻。將，即亮翻。

十年（乙卯、七七五）

1 春，正月，丁酉，昭義兵馬使裴志清逐留後薛崿，帥其衆歸承嗣。帥，讀曰率。承嗣聲言救援，引兵襲相州，取之。相，息亮翻；下同。崿奔洺州，洺，音名。上表請入朝，許之。上，時掌翻。朝，直遙翻。

2 辛丑，郭子儀入朝。

3 壬寅，壽王瑁薨。瑁，亦玄宗子；音莫報翻。

4 乙巳，朱泚表請留闕下，以弟滔知幽州、盧龍留後，許之。

5 昭義裨將薛擇爲相州刺史，薛雄爲衞州刺史，薛堅爲洺州刺史，皆薛嵩之族也。相、衞、洺，本皆昭義巡屬。戊申，上命內侍魏【章：十二行本「魏」作「孫」；乙十一行本同；下同；退齋校同。】知古如魏州諭田承嗣，使各守封疆；承嗣不奉詔，癸丑，遣大將盧子期取洺州，楊光朝攻衛州。

6 乙卯，西川節度使崔寧奏破吐蕃數萬於西山，吐，從暾入聲。斬首萬級，捕虜數千人。

7 丙辰，詔：「諸道兵有逃亡者，非承制敕，無得輒召募。」

8 二月，乙丑，田承嗣誘衛州刺史薛雄，雄不從，使盜殺之，屠其家，盡據相、衛四州之地，相、衛已陷於承嗣，磁、洺雖未下，而承嗣已據其地。相、衛二州自此屬魏博。自置長吏，掠其精兵良馬，悉歸魏州；逼魏知古與共巡磁、相二州，磁，疾之翻。使其將士割耳剺面，剺，力之翻。請承嗣爲帥。帥，所類翻；下同。

9 辛未，立皇子述爲睦王，逾爲郴王，連爲恩王，遘爲鄜王，郴，丑林翻。鄜，芳無翻。迅爲隨王，造爲忻王，暹爲韶王，運爲嘉王，遇爲端王，遹爲循王，遹，余律翻。通爲恭王，達爲原王，逸爲雅王。諸皇子皆以州爲王國名。

10 丙子，以華州刺史李承昭知昭義留後。華，戶化翻。

11 河陽三城使常休明，河陽縣，本屬懷州，顯慶二年，分屬河南府。城臨大河，長橋架水，古稱設險。此城，後魏之北中城也。東、西魏兵爭，又築中潬及南城，謂之河陽三城。乾元中，史思明再陷東京，李光弼以重兵守河陽。及雍王平賊，令魚朝恩守河陽，乃以河南之河清、濟源、溫四縣租稅入河陽三城，使河南尹但禮領其縣額，尋又以汜水軍賦屬之。使，疏吏翻。苛刻少恩。其軍士防秋者歸，休明出城勞之，少，詩沼翻。勞，力到翻。

防秋兵與城内兵合謀攻之，休明奔東都；軍士奉兵馬使王惟恭爲帥，大掠，數日乃定。上命監軍冉庭蘭慰撫之。監，古銜翻。

12 三月，甲午，陝州軍亂，逐兵馬使趙令珍。陝，失冉翻。考異曰：唐曆：「三月二十八日辛卯，陝州軍亂。」實錄、唐統紀云「甲午朔」，今從之。觀察使李國清不能禁，卑辭，徧拜將士，乃得脱去。陝，失冉翻。將，卽亮翻。軍士大掠庫物。會淮西節度使李忠臣入朝，過陝，朝，直遥翻。過，古禾翻。上命忠臣按之；將士畏忠臣兵威，不敢動。忠臣設棘圍，令軍士匿名投庫物，設棘四圍周之，令投所掠庫物於其中。一日，獲萬緡，盡以給其從兵爲賞。緡，眉巾翻。從，才用翻。

13 乙巳，薛崿、常休明皆詣闕請罪，上釋不問。

14 初，成德節度使李寶臣、淄青節度使李正己，皆爲田承嗣所輕。使，疏吏翻。淄，莊持翻。嗣，祥吏翻。寶臣弟寶正娶承嗣女，在魏州，與承嗣子維擊毬，馬驚，誤觸維死；承嗣怒，囚寶正，以告寶臣。寶臣謝教敕不謹，封杖授承嗣，使撻之；承嗣遂杖殺寶正，由是兩鎮交惡。及承嗣拒命，寶臣、正己皆上表請討之，上，時掌翻。上亦欲因其隙討承嗣。夏，四月，乙未，敕貶承嗣爲永州刺史，永州，漢零陵郡，隋廢郡爲永州。仍命河東、成德、幽州、淄青、淮西、永平、汴宋、河陽、澤潞諸道發兵前臨魏博，若承嗣尚或稽違，卽令進討；罪止承嗣及其姪悦，自餘將士弟姪苟能自拔，一切不問。令，力丁翻。將，卽亮翻。

時朱滔方恭順，與寶臣及河東節度使薛兼訓攻其北，正己與淮西節度使李忠臣等攻其南。五月，乙未，承嗣將霍榮國以磁州降。磁州，滏陽郡，本漢廣平縣地，隋廢郡，於滏陽縣置磁州，治滏陽，本漢成安縣地。將，即亮翻。降，戶江翻；下同。磁，牆之翻。丁未，李正己攻德州，拔之。德州自此屬平盧軍。李忠臣統永平、河陽、懷、澤步騎四萬進攻衞州。統，他綜翻，俗讀從上聲。六月，辛未，田承嗣遣其將裴志清等攻冀州，志清以其衆降李寶臣。甲戌，承嗣自將圍冀州，寶臣使高陽軍使張孝忠將精騎四千禦之，寶臣大軍繼至；承嗣燒輜重而遁。重，直用翻。冀州，治信都縣。將，即亮翻，又音如字。騎，奇寄翻。高陽軍，當置於瀛州高陽縣。兵志：橫海、北平、高陽等軍皆屬平盧道。蓋安、史之亂，以兵授張孝忠統制，而屬於李寶臣，因授高陽軍使耳。孝忠，本奚也。張孝忠，奚人，世爲乙失活部酋長。

田承嗣以諸道兵四合，部將多叛而懼，秋，八月，遣使奉表，請束身歸朝。嗣，祥吏翻。將，即亮翻。使，疏吏翻。朝，直遙翻。

15 辛巳，郭子儀還邠州。入朝而還所鎭。還，從宣翻，又音如字。邠，卑旻翻。考異曰：汾陽家傳作「丁丑」，今從實錄。子儀嘗奏除州縣官一人，不報，僚佐相謂曰：「以令公勳德，奏一屬吏而不從，何宰相之不知體！」子儀聞之，謂僚佐曰：「自兵興以來，方鎭武臣多跋扈，凡有所求，朝廷常委曲從之；此無他，乃疑之也。今子儀所奏事，人主以其不可行而置之，是不以武臣相待而親厚之也；諸君可賀矣，又何怪焉！」聞者皆服。史言郭子儀忠純。

16己丑，田承嗣遣其將盧子期寇磁州。將，即亮翻。磁，牆之翻。

17九月，戊申，回紇白晝刺市人腸出，紇，下沒翻。刺，七亦翻。有司執之，繫萬年獄；其酋長赤心馳入縣獄，酋，才由翻。長，知兩翻。斫傷獄吏，劫囚而去。上亦不問。

18壬子，吐蕃寇臨涇，吐，從暾入聲。臨涇，漢縣，屬安定郡。隋大業初，改曰湫谷縣，尋復曰臨涇縣，唐屬涇州。癸丑，寇隴州及普潤，大掠人畜而去；百官往往遣家屬出城竄匿。丙辰，鳳翔節度使李抱玉奏破吐蕃於義寧。隴州華亭縣，大曆八年置義寧軍。

19李寶臣、正己會于棗強，棗強縣，前漢屬清河郡，後漢省；晉復置，屬廣川郡，魏、隋以來屬冀州。進圍貝州，田承嗣出兵救之。兩軍各饗士卒，成德賞厚，平盧賞薄；既罷，平盧士卒有怨言，正己恐其爲變，引兵退，寶臣亦退。李忠臣聞之，釋衞州，南渡河，屯陽武。陽武縣，屬鄭州，本原武城，武德四年置陽武縣，北至衞州五十許里。寶臣與朱滔攻滄州，承嗣從父弟庭玠守之；從，才用翻。寶臣不能克。

20吐蕃寇涇州，涇原節度使馬璘破之於百里城。吐，從暾入聲。使，疏吏翻。璘，離珍翻。考異曰：汾陽家傳：「九月，吐蕃略潘原西而還。八日，至小石門白草川。十八日，下朝那川。二十三日，至里城營、支磨原，入華亭。十月，公遣渾瑊、李懷光等與幽州、義寧、汴宋軍會于故平涼縣。三日詰朝，大破之。」今從實錄。戊午，命盧龍節度使朱泚出鎮奉天行營。泚，且禮翻，又音此。

21 冬，十月，辛酉朔，日有食之。

22 盧子期攻磁州，磁，牆之翻。考異曰：舊李寶臣傳作「攻邢州」。今從實錄。城幾陷；幾，居依翻。李寶臣與昭義留後李承昭共救之，大破子期于清水，按新書田承嗣傳，「清水」作「臨水」。晉置臨水縣於滏口之右，屬廣平郡，後魏及隋屬魏郡。唐初省，永泰元年，薛嵩表於臨水故城置昭義縣，屬磁州。擒子期送京師，斬之。河南諸將又大破田悅於陳留；陳留，漢縣，後魏廢，隋開皇六年復置；時屬汴州。九域志：在州東五十二里。將，卽亮翻。田承嗣懼。

初，李正己遣使至魏州，承嗣因之，至是，禮而遣之，遣使盡籍境內戶口、甲兵、穀帛之數以與之，曰：「承嗣今年八十有六，嗣，祥吏翻。考異曰：按承嗣卒時年七十五。此云八十六者，蓋欺正己。溘死無日，溘，口答翻，奄也。莊子曰：溘然而死。謂奄然也。諸子不肖，悅亦孱弱，孱，士山翻。凡今日所有，爲公守耳，爲，于僞翻。豈足以辱公之師旅乎！」立使者於庭，南向，拜而授書；又圖正己之像，焚香事之。正己悅，遂按兵不進。於是河南諸道兵皆不敢進。承嗣既無南顧之虞，得專意北方。

上嘉李寶臣之功，遣中使馬承倩齎詔勞之；勞，力到翻。將還，寶臣詣其館，遺之百縑，遺，于季翻。承倩詬詈，擲出道中，寶臣慙其左右。爲承倩詈辱，顧見左右而自慚也。詬，許候翻，又古候翻。兵馬使王武俊說寶臣曰：使，疏吏翻。說，式芮翻；下客說同。「今公在軍中新立功，豎子尙爾，況寇平之後，以一幅詔書召歸闕下，一匹夫耳，不如釋承嗣以爲己資。」寶臣遂有玩寇之志。

承嗣知范陽寶臣鄉里，心常欲之，寶臣本范陽內屬奚，范陽將張瑣高畜爲假子，因冒其姓，歸唐，又賜姓李。因刻石作讖云：「二帝同功勢萬全，將田爲侶入幽燕，」密令瘞寶臣境內，讖，楚譖翻。瘞，於計翻。使望氣者言彼有王氣，寶臣掘而得之。又令客說之曰：「公與朱滔共取滄州，得之，則地歸國，非公所有。公能捨承嗣之罪，請以滄州歸公，仍願從公取范陽以自效。公以精騎前驅，承嗣以步卒繼之，蔑不克矣。」令，力丁翻。說，式芮翻。騎，奇寄翻。寶臣喜，謂事合符讖，遂與承嗣通謀，密圖范陽，承嗣亦陳兵境上。

寶臣謂滔使者曰：「聞朱公儀貌如神，願得畫像觀之。」滔與之。寶臣置於射堂，與諸將共觀之，曰：「眞神人也！」滔軍於瓦橋，將，即亮翻。瓦橋，古易京之地，在莫州北三十里，唐置瓦橋關。宋白曰：涿州歸義縣瓦子濟橋，在涿州南，易州東，當九河之末，舊置瓦橋關，後周置雄州。寶臣選精騎二千，通夜馳三百里襲之，戒曰：「取貌如射堂者。」時兩軍方睦，滔不虞有變，狼狽出戰而敗，會衣他服得免。衣，於既翻。寶臣欲乘勝取范陽，滔使雄武軍使昌平劉怦守留府。怦，普耕翻。寶臣知有備，不敢進。

承嗣聞幽、恆兵交，卽引軍南還，嗣，祥吏翻。恆，戶登翻。還，從宣翻，又音如字。使謂寶臣曰：「河內有警，不暇從公，石上讖文，吾戲爲之耳！」寶臣慚怒而退。考異曰：舊王武俊傳曰：「代宗嘉其功，使中貴人馬承倩齎詔宣勞。承倩將歸，止傳舍，寶臣親遺百縑，承倩詬罵，擲出道中。王武俊勸玩養承嗣以爲己資。寶臣曰：『今與承嗣有釁矣，可推腹心哉！』武俊曰：『勢同患均，轉寇讎爲父子，欬唾間耳。若傳虛言，無益也。今中貴人劉清譚在驛，斬首送承嗣，承嗣立質妻孥矣。』寶臣曰：『吾不能如此。』武俊曰：『朱滔爲國屯兵滄州，請擒送承嗣以取信。』許之。」按承嗣方求解於寶臣，何必擒滔以取信！且承倩尚在傳舍，武俊何不勸斬承倩而斬清譚乎！寶臣自以承嗣誘之共取幽州，故襲朱滔，非因承倩之辱也。今從唐紀。**寶臣既與朱滔有隙，以張孝忠爲易州刺史，使將精騎七千以備之。**史言田承嗣凶狡過於諸帥。宋白曰：易州，東至幽州二百一十四里。將，卽亮翻，又音如字。騎，奇寄翻。

23 **丙寅，貴妃獨孤氏薨，丁卯，追謚貞懿皇后。**謚，神至翻。

24 **十一月，丁酉，田承嗣將吳希光以瀛州降。**

25 **嶺南節度使路嗣恭擢流人孟瑤、敬冕爲將，**考異曰：鄴侯家傳作「敬俛」，今從舊傳。**討哥舒晃。瑤以大軍當其衝，冕自間道輕入，**間，古莧翻。輕，墟正翻。**丁未，克廣州，斬哥舒晃**考異曰：舊嗣恭傳曰：「嗣恭平廣州，商舶之徒，多因晃事誅之，嗣恭前後沒其家財寶數百萬貫，盡入私室，不以貢獻。代宗心甚銜之，故嗣恭雖有平方面功，止轉檢校兵部尚書，無所酬勞。」建中實錄曰：「自兵興以來，諸軍殺將帥而要君者多矣，皆因授其任以苟安之。其王師征討，不失有罪，始斯役也。既而有謗其收南海府庫，閱上不實，不得用久之。」按代宗以嗣恭附元載，遺載琉璃盤，惡之，故不用耳，事見鄴侯家傳。或當時亦有人迎合，以匿貨謗嗣恭，不可知也。今不取。李肇國史補云：「路嗣恭初平五嶺，元載奏言嗣恭多取南人金寶，是欲爲亂，陛下不信，試召，必不入朝。

三伏中，追詔至，嗣恭不慮，請待秋涼以脩覲禮。江西判官柳渾入，雨泣曰：『公有功，方暑而追，是爲執政所中。今少遷延，必族滅也。』嗣恭懼曰：『爲之柰何？』渾曰：『健步追還表緘，公今日過江，宿石頭驛，乃可。』從之。代宗謂元載曰：『嗣恭不俟駕行矣。』載無以對。」按嗣恭素附元載，載誅，賴李泌營救得免，事見鄴侯家傳。載豈有譖嗣恭，云欲爲亂之理！蓋載已被誅而召嗣恭，適在三伏，渾有此疑，時人因以爲渾美事耳。今不取。余按去年命路嗣恭爲嶺南節度使，討哥舒晃。嗣恭既誅晃而平廣州，則當在廣州。柳渾若以江西判官從嗣恭，亦當在廣州。今諫嗣恭請奉詔就道，乃言過江宿石頭驛。石頭驛，在豫章江之西岸。嗣恭自江西觀察赴召，可言宿石頭驛；自嶺南節度赴召，安得宿石頭驛哉！亦可以明李肇之誤。及其黨萬餘人。

嗣恭之討晃也，容管經略使王翃遣將將兵助之；西原賊帥覃問乘虛襲容州，姓譜：梁有東寧州刺史覃元先。則蠻中有覃姓尚矣。翃伏兵擊擒之。

26 十二月，回紇千騎寇夏州，考異曰：此事出汾陽家傳，實錄、新、舊紀皆無之。按實錄，明年二月，加朔方戍兵以備回紇，則是回紇嘗入寇也。州將梁榮宗破之於烏水。烏水，在夏州朔方縣。貞觀七年，開延化渠，引烏水入庫狄澤。將，卽亮翻。郭子儀遣兵三千救夏州，回紇遁去。夏，戶雅翻。紇，下沒翻。

27 元載、王縉奏魏州鹽貴，請禁鹽入其境以困之。載，祖亥翻，又音如字。縉，音晉。上不許，曰：「承嗣負朕，百姓何罪！」

28 田承嗣請入朝，李正己屢爲之上表，乞許其自新。嗣，祥吏翻。朝，直遙翻。爲，于僞翻。上，時掌翻。

十一年（丙辰、七七六）

1春，正月，壬辰，遣諫議大夫杜亞使魏州宣慰。使，疏吏翻。

2辛亥，西川節度使崔寧奏破吐蕃四節度及突厥、吐谷渾、氐、羌羣蠻衆二十餘萬，斬首萬餘級。吐，從暾入聲。厥，九勿翻。

3二月，庚辰，田承嗣復遣使上表，請入朝。復，扶又翻。上乃下詔，赦承嗣罪，復其官爵，聽與家屬入朝，其所部拒朝命者，一切不問。

4辛巳，增朔方五城戍兵，以備回紇。朔方先統三受降城幷振武、豐安、定遠，爲六城。時三受降城屬振武軍，使朔方統豐安、定遠、新昌、豐寧、保寧，謂之塞下五城。紇，下沒翻。

5三月，戊子，河陽軍亂，逐監軍冉庭蘭出城，大掠三日。庭蘭成備而入，誅亂者數十人，乃定。監，古銜翻。

6五月，汴宋留後田神玉卒。都虞候李靈曜殺兵馬使、濮州刺史孟鑒，北結田承嗣爲援。汴，皮變翻。卒，子恤翻。使，疏吏翻。濮，博木翻。嗣，祥吏翻。癸巳，以永平節度使李勉兼汴、宋等八州留後。汴、宋、曹、濮、兗、鄆、徐、泗八州。濮，博木翻。乙未，以靈曜爲濮州刺史，靈曜不受詔。六月，戊午，以靈曜爲汴宋留後，遣使宣慰。

7秋，九【章：十二行本「九」作「七」；乙十一行本同；孔本同；張校同。】月，田承嗣遣兵寇滑州，敗李勉。滑州，永平節度治所。敗，補邁翻。

[8]吐蕃寇石門，入長澤川。長澤川，後魏置闡熙郡，隋廢郡爲長澤縣，屬夏州。吐蕃寇原州，遂北入夏州界也。宋白曰：長澤縣，漢朔方郡三封縣之地。三封故城，赫連勃勃據之，築爲統萬城。又按原州北有長澤監。吐，從暾入聲。

[9]八月，丙寅，加盧龍節度使朱泚同平章事。考異曰：實錄：「閏八月己亥，遣朱泚如奉天行營。」按去年已云泚出鎮奉天行營；至此，又云；明年九月，又云。蓋泚每年往奉天防秋，至春還京師。但實錄不載其入朝耳。

[10]李靈曜既爲留後，益驕慢，悉以其黨爲管內八州刺史、縣令，欲效河北諸鎮。甲申，詔淮西節度使李忠臣、永平節度使李勉、河陽三城使馬燧討之。淮南節度使陳少遊、淄青節度使李正己皆進兵擊靈曜。

汴宋兵馬使、攝節度副使李僧惠，少，始照翻。考異曰：汾陽家傳作「李思惠」。今從舊傳。靈曜之謀主也。宋州牙門將劉昌遣僧【嚴：「僧」改「曾」。】神表潛說僧惠；僧惠召問計，昌爲之泣陳逆順。將，卽亮翻。說，式芮翻。爲，于僞翻。僧惠乃與汴宋牙將高憑、石隱金遣神表奉表詣京師，請討靈曜。九月，壬戌，以僧惠爲宋州刺史，憑爲曹州刺史，隱金爲鄆州刺史。

乙丑，李忠臣、馬燧軍于鄭州，汴，皮變翻。鄆，音運。靈曜引兵逆戰；兩軍不意其至，退軍滎澤，隋分滎陽縣置滎澤縣，唐屬鄭州。九域志：在州西北四十五里。淮西軍士潰去者什五六。鄭州士民皆驚，走入東都。忠臣將歸淮西，燧固執不可，曰：「以順討逆，何憂不克，柰何自棄功名！」堅壁不動。忠臣聞之，稍收散卒，數日皆集，軍勢復振。史言李忠臣因馬燧以成功。復，扶又翻。

戊辰，李正己奏克鄆、濮二州。壬申，李僧惠敗靈曜兵于雍丘。濮，博木翻。敗，補邁翻；下敗永同。冬，十月，李忠臣、馬燧進擊靈曜，忠臣行汴南，燧行汴北，屢破靈曜兵；壬寅，與陳少遊前軍合，與靈曜大戰於汴州城西，靈曜敗，入城固守。癸卯，忠臣等圍之。

田承嗣遣田悅將兵救靈曜，敗永平、淄青兵於匡城，少，始照翻。匡城，漢長垣縣，隋開皇十六年，更名；時屬滑州。乘勝進軍汴州，【章：十二行本「州」下有「乙巳」二字；乙十一行本同；張校同，云無註本亦無。】營於城北數里。丙午，忠臣遣裨將李重倩將輕騎數百夜入其營，縱橫貫穿，縱，子容翻。穿，尺絹翻。斬數十人而還，還，從宣翻，又如字。營中大駭；忠臣、燧因以大軍乘之，鼓譟而入，悅衆不戰而潰。悅脫身北走，將士死者相枕藉，不可勝數。譟，則竈翻。枕，職任翻。藉，慈夜翻。勝，音升。靈曜聞之，開門夜遁，汴州平。重倩，本奚也。丁未，靈曜至韋城，隋分白馬縣置韋城縣於古韋國之墟，故曰韋城；時屬滑州。九域志：韋城縣，在滑州東南五十里。永平將杜如江擒之。

燧知忠臣暴戾，以己功讓之，不入汴城，將，即亮翻。汴，皮變翻。引軍西屯板橋。忠臣入城，果專其功；宋州刺史李僧惠與之爭功，忠臣因會擊殺之；又欲殺劉昌，昌遁逃得免。

甲寅，李勉械送李靈曜至京師；斬之。

11 十二月，丁亥，李正己、李寶臣並加同平章事。

12 涇原節度使馬璘疾亟，以行軍司馬段秀實知節度事，付以後事。秀實嚴兵以備非常，丙申，璘薨，使，疏吏翻。璘，離珍翻。考異曰：實錄：「庚寅，璘薨。」段公別傳曰：「十二月十三日景申，馬公薨。十二年正月八日，奉制除涇州刺史、知節度事。」實錄又云：「丁酉，以段秀實知河東留後。」按時馬璘新薨，秀實涇原留後，備禦吐蕃，豈可輟之使攝河東！蓋奏報未至，有斯命。尋聞璘薨，遂除涇原耳。亟，紀力翻。軍中奔哭者數千人，喧咽門屏，秀實悉不聽入。命押牙馬頔治喪事於內，頔，徒歷翻。治，直之翻。李漢惠接賓客於外，妻妾子孫位於堂，宗族位於庭，將佐位於前，牙士卒哭於營伍，百姓各守其家。有離立偶語於衢路，輒執而囚之；記曲禮曰：離立者不出中間。註云：離，兩也。非護喪從行者無得遠送。致祭拜哭，皆有儀節，送喪近遠，皆有定處，違者以軍法從事。都虞候史廷幹、兵馬使崔珍、十將張景華謀因喪作亂，秀實知之，奏廷幹入宿衛，徙珍屯靈臺，補景華外職，不戮一人，軍府晏然。自高仙芝喪師於大食，段秀實始見於史。其後責李嗣業不赴難；滏水之潰，保河清以濟歸師；在邠州，誅郭晞暴橫之卒；與馬璘議論不阿，及治喪，曲防周慮，以安軍府；最後笏擊朱泚，以身徇國：其事業風節，卓然表出於唐諸將中。

璘家富有無算，治第京師，甲於勳貴，以功勳致貴顯，故曰勳貴。治，直之翻。中堂費二十萬緡，他室所減無幾，幾，居豈翻。其子孫無行，行，下孟翻。家貲尋盡。史言殖貨無厭者，適以爲不肖子孫之資。

13 戊戌，昭義節度使李承昭表稱疾篤；以澤潞行軍司馬李抱眞兼知磁、邢兩州留後。使，疏吏翻。磁，牆之翻。

14 庚戌，加淮西節度使李忠臣同平章事，仍領汴州刺史，治汴州。李忠臣破李靈曜，得汴州，卽以與之。汴，皮變翻。

十二年（丁巳、七七七）

1 春，三月，乙卯，兵部尚書、同平章事、鳳翔・懷澤潞・秦隴節度使李抱玉薨，尚，辰羊翻。弟抱眞仍領懷澤潞留後。

2 癸亥，以河東行軍司馬鮑防爲河東節度使。防，襄州人也。

3 田承嗣竟不入朝，又助李靈曜，上復命討之。承嗣乃復上表謝罪。嗣，祥吏翻。朝，直遙翻。復，扶又翻。上，時掌翻。上亦無如之何，庚午，悉復承嗣官爵，仍令不必入朝。令，力丁翻。

4 中書侍郎、同平章事元載專横，載，祖亥翻，又音如字。横，戶孟翻。黃門侍郎、同平章事王縉附之，二人俱貪。載妻王氏載妻，王忠嗣之女。縉，音晉。及子伯和、仲武，縉弟、妹及尼出入者，爭納賄賂。尼，女夷翻。又以政事委羣吏，士之求進者，不結其子弟及主書卓英倩等，無由自達。上含容累年，載、縉不悛。悛，丑緣翻。

上欲誅之，恐左右漏泄，無可與言者，獨與左金吾大將軍吳湊謀之。湊，上之舅也。吳湊，章敬皇后弟也。會有告載、縉夜醮圖爲不軌者，庚辰，上御延英殿，命湊收載、縉於政事堂，政事堂，在東省，屬門下。自中宗後，徙堂於中書省，則堂在右省也。按裴炎傳：故事，宰相於門下省議事，謂之政事堂。故長孫無忌爲司空，房玄齡爲僕射，魏徵爲太子太師，皆知門下省事。至中宗時，裴炎爲中書令，執政事筆，故徙政事堂於中書省。載，祖亥翻，又音如字。縉，音晉。又收仲武及卓英倩等繫獄。命吏部尚書劉晏與御史大夫李涵等同鞫之，尙，辰羊翻。問端皆出禁中，問端，猶今言問頭也。仍遣中使詰以陰事，載、縉皆伏罪。使，疏吏翻。詰，去吉翻。是日，先杖殺左衛將軍、知內侍省事董秀於禁中，乃賜載自盡於萬年縣。載請主者：「願得快死！」主者曰：「相公須受少汚辱，相，息亮翻。少，詩沼翻。勿怪！」乃脫穢韈塞其口而殺之。韈，勿伐翻，足衣。塞，悉則翻。王縉初亦賜自盡，劉晏謂李涵等曰：「故事，重刑覆奏，況大臣乎！且法有首從，首，謂罪首。從，謂從坐。從，才用翻。宜更稟進止。」涵等從之。上乃貶縉栝州刺史。宋白曰：栝州，晉爲永嘉郡，隋改處州，尋爲栝州，因栝蒼山爲名。劉昫曰：京師東南四千二百七十八里。載妻王氏，忠嗣之女也，及子伯和、仲武、季能皆伏誅。有司籍載家財，胡椒至八百石，嗣，祥吏翻。本草曰：胡椒，生西戎，形如鼠李子，調食用之，味甚辛辣。徐表南中記曰：生南海諸國。他物稱是。稱，尺證翻。

5 夏，四月，壬午，以太常卿楊綰爲中書侍郎，禮部侍郎常袞爲門下侍郎，並同平章事。

綰性淸儉簡素，制下之日，朝野相賀。郭子儀方宴客，聞之，減坐中聲樂五分之四。朝，直遙翻。坐，徂臥翻。京兆尹黎幹，騶從甚盛，騶，仄尤翻。從，才用翻。卽日省之，止存十騎。中丞崔寬，第舍宏侈，亟毁撤之。

6 癸未，貶吏部侍郎楊炎、諫議大夫韓洄、包佶、佶，巨乙翻。起居舍人韓會等，【章：十二行本「等」下有「十餘人」三字；乙十一行本同；退齋校同。】皆載黨也。炎，鳳翔人。載常引有文學才望者一人親厚之，異日欲以代己，故炎及於貶。載，祖亥翻，又音如字。洄，滉之弟。會，南陽人也。上初欲盡誅炎等，吳湊諫救百端，始貶官。

7 丁酉，吐蕃寇黎、雅州；武后大足元年，以雅州之漢源、飛越，巂州之陽山，置黎州。吐，從暾入聲。西川節度使崔寧擊破之。

8 元載以仕進者多樂京師，惡其逼己，樂，音洛。惡，烏路翻。乃制俸祿，厚外官而薄京官，京官不能自給，常從外官乞貸。楊綰、常衮奏京官俸太薄；貸，他代翻，又土得翻。俸，扶用翻。己酉，詔加京官俸，歲約十五萬六千餘緡。唐會要：開元二十四年，敕百官料錢宜合爲一色，都以月俸爲名，各據本官，隨月給付：一品三十千，二品二十四千，三品十七千，四品十一千，五品九千二百，六品五千三百，七品四千五十，八品二千四百七十五，九品一千九百一十七。至大曆十二年，加京官俸：三師、三公、侍中、中書令每月各一百二十貫文，中書、門下侍郎月各一百貫文，東宮三太、左·右僕射各八十貫文，東宮三少各七十貫文，尚書、御史大夫、太常卿各六十貫文，常侍、宗正卿、太子詹事、國子祭酒各五十貫文，左·右丞及諸司侍郎、給·舍·中丞·賓客·殿中·祕書監·司農等卿、將作等監各四十五貫文，太子二庶子、太常少卿各四十貫文，諫議、諸司少卿、少監各三十五貫文，國子司業、內侍、東宮三卿各三十貫文，郎中、侍御史、司天監、少詹事、諸王傅、國子博士、諭德、中允、中舍、殿中·祕書·太常·宗正丞各二十五貫文，殿中侍御史、著作郎、大理正、都水使者、總監、內常侍、內給事各二十貫文，員外郎、通事舍人、起居、王府長史各十八貫文，監察御史、臺主簿、補闕、王府司馬、司天少監、太子典內、太常博士·主簿、宗正主簿、門下錄事、中書主書各十五貫文，拾遺、司議、太子文學、祕書著作佐郎、國子·太學·四門·廣文博士、大理司直、詹事府丞及諸寺·監丞、謁者監、中書·門下主事各十二貫文，洗馬、贊善、諸寺·監主簿、詹事府司直各十貫文，評事八貫文，諸校正各六貫文，諸奉御、九成總監、諸王諮議·友、諸陵令各六貫二百文，城門、符寶、國子助教、六局郎、王府掾屬、太常侍醫、文學、錄事參軍、主簿、記室、諸衛及六軍長史、兩市令、諸副總監、武庫署令、太公廟令各五貫三百文，太子通事舍人、東宮三寺丞、太學·廣文助教、內坊丞、諸直長、內寺伯、千牛衛及諸率府長史、諸陵丞、諸陵署·諸王府判司、司竹·溫泉監、尚書都事、都水及諸總監丞、司天臺丞、太子侍醫、諸司上局署令、王府國令、苑四面副監、公主邑司令各四貫一百一十六文，國子·四門助教、律·醫學博士、協律郎、內謁者、諸衛·六軍左·右衛率府等衛佐、諸王府參軍、大農·都省·兵·吏·禮·房考功主事、春坊錄事、司竹副監、諸司中局署令、都水主簿、諸司上局署及監廟司丞、司天臺靈臺郎·保章·挈壺正、太常針醫及醫監、尚醫局司醫各二貫四百七十文，太祝、奉禮、省中諸行主事、門下典儀、御史臺·殿中·祕書·內侍省·春坊·詹事府主事、諸寺監·諸衛·六軍諸司錄事、諸司中局署丞及大理獄丞、諸司監作監事、諸率府錄事、殿中省醫佐、食醫、奉輦、司庫、司廩、奉乘、鴻臚寺掌客、司儀、太僕主乘、內坊典直、司天臺司辰、司曆監、內侍省宮教博士、東宮三寺主簿、太常太樂・鼓吹丞、醫正、按摩・呪禁・卜筮博士及針・醫・卜助教、國子書・算博士及助教、諸王府國丞・尉、諸總監主簿各一貫九百一十七文。武官：左右金吾大將軍各四十五貫文，六軍大將軍、左右金吾將軍各四十貫文，諸衛大將軍、六軍將軍各三十貫文，諸衛將軍各二十五貫文，諸衛及六軍中郎將、諸率府率、副率各一十貫五百六十七文，諸衛及六軍郎將、諸王府典軍副各九貫二百文，諸衛及六軍司陛、千牛及左右備身各五貫三百文，諸衛及六軍中候、太子千牛各四貫一百六十六文，諸衛及六軍司戈、太子備身各二貫四百七十五文，諸衛及六軍執戟及長上各一貫九百一十七文。京兆及諸府尹各八十貫文，少尹、兩縣令各五十貫文，奉先・昭應・醴泉等縣令、司錄各四十五貫文，畿令各四十貫文，判司、兩縣丞各三十五貫文，兩縣簿・尉、奉先等縣丞各三十貫文，奉先縣簿・尉、諸畿令各二十五貫文，畿簿、尉各二十貫文，參軍、文學博士、錄事各一十貫文。應給百司正員文武官月料錢外，檢校官同中書門下平章事，每月一百二十貫文；內侍省監，每月四十五貫文：每年約加一十五萬六千貫文。

五月，辛亥，詔自都團練使外，悉罷諸州團練守捉使。又令諸使非軍事要急，無得擅召刺史及停其職務，差人權攝。又定諸州兵，皆有常數，其召募給家糧、春冬衣者，謂之「官健」；差點土人，春夏歸農、秋冬追集、給身糧醬菜者，謂之「團結」。自兵興以來，州縣官俸給不一，重以元載、王縉隨情徇私，俸，扶用翻。重，直用翻。載，祖亥翻，又音如字。縉，音晉。刺史月給或至千緡、或數十緡，至是，始定節度使以下至主簿、尉俸祿，緡，眉巾翻。使，疏吏翻。自是年定俸之後，至于會昌，則又倍之。節度使三十萬，都防禦使、副使、監軍十五萬，觀察使十萬，諸府尹、大都督府長史、都團練使・副使、上州刺史八萬，節度副使、中下州刺史、知軍事七萬，上州別駕五萬五千，長史、司馬五萬，觀察・團練判官、掌書記五萬，諸大都督府司錄參軍事、鵃赤縣令四萬五千，節度推官、支使、防禦判官、上州錄事參軍、畿縣上縣令四萬，諸大都督府判官、赤縣丞三萬五千，觀察・防禦・團練推官、巡官、鳽赤縣丞、兩赤縣主簿・尉、上州功曹參軍以下、上縣丞三萬，畿縣丞、鳽赤縣簿・尉二萬五千，畿縣上縣主簿・尉二萬。由會昌以前，其間世有增減，不可詳也。按類篇：鳽，翻阮切，鷹二歲色。新地理志，唐京兆有赤縣、次赤縣。諸負郭，亦皆爲次赤縣。鳽赤，字義不可曉，蓋次赤也。掊多益寡，上下有敍，法制粗立。粗，坐五翻。

9 庚午，上遣中使發元載祖父墓，斲棺棄尸，毁其家廟，焚其木主。戊寅，卓英倩等皆杖死。英倩之用事也，弟英璘橫於鄉里。璘，離珍翻。橫，戶孟翻。及英倩下獄，下，戶嫁翻。英璘遂據險作亂；上發禁兵討之，乙巳，金州刺史孫道平擊擒之。

10 上方倚楊綰，使釐革弊政，會綰有疾，秋，七月，己巳，薨。上痛悼之甚，謂羣臣曰：「天不欲朕致太平，何奪朕楊綰之速！」

11 八月，癸未，賜東川節度使鮮于叔明姓李氏。使，疏吏翻。

12 元載、王縉之爲相也，上日賜以內廚御饌，可食十人，饌，雛戀翻，又雛睆翻。食，祥吏翻。遂爲故事。癸卯，常袞與朱泚上言：「餐錢已多，餐錢，蓋所謂食料錢也。泚，直禮翻，又音此。上，時掌翻。乞停賜饌。」許之。袞又欲辭堂封，同列不可而止。唐制：堂封，歲三千六百緡。興元後纔千一百，德宗尋復舊。時人譏袞，以爲：「朝廷厚祿，所以養賢，不能，當辭位，不當辭祿。」朝，直遙翻。

臣光曰：君子恥食浮於人；袞之辭祿，廉恥存焉，與夫固位貪祿者，不猶愈乎！

夫，音扶。詩云：「彼君子兮，不素餐兮！」詩伐檀之辭。如袞者，亦未可以深譏也。

13 楊綰、常袞薦湖州刺史顏眞卿，大曆元年，眞卿以攻元載，貶峽州別駕，尋改爲吉州司馬，遷撫、湖二州刺史。上卽日召還；還，從宣翻，又音如字。甲辰，以爲刑部尚書。尚，辰羊翻。綰、袞又薦淮南判官汲人關播，擢爲都官員外郎。唐都官郎，掌配役隸、簿錄俘囚，以給衣糧、藥療，以理訴競雪冤，凡公私良賤必周知之，屬刑部。

14 九月，辛酉，以四鎭、北庭行營兼涇原、鄭潁節度副使段秀實爲節度使。考異曰：段公別傳曰：「自授鉞三五年間，西鄰無烽燧之警。」又曰：「戎帥論乞力陀慕公清德，不敢侵陵我疆。」舊傳亦曰：「三四年間，吐蕃不敢犯塞。」按是月吐蕃寇原州。十二月，朱泚拒吐蕃，自涇州還。明年九月，吐蕃逼涇州。云三四年間不敢犯塞，蓋史家溢美之辭耳。秀實軍令簡約，有威惠，奉身清儉，室無姬妾，非公會，未嘗飲酒聽樂。

15 吐蕃八萬衆軍於原州北長澤監，蓋長澤川，唐舊置馬監於此。吐，從暾入聲；下同。己巳，破方渠，方渠，漢縣，屬北地郡，後省。中宗神龍三年，分馬嶺置方渠縣，屬慶州。宋白續通典：靈州方渠鎭，宋初置通遠軍，秦長城在城北一里。入拔谷；郭子儀使裨將李懷光救之，吐蕃退。庚午，吐蕃寇坊州。

16 冬，十月，乙酉，西川節度使崔寧奏大破吐蕃於望漢城。吐蕃築城於西山以望蜀，因名望漢城。使，疏吏翻。

17 先是，秋霖，河中府池鹽多敗。河中府管下安邑、解縣，皆有鹽池。先，悉薦翻。戶部侍郎判度支韓滉恐鹽戶減稅，丁亥，奏雨雖多，不害鹽，仍有瑞鹽生。度，徒洛翻。滉，呼廣翻。宋白曰：大曆初，韓滉進漫生鹽，以爲靈瑞。後又奏乳鹽生。上疑其不然，遣諫議大夫義興蔣鎮往視之。義興，漢陽羨縣地，晉置義興郡及縣，隋廢郡存縣，以屬常州。

18吐蕃寇鹽、夏州，又寇長武；邠州宜祿縣有長武城。時郭子儀遣李懷光築長武城，據原首，臨涇水，俯瞰通道，吐蕃自是不敢輕犯。宋白曰：長武鎮，在鳳翔府麟遊縣界，西至涇州四十里。夏，戶雅翻。郭子儀遣將拒卻之。將，卽亮翻。

19以永平軍押牙匡城劉洽爲宋州刺史。考異曰：舊劉玄佐傳云：「李靈曜據汴州，洽將兵乘其無備，徑入宋州。」按劉昌以宋州牙門將說李僧惠歸順，則是僧惠先已爲靈曜守宋州，朝廷因授宋州刺史耳。若僧惠未降，則洽不能得宋州；已降，則不敢取宋州。蓋僧惠已爲李忠臣所殺，洽因引兵據宋州耳。舊傳欲以爲洽功，故云然，其實非也。永平軍，治滑州。仍以宋、泗二州隸永平軍。

20京兆尹黎幹奏秋霖損稼，韓滉奏幹不實；上命御史按視，丁未，還奏，「所損凡三萬餘頃。」渭南令劉澡渭南縣，唐初屬華州，時屬雍州。宋白曰：郭緣生述征記云：渭南縣，夷狄所置，謂苻、姚也。阿附度支，謂阿附韓滉。度，徒洛翻。稱縣境苗獨不損；御史趙計奏與澡同。上曰：「霖雨溥博，豈得渭南獨無！」更命御史朱敖視之，損三千餘頃。上歎息久之，曰：「縣令，字人之官，不損猶應言損，迺不仁如是乎！」貶澡南浦尉，後魏分朐䏰縣置漁泉縣，後周改曰萬川，隋改曰南浦，唐帶萬州。計澧州司戶，而不問滉。澧，音禮。滉，呼廣翻。

21 十一月，壬子，山南西道節度使張獻恭奏破吐蕃萬餘衆於岷州。使，疏吏翻。吐，從暾入聲。

22 丙辰，蔣鎮還，奏言「瑞鹽實如韓滉所言」，仍上表賀，還，從宣翻，又音如字。上，時掌翻。請宣付史臣，【章：十二行本「臣」下有「并置神祠」四字；乙十一行本同；退齋校同。】錫以嘉名。上從之，賜號寶應靈應池。賜號者，安邑池也。時人醜之。

23 十二月，丙戌，朱泚自涇州還京師。朱泚自幽州入朝，遂留京師，因遣防秋而還。還，從宣翻，又音如字。

24 丁亥，崔寧奏破吐蕃十餘萬衆，斬首八千餘級。吐，從暾入聲。

25 庚子，以朱泚兼隴右節度使，知河西、澤潞行營。

26 平盧節度使李正己先有淄、青、齊、海、登、萊、沂、密、德、棣十州之地，及李靈曜之亂，諸道合兵攻之，所得之地，各爲己有，正己又得曹、濮、徐、兗、鄆五州，因自青州徙治鄆州，使其子前淄州刺史納守青州。【章：十二行本「州」下有「癸卯，以納爲青州刺史」九字；乙十一行本同；退齋校同；張校同，云無註本亦無。】濮，博木翻。鄆，音運。考異曰：實錄，此年二月丙戌，以納爲青州刺史，充淄、青留後。至此又云爲青州刺史。舊正己傳云：「正己自青州徙居鄆州，使子納及腹心之將分理其地。」納傳云：「正己擊田承嗣，署奏留後，尋遷青州刺史。」今從之。正己用刑嚴峻，所在不敢偶語；然法令齊一，賦均而輕，擁兵十萬，雄據東方，鄰藩皆畏之。是時田承嗣據魏、博、相、衞、洺、貝、澶七州，澶州，漢東郡頓丘縣地。隋開皇十六年，分頓丘置澶淵縣，唐改曰澶水，避高祖諱也。武德四年，分黎州之澶水、魏州之頓丘、觀州置澶州，貞觀元年，州廢；大曆七年，田承嗣表以魏州之頓丘、臨黃，復置澶州。嗣，祥吏翻。相，息亮翻。洺，音名。澶，時連翻。李寶臣據恆、易、趙、定、深、冀、滄七州，各擁衆五萬；梁崇義據襄、鄧、均、房、復、郢六州，有衆二萬；相與根據蟠結，雖奉事朝廷而不用其法令，恆，戶登翻。朝，直遙翻。官爵、甲兵、租賦、刑殺皆自專之，上寬仁，一聽其所爲。朝廷或完一城，增一兵，輒有怨言，以爲猜貳，常爲之罷役；爲，于僞翻。而自於境內築壘、繕兵無虛日。以是雖在中國名藩臣，而實如蠻貊異域焉。

十三年（戊午、七七八）

1 春，正月，辛酉，敕毀白渠支流碾磑以溉田。碾，尼展翻。磑，五對翻，磨也。公輸班作磑，後人又激水爲之，不煩人力，引水激輪，使自旋轉，謂之水磨。史炤曰：碾，磨也。磑，礱也。昇平公主有二磑，入見於上，請存之。見，賢遍翻。上曰：「吾欲以利蒼生，汝識吾意，當爲衆先。」公主卽日毀之。

2 戊辰，回紇寇太原，河東押牙泗水李自良曰：紇，下沒翻。唐節度使置都押牙，牙前重職也，卽今制置使司帳前都提舉之職。泗水縣，屬兗州，漢之卞縣也。隋時分西界爲汶陽縣，於卞縣古城置泗水縣。「回紇精銳遠來求鬬，難與爭鋒；不如築二壘於歸路，以兵戍之。虜至，堅壁勿與戰，彼師老自歸，乃出軍乘之。二壘抗其前，大軍蹙其後，無不捷矣。」留後鮑防不從，遣大將焦伯瑜等逆戰；癸酉，遇虜於陽曲，將，即亮翻。宋白曰：陽曲，漢舊縣；後漢末，移於太原北四十五里；後魏南移於陽曲古城；隋改曰陽直，又移於汾陽故城，改曰汾陽縣，因漢汾陽縣名也；煬帝又改陽直，移理木井城，今縣是也。大敗而還，死者萬餘人。回紇縱兵大掠。二月，代州都督張光晟擊破之於羊武谷，還，從宣翻，又音如字。紇，下沒翻。晟，成正翻。九域志：代州崞縣有陽武寨。乃引去。上亦不問回紇入寇之故，待之如初。

3 己亥，吐蕃遣其將馬重英帥衆四萬寇靈州，吐，從暾入聲。帥，讀曰率。奪填漢、御史、尚書三渠水口以弊屯田。史炤曰：三渠，謂填漢渠、御史渠、尚書渠也。填，讀曰鎮。

4 三月，甲戌，回紇使還，過河中，朔方軍士掠其輜重，朔方軍士之留屯河中者。使，疏吏翻。過，古禾翻，又古臥翻。輜，莊持翻。重，直用翻。因大掠坊市。

5 夏，四月，甲辰，吐蕃寇靈州，朔方留後常謙光擊破之。

6 六月，戊戌，隴右節度使朱泚獻猫鼠同乳不相害者以爲瑞；泚，且禮翻，又音此。乳，如住翻。常衮帥百官稱賀。帥，讀曰率。中書舍人崔祐甫獨不賀，曰：「物反常爲妖。猫捕鼠，乃其職也，今同乳，妖也。妖，於驕翻。何乃賀爲！宜戒法吏之不察奸、邊吏之不禦寇者，以承天意。」上嘉之。祐甫，沔之子也。崔沔，開元名臣。沔，彌兗翻。秋，七月，【章：十二行本「月」下有「壬子」二字；乙十一行本同。】以祐甫知吏部選事。祐甫數以公事與常衮爭，由是惡之。爲衮奏貶祐甫張本。選，須絹翻。數，所角翻。惡，烏路翻。

7 戊午，郭子儀奏以回紇猶在塞上，邊人恐懼，請遣邠州刺史渾瑊將兵鎮振武軍，邠，卑旻翻。瑊，古咸翻。將，卽亮翻，又音如字。振武軍，在單于都護府城內，秦、漢之雲中郡城也。宋白曰：振武軍，卽漢定襄郡之盛樂縣也，在陰山之陽，黄河之北。從之。回紇始去。

8 辛未，吐蕃將馬重英二萬衆寇靈、慶二州，重，直龍翻。郭子儀遣朔【章：十二行本「朔」上有「河東」二字；乙十一行本同。】方都虞候李懷光擊卻之。

9 八月，乙亥，成德節度使李寶臣請復姓張，許之。寶臣賜姓見二百二十二卷寶應元年。使，疏吏翻。

10 吐蕃二萬衆寇銀、麟州，略党項雜畜，吐，從暾入聲。銀州，漢西河郡圁陰縣地。麟州，漢、新秦中之地。党，底朗翻。畜，許救翻。郭子儀遣李懷光擊破之。

11 上悼念貞懿皇后不已，貞懿皇后，獨孤妃也，十年薨。殯於内殿，累年不忍葬；丁酉，始葬于莊陵。莊陵，在京兆三原縣西北五里。

12 九月，庚午，吐蕃萬騎下青石嶺，逼涇州；青石嶺在涇州保定縣西。宋白曰：臨涇城，直涇州西北九十里，其界有青石嶺。騎，奇寄翻。詔郭子儀、朱泚與段秀實共卻之。

13 冬，十二月，丙戌，以吏部尚書、轉運·鹽鐵等使劉晏爲左僕射，知三銓及使職如故。尚，辰羊翻。射，寅謝翻。歐陽修曰：凡選有文武：文選，吏部主之；武選，兵部主之：皆爲三銓，尚書、侍郎分主之，尚書掌其一，侍郎分其二。

14 郭子儀入朝，命判官京兆杜黃裳主留務。李懷光陰謀代子儀，矯爲詔書，欲誅大將溫儒雅等。黃裳察其詐，以詰懷光；朝，直遙翻。將，卽亮翻。詰，去吉翻。懷光流汗服罪。於是諸將之難制者，黃裳矯子儀之命，皆出之於外，軍府乃安。

15 以給事中杜亞爲江西觀察使。

16 上召江西判官李泌入見，泌，毗必翻。李泌出佐江西，見上卷五年。見，賢遍翻。語以元載事，曰：「與卿別八年，乃能誅此賊。賴太子發其陰謀，此歸功於太子耳。語，牛倨翻。不然，幾不見卿。」對曰：「臣昔日固嘗言之。陛下知羣臣有不善，則去之；幾，居依翻。去，羌呂翻。含容太過，故至於此。」上曰：「事亦應十全，不可輕發。」上因言：「朕面屬卿於路嗣恭，屬，之欲翻。而嗣恭取載意，奏卿爲虔州別駕。嗣恭初平嶺南，獻琉璃盤，徑九寸，朕以爲至寶。及破載家，得嗣恭所遺載琉璃盤，徑尺。遺，于季翻。程大昌曰：漢西域傳：罽賓國有琥珀、流離。師古註曰：魏略云：大秦國出赤、白、黑、黃、青、綠、縹、紺、紅、紫十種流離。此蓋自然之物，采澤光潤，踰於衆玉。今俗所用，皆消冶石汁，加以衆藥，灌而爲之，虛脆不耐，實非眞物。按流離，今書附玉旁爲琉璃字，師古之記是矣，亦未得其詳也。穆天子傳：天子東征，有采石之山，凡好石之器于是出。升山取采石，鑄以成器。註云：采石，文采之石也。則鑄石爲器，古有之矣。顏氏謂爲自然之物，恐不詳也。北史大月氏傳：魏太武時，月氏人商販京師，自云能鑄石爲五色琉璃。於是采礦於山中，卽京師鑄之，既成，光澤乃美於西方來者。自是琉璃遂賤。用此言推之，則雖西域琉璃，亦用石鑄，無自然生成者。兼外國奇產，中國未始無之，獨不聞有所謂眞琉璃也。然中國所鑄，有與西域異者。鑄之中國，色甚光鮮，而質則輕脆，沃以熱酒，隨手破裂。其來自海舶者，製差鈍樸，而色亦微暗。其可異者，雖百沸湯注之，與磁銀無異，了不復動，是名蕃琉璃也。蕃琉璃之異於中國，其別蓋如此，而未嘗聞以石琢之也。余謂路嗣恭所獻者，蓋師古所謂大秦琉璃自然之物。否則代宗何以謂之至寶哉！程大昌考之不詳耳。俟其至，當與卿議之。」泌曰：「嗣恭爲人，小心，善事人，畏權勢，精勤吏事而不知大體。昔爲縣令，有能名；路嗣恭始名劍客，爲蕭關令，連徙神烏、姑臧二縣，考績爲天下最。玄宗以爲可嗣漢魯恭，因賜名。陛下未暇知之，而爲載所用，故爲之盡力。陛下誠知而用之，彼亦爲陛下盡力矣。爲之，亦爲，于僞翻。虔州別駕，臣自欲之，非其罪也。且嗣恭新立大功，即謂平嶺南之功。陛下豈得以一琉璃盤罪之邪！」上意乃解，以嗣恭爲兵部尚書。邪，音耶。尚，辰羊翻。

17 郭子儀以朔方節度副使張曇性剛率，謂其以武人輕己，銜之；曇，徒含翻。銜，戶緘翻。孔目官吳曜爲子儀所任，諸鎭州皆有孔目官，以綜理衆事，吏職也。言一孔一目，皆所綜理也。因而構之。子儀怒，誣奏曇扇動軍衆，誅之。掌書記高郢力爭之，子儀不聽，奏貶郢猗氏丞。猗氏縣，屬河中府。宋白曰：本郇國地，猗頓於此起富，故曰猗氏。既而僚佐多以病求去，子儀悔之，悉薦之於朝，曰：「吳曜誤我。」遂逐之。史言郭子儀過而能改。朝，直遙翻。

18 常袞言於上曰：「陛下久欲用李泌，泌，毗必翻。昔漢宣帝欲用人爲公卿，必先試理人，請且以爲刺史，使周知人間利病，俟報政而用之。」太公治齊，五月而報政。伯禽治魯，三年而報政。常袞用此語也。

十四年（己未、七七九）

1 春，正月，壬戌，以李泌爲澧州刺史。澧，音禮。

2 二月，癸未，魏博節度使田承嗣薨。使，疏吏翻。嗣，祥吏翻。有子十一人，以其姪中軍兵馬使悅爲才，使知軍事，而諸子佐之。甲申，以悅爲魏博留後。爲田緒殺悅張本。

3 淮西節度使李忠臣，貪殘好色，將吏妻女美者，多逼淫之，悉以軍政委妹壻節度副使張惠光。惠光挾勢暴橫，軍州苦之。忠臣復以惠光子爲牙將，暴橫甚於其父。好，呼到翻。橫，戶孟翻。復，扶又翻。將，即亮翻。左廂都虞候李希烈，忠臣之族子也，爲衆所服。希烈因衆心怨怒，三月，丁未，與大將丁暠等暠，古老翻。殺惠光父子而逐忠臣。忠臣單騎奔京師，騎，奇寄翻。上以其有功，吐蕃寇京師，忠臣先諸鎮赴援，又有平李靈曜之功。使以檢校司空、同平章事留京師；以希烈爲蔡州刺史、淮西留後。爲李希烈以淮、蔡畔援張本。以永平節度使李勉兼汴州刺史，增領汴、潁二州，徙鎮汴州。永平軍本治滑州。汴，皮變翻。

4 辛酉，以容管經略使王翃爲河中少尹、知府事。河東副元帥留後部將凌正暴橫，翃抑之。使，疏吏翻。翃，戶萌翻。少，始照翻。帥，所類翻。將，即亮翻。橫，戶孟翻。正與其徒乘夜作亂，翃知之，故縮漏水數刻以差其期，賊驚，潰走，擒正，誅之，軍府乃安。

5 成德節度使張寶臣既請復姓，去年寶臣請復姓張。又不自安，更請賜姓；夏，四月，癸未，復賜姓李。復，扶又翻。

6 五月，癸卯，上始有疾，辛酉，制皇太子監國。監，古銜翻。是夕，上崩于紫宸之內殿，上年五十二。紫宸殿在東內宣政殿之北，蓬萊殿之南。遺詔以郭子儀攝冢宰。癸亥，德宗即位，在諒陰中，動遵禮法；嘗召韓王迥食，迥，德宗弟也。食馬齒羹，不設鹽、酪。馬齒，莧也。酪，音洛；乳酪也。

7 常袞性剛急，爲政苛細，不合衆心。時羣臣朝夕臨，臨，力鴆翻；哭也。袞哭委頓，從吏或扶之。從，才用翻。中書舍人崔祐甫指以示衆曰：「臣哭君前，有扶禮乎！」袞聞，益恨之。會議羣臣喪服，袞以爲：「禮，臣爲君斬衰三年。爲，于僞翻。衰，倉回翻。漢文權制，猶三十六日。事見十五卷前漢文帝後七年。高宗以來，皆遵漢制。及玄宗、肅宗之喪，始服二十七日。今遺詔云，『天下吏人，三日釋服。』古者卿大夫從君而服，皇帝二十七日而除，在朝羣臣亦當如之。」祐甫以爲：「遺詔，無朝臣、庶人之別。朝，直遙翻；下同。別，彼列翻。朝野內外，莫非天下，凡百執事，孰非吏人！皆應【章：十二行本「應」下有「三日」二字；乙十一行本同；退齋校同。】釋服。」相與力爭，聲色陵厲。袞不能堪，乃奏祐甫率情變禮，請貶潮州刺史；上以爲太重，閏月，壬申，貶祐甫爲河南少尹。

初，肅宗之世，天下務殷，宰相常有數人，更直決事，更，工衡翻。或休沐各歸私第，詔直事者代署其名而奏之，自是踵爲故事。時郭子儀、朱泚雖以軍功爲宰相，皆不預朝政，袞獨居政事堂，唐初，政事堂在門下省。裴炎自侍中遷中書令，乃徙政事堂於中書省。三省長官議事於此。代二人署名奏祐甫。祐甫既貶，二人表言其非罪，上問：「卿向言可貶，今云非罪，何也？」二人對，初不知。上初即位，以袞爲欺罔，大駭。甲辰，百官衰絰，序立于月華門，程大昌曰：按六典，宣政殿前有兩廡，兩廡各自有門。其東曰日華，日華之東則門下省也。西廊有門曰月華，月華之西則中書省也。衰，倉回翻。有制，貶袞爲潮州刺史，潮州，去京師五千許里。以祐甫爲門下侍郎、同平章事，聞者震悚。祐甫至昭應而還。昭應縣，本新豐縣，垂拱二年，改曰應山；神龍元年，復故名；玄宗更名昭應；隋新豐治古新豐城北；天寶昭應縣治昭應宮北。還，從宣翻，又音如字。既而羣臣喪服竟用袞議。

上時居諒陰，庶政皆委於祐甫，所言無不允。初，至德以後，天下用兵，諸將競論功賞，故官爵不能無濫。及永泰以來，天下稍平，而元載、王縉秉政，四方以賄求官者相屬於門，將，即亮翻。論，盧昆翻。載，祖亥翻，又音如字。縉，音晉。屬，之欲翻。大者出於載、縉，小者出於卓英倩等，皆如所欲而去。及常袞爲相，思革其弊，杜絕僥幸，四方奏請，一切不與；而無所甄別，賢愚同滯。相，息亮翻。僥，堅堯翻。甄，稽延翻，察也。別，彼列翻。崔祐甫代之，欲收時望，推薦引拔，常無虛日；作相未二百日，除官八百人，考異曰：舊紀云：「祐甫作相未逾年，凡除吏幾八百員，多稱允當。」今從建中實錄。前後相矯，終不得其適。上嘗謂祐甫曰：「人或謗卿，所用多涉親故，何也？」對曰：「臣爲陛下選擇百官，爲，于僞翻。不敢不詳愼。苟平生未之識，何以諳其才行而用之。」諳，烏含翻。行，下孟翻；下同。上以爲然。

臣光曰：臣聞用人者，無親疏、新故之殊，惟賢、不肖之爲察。其人未必賢也，以親故而取之，固非公也；苟賢矣，以親故而捨之，亦非公也。夫天下之賢，固非一人所能盡也，若必待素識熟其才行而用之，所遺亦多矣。夫，音扶。行，下孟翻。古之爲相者則不然，舉之以衆，取之以公。衆曰賢矣，己雖不知其詳，姑用之，待其無功，然後退之，有功則進之；所舉得其人則賞之，非其人則罰之。進退賞罰，皆衆人所共然也，己不置豪髮之私於其間。苟推是心以行之，又何遺賢曠官之足病哉！

8 詔罷省四方貢獻之不急者，又罷梨園使及樂工三百餘人，使，疏吏翻。梨園事始二百一十一卷玄宗開元二年。程大昌曰：梨園，在光化門北。光化門者，禁苑南面西頭第一門。所留者悉隸太常。

9 郭子儀以司徒、中書令領河中尹、靈州大都督、單于・鎭北大都護、關內・河東副元帥、朔方節度、關內支度・鹽池・六城水運大使、押蕃部幷營田及河陽道觀察等使，河中、靈、夏皆有鹽池。朔方塞下有六城。單，音蟬。帥，所類翻。使，疏吏翻。權任既重，功名復大，復，扶又翻。性寬大，政令頗不肅，代宗欲分其權而難之，久不決。甲申，詔尊子儀爲尚父，太公望爲周師尚父。說者謂可尚可父，天子師也。加太尉兼中書令，增實封滿二千戶，月給千五百人糧、二百馬食，子弟、諸壻遷官者十餘人，所領副元帥諸使悉罷之；以其裨將河東、朔方都虞候李懷光爲河中尹、邠・寧・慶・晉・絳・慈・隰節度使，以朔方留後兼靈州長史常謙光爲靈州大都督、西受降城・定遠・天德・鹽・夏・豐等軍州節度使，振武軍使渾瑊爲單于大都護、東・中二受降城、振武・鎮北・綏・銀・麟・勝等軍州節度使，分領其任。將，卽亮翻。邠，卑旻翻。長，知兩翻。降，戶江翻。夏，戶雅翻。渾，戶昆翻，又戶本翻。瑊，古咸翻。

10 丙戌，詔曰：「澤州刺史李鷃鷃，烏諫翻。上慶雲圖。上，時掌翻；下得上、上言同。朕以時和年豐爲嘉祥，以進賢顯忠爲良瑞，如卿雲、靈芝、珍禽、奇獸、怪草、異木，何益於人！卿雲，卽慶雲也。布告天下，自今有此，無得上獻。」內莊宅使上言諸州有官租萬四千餘斛，上令分給所在充軍儲。先是，諸國屢獻馴象，凡四十有二，令，力丁翻。先，悉薦翻。上曰：「象費豢養而違物性，將安用之！」命縱於荆山之陽，此禹貢所謂「導汧及岐至于荆山」者也。唐屬京兆富平縣界。及豹、貀、鬭雞、獵犬之類，悉縱之；貀，似豹，無前足，音女滑翻。史炤曰：貀，似狸，蒼黑，無前足，善捕鼠。又出宮女數百人。於是中外皆悅，淄青軍士，至投兵相顧曰：「明主出矣，吾屬猶反乎！」淄，莊持翻。

11 戊子，以淮西留後李希烈爲節度使。使，疏吏翻。

12辛卯，以河陽鎭遏使馬燧爲河東節度使。河東承百井之敗，謂去年鮑防之敗也。按東都事略張齊賢傳：柏井，在幷州城北四十里。宋朝徙幷州城於陽曲縣。騎士單弱，燧悉召牧馬廝役，得數千人，教之數月，皆爲精騎。騎，奇寄翻。造甲必爲長短三等，稱其所衣，稱，尺證翻。衣，於旣翻。以便進趨。又造戰車，行則載兵甲，止則爲營陳，或塞險以遏奔衝；陳，讀曰陣。塞，悉則翻。器械無不精利。居一年，得選兵三萬。辟兗州人張建封爲判官，署李自良代州刺史，委任之。

13兵部侍郎黎幹，狡險諛佞，與宦官特進劉忠翼相親善。忠翼本名淸潭，恃寵貪縱。二人皆爲衆所惡。惡，烏路翻。時人或言幹、忠翼嘗勸代宗立獨孤貴妃爲皇后，妃子韓王迥爲太子。上卽位，幹密乘轝詣忠翼謀事；事覺，丙申，幹、忠翼並除名長流，至藍田，賜死。

14以戶部侍郎判度支韓滉爲太常卿，以吏部尙書劉晏判度支。度，徒洛翻。滉，呼廣翻。尙，辰羊翻。先是晏、滉分掌天下財賦，先，悉薦翻。大曆六年，韓滉判度支。分掌財賦，當在此時。晏掌江【章：十二行本「江」作「河」；乙十一行本同；退齋校同。】南、山南、江淮、嶺南，滉掌關內、河東、劒南，至是，晏始兼之。上素聞滉掊克過甚，掊，蒲侯翻。故罷其利權，尋出爲晉州刺史。晉州，治臨汾縣，古平陽也，京師東北七百二十五里。

至德初，第五琦始榷鹽以佐軍用，事見二百一十九卷至德元載。琦，音奇。榷，古岳翻。及劉晏代之，法益精密。初歲入錢六十萬緡，末年所入逾十倍，而人不厭苦。大曆末，計一歲【章：十二行本「歲」下有「征賦」二字；乙十一行本同。】所入總一千二百萬緡，緡，眉巾翻。而鹽利居其太半。以鹽爲漕傭，自江、淮至渭橋，此東渭橋也。率萬斛傭七千緡，自淮以北，列置巡院，擇能吏主之，不煩州縣而集事。

15 六月，己亥朔，赦天下。

16 西川節度使崔寧、永平節度使李勉並同平章事。使，疏吏翻。

17 詔：「天下冤滯，州府不爲理，爲，于僞翻。聽詣三司使，所謂三司使，卽御史中丞、中書省舍人、門下省給事中也。三人者，各以一司官來朝堂受詞，故謂之三司，非五代時理財之三司使也。以中丞、舍人、給事中各一人，日於朝堂受詞。推決尚未盡者，聽撾登聞鼓。唐時登聞鼓，在西朝堂之前。撾，側瓜翻。自今無得復奏置寺觀復，扶又翻。及請度僧尼。」於是撾登聞鼓者甚衆。右金吾將軍裴諝上疏，諝，私呂翻。以爲：「訟者所爭皆細故，若天子一一親之，則安用吏理乎！」上乃悉歸之有司。

18 制：「應山陵制度，務從優厚，當竭帑藏以供其費。」帑，他朗翻。藏，徂浪翻。刑部員外郎令狐峘上疏諫，令，力丁翻。峘，胡登翻。上，時掌翻。其略曰：「臣伏讀遺詔，務從儉約，若制度優厚，豈顧命之意邪！」邪，音耶。上答詔，略曰：「非唯中朕之病，中，竹仲翻。抑亦成朕之美，敢不聞義而徙！」峘，德棻之玄孫也。令狐德棻，事太宗。棻，扶分翻。

19 庚子，立皇子誦爲宣王，謨爲舒王，諶爲通王，諒爲虔王，詳爲肅王。乙巳，立皇弟迺爲

益王，傀爲蜀王。諶，氏壬翻。傀，口猥翻，又公回翻。皆以州名爲王國名。【嚴：「傀」改「遂」。】

20 丙午，舉先天故事，六品以上清望官，雖非供奉、侍衛之官，日令二人更直待制，以備顧問。新志曰：初，太宗即位，命京官五品以上更宿中書、門下兩省，以備訪問。永徽中，命弘文館學士一人日待制於武德殿西門。文明元年，詔京官五品以上清官日一人待制于章善、明福門。先天末，又命朝集使六品以上隨仗待制。永泰時，勳臣罷節制，無職事，皆待制於集賢門，凡十三人。崔祐甫爲相，建議文官一品以下更直待制。其後著令，正衙待制官日二人。宋白曰：時祐甫奏准元敕文官一品以下更直待制，其待制官，待奏事官盡，然後趨出，便於內廊賜待進止，至酉時然後放。令，力丁翻。更，工衡翻；下同。

21 庚戌，以朱泚爲鳳翔尹。泚，且禮翻，又音此。

22 代宗優寵宦官，奉使四方者，不禁其求取。嘗遣中使賜妃族，還，問所得頗少，使，疏吏翻。還，從宣翻，又音如字。少，詩沼翻。代宗不悅，以爲輕我命；妃懼，遽以私物償之。由是中使公求賂遺，無所忌憚。遺，于季翻。宰相嘗貯錢於閤中，每賜一物，宣一旨，無徒還者；相，息亮翻。貯，丁呂翻。出使所歷州縣，移文取貨，與賦稅同，皆重載而歸。上素知其弊。遣中使邵光超賜李希烈旌節；希烈贈之僕、馬及縑七百匹，黃茗二百斤。茗，莫迥翻；茶之晚取者。上聞之，怒，杖光超六十而流之。於是中使之未歸者，皆潛棄所得於山谷，雖與之，莫敢受。

23 甲子，以神策都知兵馬使、右領軍大將軍王駕鶴爲東都園苑使，東都園苑使，唐初苑總監之職也。以司農卿白琇珪代之，琇，息救翻。更名志貞。駕鶴典禁兵十餘年，權行中外，【章：十二行本「外」下有「詔下」二字；乙十一行本同。】上恐其生變；崔祐甫召駕鶴與語，留連久之，琇珪已視事矣。

24李正己畏上威名，表獻錢三十萬緡；上欲受之恐見欺，卻之則無辭。崔祐甫請遣使慰勞淄青將士，使，疏吏翻。勞，力到翻。將，卽亮翻。因以正己所獻錢賜之，使將士人人戴上恩；又諸道聞之，知朝廷不重貨財。上悅，從之。正己大慚服。天下以爲太平之治，庶幾可望焉。治，直吏翻。幾，居衣翻。

25秋，七月，戊辰朔，日有食之。

26禮儀使、吏部尚書顏眞卿上言：「上元中，政在宮壼，始增祖宗之謚；尚，辰羊翻。上，時掌翻。壼，苦本翻；宮中道也。按咸亨五年八月十五日，改元上元，是日追尊高祖、太宗。政在宮壼，謂武后專政也。玄宗末，姦臣竊命，累聖之謚，有加至十一字者。按天寶十三載，加祖宗謚號幷廟號皆爲九字。而羣臣上玄宗尊號凡十四字。未知顏眞卿所謂加至十一字何帝也。謚，神至翻。按周之文、武，稱文不稱武，言武不稱文，豈盛德所不優乎？蓋羣臣稱其至者故也。故謚多不爲褒，少不爲貶。少，始紹翻。今累聖謚號太廣，有踰古制，請自中宗以上皆從初謚，初謚，高祖太武皇帝，太宗文皇帝，高宗天皇大帝，中宗孝和皇帝。睿宗曰聖眞皇帝，玄宗曰孝明皇帝，肅宗曰宣皇帝，以省文尚質，正名敦本。」上命百官集議，儒學之士，皆從眞卿議；獨兵部侍郎袁傪，傪，昌含翻，又七感翻。官以兵進，奏言：「陵廟玉册、木主皆已刊勒，不可輕改，」事遂寢。不知陵中玉册所刻，乃初謚也。按唐陵中玉册，自睿宗聖眞皇帝以上所刻皆初謚。然玄宗謚册曰至道大聖大明孝皇帝，肅宗謚册曰文明武德大聖大宣孝皇帝。袁傪所謂木主、玉册皆已刊勒，有見乎此耳。

27 初，代宗之世，事多留滯，四夷使者及四方奏計，或連歲不遣，乃於右銀臺門使，疏吏翻。右銀臺門，在東內宮城西面。又北，則九仙門。置客省以處之；處，昌呂翻。及上書言事、【章：十二行本「事」下有「孟浪者」三字；乙十一行本同；退齋校同。】失職未敘，亦置其中，動經十歲。常有數百人，幷部曲、畜產動以千計，度支廩給，其費甚廣。度，徒洛翻。上悉命疏理，拘者出之，事竟者遣之，當敍者任之，歲省穀萬九千二百斛。

28 壬申，毀元載、馬璘、劉忠翼之第。載，祖亥翻，又音如字。璘，離珍翻。初，天寶中，貴戚第舍雖極奢麗，而垣屋高下，猶存制度，然李靖家廟已爲楊氏馬廐矣。及安、史亂後，法度墮弛，墮，讀曰隳。大臣將帥【章：十二行本「帥」下有「宦官」二字；乙十一行本同。】競治第舍，各窮其力而後止，時人謂之木妖。將，卽亮翻。帥，所類翻。治，直之翻。妖，於驕翻。上素疾之，故毀其尤者，仍命馬氏獻其園，隸宮司，宮司，掌宮禁園籞者也。謂之奉成園。雍錄：奉成園，在安邑坊。自丹鳳門南出，東街第六坊，爲安邑坊。

29 癸丑，【嚴：「丑」改「酉」。】減常貢宮中服用錦千匹、服玩數千事。

30 庚辰，詔回紇諸胡在京師者，各服其服，無得效華人。先是回紇留京師者常千人，紇，下沒翻。先，悉薦翻。商胡僞服而雜居者又倍之，縣官日給饔餼，熟曰饔，生曰餼。餼，許既翻。殖貲產，開第舍，市肆美利皆歸之，日縱貪橫，橫，戶孟翻。吏不敢問。或衣華服，衣，於既翻。華服，中華之服也。誘取妻妾，故禁之。誘，羊久翻。

31 辛卯，罷天下榷酒收利。唐初無酒禁，乾元元年，京師酒貴，肅宗以廩食方屈，乃禁京師酤酒，期以麥熟如初。二年，饑，復禁酤。廣德二年，定天下酤戶以月收稅。榷，古岳翻。

32 上之在東宮也，國子博士河中張涉爲侍讀，太宗時，晉王府有侍讀，及爲太子，亦置焉。即位之夕，召涉入禁中，事無大小皆咨之；明日，置於翰林爲學士，翰林故事曰：翰林院者，在銀臺門內，以藝能、伎術召見者之所處也。玄宗初，置翰林待詔，掌四方表疏批答，應和文章。又以詔敕文告悉由中書，多壅滯，始選朝官有才藝學識者入居翰林，供奉別旨，然亦未定名。制詔書敕，猶或分在集賢。開元二十六年，始以翰林供奉改稱學士，別建學士院於翰林苑之南，俾專內命。其後又置東翰林院於金鑾殿之西，隨上所在。凡學士無定員，下自校書郎，上及諸曹尚書，皆爲之。入院一歲則遷知制誥，未知制誥者，不作文書。久次者一人爲承旨。親重無比。爲張涉以贓賄得罪張本。乙未，以涉爲右散騎常侍，仍爲學士。散，悉亶翻。騎，奇寄翻。